雲南文庫

当代云南社会科学百人百部优秀学术著作丛书

民族地区农村社会保障研究

唐新民/著

云南人民出版社
云南大学出版社

作者小传

唐新民，1962年2月出生，现任云南省财政厅党组成员、纪检组长，中南财经政法大学客座教授。先后毕业于中山大学哲学系、中央民族大学经济学院和云南大学马克思主义研究院，分别获哲学学士、法学硕士和法学博士学位。曾在云南省社会科学院和云南省社会科学界联合会工作多年，并在少数民族自治县担任过3年的县委领导。到云南省财政厅工作以后，曾在厅办公室工作，从1998年至2008年，在社会保障处从事民族地区财政社会保障管理与研究工作，是这一时期云南社会保障政策制定与执行的参与者、实践者之一，见证了新时期云南社会保障事业的发展与进步。其间，积累了丰富的第一手资料和数据，充分发挥理论和实际相结合的优势，参与国家社科基金项目2项，主持省部级研究项目10余项，先后两次荣获云南省哲学社会科学优秀成果奖。分别在《经济研究参考》、《中国财政》、《广东社会科学》、《云南社会科学》、《思想战线》、《学术探索》等核心期刊发表《社会保障：持久扶贫阶段的基础制度保证》、《云南省构建特困民族社会保障制度的特殊视角》、《民族地区农村社会保障制度建设的时间表研究——以云南省为例》、《建立家庭账户：云南农村合作医疗新模式》、《关于征收社会保险税的制度设计》、《永宁摩梭人婚姻家庭特点与经济发展关系探析》、《代表人民群众根本利益与正确处理各方面利益关系》、《城市农民工社会保障制度过渡性方案的路径选择》等研究论文10余篇，提出一系列社会保障制度建设的重要理论和政策建议。主编《创业十年》等图书多部，以硕士、博士论文为基础的专著《民族地区农村社会保障研究》于2008年1月由人民出版社公开出版，并于2011年2月入选《当代云南社会科学百人百部优秀学术著作丛书》。

图书在版编目（CIP）数据

民族地区农村社会保障研究 / 唐新民著. — 昆明：
云南人民出版社, 2011.10
（当代云南社会科学百人百部优秀学术著作丛书）
ISBN 978-7-222-08354-7

Ⅰ. ①民… Ⅱ. ①唐… Ⅲ. ①民族地区—农村—社会
保障—研究—中国 Ⅳ. ①F323.89

中国版本图书馆CIP数据核字（2011）第197262号

责任编辑： 王　梅　李　睿
美术编辑： 王睿韬　刘　雨
责任印制： 段金华

书　名	**民族地区农村社会保障研究**
作　者	唐新民　著
出　版	云南人民出版社 云南大学出版社
发　行	云南人民出版社 云南大学出版社
社　址	昆明市环城西路 609 号（650034） 昆明市翠湖北路 2 号云南大学英华园内（650091）
电　话	0871-4113185 0871-5031071 5033244
网　址	www.ynpph.com.cn　http//www.ynup.com
E-mail	rmszbs@public.km.yn.cn　market@ynup.com
开　本	787mm×1092mm　1/16
印　张	23.75
字　数	360 千
版　次	2011 年 10 月第 1 版第 1 次印刷
印　刷	昆明卓林包装印刷有限公司
书　号	ISBN 978-7-222-08354-7
定　价	64.00 元

《云南文库》编辑说明

《云南文库》是云南省哲学社会科学“十二五”规划的重大项目。编辑出版《云南文库》是落实云南省委、省政府建设民族文化强省的重要举措，是繁荣发展云南哲学社会科学的重要途径，是树立云南文化形象、提升云南文化软实力的基础性工程。

中国学术文化的发展不仅有共性，还有很强的地域性。一国有一国之学术，一方有一方之学术。学术研究是社会发展的动力，是社会智慧的结晶，是文化建设的重要构成部分。云南虽地处边疆，仍不乏丰厚的学术研究传统。尤其明清以来，云南与中原的文化交流日臻密切，省外名宿大儒进入云南的代不乏人，而云南的文人学士也多有游宦中原者。在中原文化的熏陶下，云南的文化学术遂结出累累硕果，文化名人辈出，如杨慎、李贽、李元阳、师范、王崧、方玉润、许印芳等，其总体集中性的代表成果是《滇系》和《云南备征志》。至清末，云南学子开始走出国门到海外留学，成为云南与世界沟通的桥梁，也成为改造社会和推进云南文化学术发展的中坚。但由于交通不便，信息闭塞，云南的学术成果并未为内地所认知。更有甚者，清乾隆年间，四库全书馆在全国征集历代遗书，云南巡抚李右江得到云南先贤的著述，但害怕其中有什么不恰当的内容，竟私藏起来不上报，使得《四库全书》仅从它处收录了3种云南人著述，成为云南文化史上的一大缺憾。辛亥革命后，云南学人痛感地方文化学术之不彰，在地方政府的支持下，赵藩、陈荣昌、袁嘉谷、由云龙、周钟岳、李根源、方树梅、秦光玉等一批当时最负盛名的云南学者倾力收集整理云南文献，于1914年至1923年编成刻印《云南丛书》初编，共152种1064卷，及不分卷者47册；1923年至1940年编成刻印《云南丛书》二编，共69种133卷。另编定31种待刻，后由于抗日战争爆发，整个《云南丛书》的编辑刻印工作中止。历时26年编刻的《云南丛书》把保存下来的历代云南重要地方文献网罗殆尽，是云南有史以来地方文化的一次最系统的总结，对云南的文化建设发挥了不可估量的作用。

学术创新的根基是学术积淀和传承。从编辑刻印《云南丛书》之时算起至今，其间经历了抗日战争、新民主主义革命、社会主义革命和建设、改革开放的新的历史时期。在这近一百年的历史中，云南的学者为抗击日本侵略者和新中国的解放事业，为社会主义新文化的建设贡献了自己的聪明才智，也为云南地方经济、社会、文化的发展创造了一大批研究成果，并形成了自己的风格和特色。今天，文化建设又站在一个新的历史起点上。整理和出版云南学术史和文化史上的优秀成果，是继承优秀的地方历史文化遗产，建设有中国特色的社会主义新文化和民族文化强省的基础性工作。只有站在前人的肩上，我们才看得更远，走得更实。这也是我们编辑出版《云南文库》的初衷。

比之编刻《云南丛书》的时代，云南的经济政治社会文化已经发生了翻天覆地的变化，云南不再是一个封闭落后的边疆省份，而是成为了我国面向南亚、东南亚开放的桥头堡，其战略地位日益突出。云南的文化创造力也大大发展了，学者力量的壮大、学术成果的丰富早已不可同日而语。今天的《云南文库》不可能像当年《云南丛书》一样收录所有的文献资料，只可能是好中选优、优中选精，尽可能地把最能体现云南学术文化水平和云南学术特色的成果收录进来，以达到整理、总结、展示、交流和传承文化，弘扬学术，促进今日云南文化学术的建设与繁荣之目的。功在当代，利在千秋。

《云南文库》分为三个系列。

一是《云南文库·学术大家文丛》，收录云南学术大家的作品。

二是《云南文库·学术名家文丛》，收录中华人民共和国建立以前出生的云南学术名家的作品。

三是《云南文库·当代云南社会科学百人百部优秀学术著作丛书》，收录中华人民共和国建立以后出生的一代学者的优秀作品。

我们将使《云南文库》成为一个开放的体系，随着云南民族文化强省建设的推进而不断丰富它的内涵，不断发挥其在社会主义精神文明建设和云南文化建设中的积极作用。

《云南文库》编辑委员会

2011年6月

目录

导 论

马克思主义民族理论是马克思主义理论体系的重要组成部分，是揭示民族和民族问题发展规律的科学，是无产阶级及其政党处理和解决民族问题的理论。中国共产党的民族理论，是对马克思列宁主义民族理论的继承和发展。我国的民族政策是党和政府依据马克思主义的民族理论，结合我国多民族的基本国情和民族问题长期存在的客观实际制定的，其本质是促进各民族平等团结、发展进步和共同繁荣，是我们正确认识和处理民族问题的重要行为准则，是我国政策体系的重要组成部分。中国共产党诞生以后，开始逐步形成党的民族观和处理民族问题的理论与政策，党的领导集体在不同的历史阶段提出并在社会主义革命和建设中逐步发展完善，毛泽东、邓小平、江泽民、胡锦涛等党和国家领导人对民族理论和民族政策作过很多论述。党的十一届三中全会以后，随着建设具有中国特色社会主义理论和实践的发展，党的民族理论也得到不断的丰富和创新。社会保障制度是社会主义基本经济制度的重要组成部分，是全面建设小康社会和构建社会主义和谐社会的基本内容之一。建立符合民族地区实际的社会保障制度，是贯彻落实党的民族地区农村社会保障研究民族理论与政策的重要内容。

一、党的民族理论与社会保障

（一）民族问题是社会总问题的一部分

民族有着自身产生、发展和消亡的过程，只要有民族存在，就有民族问题存在，民族问题是社会总问题的一个组成部分，必须把解决民族问题放在解决社会总问题当中来考虑，解决民族问题又有利于解决其他社会问题。社会主义制度的建立，从政治上实现了民族平等，但是，由于历史和自然的原因，各民族还存在着事实上的发展差异，而且，各民族之间、民族地区与发达地区之间的差距还在进一步扩大。在整个社会主义阶段，民族问题将长期存在，还呈现出长期性、重要性、复杂性、普遍性和敏感性的特点，正如江泽民同志1992年1月14日在中央民族工作会议上指出的："我们必须从振兴中华民族的高度，从巩固和发展我国社会主义事业的高度，充分认识民族工作的长期性、复杂性和重要性。"① 加快构建民族地区农村社会保障制度的步伐，是克服和缩小民族地区和各民族间发展差异的重要措施、解决民族问题的重要保证。

（二）社会主义时期是各民族发展繁荣的时期

社会主义制度确立以后，实现了各民族的一律平等和当家做主。社会主义的本质是解放和发展生产力，发展成为促进民族地区繁荣进步的第一要务。周恩来总理在1957年召开的民族工作座谈会上作了《关于我国民族政策的几个问题》的重要讲话，他在讲话中指出："我们这个多民族的大家庭要建设成为一个强大的社会主义国家，必须在民族繁荣的基础上前进。"② 他认为，我们要帮助各兄弟民族繁荣，"我们对各民族既要平等，又要使大家繁荣。各民族繁荣是我们社会主义在民族政策上的根本立场。""我们社会主义的民族政策，就是要使所有的民族得到发展，得到繁荣。所以，我们国家的民族政策，是繁荣各民族的政策。"③ 这是我们的根本政策。中国这个民族大家庭需要大家幸福，而且，民族繁荣是我们各民族的共同事业。江泽民同志把加快各民族特别是少数民族和民族地区的经济社会发展，促进各民族的共同繁荣作为新中国民族工作的两大历史任务。"大力发展社会生产力是社会主义时期民族工作的根本任务，各民族要互相帮助，实现共同进步和繁荣"是由促进民族地区繁荣发展的重要性所决定的，"现阶段，我国的民族问题，比较集中地表现在少数民族和民族地区迫切要求加快经济文化的发展。"江泽民同志指出：

---

① 《中国共产党关于民族问题的基本观点和政策》，民族出版社2002年版，第282页。
② 同上书，第248页。
③ 同上书，第250页。

"少数民族和民族地区的经济社会发展，直接关系到我国整个现代化建设目标的顺利实现。民族地区的现代化同全国其他地区的现代化，少数民族的振兴同整个中华民族的振兴，是密不可分、互相促进的。推动各民族发展进步和共同繁荣不仅是个经济问题，而且是个政治问题。""要千方百计地加快民族地区经济的发展，逐步缩小民族之间的发展差距，逐步实现各民族共同繁荣。""我们要继续抓住机遇，加快民族地区的发展，以利于逐步缩小差距，实现共同繁荣。"① 目前，我国已进入全面建设小康社会的新的历史时期，包括各少数民族和民族地区在内的全国人民进入了走向共同富裕的新阶段，对做好民族工作提出了新的课题和新的要求。胡锦涛同志2005年5月27日在中央民族工作会议暨国务院第四次全国民族团结进步表彰大会上就新时期的民族工作作了全面深刻的阐述，把各民族"共同团结奋斗、共同繁荣发展"作为新世纪新阶段民族工作的主题。胡锦涛同志指出："加快少数民族和民族地区经济社会发展，促进各民族共同繁荣发展，是全面建设小康社会、加快推进社会主义现代化的必然要求，是巩固和发展全国各族人民的大团结、确保党和国家长治久安的必然要求，也是开创中国特色社会主义事业新局面、实现中华民族伟大复兴的必然要求"。"对各民族在发展水平上的差距，我们要积极创造条件，努力缩小和消除。""我们要采取更加得力的政策措施，加快少数民族和民族地区经济社会发展，逐步缩小发展差距，实现区域协调发展，最终实现全国各族人民共同富裕。"② 在党的十六届五中全会上，中共中央提出了关于制定国民经济和社会发展第十一个五年规划的建议，以科学发展观统领经济社会发展的全局。按照以人为本的要求，提出了建设社会主义新农村和推进社会主义和谐社会建设，从认真解决人民群众最关心、最直接、最现实的利益人手，注重社会公平，加大调节收入分配的力度，妥善处理不同利益群体的关系，努力缓解地区之间和社会成员之间收入分配差距扩大的趋势，扩大公共财政覆盖农村的范围，强化政府对农村的公共服务，大力发展

① 《中国共产党关于民族问题的基本观点和政策》，民族出版社2002年版，第283、284、293、298、305、306页。

② 胡锦涛：《在中央民族工作会议暨国务院第四次全国民族团结进步表彰大会上的讲话》，人民出版社2005年版。

农村公共事业，加大扶贫开发力度，改善贫困地区人民群众的基本生产生活条件，并明确提出有条件的地方要积极探索建立农村最低生活保障制度，建立新型农村合作医疗制度，对丧失劳动能力的贫困人口建立救助制度。

（三）对少数民族和民族地区进行分类指导和加大扶持

早在新中国成立初期，对部分少数民族和民族地区就采取了区别于汉族地区的政策措施，不进行土地改革，实行直接过渡。邓小平同志在欢迎赴西南地区的中央民族访问团大会上的讲话中，深刻阐述了少数民族问题，他指出：“我们对少数民族地区确定了一个原则，就是在汉族地区实行的各方面的政策，包括经济政策，不能照搬到少数民族地区去，要区分哪些能用，哪些修改了才能用，哪些不能用。要在少数民族地区研究出另外一套政策，诚心诚意地为少数民族服务。”① 新中国成立以后，我国采取了民族区域自治制度，制定了一系列加快民族地区发展的优惠政策和措施。1992 年江泽民同志在中央民族工作会议上明确指出：“党和国家对少数民族和民族地区已经实行的各项优惠政策，要继续执行，并根据不断变化的情况及时完善和改进。随着经济的发展和国力的增强，要逐步增加对少数民族地区的投入，以增强这些地区的自我发展能力。”在 1999 年召开的中央民族工作会议暨国务院第三次全国民族团结进步表彰大会上江泽民同志再次强调：“在国家未来的发展战略中，加快民族地区的发展将摆在更加突出的位置。”② 这充分表明党和国家对加快少数民族和民族地区经济发展的鲜明态度。胡锦涛同志在中央民族工作会议暨国务院第四次全国民族团结进步表彰大会上的讲话中指出：“支持少数民族和民族地区加快发展，是中央的一项基本方针，也是推进西部大开发的首要任务。加大国家对少数民族和民族地区的投入，是加快少数民族和民族地区经济社会发展、实现区域协调发展、改善各族群众生产生活条件的重要举措。随着国家综合实力不断增强，中央将继续加强对少数民族和民族地区

① 《中国共产党关于民族问题的基本观点和政策》，民族出版社 2002 年版，第 268 页。
② 同上书，第 137 页。

经济社会发展的扶持。”① 按照分类指导、加大扶持的要求，在社会保障制度的构建中，必须针对民族地区和少数民族的实际，给予特殊的制度安排。

（四）社会保障是党的民族理论与政策的重要组成部分

现代社会保障制度是工业化的产物。随着自给自足的自然经济的解体和资本主义的建立，实现了生产的社会化，必然要求保障的社会化。社会保障制度最早起源于德国，1883 年德国政府制定了《疾病保险法》，1884 年又颁布《伤害保险法》，1889 年颁布《残废和老年保险法》，在世界范围内率先建立社会保险制度，标志着社会保障制度的诞生。1935 年美国参、众两院通过《社会保障法》，最先使用“社会保障”的概念，后来被国际社会普遍采用。

社会保障（Social Security）又可译为“社会安全”。关于社会保障的内涵尚无准确统一的界定。国际劳工组织认为：社会保障是“社会通过一系列公共设施，为其成员提供保护，以防止因疾病、产期、工伤、失业、年老和死亡致使停止或大量减少收入造成的经济和社会困难，提供医疗和为有子女的家庭提供补助金。”② 被称为“福利国家之父”的英国经济学家贝弗里奇在著名的《贝弗里奇报告》中认为，社会保障主要是指达到最低标准的收入保障，并将社会保障表述为：“替代因失业、患病或出现事故而中断的收入；为年老退休者发放待遇；为抚养人死亡后失去生活来源者提供待遇；解决因出生、死亡、婚姻等发生的额外生活支出。”③ 美国学者和政府认为社会保障是国民的安全网，美国社会保障总署把社会保障界定为“根据政府法规而建立的项目，给个人谋生能力中断或丧失以保险，还为结婚、生育或死亡而需要某些特殊开支时提供保障。为抚养子女而发给家属的津贴也包括在这个定义之中。”④ 英国学者更多地把社会保障理解为保护个人及其家庭的一种公共福利计划，德国学者把社会保障看作社会公平和社会安全，苏联和日本等国的学

① 胡锦涛：《在中央民族工作会议暨国务院第四次全国民族团结进步表彰大会上的讲话》，人民出版社 2005 年版。

② 吕学静：《各国社会保障制度》，经济管理出版社 2001 年版，第 5－6 页。

③ ［英］威廉姆·贝弗里奇：《贝弗里奇报告——社会保险和相关服务》，中国劳动社会保障出版社 2004 年版，第 135 页。

④ ［美］美国社会保障署：《全球社会保障制度－1995》，华夏出版社 1996 年版，第 1 页。

者也对社会保障有着自己的理解。

我国已出版的社会保障论著十分丰富，学术界对社会保障的含义有着诸多论述，从不同的层面和角度对社会保障进行界定和论述。郑功成认为："社会保障是各种具有经济福利性的、社会化的国民生活保障系统的统称。"① 赵曼将中国专家对社会保障的界定概括为："社会保障指国家通过立法和行政措施设立的保护社会成员基本生活安全项目的总和。它是国家为了保持经济和社会稳定，依据保护与激励相统一的原则，对公民在年老、疾病、遭遇灾害而面临生活困难的情况下，通过国民收入分配和再分配，由政府和社会依法给予物质帮助和社会服务，以保障公民的基本生活需要的制度。"② 阮凤英等搜集了我国理论界九种有代表性的观点，③ 在此，不再一一列举。学术界和实际工作部门对社会保障包括社会福利还是社会福利涵盖社会保障存在着争议，对社会保障的外延也有着不同的理解。党的十四届三中全会通过的《中共中央关于建立社会主义市场经济体制若干问题的决定》指出，社会保障体系包括社会保险、社会救济、社会福利、优抚安置和社会互助、个人储蓄积累保障。

尽管国内外对社会保障的定义还存在分歧，但是，通过实施社会保障制度为公民特别是弱势群体提供基本生活保障和服务，构筑社会"安全网"的目标和价值取向是一致的。社会保障由于其具有保障公民生存发展、调节收入分配、缩小发展差距、实现社会公平、促进经济发展、维护社会稳定的基本功能，已成为现代国家的基本制度。社会救济早期属于慈善事业，向社会弱势群体提供物质帮助，随着社会的发展进步，已经成为国家的基本社会政策，是政府的基本职能和责任。国家和社会举办的公共福利，包括教育、卫生、文化、体育等各种公益性社会事业，实行的是全免费或低收费，享受的人群是全体公民，费用由国家或社会承担，需要公民个人承担的费用，属于购买公共服务或公共产品。社会救济和社会福利的资金来源，应以政府投入为主导，倡导社会广泛参与。社会保险的一项基本原则是权利和义务的统一，

① 郑功成：《社会保障学》，商务印书馆2003年版，第11页。
② 赵曼：《社会保障学》，中国财政经济出版社2003年版，第2页。
③ 阮凤英：《社会保障通论》，山东大学出版社2004年版，第3－6页。

保障范围主要是劳动者，其缴费的义务主要由单位和个人共同承担。优抚安置属于国家的职责，资金来源由各级政府承担。

马克思主义的民族理论是无产阶级及其政党处理和解决民族问题的理论，建立社会保障制度是解决民族问题的重要政策措施，社会保障是党的民族理论和政策的重要组成部分。马克思主义是与时俱进的，党的民族理论也需要不断发展。马克思主义诞生于100多年前，当时，无产阶级的主要任务是夺取政权，马克思、恩格斯、列宁、斯大林、毛泽东等经典作家虽然对社会保障有过一些论述，但从总体上看涉及不多，马克思、恩格斯等领袖也无法准确预测100多年以后的经济社会情况，马克思主义民族理论需要根据时代的发展增加新的内容。邓小平建设有中国特色社会主义理论、“三个代表”重要思想和科学发展观、构建社会主义和谐社会的理论都涉及社会保障的重要内容。由于社会保障自身的功能，决定了其在促进各民族平等团结、发展进步和共同繁荣中的重要作用。根据我国民族众多、经济发展不平衡的实际，寻找出适合民族地区社会保障制度建设的发展道路，是党的民族理论和民族政策的应有之义和重要内容。

二、国内外农村社会保障研究动态

（一）国外研究动态

现代社会保障制度是市场经济和工业化的产物，由德国于1883年最早建立，1935年美国参、众两院通过《社会保障法》，最先使用社会保障的概念，后来被国际社会普遍采用。目前，全世界已有170多个国家建立了社会保障制度。社会保障制度的发展经历了建立、发展和改革的历史阶段。综观西方国家现代社会保障制度的变迁和发展，各国的情况虽不尽完全相同，但可以发现，社会保障制度建立的初期，并没有惠及全体国民，主要是覆盖雇佣劳动者，农村现代社会保障制度是在社会保障制度的建立和完善过程中逐步实现覆盖和完善的，存在数十年不等的时间差，在西方发达国家已经完成了对公民的全覆盖过程。由于各国在社会保障制度设计时，主要是以覆盖全体公民为出发点，针对不同民族和种族的研究并不多见。社会保障制度从产生开始就存在严重的意见分歧，在面向二十一世纪的社会保障制度改革过程中，各国都在相互借鉴和完善制度，变革的主要趋势在制度层面，表现为重建社会保障的责任分担机制，减少政府参与，强化个人保障意识，充分发挥社会团体、家庭和市场的作用。[①] 福利国家削减福利计划，降低福利水平，减少福利开支，将社会保障支出更多地用于最需要保障的群体。更多的国家着手构建社会保障、企业和行业年金、自我储蓄保障等多支柱的社会保障模式，以智利为代表的社会保障管理的私有化改革，越来越受到各国的关注。美国华盛顿大学社会发展研究中心主任迈克尔·谢若登教授在1991年出版的《资产与穷人》一书（该书由高鉴国译成中文，商务印书馆2005年9月出版）中，认为“收入只能维持消费，而资产则能改变人们的思维和互动方式”，提出“以资产为基础的福利政策”的新视角，主张福利政策不应以补助贫困家庭收入为基础，应当重视家庭资产积累，只有这样，家庭和社区才能持久地参与社会和经济的发展。

总之，农村社会保障问题并不是国外学术界研究的重点，针对某一特殊地区和民族、种族特殊保障的研究十分鲜见。

（二）国内研究动态

对农村社会保障问题的研究，从20世纪80年代以后逐渐展开，并成为学术界研究的重点和热点问题，论著颇丰，涉及的范围很广。初期，主要以重要性、必要性等方面的论述居多，后来逐步发展到体系建设、模式选择、单项制度的研究等方面。专门研究民族地区农村社会保障和少数民族社会保障问题的论著还十分稀缺，这在我们这样一个多民族统一的国家来说，不能不说是一种缺憾。

1. 主要论著

农村社会保障的研究呈现出由浅入深的过程。部分学者在社会保障专著

① ［瑞士］达尔默.D.霍斯金斯：《21世纪初的社会保障》，中国劳动社会保障出版社2004年版，第1页。

中就农村社会保障问题设相关的章节进行论述，或者把农村社会保障当中的部分内容作为有关章节进行研究。近年来，出版了一批研究农村社会保障的专著，主要有庹国柱和王国军著《农业保险与农村社会保障制度研究》；杨翠迎著《中国农村社会保障制度研究》；卢海元著《实物换保障——完善城镇化机制的政策选择》、《走进城市——农民工的社会保障》；李迎生著《社会保障与社会结构转型——二元社会保障体系研究》；王越著《中国农村社会保障制度建设研究》；邓大松著《中国社会保障若干重大问题研究》；王国军著《社会保障：从二元到三维——中国城乡社会保障制度的比较与统筹》；廖小军著《中国失地农民研究》；吴晓东著《中国农村养老的经济分析》；赵瑞政等著《中国农民养老保障之路》；刘斌等著《中国三农问题报告》；孟醒著《统筹城乡社会保障——理论·机制·实践》；多吉才让著《中国最低生活保障制度研究与实践》；李强著《农民工与中国社会分层》；赵曼著《社会保障学》；乔亨瑞编著《90年代云南农村社会保障研究》；李和森著《中国农村医疗保障制度研究》；郑功成著《中国社会保障制度变迁与评估》；宋健著《中国农村人口的收入与养老》；林义著《农村社会保障的国际比较及启示研究》；孙文基著《建立和完善农村社会保障制度》；许文兴著《农村社会保障》；刘书鹤、刘广新著《农村老年保障体系的理论与实践》；劳动和社会保障部调研组《农民工社会保障问题研究报告》。与著作相比，论文的数量更多，讨论的问题逐步深入。劳动和社会保障部创办的《中国社会保障》、湖北省财政厅主办的《社保财务》等刊物专门刊载社会保障研究成果，其他很多报刊也对农村社会保障研究给予了高度关注，发表了很多研究文章；中国人民大学书报资料中心专门创办《社会保障制度》，收录转载社会保障的研究成果，其中，农村社会保障研究的成果占有一定的比例。2005年，中国人民大学创办了《社会保障研究》，每年出版两期。

2. 重要研究概述

对农村社会保障的研究，伴随着我国社会保障制度改革的进程逐步深入和发展，对社会保障制度改革和社会保障体系的完善提供了理论指导，同时，我国社会保障制度建设的实践又丰富了理论的发展。现在，研究的领域已十分广泛，但在很多问题上仍然存在较大分歧，远未形成统一的意见。

者根据我国国民经济和社会发展规划，提出了粗线条的远景预测或对单项制度建设提出了时间表。

现有研究成果为进一步研究奠定了良好的基础，也拓展了我们的写作思路，提供了巨人的肩膀。限于结构和篇幅，本书未能将学术界的重要学术观点在此一一列举。为使读者能够更好地了解和把握国内研究领域的现状和不同学者的主要学术观点，将搜集到的文献进行了整理和综述，作为附件。

（三）需要进一步研究的问题

尽管理论界的研究各有侧重，模式设计不尽相同，实践探索也各有千秋，但从构建农村社会保障的角度，特别是从民族地区农村社会保障的实际出发，还有很多问题需要进一步深入研究。

1. 深化农村社会保障制度建设的理论研究

目前，对农村社会保障的研究，从经济学角度的研究成果居多，从其他学科特别是从文化角度研究不够，虽然也有一些学者从中国传统文化的角度作了挖掘和研究，但是从史料角度研究居多，对中国传统文化的变迁及现状尚缺乏深入、系统的分析，还不能全面得出结合不同的民族传统文化构建有差别的保障制度的结论，有的学者基本上是照套西方的模式来构建我国农村社会保障制度，有的学者混淆了社会保障同社会保险的不同内涵，主要从构建农村社会保险体系的角度来研究农村社会保障。

2. 理论如何与实践更紧密地结合的问题

有的学者虽然提出了一整套的农村社会保障模式和框架，但对现实可操作性具体分析不够，现有的研究结论有的缺乏实践的支撑。实际上，农村社会保障制度的建立也不可能一蹴而就，在一整套理论框架体系中，应该选准突破口，从最急需的项目人手，循序渐进，逐步完善。农民在想什么，农民需要什么保障，不仅需要理论推理，也需要听听农民的呼声。

3. 正确处理农村社会保障制度构建中的普遍性和特殊性的问题

对农村社会保障制度的研究从全国性的普遍问题入手较多，在中国这样一个幅员辽阔，人口众多，经济社会发展不平衡，各方面差异较大的国家，如何正确处理普遍性和特殊性的关系，针对特殊性问题，在基本制度思路统一的前提下，对不同地区构建有差别的保障模式和保障水平的农村社会保障制度的研究还缺乏定性和定量的分析。有的学者虽然开展过以省为单位的研究，但限于研究的角度和当时的情况，实际上仅限于民政部门工作的内容，缺乏统筹考虑，而且，随着农村社会保障理论和实践的发展，所得出的结论也需要与时俱进。

4. 农村社会保障的体系建设和单项制度的关系问题

有的学者对农村社会保障体系的建设提出了有建设意义的构想，但对体系内部各个子系统的保障制度还缺乏周密的层次分析，以及各个层次的保障之间的逻辑联系。有的学者就单项的社会保障制度安排作了较深入的研究，就单项制度而言，显然是正确的，但把不同的单项成果摆在同一个层面上进行比对，从理论和实践的角度看，究竟孰轻孰重、孰先孰后，还需要进一步地研究和探讨。

5. 从民族地区和少数民族的角度研究

在中国这样一个有55个少数民族的多元一体的统一国家，各少数民族在长期的发展和生活中创造和形成的传统的保障方式是中华民族传统保障的重要内容，有的还在继续发挥作用。对不同民族的传统保障方式的研究成果还十分鲜见，这不能不说是一件憾事。针对不同民族地区和不同民族的角度，研究各自有差别的农村社会保障制度的成果还比较少。

6. 民族地区农村社会保障制度建设的时间表问题

任何国家的社会保障制度都是逐步建立的，我国农村社会保障制度的建立也应有其实践的起点、演进的顺序，制度的建立应制定相应的时间表。更为重要的是要结合我国民族众多、经济社会发展不平衡的实际，寻找出适合民族地区社会保障制度建设的发展道路。目前，关于实施步骤的研究还比较粗浅，缺乏明细的时间表，有的学者根据国民经济发展规划对实施步骤进行过大致的勾勒，缺乏系统的分析；有的学者对单项制度如农村养老保险等提出了时间安排，但未能放在整个农村社会保障体系的发展演进中进行分析，得出的结论还需要进一步推敲。

三、本研究的目的、意义和本书的基本思路

社会保障本身具有保障公民的基本生活、调节收入分配、缩小两极分化、促进经济发展、维护社会稳定的基本功能，作为人民群众最关心、最直接、最现实的利益问题之一，是促进社会公平正义，构建社会主义和谐社会的重要内容。从当前经济社会发展形势分析，通过努力，全面建设小康社会的经济目标是完全可以实现的，重点和难点在于社会发展和社会和谐。

（一）本研究的目的和意义

胡锦涛总书记提出把各民族“共同团结奋斗，共同繁荣发展”作为现阶段民族工作的主题，要求全党“要采取更加得力的政策措施，加快少数民族和民族地区经济社会发展，逐步缩小发展差距，实现区域协调发展，最终实现全国各族人民共同富裕。”① 我国有55个少数民族，人口已超过了1个亿，其中，人口在10万人以下的人口较少民族22个，人数为63万人；全国有5个民族自治区、30个民族自治州和120个民族自治县（旗）。在国家制定有关政策时，往往把青海、贵州和云南按照民族地区对待。研究民族地区农村社会保障，对于加快少数民族和民族地区经济社会发展，构建社会主义和谐社会，具有重要的意义。云南地处祖国西南边陲，是一个集边疆、民族、山区、贫困为一体的省份。在16个州市中，民族自治州有8个；129个县（市）中，民族自治县有29个，民族自治地方占全省面积的70.2%。根据第五次全国人口普查的数据，全省少数民族人口有1415.3万人，占全省总人口的33.41%，少数民族人口在全国各省（市、区）中居第二位，全省人口达5000人以上的少数民族有25个，其中有7个人口较少民族，人口22.9万人，是全国少数民族种类最多的省，是典型的民族地区。新中国成立以前，云南各少数民族处于前资本主义诸种社会发展形态，被称为活的社会发展史。云南在

① 胡锦涛：《在中央民族工作会议暨国务院第四次全国民族团结进步表彰大会上的讲话》，人民出版社2005年版，第5页。

全国民族地区中有较强的代表性，以云南进行重点研究，既具有特殊性，也对少数民族地区有普遍的借鉴意义。

1. 有利于探索中国特色的社会保障道路

新中国成立以后，我国按照城乡“二元”结构模式分别建立城乡社会保障制度。从20世纪80年代开始进行社会保障制度改革。1993年，党的十四届三中全会做出了《中共中央关于建立社会主义市场经济体制若干问题的决定》，把社会保障作为社会主义市场经济体制的基本内容，明确提出建立多层次的社会保障体系的目标要求；党的十五大、十六大和十六届三中全会对社会保障制度改革都提出了明确的要求；全国人大十届二次会议通过的《中华人民共和国宪法修正案》将“国家建立健全同经济发展水平相适应的社会保障制度”写入宪法。2006年5月26日，中共中央政治局召开会议，研究改革收入分配制度和规范收入分配秩序问题，强调在经济发展的基础上，更加注重社会公平，合理调整国民收入分配格局，加大收入分配调节力度，使全体人民都能享受到改革开放和社会主义现代化建设的成果。要积极推进收入分配制度改革，进一步理顺分配关系，完善分配制度，着力提高低收入者收入比重，有效调节过高收入，取缔非法收入，努力缓解地区之间和部分社会成员收入分配差距扩大的趋势。此后，中央在出台公务员工资制度改革政策的同时，相应出台了提高企业离退休人员、农村优抚对象和城市低保人员等社会保障对象待遇的政策。10月8日至11日，中国共产党第十六届中央委员会第六次会议胜利召开，主要研究构建社会主义和谐社会问题，会议审议通过了《中共中央关于构建社会主义和谐社会若干重大问题的决定》，指出社会和谐是中国特色社会主义的本质属性，必须坚持以经济建设为中心，把构建社会主义和谐社会摆在更加突出的地位，并提出了构建社会主义和谐社会的目标要求。建立具有中国特色的社会保障制度，对于健全社会主义市场经济体制和全面建设小康社会、构建社会主义和谐社会具有重要的意义。我国社会保障制度还不完善，正处于探索之中，任重而道远。通过开展民族地区农村社会保障研究，认真总结民族地区农村社会保障发展的基本规律，提出构建民族地区农村社会保障制度的基本思路、发展目标、框架模式、路径选择以及不同阶段的建设重点，并对特困民族、农民工、失地农民等特殊群体的社会保障的特殊性进行研究，提出相应的保障政策建议，目的是探索一条与经济发展水平相适应的符合中国国情的社会保障发展道路，让广大民族地区的农村居民同全国人民一道共享改革成果和社会保障制度的优越性，实现共同繁荣发展的目标，促进社会和谐。开展民族地区农村社会保障制度研究，对全国民族地区和少数民族农村社会保障制度的建设具有普遍意义。

2. 有利于坚持以人为本，构建和谐社会

早在20世纪80年代，邓小平同志就提出了“两个大局”的思想，1992年，在著名的南方谈话中作了进一步的阐述：一个就是东部沿海地区加快对外开放、较快地先发展起来，中西部要配合这个大局；另一个就是发展到一定时期，比如在20世纪全面实现小康时，就要拿出更多的力量帮助中西部地区加快发展，东部沿海地区也要服从这个大局。这是符合国家和民族整体利益的。按照邓小平的这一思想，就是鼓励部分地区和一部分人先富起来，最终实现共同富裕，并把实现共同富裕的时间表确定为全面实现小康目标之时。改革开放以后，经过20多年的发展，我国经济发展目标顺利实现，总体实现小康，已进入全面建设小康社会，构建社会主义和谐社会的新的历史发展时期。党的十六大提出了“社会更加和谐”的发展目标，十六届四中全会提出了“和谐社会”的概念，从“形成全体人民各尽其能、各得其所而又和谐相处的社会，是巩固党执政的社会基础、实现党执政的历史任务的必然要求”的高度认识构建和谐社会的重要意义，把构建社会主义和谐社会的能力作为当前和今后一个时期加强党的执政能力建设的主要任务之一，并要求“坚持最广泛最充分地调动一切积极因素，不断提高构建社会主义和谐社会的能力。”党的十六届五中全会把推进社会主义和谐社会建设作为国民经济和社会发展第十一个五年规划的重要目标。胡锦涛同志在省部级主要领导干部提高构建社会主义和谐社会专题研讨班上的讲话中将和谐社会的基本特征归纳为“民主法治、公平正义、诚信友爱、充满活力、安定有序、人与自然和谐相处”。社会主义和谐社会的内涵和目标十分丰富，要形成全体人民各尽其能、各得其所而又和谐相处的社会，必须更加注重公平正义，正确处理各个利益群体的关系，促进人的全面发展。经济的发展，本身并不必然带来公平正义，只是提供了实现公平正义的物质基础，运用正确的手段合理分配社会利益，保障社会成员的生存和发展需要，是构建社会主义和谐社会的内在要求。社会保障制度保障的是公民特别是困难群众的基本生存和生活需要，体现了以人为本的思想，是保证人的全面发展的基础条件和经济社会发展的“稳定器”。改革开放以来，我国的社会保障制度建设经历了改革发展的历程，现在已经到了与全面建设小康，构建和谐社会，实现共同富裕相适应的新阶段。建立健全社会保障制度的重点在西部民族地区，难点在农村。建立更加完善的社会保障制度，为全体公民特别是弱势群体提供基本生活保障，不仅是构建社会主义和谐社会的重要手段，而且是构建社会主义和谐社会的基本目标。

3. 有利于统筹城乡发展，推进新农村建设

党的十六届五中全会提出建设社会主义新农村的重大历史任务。新农村建设的内容包含“生产发展、生活宽裕、乡风文明、村容整洁、管理民主”等各个方面，涵盖了整个“三农”工作。在新农村建设中，生产发展是关键，生活宽裕是目的，按照科学发展观和以人为本的要求，经济社会发展的最终目的是提高人民群众的生活水平，促进人的全面发展。长期以来，我国的“二元”经济结构以牺牲农村、农业和农民的利益支撑了工业化的进程和城市的发展。研究农业问题的老专家吴象先生1998年1月23日在《中国经济时报》发表的一篇文章中披露：新中国成立30多年来，农民通过工农业产品价格剪刀差为国家工业化提供了6000亿元以上的原始积累，却没有分享到任何工业化带来的文明和进步。① 通过土地被征用，农民所作的贡献至少在20000亿以上，农民工在城市工作，贡献纳入城市的GDP，却享受不到城市的社会保障，这方面农民每年至少损失2000~3000亿元。② 中国的改革从农村起步，但是在随后很长的时间里，中国仍然是把改革和发展的重点放在了城市，农村仍然承担了支持城市发展的责任。要实现新时期的发展目标，重点在农村，难点也在农村，没有农村和农民的小康，就不可能有全国和中华民族的小康，没有农村的发展和农民生活水平的提高，就谈不上社会的和谐。通过20多年

① 同春芬：《转型时期中国农民的不平等待遇透析》，社会科学文献出版社2006年版，第51页。

② 寇铁军，任晓东：《构建“以人为本，统筹发展”的农村公共产品供给制度》，《地方财政研究》2006年第2期，第15页。

的改革开放，我国的综合国力不断增强，无论是从公平正义的角度，还是从经济角度考虑，都已经到了统筹城乡发展，城市支援农村，工业反哺农业的时期。建设社会主义新农村无论是促进农村发展，还是减少农民数量，都需要社会保障作支撑。构建农村社会保障体系，让社会保障的阳光照耀到农村，是建设社会主义新农村的应有之义，既是新农村建设的重要保证，又是新农村建设的主要目的。特别是西部民族地区，由于经济社会发展同城镇和发达地区的差距不断拉大，构建民族地区社会保障体系，对促进民族地区经济发展和新农村建设具有更为重要的意义。

4. 有利于缩小城乡差距，促进各地区协调发展

当前，我国已进入全面建设小康社会，实现中华民族伟大复兴的新的历史时期。但是，我国东西部之间、城乡之间、贫富之间的差距在不断扩大，“三农”问题突出，这些都是同全面、协调、可持续发展不相适应的。从西部民族地区经济社会发展的现状看，距小康社会的目标还有比较大的差距。全国有592个扶贫重点开发县，到2006年底还有2148万绝对贫困人口，大部分分布在西部民族地区。2006年，全国城镇居民人均可支配收入11759元，扣除价格因素的影响，实际增长10.4%；农村居民人均纯收入3587元，扣除价格因素的影响，实际增长7.4%。城镇居民可支配收入是农村居民人均纯收入的3.28倍，而且增长幅度远远超过农村居民。城乡居民之间的消费差异虽然比上年有23所缩小，但仍然较大，城镇居民家庭恩格尔系数为35.8%，农村居民家庭为43%。[①] 民族地区同全国其他地区相比以及在各民族地区内部，这种差距就更加明显。全国7个民族省区，2006年地方财政一般预算收入和一般预算支出大多排在全国各省（市、区）倒数的前列，其中，西藏、青海、宁夏的地方一般预算收入分别列全国第31位、30位和29位，宁夏、西藏、青海的地方一般预算支出分别列全国第30位、29位和28位。[②] 7个民族省区除内蒙古外，其余6个省区2006年的农民人均纯收入均低于3000元，其中，贵州省仅为1985元，比全国平均水平低1602元，也比贵州省同期城镇居民

① 国家统计局：《2006年国民经济和社会发展统计公报》，http：//news.xinhuanet.com/politics/2007－02/28/content_ 5783954.htm.

② 根据《地方财政研究》2007年第2期整理。

人均可支配收入 9116. 61 元少 7131. 61 元。[①] 我们再用云南省的几项指标进行比较，1999 年，云南省人均 GDP、人均财政收入和农民人均纯收入分别为 4452 元、414 元和 1438 元，分别比全国的 6534 元、913 元、2210 元少 2082 元、499 元和 772 元；到 2004 年，云南省人均 GDP、人均财政收入和农民人均纯收入分别为 6733 元、599 元和 1864 元，分别比全国的差距扩大到 3800 元、1430 元和 1072 元；云南民族自治地方 1999 年人均 GDP、人均财政收入和农民人均纯收入分别为 3106 元、218 元和 1284 元，分别比全国少 3428 元、695 元和 926 元；到 2004 年，云南省民族自治地方人均 GDP、人均财政收入和农民人均纯收入分别为 5078 元、346 元和 1670 元，分别比全国的差距扩大到 5455 元、1683 元和 1266 元。可以看出，云南省及全省民族自治地方的人均 GDP、人均财政收入、农民人均纯收入三项指标，不论是所占比重还是绝对额同全国、全省的差距都在继续扩大。2006 年，云南省城镇居民人均可支配收入 10070 元，扣除物价上涨因素，实际增长 6. 7%；而同期农民人均纯收入只达到 2250. 5 元，扣除物价上涨因素，实际增长 7. 5%，城镇居民人均可支配收入是农村居民人均纯收入的 4. 47 倍。城镇居民家庭人均消费支出 7379. 81 元，农村居民人均生活消费支出为 2195. 6 元，仅为城市的 30%。城镇居民家庭恩格尔系数为 42%，农村居民家庭为 49%。[②] 而“直过区”和 7 个人口较少民族的贫困程度还要更加严重，2003 年，“直过区”农民人均纯收入仅 698 元，分别为同期全国和全省的 26. 62% 和 41. 13%，“直过区” 125. 7 万人中，人均收入在 637 元以下的绝对贫困人口占 13. 51%，收入在 637 元至 882 元的低收入人群占 52%。2004 年，7 个人口较少民族聚居的 175 个村委会人均纯收入仅 796 元，为全省平均数的 43%，贫困人口 17 万人，约 50% 处于绝对贫困状态。[③]

5. 有利于完善社会主义市场经济，弥补市场失灵

社会保障制度是基本经济制度的重要组成部分，是市场经济体制的基本

---

① 根据国家统计局《2006 年国民经济和社会发展统计公报》及各省份国民经济和社会发展统计公报提供的相关数据整理。http：//www. stats. gov. cn/tjgb/ndtjgh/qgndtjgb/t20070228_ 402387821. htm.

② 国家统计局：《2006 年云南省国民经济和社会发展统计公报》。http//www. stats. gov. cn/tjgb/ndtjgb/dfndtjgh/t20070410_ 402398421. htm.

③ 根据云南省民族事务委员会相关资料整理。

内容之一。建立健全现代社会保障制度是建立社会主义市场经济体制的必然要求，也是建立社会主义市场经济体制的重要目标，没有完善的社会保障体系，要建立市场经济体制是不可能的。在社会主义市场经济条件下，市场在资源配置中发挥着基础性作用，有利于效率的提高，但是，市场经济本身并不能解决贫富分化和收入差距扩大的问题，存在失灵的一方面。新中国成立以后，民族地区取得了长足的发展，但是，同其他地区相比，民族群众的商品观念与民族地区商品生产和市场发育程度还存在非常大的差距。由于历史和自然的原因，民族地区同发达地区起点不同，市场经济体制尚未建立，特别是边境地区、“直过区”和人口较少民族地区，市场经济还极不发达，在整个经济社会发展中，又必须遵循市场经济的基本规律，面对统一的国际国内大市场，在以市场为主体的资源配置中，必然处于劣势。由于各项社会保障制度坚持的是公平原则，可以弥补市场失灵的缺陷，有效调控资源配置和收入分配，有利于充分解决以上问题，促进竞争的起点、过程和结果的公平。加快民族地区社会主义市场经济建设的步伐，是加快民族地区经济发展的客观要求。我们必须研究民族地区社会主义市场经济建设的特殊性，建立健全同民族地区市场经济建设相适应的社会保障体系。

6. 有利于建立新型民族关系，促进各民族共同繁荣发展

各民族不分大小，一律平等，是马克思主义民族理论的基本观点，是建立新时期新型民族关系的基础；各民族“共同团结奋斗，共同繁荣发展”是现阶段民族工作的主题。实现各民族共同繁荣发展应该包括各民族共同享有相应的社会保障，共享改革成果，实现共同富裕。由于历史和自然的原因，民族地区经济发展水平低，社会事业滞后，同发达地区有较大的差距，而且还在进一步扩大，同构建和谐社会的要求不相吻合。必须加快少数民族和民族地区经济社会发展，逐步缩小发展差距，实现区域协调发展，最终实现全国各族人民共同富裕。加快缩小各民族发展的差异是一个长期的历史过程，将伴随社会主义初级阶段的始终。根据《中华人民共和国宪法》的规定，中华人民共和国公民在年老、疾病或者丧失劳动能力的情况下，有从国家和社会获得物质帮助的权利。

长期以来，我国社会保障制度是按照城乡二元结构的模式进行设计的。

从20世纪80年代以来，开始进行社会保障体制改革，仍然是按照这一模式进行。在农村社会保障方面，除了在资金的安排上给予了一定的倾斜以外，缺乏相应的制度安排，农村社会保障制度严重滞后，特别是民族地区的各族农村居民，能够享受到的社会保障更为有限，同城镇社会保障体系有较大的差距。经济发展相对落后，人民生活更加困难的地区或民族，更加需要得到相应的保障。为保证民族地区和各少数民族能够充分享受《宪法》赋予的国民待遇，在民族地区建立完善的社会保障制度，对建立新时期团结、平等的新型民族关系，正确处理民族问题和民族矛盾，都具有十分重要的意义。贫困民族多为人口较少民族，通过特殊保障政策解决他们的现实生存问题，按照费孝通先生的观点，属于“小民族，大政策，大思路，大发展”，可以有效地解决20多个民族的生存和发展问题，是我们制定民族政策和社会保障政策的正确价值取向。

（二）本研究的基本思路和方法

社会保障理论体系的建设还存在较大的争议，有的将社会保障划入经济学的范畴，有的将其划入社会学的研究领域，有的将其划入管理学的研究范围。实际上，这反映了社会保障研究的多角度和多层次，除从以上的角度进行研究以外，还可以从政治学、文化学、民族学、统计学、法学等不同的视角进行研究。郑功成认为，将社会保障作为一个相对独立的学科来发展或许更有利于社会保障理论的健康发展。因为从理论上讲，社会保障从基金筹集到支付的过程实质上是国有收入的分配与再分配过程，它应当属于经济学范畴；社会保障的直接目的是为社会稳定发展服务，是国家通过法律强制实施的社会政策，它又应当属于政治学范畴；社会保障的行为是社会控制，其内容与任务是解决各种特定的社会问题，从而又应该属于社会学范畴；在实践中，社会保障关系只能由独立的法律部门来调整和规范，并需要运用到统计学、管理学及保险学等技术。[①] 对社会保障理论的不同认识，一方面，反映了社会保障理论涵盖的综合性，另一方面，反映了需要从不同的视角对社会保

① 郑功成：《社会保障学》，商务印书馆2000年版，第37页。

障进行研究。部分学者认为，目前对社会保障的研究，多陷入具体问题的纠缠和争论，对理论研究不够。

社会保障的内涵和外延都是发展变化的，在此，我也不准备做相应的概括，而是主要从社会保险、社会救助、社会福利和优抚安置等方面开展研究（本书将社会救助与社会救济作为同一概念使用）。社会保障理论的研究固然重要，确需加强，但是，从根本上来说，社会保障是一门实践学科，任何研究的最终成果都将体现在社会政策之中，因此，理论与实践的研究都不可偏废。就中国而言，吸收和借鉴古今中外社会保障的优秀成果，特别是借鉴西方国家社会保障制度建立和改革的成功经验，结合中国实际，构建具有中国特色的社会保障制度显得尤为重要。

本书以辩证唯物主义和历史唯物主义的理论为指导，综合运用民族学、经济学、社会学、文化学、财政学、人口学、伦理学、政治学等理论，探寻社会保障发展的一般规律，力求找到构建民族地区农村社会保障制度的质的规定性和与之相适应的量和度。同时，运用矛盾普遍性和特殊性的原理分析问题和解决问题，提出在普遍建立农村社会保障制度时，特别注重构建民族地区和少数民族社会保障制度的特殊性。

我国已初步建立了社会主义市场经济体制和基本实现小康的目标，进入全面建设小康社会和构建社会主义和谐社会的新的历史时期，“共同团结奋斗，共同繁荣发展”已成为新时期民族工作的主旋律。在这一新的时代背景下，我们围绕新时期发展战略目标，按照构建社会主义和谐社会和建设社会主义新农村的总体要求，紧扣构建民族地区社会保障制度这一主题，运用社会保障理论，借鉴国外农村社会保障制度建立和发展、改革的经验，分析研究我国社会保障制度的变迁，遵循社会保障发展的一般规律，探寻民族地区农村社会保障制度建设的特殊性，提出构建民族地区社会保障制度的总体框架和实施的逻辑演进，并对体系建设的重点和发展步骤进行了定性定量分析，力求使研究结论更具有合理性和可操作性。研究中坚持马克思主义的方法论，并运用民族学、经济学、社会学、统计学等不同学科的研究方法，采用理论与实际相结合的方法，定性与定量相结合的方法，归纳与演绎相结合的方法，历史与现实相比较的方法，理论分析与实证分析相结合的方法等，除参考了大量的理论和已有的研究成果之外，还进行了大量的田野调查，设计了相关调查表，并深入实地作了访谈，收集了60多万个数据，为研究积累了大量的第一手资料，并进行了相关分析，从中得出构建民族地区农村社会保障的理论和体系框架。

（三）本书的基本框架

本书共分12章。第一章，社会保障制度的基础理论。对西方经济学理论、空想社会主义理论、人权理论、社会学理论等理论中关于社会保障的学说进行了梳理，作为研究的理论支撑；对中国传统文化中的社会保障思想和中国传统保障措施进行了初步挖掘和整理，作为研究的理论背景进行历史分析；对马克思主义社会保障理论和民族理论进行了阐述，作为研究的指导思想。第二章，国外农村社会保障制度的比较研究。对国外社会保障制度的四种模式进行了归纳，从国外农村社会保障制度的发展和变迁入手，特别注重于对国外社会救助制度的分析总结，从中得出值得借鉴和具有启示性的规律。第三章，民族地区农村社会保障制度的变迁。概述了新中国成立以后的中国农村社会保障，特别是云南民族地区农村社会保障和扶贫开发的发展和变迁，注重对民族地区和少数民族的特殊保障政策的分析评价。第四章，民族地区城乡社会保障制度的比较研究。对城乡二元社会保障体系进行了分析比较，扼要总结了新中国成立以后社会保障制度的创建和发展，对云南省城镇社会保障制度发展的历程和经验进行了认真的描述和分析，并对云南民族地区城乡社会保障制度进行了比较，分析了其中的差异。第五章，少数民族的传统保障。对少数民族传统保障思想和保障模式进行挖掘和整理，着重总结云南少数民族传统的家庭保障、家（宗）族保障、社区保障和其他保障等保障方式，不仅从史料出发，更注重现实性，突出了历史与现实的结合。第六章，民族地区农村社会保障制度的构建。提出了民族地区农村社会保障制度应坚持以家庭保障和土地保障为主导，同时建立相应的社会保障制度，并提倡个人自愿选择的补充保障方式；对相应的政策及经济发展背景、群众意愿进行了分析，在相应的制度安排中，提出了民族地区农村社会保障制度的理论框架和模式选择。第七章，民族地区农村社会保障的路径选择。从操作层面上对实施重点进行排序和相关制度政策的设计，并针对不同的保障内容进行相应的实证分析。第八章，民族地区农民工的社会保障。分析了民族地区农民工的现状以及特殊性，对农民工进行分层次的研究，根据不同情况，提出了相关制度安排。第九章，民族地区失地农民的社会保障。对现行征地补偿安置政策进行梳理，并对云南民族地区失地农民的特殊性进行分析，对失地以后的安置情况进行分类，提出分类指导的保障措施。第十章，构建特困民族保障制度的特殊视角。提出特困民族的概念和涵盖范围，主要从人口较少民族、“直过”民族以及居住在边境一线的少数民族的历史和现状分析入手，提出构建以最低生活保障和医疗保障为重点的特困民族特殊保障视角。第十一章，构建民族地区农村社会保障的财政学分析。从公共财政理论入手，对民族地区农村社会保障的公共财政政策进行分析，提出通过加大对民族地区的转移支付，建立社会保障预算，以开征社会保险税等方式筹集资金，支持民族地区农村社会保障制度的建设。第十二章，民族地区农村社会保障制度建设的时间表。既提出了单项制度建设的时间表，又把整个民族地区社会保障制度建设进行综合研究和条件分析，提出了整个体系建设和完善的规划、步骤和时间表；并对农村社会保障制度建设的重点所需要的财力和农民的承受能力进行了定量分析，增强了可操作性。

四、本研究的主要特色

本书从多角度开展了研究，在相关方面有了阶段性的进展和突破，主要突出以下特色：

（一）注重普遍性与特殊性的结合

以研究民族地区农村社会保障制度建设的特殊性为视角，运用马克思主义矛盾的普遍性和特殊性原理，既把民族地区农村社会保障制度放在世界和全国的经济社会背景下进行分析，注重建设有中国特色的社会保障制度的总体要求，又综合考虑农村社会保障体系同城镇社会保障制度的共性和差异，在研究构建农村社会保障的框架和模式内，突出民族地区农村社会保障制度的特殊性。

（二）研究视角的典型性

选择以省作为民族地区的研究重点，主要考虑当前构建农村社会保障制度的模式，除中央统一规定外，主要以省为单位制定全省相对统一的制度框架、管理模式和保障标准，以省为单位进行研究分析，体现了宏观、中观和微观的有机结合，突破了以往从整个农村社会保障制度建设的普遍意义或以县、乡、村等更微观的角度进行研究的局限。云南是全国少数民族人口居第二位和民族成分最多的省份，以云南为基础进行分析研究，不仅对云南民族地区农村社会保障制度的构建具有重要的意义，而且对西部民族地区也有较强的借鉴意义。

（三）全面总结社会保障制度变迁

对民族地区社会保障的变迁和发展作了全面认真的梳理，包括社会救助、社会保险、社会福利和优抚安置等各个方面，并对民族地区城乡社会保障进行了比较分析；各少数民族的传统保障思想和方式是中华民族传统保障思想的重要组成部分，不仅支撑了各个少数民族在历史长河中的繁衍和发展，而且现在仍然发挥着不可替代的作用，本书力求挖掘少数民族的传统保障思想和保障方式，并将其作为中华民族传统保障的重要组成部分进行分析研究。

（四）从理论和实践相结合的角度思考制度创新

提出构建民族地区农村社会保障制度的基本思路和总体框架，并从实践的层面提出了构建的路径选择，突破了以构建社会保险制度为主要内容的思维模式，提出多层次的保障模式，突出了社会救助的地位，符合社会保障制度自身的发展规律。特别是针对贫困状况的新变化，论证了确立社会保障在反贫困中的基础制度地位的观点，具有一定的创新性。研究占有大量的第一手资料，几乎每一项大的制度安排建议都有相关实证分析作为论证和补充。

（五）提出构建特困民族社会保障的新视角

针对人口较少民族、“直过”民族和居住在边境地区的少数民族等特困民族的实际情况，按照“小民族、大政策”的思路，建议实行特殊的保障措施：在制度安排上，以保障其基本生活需要和缩小差距、促进发展为目标，以构建医疗保障和基本生活保障为主要内容，在覆盖范围和保障标准上适当照顾，力求更加贴近民族地区特别是特困民族的实际。

（六）探讨对民族地区农民工和失地农民的保障模式

农民工和失地农民作为城市的边缘群体和农民中的特殊人群，具有很大的特殊性，社会保障严重缺失，有必要创新保障模式。本书不仅从以上两个群体的共性出发，而且着重分析了民族地区农民工和失地农民的特殊性，提出了分层次研究、分类施保等有针对性的保障模式和政策措施。

（七）从财政学角度论证民族地区农村社会保障的建设

立足于中国处于社会主义初级阶段，构建和谐社会和建设社会主义新农村是一个历史过程的实际，以制度创新为着眼点，同时正确处理需要与可能的关系，突出发展的阶段性，通过对构建民族地区社会保障制度的财政学分析，使其更具有理论依据和现实可操作性。

（八）制定民族地区农村社会保障制度建设的时间表

实事求是地提出了构建民族地区农村社会保障制度的具体时间表，在与经济社会的发展阶段和规划相结合的基础上作了具体化，并正确处理整个体系建设与单项制度建设的关系，既注重单项制度建设的时间表分析，又把单项制度建设放到整个社会保障体系建设中统筹考虑，做到整体与部分的有机统一，力求使时间表的安排既整体推进，又突出不同阶段的重点。

第一章　社会保障制度的基础理论

社会保障的理论基础源远流长，中外很多思想家的理论思想都对社会保障制度的建立提供了理论和思想基础。现代社会保障制度的建立，主要是以西方经济学、政治学、社会学等理论为基础。中国社会保障制度的建立和完善，除遵循一般社会保障的理论之外，还必须以马克思主义为指导。

第一节　西方社会保障理论

现代社会保障起源于西方国家，各种西方学术流派对社会保障制度的建立和完善提供了理论基础，产生了深刻的影响。从不同学科的角度考虑，主要有以下一些基本理论。

一、庇古福利经济学的社会保障说

阿赛·庇古是福利经济学之父，于1920年出版了《福利经济学》一书，构建了自己的理论体系。按照西方经济学的观点，效用分为总效用和边际效用，根据边际效用递减规律，随着对某种商品或劳务消费量的增加，在一定程度内消费者所获得的总效用在增加，但边际效用却在递减。庇古认为，福利是指获得某种效应或满足的心理反应，社会福利中能够用货币衡量的福利才是经济福利。他根据边际效用递减规律提出了两个基本命题：一是社会福利同国民收入的总量成正比，国民收入总量增加，社会福利将随之增大；二是社会福利同收入的均等化成正比，收入分配的均等化程度越高，社会福利就越大。他提出了收入均等化，把相对富裕者的部分收入转移给穷人，使社会的满足总量增加，同时，穷人的满足程度将会大于富裕者的损失程度。可以通过举办社会保险和社会服务设施等直接转移法，实现财富由富人向穷人的转移，达到收入的均等化。按照庇古的福利经济学理论，在增加全体公民的福利水平的同时，要对弱势群体给予更多的关注，发挥社会保障制度的功能和作用，尽可能缩小贫富差距。

二、市场失灵论的社会保障说

在市场经济条件下，市场在配置资源的过程中发挥着基础性的作用。以亚当，斯密为代表的自由放任主义学派十分推崇经济自由竞争，认为市场这只“看不见的手”是万能的，通过自由竞争，人们获得了个人的利益，同时也促进了社会的进步。20 世纪 30 年代，西方资本主义国家爆发了严重的经济危机，经济进入大萧条时期，生产严重过剩，牛奶倒进了大海，产业工人大量失业，说明依靠市场配置资源并不能解决整个社会的资源合理配置问题，也不能解决社会的公平问题，市场经济不可能自身调节分配差距扩大的问题，市场这只“看不见的手”并不是万能的，还存在失灵的问题，于是凯恩斯的有效需求不足和国家干预理论就应运而生。1936 年英国著名经济学家约翰·梅纳德-凯恩斯发表了《就业、利息与货币通论》一书，主张通过国家干预实现充分就业的经济增长，认为实现充分就业的关键在于增加有效需求，而市场机制并不具备有效的自我调节功能，必须实行国家干预，国家可以通过广泛发展社会福利事业，刺激消费，增加消费需求。凯恩斯的国家干预理论成为了罗斯福新政的理论基础，美国总统罗斯福为使美国走出经济危机，扩大国家干预经济的力度，实行扩张性的财政政策，把充分就业作为新政的首要目标，制订了《社会保障法》，建立完备的社会保障制度，引导美国走出了危机。既然市场本身存在失灵的一面，需要进行国家干预和调节，那么，建立社会保障制度就是市场经济的基本要求，是现代国家的基本职责。

三、《贝弗里奇报告》的社会保障说

1941 年第二次世界大战尚未结束，英国政府成立了社会保障和相关服务部际协调委员会，由牛津大学经济学家威廉姆·贝弗里奇教授任主任，开始研究制定战后社会保障计划。贝弗里奇于 1942 年提出了《社会保险和相关服务》的报告，即著名的《贝弗里奇报告》。该报告指出，贫困、疾病、愚昧、肮脏和懒惰是影响英国社会进步、经济发展和人民生活改善的五大障碍，提出了制定战后英国社会保障制度的三条指导原则：一是既充分运用过去积累的丰富经验，又不拘泥于这些经验，避免被经验积累过程中形成的部门利益所限制和驱动；二是把社会保险作为提供收入保障、消除贫困的一项基本社会政策；三是确定国家提供福利的原则是基于国家利益而不是某些群体的局部利益，明确社会保障必须由国家和个人共同承担责任，通过国家和个人共同的合作来实现。提出英国建立全面的社会保障制度，包括社会保险、国民救助和自愿保险等内容，把社会保障作为全体公民的基本权利，每一个人从“摇篮到坟墓”都应该得到保护，国家将为每个公民提供九种社会保险待遇及全方位的医疗和康复服务，并根据个人经济状况提供国民救助。英国政府根据贝弗里奇报告的建议，制定了一系列的法律，并于1948年宣布英国第一个建成了福利国家。《贝弗里奇报告》对世界社会保障制度的建立产生了巨大的影响，很多西方国家也按照报告的理念，建设社会保障制度，贝氏获得了“福利国家之父”的赞誉。虽然《贝弗里奇报告》中的具体设想不一定完全符合中国国情，但贝弗里奇的理念和思路对我国探索有中国特色的社会保障道路具有重要的借鉴作用。

四、需要层次论的社会保障说

美国心理学家马斯洛在《人类动机理论》一书中提出了需要层次论，把人的需要按照发生的顺序，由低级到高级呈梯状分为五个层次：生理需要（如衣、食、住、行等）——安全需要（如人身安全、职业安全、经济安全等）——社交需要（如友谊、情感等）——尊重需要（如自尊、权威等）——自我实现需要（胜任感、成就感）等。马斯洛认为，低层次的需要应该优先满足，之后才能满足高层次的需要，而且，在满足高层次需要的同时，低层次的需要仍然存在，需要继续满足。按照马斯洛的需要层次论，社会保障属于第一层次的最基本的生理需要，应该优先满足；只有满足了社会保障的基本需要，才有可能追求和发展其他较高层次的需要。从中不难得出建立社会保障的重要性和紧迫性的结论。

五、经济自由主义学派的社会保障说

20世纪70年代初，西方国家出现了高通货膨胀率与高失业率并存的局面，西方政府开始对国家干预政策进行反思，自由放任思潮复兴，从理论上检讨和反对凯恩斯需求和国家干预理论。主要代表是供给学派和货币主义。于70年代后期在美国兴起的供给学派就是经济自由主义的主要代表之一。该学派的先驱者是美国哥伦比亚大学加拿大籍教授芒德尔（R. A. Mundell），其主要代表人物在美国有拉弗（A. B. Laffer）、万尼斯基（J. Wanniski）、罗伯茨（P. C. Roberts）、吉尔德（G. Gilder）、马丁·费尔德斯坦（Martin Feldstein）、埃文斯（Michael K. Evans）等。货币主义学派的主要代表人物是弗里德曼。供给学派根据供给创造其自身的需求的“萨伊定律”，认为政府应当刺激供给，而不应当刺激需求，要增加供给必须实行减税，减税可以促进收入均等化，减税既可以增进效率，也可以促进公平，主张通过减税更大规模地促进就业。改革现行的福利制度，货币主义学派的主要代表作是弗里德曼的《自由选择》。弗里德曼认为，减少以至取消现行的社会保障计划会促进人们工作和储蓄的兴趣，主张经济的自由发展，反对国家干预，政府只应向无自助能力的社会群体提供社会保障，其他群体应通过市场渠道或依靠家庭来满足自身的保障需要，每个社会成员都应该培养自我保障意识。当前的社会保障制度使人们养成了依赖政府的习惯，降低了家庭的保障功能和个人工作的积极性，影响了经济的发展，只有运用市场的力量才有可能最终解决发达国家所面临的社会保障财务危机。[①] 1981年里根就任美国总统入主白宫以后，对美国社会保障制度进行了改革，大幅度削减社会福利开支，减少社会保障待遇。西方福利国家也纷纷对福利制度进行了改革，削减开支、推迟退休年龄、提高享受的门槛等等。但是，这些措施受到了各种利益集团和民众的反对，收效甚微，有的被迫搁浅。经济自由主义理论也再次遭到质疑。虽然从总体上看，我国还不存在保障过度和“福利病”的问题，但是，在探索建立社会保障制度的过程中，必须正确把握社会保障应同经济社会发展水平相适应，合

① 赵曼：《社会保障学》，中国财政经济出版社2003年版，第48页。

理确定保障范围和标准，避免西方国家存在的诸多问题。

六、资产福利效应理论的社会保障说

美国华盛顿大学社会发展研究中心主任迈克尔·谢若登教授 1991 年出版了《资产与穷人》一书。谢若登教授针对西方国家福利政策的困境，认为当前的“福利政策已经偏离轨道，因为它仅仅注重对穷人的收入保护。政策的目标不仅应当是保护而且应当是增权。政策的制定尤其应当考虑资产积累在经济的社会福祉中的重大作用。”主张福利政策不应以补助贫困家庭收入为基础，应当重视家庭资产积累，只有这样，家庭和社区才能持久地参与社会和经济的发展。建议福利政策应当更多地根据家庭的结余来构建，提出“以资产为基础的福利政策”，因为“收入只能维持消费，而资产则能改变人们的思维和互动方式”。他进而分析了资产的九大福利效应：（1）促进家庭的稳定；（2）创造对未来的认知和情感取向；（3）促进人力资本和其他资产的发展；（4）增强专门化和专业化；（5）提供承担风险的基础；（6）增加个人效能；（7）增加社会影响；（8）增加政治参与；（9）增进后代的福利。他依据资产为基础设计了一整套福利政策，个人和家庭层次的目标是：（1）使个人有可能积累资产；（2）促进家庭稳定、未来取向和长远规划；（3）促使个人与家庭更成功地建立和实现生活目标。国家层次目标是：（1）持续减少贫困；（2）发展在经济上更精明和更活跃的公民群体；（3）帮助提高国家的储蓄率；（4）有助于使美国在 21 世纪的世界经济中更具竞争性。政策原则是：（1）补充以收入为基础的政策；（2）具有普遍的可用性；（3）对穷人提供更大的激励；（4）以自愿参与为基础；（5）避免将人定义为“接受福利”或“不接受福利”；（6）促进共同责任；（7）具有特定目的；（8）提供投资选择；（9）鼓励渐进积累；（10）促进经济信息和训练；（11）提升个人发展。并且，他提出通过建立可选择的个人发展账户，积累资产，实现以资产为基础的福利政策。个人账户从一出生便开始启动，不论福利政策的类别（住房、教育、自雇、退休等）如何，资产应当在这些长期限定性账户中积累，联邦政府对于穷人的存款给予配给金或补贴。个人账户将被设计用于促进未来取向、长远计划、储蓄和投资、个人创新、个人选择和现实生活目标。谢若登

并没有完全否定以收入为基础的福利政策，他认为“以资产为基础的福利政策并不能解决所有的社会问题。对有些福利问题，以收入为基础的政策更可取。然而在积累是自愿和可行的情况下，以资产为基础的政策将更可取，个人发展账户最有前景的一些应用领域应当是资助高等教育、住房所有、自雇投资和退休保障基金。”① 谢若登的主张作为一种新观点，可以拓宽我们的思路，在边疆民族地区，一方面应对特困民族提供基本生活保障，另一方面也应通过发展生产增强其自我发展的能力。

七、空想社会主义理论的社会保障说

空想社会主义的理论，对社会保障理论的发展和实践有着深刻的影响，其代表人物是15－17世纪的空想社会主义者莫尔、康帕内拉以及19世纪的圣西门、傅立叶和欧文等。早在公元前400多年，古希腊大哲学家柏拉图由于不满当时奴隶社会的剥削和压迫，幻想建立一个没有私有制、没有剥削压迫、没有贫富对立、人人自由平等、幸福和谐的理想国度，在其所著《理想国》一书中，通过和苏格拉底的对话，探讨了诸多的问题，全面构建了他所认为的理想国度。他认为，建立一个城邦，首先需要粮食，第二是住房，第三是衣服，以及其他等等，为此，每个成员都要把各自的工作贡献给公众，建立国家的目标是为了全体公民的最大幸福，“当前我认为我们的首要任务乃是铸造出一个幸福国家的模型来，但不是支离破碎地铸造一个为了少数人幸福的国家，而是铸造一个整体的幸福国家。”② 欧洲文艺复兴时期杰出的思想家托马斯·莫尔目睹了当时英国“羊吃人”的“圈地运动”，在其《乌托邦》一书中，批判了当时的英国社会，宣称私有制乃万恶之源，并描绘了一个政治上实行民主制、经济上实行公有制、分配上实行按需分配、社会结构上实行城乡一体化的理想之邦。莫尔号召在乌托邦里，人人应相互帮助，以人道主义的名义尽量减轻别人的贫穷与困苦，照顾到别人的康乐与幸福。早期空想主义的另一个代表人物意大利的康帕内拉在其代表作《太阳城》中，描绘

① ［美］迈克尔·谢若登：《资产与穷人》，商务印书馆2005年版，第8、181、191、240、281页。

② ［古希腊］柏拉图：《理想国》，商务印书馆1986年版，第133页。

了一个航海家到了太阳城，太阳城是一个理想的社会制度，太阳城人人必须劳动，一切生产和分配活动都由社会来组织，不仅能满足每个居民的需要，而且还能满足他们的各种娱乐，每个公民都能从社会那里取得满足他们需要所必需的一切东西，居民一切公有，消除了自私自利引起的一切恶习，大家同样从事力所能及的劳动，享有荣誉和过幸福的生活，他们互助互爱，国家呈现一片和谐的景象。空想社会主义代表了人们对美好生活的向往，我们要以马克思主义为指导，摒弃其空想的内容，全面建设小康社会和构建社会主义和谐社会。

八、人权理论的社会保障说

17、18世纪，西方资产阶级启蒙思想家提出了“天赋人权”的思想，认为人权是人的自然权利，是与生俱有的，先于国而存在，任何人不能被剥夺。意大利人文主义的先驱但丁第一个提出了“人权”概念，法国科学家、哲学家笛卡尔提出了“天赋”观念。荷兰思想家格劳秀斯、斯宾诺莎，英国著名思想家霍布斯、洛克，法国启蒙思想家卢梭等都对“天赋人权”思想进行过论述。格劳秀斯在著名的《战争与和平法》一书中专章论证了“人的普遍权利”，主张对财产的占有是人的一项普遍权利，是由自然法的理性要求派生出来的，这一思想后来发展为天赋人权思想的核心内容；他还强调自然法的永恒性，甚至连上帝也无法改变。这一思想后来演变为自然权利不可取代、不可剥夺、不可转让的系统观点。斯宾诺莎在代表作《神学政治论》中，专门提出和论证了“天赋之权”。霍布斯在《利维坦》一书中提出，自然创造人类之初本来是平等的，人类为自我保存便互相约定建立国家，并将原来享有的自然权利转交主权者。洛克把生命权、自由权和财产权当作人的自然权利，并认为这些权利是人的本质，人权不可侵夺的内在根据在于它是天赋的永恒的“自由”权利，要保护公民的自然权利，最好的办法就是每个人都与他人达成协议，创建共同生活在其中的政府，政府的目的就是保护那些自然状态下个人不能有效保护的自然权利。国家源于签订“社会契约”的每一个人，每个个体在“公共人格”上都获得了国家原创者的角色。卢梭认为，真正的社会契约是政府共同体（国家）与它的各个成员之间的约定，社会契约的实质就是公意，即参与定约的全体成员的共同意志，每个缔约者不得违反公意，而服从公意就是服从自己的意志，因为个人的意志已消融在公意之中。从人权概念产生之后，得到近代资产阶级宪法和法律文件的肯定，到19世纪中叶，已经开始写入一些国际化的条约之中。第二次世界大战以后，联合国成立了人权委员会，1948年12月10日，联合国大会第三届会议正式通过了《世界人权宣言》，开创了国际人权关系的新时代。《世界人权宣言》第二十二条和第二十五条明确规定："每个人，作为社会的一员，有权享受社会保障"，"人人有权享受为维持他本人和家属的健康和福利所需的生活水准包括食物、衣着、住房、医疗和必要的社会服务；在遭到失业、疾病、残废、守寡、衰老或在其他不能控制的情况下丧失谋生能力时，有权享受保障"。[①] 既然生存权是人人与生俱有的自然权利，通过社会保障为公民特别是弱势群体提供基本生活保障，是国家应尽的责任，是公民应该享有的权利。

九、社会学理论的社会保障说

社会学理论是社会保障的重要理论基础，与社会保障相关的社会学理论很多，我们主要对社会冲突理论、社会交换理论、社会风险理论、社会分层理论进行相关分析。

（一）社会冲突理论

社会冲突论的代表人物有德国社会学家拉尔夫·达伦多夫（Ralf Dahrendorf）、美国社会学家刘易斯·科塞（Lewis A. Coser）和怀特·米尔斯。现代社会冲突论是在韦伯和齐美尔的社会冲突思想的基础上发展形成的，认为在有限的资源面前，社会总是处于冲突状态，强调不平等是冲突的最终根源，冲突能引起资源的重新分配，从而进入一个新的不平等模式，反过来又引起新的冲突浪潮和资源的重新分配。[②] 达伦多夫认为，事实上的社会具有两副面孔，一方面是它的一致性，另一方面是它的冲突性，冲突促进社会变迁，同时，冲突的形成是有条件的，冲突的调节维护着现存的社会结构。"1. 每一

① 《世界人权宣言》第二十二条、二十五条，转引自纪念美国宪法颁布200周年委员会编《美国公民与宪法》，清华大学出版社2006年版，第280页。

② 乔纳森.H. 特纳：《社会学的理论结构》，浙江人民出版社1987年版，第212页。

社会都时刻服从变迁，社会变迁是普遍存在的；2. 每一社会都时刻经历着社会冲突，社会冲突是普遍存在的；3. 社会的每一要素都对社会变迁发生积极作用；4. 每一社会都建立在某些成员被另一些成员压制的基础上。”① 他把冲突的根源归为特定的社会结构安排，认为工人与雇主之间的冲突是以特定的社会结构安排为基础的。科塞认为，社会冲突是“一种社会化的形式，是一种过程，它在一定的条件下具有维护社会有机体或社会子系统的重要功能。”② 米尔斯认为，进行政治统治的人和进行经济统治的人有着范围广泛的共同利益，所以，他们广泛地合作，共同维护他们的统治。他提出了“权力精英”理论，认为美国社会中那些在经济、军事和政治机构中占据高位的财阀、军阀和政客组成了或多或少结合在一起的或统一起来的权力精英，他们的重要决策决定了美国社会的基本结构和趋向，左右着美国中下层人民的生活。③ 在社会主义条件下，人们的长远利益和根本利益是一致的，不存在根本利益的冲突，但是，不可否认，不同群体的利益是有差别的，也是有冲突的，必须处理各种利益关系，增加和谐，减少冲突。

（二）社会分层理论

“社会分层”基本涵义是，根据不同的社会等级标准，把社会成员划分成不同的层次。但“分层”概念所包含的社会结构的多层次性的多维度分化，经济利益以外其他社会利益的存在，以及价值概念体系的分化对社会结构分化的意义和作用等丰富内涵，仍具有参考的价值。具有代表性的社会分层理论，是马克思主义的阶级理论和以马克斯·韦伯为代表的西方社会学的社会阶层理论。马克思的阶级理论是以经济因素（生产关系）为主、多元因素综合在一起的理论，其从生产过程来分析工人和资本家的关系，认为财产的集中将导致阶级的两极分化，资本主义社会的两大阶级及其对抗的根源在于资本主义生产方式。韦伯强调的是市场关系，暗示市场的社会分层只能使社会分裂成无数部分以及更小部分，阶级只是社会分层中的一种现象，地位群体、政党是社会分层的另一种现象，认为社会阶级结构不过是社会不平等和分配

① ［德］R. 达伦多夫：《走出乌托邦》，《美国社会学杂志》第64卷，1958年版，第127页。
② ［美］L. 科塞：《社会冲突的功能》，华夏出版社1989年版，第15页。
③ 侯钧生：《西方社会学理论教程》，南开大学出版社2001年版，第171页。

模式的产物，而不是生产方式决定的。[①] 改革开放以来，我国的社会阶层发生了新的变化，由于社会经济成分、组织形式、就业方式、利益关系和分配方式日益多样化，在建立社会保障制度过程中，必须统筹考虑各个阶层的利益，尤其应对困难阶层给予更好的保障。

(三) 风险理论

风险理论的代表人物是德国社会学家乌尔里希·贝克（Ul-rich Beck）。随着人类社会文明的发展，人类在创造了巨大的物质财富的同时，也面临着各种各样的风险，已经进入“风险社会”。贝克认为“风险可以被界定为系统地处理现代化自身引致的危险和不安全感的方式。风险，与早期的危险相比，是与现代化的威胁力量以及现代化引致怀疑的全球化相关的一些后果。它们在政治上是反思性的。”[②] 风险不仅具有现实性，而且，风险对社会的推动力还在于对未来风险的预期。贝克认为，风险社会是现代性高度发展的产物，“工业社会”或“阶级社会”，是围绕着社会生产的财富是如何通过社会中不平等的然而又是“合法的”方式实行分配这样的问题进行思考的。[③] 风险的不断积累，深刻改变着科学理性、政治形式和个体生活。既然人类面临着风险，风险社会是现代社会的产物，完善的社会保障制度就是预防和化解风险的重要制度保证。

第二节　中国传统文化中的社会保障思想

中国是文化传统源远流长的国家，在中华几千年的文明史中，创造了灿烂的历史文化。从先秦的诸子百家，到近代的洪秀全和孙中山，从各个时代的思想家们的思想体系中，都有着社会保障的思想萌芽。中国很早就建立了统一的国家，从各个朝代统治者的施政措施中，也可以看出传统保障思想和实践的轨迹。

---

① 张敏杰：《中国弱势群体研究》，长春出版社2003年版，第28页。

② ［德］乌尔里希·贝克：《风险社会》，译林出版社2004年版，第2页。

③ 同上书，第16页。

一、中国传统社会保障思想

中国历代思想家都主张国家和社会要为民众提供基本的生活保障和福利。由于古代生产力水平十分低下，对很多自然现象无法正确理解，普遍认为个人的力量十分渺小，《吕氏春秋·恃君览》中说："凡人之性，爪牙不足以自守，肌肉不足以捍寒暑，筋骨不足以从利避害，勇敢不足以却猛禁悍"。[①] 因此，自然萌生了对理想社会的追求和对社会互助的选择。早在春秋战国时期，先秦诸子的思想和施政措施中，就包含了丰富的社会保障思想萌芽。《管子，轻重甲》中提出了"以人为本"的思想，并对社会保障提出了诸多设想，"请使州有一掌，里有积五帘。民无以与正籍者，予之长假；死而不葬者，予之长度。饥者得食，寒者得衣，死者得葬，不资者得振，则天下之归我者若流水"。"振孤寡，牧贫病，视独老穷而无子者，靡得相鬻而养之。"[②] 孔子在描绘理想的"大同社会"时说："大道之行也，天下为公……人不独亲其亲，不独子其子，使老有所终，壮有所用，幼有所长，矜寡孤独废疾者皆有所养。"[③] 按照孔子的思想，人们不只要爱自己的亲人，不只要爱自己的子女，要使老年人有自己的归属，青壮年都要从事劳动，有发挥自己才干的机会，儿童能够有好的成长环境和条件，独身、孤老、残疾者都能够得到供养，才能够实现"大同社会"。从中可以看出社会保障思想的萌芽。孟子作为孔子思想的集大成者，提出了"君轻民贵"和"仁政"思想，他认为"民为贵，社稷次之，君为轻"，主张要施仁政于民，使人民安居乐业，并断言"仁人无敌于天下"，"老吾老以及人之老，幼吾幼以及人之幼，天下可运于掌"。敬重自己的长辈从而敬重到他人的长辈，爱护自己的晚辈从而爱护到他人的晚辈，这样天下就能运转于手掌之上了。"出入相友，守望相互，疾病相扶持，则百姓亲睦"。[④] 百姓出入劳作的时候相互伴随，抵御寇盗时相互帮助，有了病痛意外时相互照顾，这样百姓就友爱和睦了。其他诸子百家的思想中，如荀子

① 张玉春等：《吕氏春秋译注》下册，黑龙江人民出版社2004年版，第633页。
② 李克和，刘柯：《管子译注》，黑龙江人民出版社2003年版，第513、514页。
③ 王子今，刘悦斌，常宗虎：《中国社会福利史》，中国社会出版社2002年版，第16页。
④ 金良年：《孟子译注》，古籍出版社2006年版，第300、296、15、107页。

的“富民”思想、墨子的“兼爱”思想等，也包含了社会保障思想的萌芽。荀子认为“凡人有所一同：饥而欲食，寒而欲暖，劳而欲息，好利而恶害，是人之所生而有也……”所以“一天下，财万物，长养人民，兼利天下，通达之属，莫不从服……”[①] 统一天下的人，管理万事万物，要养育人民，使天下的人都得到利益，做到了这一点，没有人不顺从。墨子认为，明君对待民众应“饥即食之，寒即衣之，疾病侍养之，死丧葬埋之”。要使“老而无妻子者，有所侍养，以终其寿；幼弱孤童之无父母者，有所放依，以长其身”。[②]《周礼·大司徒》中主张用慈爱幼儿、赡养老年人、拯救穷困的人、救助贫穷的人、宽免残疾人的赋役、使富人安心等六项措施保证民众繁衍生息，“以保息六养万民：一日慈幼，二日养老，三曰振穷，四日恤贫，五日宽疾，六日安富。”[③] 从汉代开始，董仲舒主张“罢黜百家，独尊儒术”，把儒家思想作为唯一的正统思想而尊崇；宋朝以后，宋明理学主张“存天理，去人欲”，更是把儒家思想发展到了登峰造极的地步。

太平天国时期，洪秀全在《天朝田亩制度》中描绘了一个“有田同耕，有饭同食，有衣同穿，有钱同使，无处不均匀，无人不饱暖”的理想社会；洪仁玕在《资政新篇》中提出了“兴医院以济疾苦，禁溺子女，兴跛盲聋哑院，兴鳏寡孤独院”等保障措施。康有为专门撰写《大同书》，描绘了“无邦国，无帝王，人人平等，天下为公”的大同社会。孙中山提出“三民主义”，把民生放在首位，关注人民的衣食住行等基本生活需要，包含了丰富的社会保障思想。1924 年，由孙中山手拟、国民政府制定的《建国大纲》第二条中提出：“建设者首要在民生。故对于全国人民之食衣住行四大需要，政府当与人民协力，共谋农业之发展，以足民食，共谋织造之发展，以裕民衣，建设大计划之各式屋舍，以乐民居，修治道路运河，以利民行”。[④]

① 《荀子》，山西古籍出版社 2003 年版，第 39、66 页。
② 辛志凤，蒋玉斌等：《墨子译注》，黑龙江人民出版社 2003 年版，第 98、95 页。
③ 杨天宇：《周礼注译》，古籍出版社 2004 年版，第 153 页。
④ 《国民政府建国大纲》，http：//fengfeiwu. bokee. com/3185523. html.

二、中国传统的家庭保障和土地保障思想

中国经历了几千年的封建社会，家庭保障和土地保障的思想贯穿几千年的历史当中。《礼记·王制》中对小康社会进行了具体设计，其中很重要的方面是对田制及农业生产方式的设计，“制农田百亩。百亩之分，上农夫食九人，其次食八人，其次食七人，其次食六人，下农夫主体群落五人”。[①] 孔子生活在奴隶制向封建制社会转变的动荡社会中，他创立了以“仁”为核心的儒家学说，“孝悌”作为“仁”的根本。在传统伦理观念中，“孝悌”体现了丰富的家庭保障思想，孔子认为“弟子，入则孝，出则弟”，“孝乎惟孝，友于兄弟”。他认为孝就是孝敬父母，友爱兄弟，要求弟子们在父母跟前要孝顺，并要求“事父母，能竭其力”，“生，事之以礼；死，葬之以礼，祭之以礼”。当孟武伯向孔子请教孝道的时候，孔子解释道：“父母，唯其疾之忧”，并进而解释到“今之孝者，是谓能养。至于犬马，皆能有养。不敬，何以别乎”。要求人们尽孝不仅仅要能够赡养父母，还要存心孝敬父母，否则，与饲养犬马就没有区别。他将“父母在，不远游，游必有方”、“父母之年，不可不知也”，作为孝道的具体要求。[②] 孟子不仅继承了孔子“仁”和“孝”的理念，把善养老作为仁人的归属，“天下有善养老，则仁人以为己归矣”，而且，把社稷摆在比君王更高的地位，十分强调家庭和土地的保障作用，使百姓拥有规定的产业，能够上足以侍奉父母，下足以蓄养妻儿，丰年能够温饱，荒年可免于死亡。“故明君制民之产，必使仰足以事父母，俯足以畜妻子，乐岁终身饱，凶年免于死亡”。在当时的情况下，产业的主要内容就是耕地，他认为五亩宅田，在墙下种植桑树，妇女养蚕，那么老年人足以穿上丝绸了。五只母鸡、两头母猪不失时节地畜养，老年人足以不缺少肉食了。百亩耕地，男子去耕种，八口之家足以不饿了。“五亩之宅，树墙下以桑，匹妇蚕之，则老者足以衣帛矣。五母鸡，二母彘，无失其时，老者足以无失肉矣。百亩之田，匹夫耕之，八口之家足以无饥矣。”[③] 为此，孟子还提出了“制其田里”

① 杨天宇：《礼记注译》（上册），古籍出版社2006年版，第141、142页。

② 陈国庆，何宏注译：《论语》，安徽人民出版社2005年版，第8、9、19、20、21、52、53页。

③ 金良年：《孟子译注》，古籍出版社2006年版，第16、281页。

和“正经界”的主张，各家必须终身居住、生活和耕作于井田之中。到西汉以后，董仲舒把儒家思想发展为“三纲五常”，更是固化了家庭保障的作用。在传统的封建社会中，自然经济占主导地位，历代统治者都把农业和土地视为“本”，把“工商”视为“末”。荀况提出“富国论”，需要靠“强本节用”实现富国，他所说的“强本”主要是发展农业生产。商君学派提出“农战论”，商鞅在改革变法措施中，提出了重农抑商、奖励耕织的措施。宋朝李觏继承了荀况以来“强本节用”作为富国的基本途径的思想，提出了“平土论”，认为土地分配不均是百姓饥寒的根本原因，“吾民之饥，不耕乎？日天下无废田。吾民之寒，不蚕乎？日：柔桑满野，女手尽之。耕不免饥，土非其有也；蚕不得衣，口腹夺之也”。[①] 可见土地保障的重要性。历代农民起义多提出“均田”的主张，从中也可以看出土地的根本保障作用。

清朝龚自珍提出“农宗论”，认为对土地的占有关系决定了人们的相互关系，设想通过“农宗”来解决流民问题，“为田二百亩，则养天下无田者九人”。如果有田十万亩，就能使四千五百个没有土地的人“不饥为盗”。[②] 龚自珍的“农宗论”包括了让人们拥有土地、实现土地保障和自我保障的思想。太平天国颁布的《天朝田亩制度》，规定把一切土地分给全体农民，同时又规定农业生产采用一家一户的小生产经营方式，从中可以看出家庭保障和土地保障的浓厚思想。孙中山提出“平均地权”的纲领，将“耕者有其田”视为“民生主义”所要达到的目的，《国民政府建国大纲》第十一条规定：“土地之岁收，地价之增益，公地之生产，山林川泽之息，矿产水力之利，皆为地方政府之所有，而用以经营地方人民之事业及应育幼、养老、济贫、救灾、医病与夫种种公共之需。”[③]

三、中国传统保障措施

中国古代主要有仓储、调粟、赈济、养恤、蠲缓等传统保障措施。早在

---

① 转引自赵靖主编：《中国经济思想通史》第3册，北京大学出版社2002年版，第1209页。
② 叶世昌：《中国经济思想简史》（下册），上海人民出版社1980年版，第18页。
③ 《国民政府建国大纲》，http://fengfeiwu.bokee.com/3185523.html.

夏商周三代，中国社会福利史即已开端。[①] 孟子就提出了调粟救济灾民的主张，“河内凶，则移其民于河东，移其粟于河内。河东凶亦然。”[②]《周礼·大司徒》主张用借贷种子和粮食、减轻税赋等十二项措施救济灾荒，聚集万民。“以荒政十有二聚万民：一日散利，二日薄征，三日缓刑，四日弛力，五日舍禁，六日去几，七日眚礼，八日杀哀，九日蕃乐，十日多昏，十有一日索鬼神，十有二日除盗贼。”[③] 在春秋战国时期，各诸侯国为成一方霸业采取了一系列的社会保障措施，战国时期就已经开始施行粮食储备、赈济灾民的措施。自秦朝建立统一国家以来，中国历代王朝均把对社会弱势群体（即所谓鳏寡孤独贫病废疾之人）的救助看作政府的责任，从而较早地介入、予以干预，所以中国古代的社会保障在制度建设方面多有建树，屡见创新，社会保障制度的形成不仅时间较早，而且出现了法制化倾向。在中国古代社会保障发展史上，汉代具有创辟之功，宋代显承前启后之效，明、清两朝则集前朝之大成。[④] 汉代建立了常平仓制，至少在西汉时期，对老年人的物质救助已经常规化、制度化，如汉宣帝地节三年（前 67）春三月下诏：“鳏寡孤独、高年贫困之民，朕所怜也。前下诏假公田，贷种、食。其加赐鳏寡孤独、高年帛。二千石严教吏谨视遇，毋令失职。”[⑤] 魏晋南北朝时期，设立了六疾馆与孤独园等专门收养机构，隋代创立了义仓制，对鳏寡孤独不能自存者，量加赈济。义夫节妇，旌表门闾。高年之老，加其版授，并依别条，赐以粟帛。笃疾之徒，给侍丁者，虽有侍养之名，曾无赒赡之实，明加检校，使得存养。[⑥] 唐代武周长安年间（公元 701 ~ 704 年），出现了“矜孤恤穷，敬老养病”的悲田养病坊；宋朝社会救济事业的发达堪称空前绝后，各种救助鳏寡孤独、废疾贫困的机构种类更多，规模更大。[⑦] 北宋初年，在京城开封设置东、西福田

① 王子今，刘悦斌，常宗虎：《中国社会福利史》，中国社会出版社 2002 年版，第 25 页。

② 金良年：《孟子译注》，古籍出版社 2006 年版，第 4 页。

③ 杨天宇：《周礼注译》，古籍出版社 2004 年版，第 153 页。

④ 王卫平，黄鸿山：《中国古代传统社会保障与慈善事业》，群言出版社 2005 年版，第 9 - 10 页。

⑤ 同上书，第 37 - 38 页。

⑥ 王子今，刘悦斌，常宗虎：《中国社会福利史》，中国社会出版社 2002 年版，第 155 - 156 页。

⑦ 王卫平，黄鸿山：《中国古代传统社会保障与慈善事业》，群言出版社2005 年版，第 43 页。

后备基金或保险基金”。剩下的才能用作消费资料，在把这部分进行分配之前，还得扣除“第一，和生产没有关系的一般管理费用。……第二，用来满足共同需要的部分……第三，为丧失劳动能力的人等等设立的基金”。[①] 马克思、恩格斯的人的需求和再生产理论，是建立具有中国特色社会保障制度的重要理论基础，恩格斯提出的“扣除”理论，则直接论述了社会保险基金的分配前扣除。

二、列宁的社会保障理论

列宁继承和发展了马克思主义的再生产学说，指出“社会产品的第一部类（生产资料的制造）能够而且应当比第二部类（消费品的制造）发展得快。但是决不能由此得出结论说，生产资料的生产可以完全不依赖消费品的生产而发展，也不能说二者毫无联系。……生产消费（生产资料的消费）归根到底总是同个人消费联系着，总是以个人消费为转移的”。[②] 列宁创建了人类历史上第一个社会主义国家，在苏联建立了生产资料公有制和高度的计划经济体制。列宁提出了著名的国家保险学说，指出“最好的工人保险形式是国家保险。这种保险是根据下列原则建立的：（1）工人在下列一切场合（伤残、疾病、年老、残废；女工还有怀孕和生育；养育者死后所遗寡妇和孤儿的抚恤）丧失劳动能力，或因为失业失掉工资时国家保险都要给工人以保障；（2）保险要针对一切雇佣劳动者及其家属；（3）对一切被保险者都要按照补助全部工资的原则给予补助，同时一切保险费都由企业主和国家负担；（4）各种保险都由统一的保险组织办理。这种组织应按区域或被保险者完全自理的原则建立。”[③] 列宁的国家保险学说系统地阐述了完整的社会保障体系，苏联按照这一理论体系，建立了与计划经济体制相适应的国家保障的社会保障模式。这一模式在社会主义阵营有广泛而深远的影响。东欧和中国等社会主义国家纷纷学习老大哥的经验，普遍采取了低水平的国家保障模式。

---

① 《马克思恩格斯选集》第三卷，人民出版社1972年版，第9、10页。

② 《列宁全集》第4卷，人民出版社1958年版，第44页。

③ 《列宁全集》第17卷，人民出版社1958年版，第149页。

三、毛泽东的社会保障理论

毛泽东同志没有对社会保障做过专门的论述，主要设想靠建立社会主义制度，提高人民的生活水平，保障人民群众的基本生活。他主张在农村进行土地改革，实现耕者有其田，通过土地提供相应的保障。

早在大革命时期，中国共产党就提出了土地革命的主张；第一次国共合作失败以后，中国共产党独立领导了土地革命，实行“打土豪、分田地”，解决农民的土地问题；抗日战争爆发以后，随着第二次国共合作和抗日民族统一战线的建立，中国共产党调整了土地政策，停止没收地主土地，改为“减租减息”，让农民得到更多的利益；解放战争时期，在解放区实行了土地改革，1946 年 5 月 4 日，中共中央发出《关于土地问题的指示》，改变党在抗日战争时期的土地政策，由“减租减息”改为没收地主土地分配给农民；1947 年制订《中国土地法大纲》，强调“彻底平分土地”；1947 年 12 月，在中共中央召开的会议上通过了毛泽东同志《关于目前形势和我们的任务》的报告和为中共中央起草的对党内的指示，提出了新民主主义革命的三大经济纲领：“没收封建阶级的土地归农民所有，没收蒋介石、宋子文、孔祥熙、陈立夫为首的垄断资本归新民主主义的国家所有，保护民族工商业。”①

早在新中国成立以前，中国共产党就确立了引导农民走合作化道路的方针，新中国成立以后，毛泽东同志倡导大办合作社，通过富户带穷户，不仅包含了依靠土地保障的设想，也体现了一定的社会保障思想。从 1951 年开始，毛泽东同志主持制定了第一个农业互助合作决议，并要求全党要把农业互助合作“当作一件大事去做”。1952 年，中共中央作出了《中央人民政府政务院关于 1952 年农业生产的决定》，对农业互助合作运动作了具体安排，要求“在全国范围内，应普遍大量发展简单的、季节性的劳动互助组；在互助运动有基础的地区，应推广常年定型的、农副结合的互助组；在群众互助经验丰富而又有较强骨干的地区，应有领导、有重点地发展土地入股的农业

① 《毛泽东选集》第四卷，人民出版社 1968 年版，第 1149 页。

生产合作社。"① 土地改革完成以后，农民得到了赖以生存的生产资料，但农村形成了个体经济，而且保留了土地私有和自由转让，发生贫富分化。1953年中共中央召开了第三次农业互助会议，会议前和会议期间，毛泽东两次同中央农村工作部负责人谈话，指出"现在农民卖地，这不好。法律不禁止，但我们要做工作，阻止农民卖地。办法就是合作社。互助组还不能阻止农民卖地，要合作社，要大合作社才行"，要求对农业合作社"既要办多，又要办好，积极领导，稳步发展"。② 1955年毛泽东同志在省市自治区党委书记会议上作了《关于农业合作化问题》的报告，批评了对合作化运动的不同认识，并将其比喻为"小脚女人"走路，指出"全国大多数农民，为了摆脱贫困，改善生活，为了抵御灾荒，只有联合起来，向社会主义大道前进，才能达到目的"，"号召农民进一步地联合起来，组织大型的完全社会主义性质的农业生产合作社"，③ 并预言全国性的社会主义改造高潮将在农村中出现。在农业合作化过程中，毛泽东就提出了办"大社"的设想，高级社发展起来之后，他极力主张尽快向人民公社过渡，发出了"人民公社好"的号召，认为"一大二公"、"政社合一"的人民公社是向共产主义过渡的最好形式。毛泽东主张走人民公社化道路，除其他因素之外，也包括了巩固土改成果，依靠土地和集体为全民提供更好的保障的思想轨迹。然而历史证明，人民公社运动是"左"倾指导思想的产物，是"大跃进"运动的必然结果，它所造成的后果是严重的，教训是深刻的。

四、邓小平的社会保障理论

邓小平建设有中国特色社会主义理论是马克思主义发展的新阶段，是建立具有中国特色的社会保障制度的重要理论基础。

（一）社会主义本质和根本任务的理论

邓小平同志认为社会主义社会的基本矛盾仍然是生产关系和生产力之间

① 武力，郑有贵主编：《解决"三农"问题之路—中国共产党"三农思想政策史"》，中国经济出版社2004年版，第311页。

② 《毛泽东选集》第五卷，人民出版社1977年版，第117、124、179页。

③ 《毛泽东选集》第五卷，人民出版社1977年版，第179、185页。

的矛盾，我们的生产力发展水平很低，远远不能满足人民和国家的需要，这就是我们目前时期的主要矛盾；并认为社会主义的本质就是解放和发展生产力，提出了贫穷不是社会主义的著名论断。邓小平同志指出："发挥社会主义的优越性，归根到底是要大幅度发展社会生产力，逐步改善、提高人民的物质生活和精神生活。"只有在发展生产力的基础上才能够逐步增加人民群众的收入，"逐步改善人民的生活，提高人民的收入，必须建立在发展生产的基础上。多劳多得，也要照顾整个国家和左邻右舍。"① 早在1978年邓小平在中共中央工作会议闭幕会上所作的《解放思想，实事求是，团结一致向前看》的讲话中就指出，要把劳动者的个人收入和集体福利增加了多少，作为衡量各条战线的各级党委善不善于领导的标准。"社会主义经济政策对不对，归根结底要看生产力是否发展，人民收入是否增加。这是压倒一切的标准。""社会主义的本质，是解放生产力，发展生产力，消灭剥削，消除两极分化，最终达到共同富裕。"② 社会保障制度同社会主义本质和根本任务的要求是一致的，生产力的发展为建立社会保障制度，提高人民生活水平提供了物质基础，社会保障制度的建立为促进生产力的发展，保障人民群众的生活，实现共同富裕提供了基本社会制度保证。

（二）共同富裕理论

邓小平同志认为社会主义必须坚持按劳分配，鼓励一部分人和一部分地区先富起来。他同时指出"我们提倡按劳分配，承认物质利益，是要为全体人民的物质利益奋斗。"③ 他把共同富裕作为社会主义的根本原则，提出"一个公有制占主体，一个共同富裕，这是我们必须坚持的一个社会主义的根本原则。"他认为"社会主义的目的就是要全国人民共同富裕，不是两极分化。如果我们的政策导致两极分化，我们就失败了……"④ 把是否实现共同富裕作为检验社会主义建设和改革的重要标准。邓小平同志还提出了实现共同富裕的战略步骤。早在20世纪80年代，邓小平就提出了"两个大局"的构想，

① 《邓小平文选》第二卷，人民出版社1994年版，第251、258、314页。
② 《邓小平文选》第三卷，人民出版社1993年版，第373页。
③ 《邓小平文选》第二卷，人民出版社1994年版，第337页。
④ 《邓小平文选》第三卷，人民出版社1993年版，第110、111页。

在南方谈话中又作了进一步的明确和具体化，“一部分地区有条件先发展起来，一部分地区发展慢点，先发展起来的地区带动后发展的地区，最终达到共同富裕。……解决的办法之一，就是先富起来的地区多交点利税，支持贫困地区的发展”,[①] 并提出了实现共同富裕的具体设想，在达到小康水平的时候就要突出解决这个问题。共同富裕理论不仅为建立和完善社会保障制度提出了目标要求，而且还为制定社会保障制度建立和实施的时间表提供了理论依据。

（三）社会主义初级阶段理论

1981 年 6 月，党的十一届六中全会做出了“我们的社会主义制度还是处于初级的阶段”的正确判断。1986 年 9 月，党的十二届六中全会进一步指出“我国还处在社会主义初级阶段。”党的十三大召开前夕，邓小平在向外宾介绍时说：“我们党的十三大要阐述中国社会主义是处在一个什么阶段，就是处在初级阶段，是初级阶段的社会主义。社会主义本身是共产主义的初级阶段，而我们中国又处在社会主义的初级阶段，就是不发达的阶段。一切都要从这个实际出发，根据这个实际来制订规划。”[②] 1987 年召开的党的十三大，系统论述了中国社会主义初级阶段的问题，并把初级阶段理论作为整个十三大报告的立论基础，要求我国经济建设、党的建设和各项经济政治体制改革都要从社会主义初级阶段的国情出发。党的十四大对邓小平建设有中国特色社会主义理论作了高度评价和系统概括，论述了社会主义初级阶段理论是建设有中国特色社会主义理论的重要内容，并在这个理论体系中处于基础地位。1997 年党的十五大进一步强调我国现在处于并将长期处于社会主义初级阶段，对我国社会主义初级阶段的基本特征、发展进程、主要矛盾和根本任务等作了更加系统的论述。[③] 十五大报告指出：“面对改革攻坚和开创新局面的艰巨任务，我们解决种种矛盾，澄清种种疑惑，认识为什么必须实行现在这样的路线和政策而不能实行别样的路线和政策，关键还在于对所处社会主义初级

① 《邓小平文选》第三卷，人民出版社 1993 年版，第 374 页。
② 《邓小平文选》第三卷，人民出版社 1993 年版，第 252 页。
③ 郑必坚，龚育之，杨春贵，李君如主编：《邓小平理论基本问题》，人民出版社 2002 年第 2 版，第 92 - 93 页。

阶段的基本国情要有统一认识和准确把握。”① 中国长期处于社会主义初级阶段，这是中国最大的国情，社会保障的范围和水平，必须同社会主义初级阶段的国情相适应。

（四）现代化发展战略理论

作为中国社会主义建设的总设计师，邓小平为中国现代化事业的发展设计了分三步走的战略目标。早在1979年12月，邓小平会见日本首相大平正芳时就论述了中国要实现的四个现代化是“小康之家”，设想到20世纪末，争取国民生产总值每人平均达到一千美元，算做小康水平。党的十二大制订了中国社会主义现代化分两步走，到20世纪末实现全国工农业总产值翻两番，人民物质生活达到小康水平的战略目标，并分前八年和后十年两步走，实现这一战略目标。之后，在1980年1月中央召集的干部会议、1984年10月中顾委第三次全体会议、1985年9月中国共产党全国代表会议、1986年6月会见荣氏亲属回国观光团、1987年3月会见坦桑尼亚总统姆维尼、1987年4月会见香港特别行政区基本法起草委员会委员等不同的时期，邓小平多次论述了翻两番和分三步走的战略目标，1987年4月在会见西班牙客人时作了全面阐述：“我们原定的目标是，第一步在八十年代翻一番。以一九八〇年为基数，当时国民生产总值人均只有二百五十美元，翻一番，达到五百美元。第二步是到本世纪末，再翻一番，人均达到一千美元。实现这个目标意味着我们进入小康社会，把贫困的中国变成小康的中国。那时国民生产总值超过一万亿美元，虽然人均数还很低，但是国家的力量有很大增加。我们制定的目标重要的还是第三步，在下世纪用三十年到五十年再翻两番，大体上达到人均四千美元。做到这一步，中国就达到中等发达的水平。这是我们的雄心壮志。”② 按照邓小平同志的构想，党的十三大对分三步走的战略目标进行了安排部署。邓小平关于分三步走的战略部署把中国的社会主义现代化建设作了阶段性划分，体现了总体目标和发展阶段的统一。社会保障制度的建立也不可能一蹴而就，必须分步走，同经济发展水平相适应，与社会主义建设不同

① 江泽民：《高举邓小平理论伟大旗帜，把建设有中国特色社会主义事业全面推向二十一世纪》，载《中国共产党第十五次全国代表大会文件汇编》，人民出版社1997年版，第15页。

② 《邓小平文选》第三卷，人民出版社1993年版，第226页。

阶段相衔接。

（五）社会主义市场经济理论

早在1979年，邓小平同志在会见美国不列颠百科全书出版公司编委会副主席吉布尼和加拿大麦吉尔大学东亚研究所主任林达光时就指出："说市场经济只存在于资本主义社会，只有资本主义的市场经济，这肯定是不正确的。社会主义为什么不可以搞市场经济，这个不能说是资本主义。我们是计划经济为主，也结合市场经济，但这是社会主义的市场经济。"① 这以后，他多次强调"社会主义和市场经济之间不存在根本矛盾。"他认为，计划和市场都是方法，只要对发展生产力有好处都可以利用。主要看它是为社会主义还是为资本主义服务，资本主义与社会主义的区别不在于是计划还是市场这样的问题。1992年初，邓小平在南方谈话中对计划和市场作了精辟的概括："计划多一点还是市场多一点，不是社会主义与资本主义的本质区别。计划经济不等于社会主义，资本主义也有计划；市场经济不等于资本主义，社会主义也有市场。计划和市场都是经济手段。"② 按照邓小平理论的基本思想，党的十四届三中全会提出了构建社会主义市场经济体系的框架，并把社会保障制度作为社会主义市场经济体系的重要组成部分。同时，提出建立多层次的社会保障制度，为城乡居民提供同我国国情相适应的社会保障。现代社会保障制度是市场经济的必然要求。新中国成立以后，中国按照苏联的模式建立了高度的计划经济体制，同时，也建立了与之相适应的社会保障体系。高度的计划经济体系束缚了中国经济的发展，也造就了人们僵化的观念。建立社会主义市场经济体制，必然要求建立与之相适应的社会保障制度，这就从理论上和实践上要求进行社会保障制度改革，完善社会保障体系建设。

五、"三个代表"重要思想中的社会保障理论

以江泽民同志为核心的中国共产党的第三代领导集体，继承和发展了马克思主义，科学总结了建设有中国特色社会主义的基本经验，根据我们党新

① 《邓小平文选》第二卷，人民出版社1994年版，第236页。
② 《邓小平文选》第三卷，人民出版社1993年版，第148、373页。

时期历史任务和面临的新形势、新挑战，提出了“三个代表”重要思想。“三个代表”重要思想是我们党进入21世纪的行动纲领，其中包含了丰富的社会保障理论。

江泽民同志2000年在广东考察工作时第一次提出了“三个代表”重要思想。2001年7月江泽民同志在庆祝中国共产党建党八十周年大会上的讲话中对“三个代表”重要思想进行了全面论述：“必须始终代表中国先进生产力的发展要求，代表中国先进文化的前进方向，代表中国最广大人民的根本利益。”① 党的十六大正式把“三个代表”写入《中国共产党章程》，确立为我们党的指导思想。江泽民同志在十六大报告中全面阐述了贯彻“三个代表”重要思想的总体要求，指出：“贯彻‘三个代表’重要思想，关键在坚持与时俱进，核心在坚持党的先进性，本质在坚持执政为民。”② 坚持“三个代表”重要思想，立党为公，执政为民是我们党的立党之本、执政之基、力量之源。贯彻“三个代表”重要思想，必须使全党始终保持与时俱进的精神状态，不断开拓马克思主义理论发展的新境界；必须把发展作为党执政兴国的第一要务，不断开创现代化建设的新局面；必须最广泛最充分地调动一切积极因素，不断为中华民族的伟大复兴增添新力量；必须以改革的精神推进党的建设，不断为党的肌体注入新活力。

贯彻“三个代表”重要思想是中国共产党的先进性的具体体现。江泽民同志指出：“党的先进性是具体的、历史的，必须放到推动当代中国先进生产力和先进文化的发展中去考察，放到维护和实现最广大人民根本利益的奋斗中去考察，归根到底要看党在推动历史前进中的作用。”③ 代表最广大人民群众的根本利益，是“三个代表”的出发点和落脚点。江泽民、朱镕基等中国共产党的第三代领导人十分重视社会保障制度建设，江泽民同志指出，“初次

① 江泽民：《论“三个代表”》，中央文献出版社2001年版，第152页。

② 江泽民：《全面建设小康社会，开创中国特色社会主义事业新局面——在中国共产党第十六次全国代表大会上的报告》，载《中国共产党第十六次全国代表大会文件汇编》，人民出版社2002年版，第11页。

③ 江泽民：《全面建设小康社会，开创中国特色社会主义事业新局面——在中国共产党第十六次全国代表大会上的报告》，载《中国共产党第十六次全国代表大会文件汇编》，人民出版社2002年版，第13页。

分配注重效率，发挥市场的作用，鼓励一部分人通过诚实劳动、合法经营先富起来。再分配注重公平，加强政府对收入分配的调节职能，调节差距过大的收入。……以共同富裕为目标，扩大中等收入者比重，提高低收入者收入水平”,[①] 并对建立健全同经济发展水平相适应的社会保障体系，千方百计扩大就业，改善人民生活作了充分的论述。朱镕基对提高人民生活和完善社会保障制度、切实做好确保国有企业下岗职工基本生活保障和企业离退休人员养老金按时足额发放的“两个确保”等工作，都作过深刻的论述，在《关于制定国民经济和社会发展第十个五年计划建议的说明》中要求“要把加快形成独立于企业事业单位之外、资金来源多元化、保障制度规范化、管理服务社会化的社会保障体系，作为一项重大任务抓紧抓好。”建立健全具有中国特色的社会保障制度，是“三个代表”的内在要求，符合最广大人民群众的根本利益。

六、科学发展观与“和谐社会”的社会保障理论

进入21世纪以后，我国进入了全面建设小康社会的历史时期，以胡锦涛为总书记的新一届中央领导集体，根据我们党面临的新形势和新时期的历史任务，提出了科学发展观和全面建设小康社会、构建社会主义和谐社会、建设社会主义新农村等一系列重大理论，进一步发展了邓小平建设有中国特色社会主义理论和“三个代表”重要思想，也极大地丰富了党的社会保障理论。

党的十六大确定了新世纪全面建设小康社会的宏伟目标，要在本世纪头20年集中力量，全面建设惠及十几亿人口的更高水平的小康社会，使经济更加发展、民主更加健全、科教更加进步、文化更加繁荣、社会更加和谐、人民生活更加殷实。经过这个阶段的建设，再继续奋斗几十年，到本世纪中叶基本实现现代化，把我国建成富强民主文明的社会主义国家。为实现新时期的战略目标，党的十六届三中全会提出坚持以人为本，树立全面、协调、可持续的发展观，促进经济社会和人的全面发展，按照统筹城乡发展、统筹区

---

① 江泽民：《全面建设小康社会，开创中国特色社会主义事业新局面——在中国共产党第十六次全国代表大会上的报告》，载《中国共产党第十六次全国代表大会文件汇编》，人民出版社2002年版，第27－28页。

域发展、统筹经济社会发展、统筹人与自然和谐发展、统筹国内发展和对外开放的要求推进各项事业的改革发展。党的十六届四中全会提出了“和谐社会”的概念，从“形成全体人民各尽其能、各得其所而又和谐相处的社会，是巩固党执政的社会基础、实现党执政的历史任务的必然要求”的高度认识构建和谐社会的重要意义，把构建社会主义和谐社会的能力作为当前和今后一个时期加强党的执政能力建设的主要任务之一，并要求“坚持最广泛最充分地调动一切积极因素，不断提高构建社会主义和谐社会的能力。”党的十六届五中全会把推进社会主义和谐社会建设和社会主义新农村建设作为国民经济和社会发展第十一个五年规划的重要目标和重大历史任务。胡锦涛同志将和谐社会的基本特征归纳为“民主法治、公平正义、诚信友爱、充满活力、安定有序、人与自然和谐相处”；指出新农村建设的内容包含“生产发展、生活宽裕、乡风文明、村容整洁、管理民主”等各个方面，涵盖了整个“三农”工作。2006 年 10 月召开的党的十六届六中全会做出了《中共中央关于构建社会主义和谐社会若干重大问题的决定》，明确提出“社会和谐是中国特色社会主义的本质属性，是国家富强、民族振兴、人民幸福的重要保证。”[①] 把构建社会主义和谐社会作为贯穿中国特色社会主义事业全过程的长期历史任务和全面建设小康社会的重大现实课题进行安排部署，要求必须坚持以经济建设为中心，把构建社会主义和谐社会摆在更加突出的地位，提出构建社会主义和谐社会的指导思想、目标任务和原则，要求以解决人民群众最关心、最直接、最现实的利益问题为重点，提出了到 2020 年，要完成九项目标任务，努力形成全体人民各尽其能、各得其所而又和谐相处的局面，坚持以人为本，发展成果由人民共享，促进人的全面发展。

构建社会主义和谐社会和建设社会主义新农村是全面建设小康社会的客观要求。按照科学发展观的要求，坚持以人为本，注重社会公平，加大调节收入分配的力度，努力缓解地区之间和部分社会成员收入分配差距扩大的趋势，是新时期构建和谐社会的重要内容。构建社会主义和谐社会和建设社会

① 《中共中央关于构建社会主义和谐社会若干重大问题的决定》辅导读本，人民出版社 2006 年版，第 1 页。

主义新农村总体目标要求是一致的。社会成员之间收入分配差距在城乡之间尤其突出，构建和谐社会的难点在于城乡的和谐，建设社会主义新农村，生产发展是关键，生活宽裕是目的，经济社会发展的最终目的是提高人民群众的生活水平，促进人的全面发展。建立健全农村社会保障制度，让社会保障的阳光照耀到农村，让全体国民共同享受社会保障制度的优越性，是科学发展观的内在要求，是构建社会主义和谐社会和建设社会主义新农村的应有之义，既是重要保证，又是主要目的。

第二章　国外农村社会保障制度的比较研究

在世界范围内，现代社会保障制度的建立已经有120多年的历史，不同类型的保障模式，对我国的社会保障制度建设都将起到积极的借鉴和促进作用。我们在学习借鉴国外社会保障制度，构建我国的社会保障体系的过程中，既要学习成功经验，又要尽量避免和减少存在的问题和弊端，特别要把握改革和发展的趋势。

第一节　国外社会保障制度的模式分析

现代社会保障制度主要包括社会救助、社会保险、社会福利，社会救助是较低层次，社会保险是核心内容，社会福利是最高层次，三者互为补充。社会保障方式是与一定的生产方式相适应的，现代社会保障制度是工业化的必然产物。随着生产力的发展，人类社会进入工业化时期，实现了生产方式的社会化，必然要求社会保障的社会化，所以，现代社会保障制度最早诞生于实现了工业化的资本主义国家。国内学者普遍把1883年德国颁布《疾病保险法》、建立起医疗保险制度作为现代社会保障制度建立的标志。德国在1883年建立医疗保险制度以后，分别于1884年和1889年先后建立工伤保险和养老保险制度。德国建立社会保障制度以后，为西方各国普遍接受，也先后建立了社会保障制度。在第二次世界大战以后，现代社会保障制度在世界范围内取得了快速的发展，并逐步扩大到农村，覆盖全体国民，在很多国家已经建成了比较完备的社会保障制度。战后的英国按照《贝弗里奇报告》所提出的社会保险和相关服务项目，构建了面向全体国民的一整套"从摇篮到坟墓"的社会福利计划，并率先宣布建成福利国家。此后，丹麦、瑞典等北欧国家和美国、日本、澳大利亚等国也宣布建成福利国家。把世界各国社会保障模式进行比较分析，大致可分为以下四种模式：

一、福利国家型

福利国家型的社会保障是依据福利经济学的基本观点，根据《贝弗里奇报告》提出的社会保障和社会服务计划构建的社会保障体系，其特点是构建“从摇篮到坟墓”的全面保障和福利，社会保障资金主要来源于一般税收，个人基本不缴纳费用，主要由国家进行补贴，按照统一的标准进行支付。实行福利国家型的主要有英国等英联邦国家，以及瑞典等北欧国家。福利国家型的保障模式为公民提供了全面的保障和服务，但也带来了一系列的问题，高福利既给政府财政带来了沉重的负担，也养了一批“懒汉”，影响了经济发展的速度。福利国家纷纷寻求改革，削减福利计划，改革管理方式，但收效甚微。

二、社会保障型

社会保障型的保障是从“人人为大家，大家为人人”的思维模式出发，兼顾效率与公平，强制规定主要由雇主和雇员按比例缴纳社会保险基金，并享受相应的保障待遇，国家给予适当补贴，并主张只保障基本生活，强调个人在社会保障中的义务和权利的统一。美国、德国、日本等大多数国家的社会保障制度均属社会保障型。这一模式较好地处理了国家、雇主和个人三方面的关系，越来越受到更多国家的重视和青睐。目前，我国的城镇社会保险体制也主要借鉴了这一方式，但其中也有很多问题需要进一步探讨和完善。

三、储蓄保障型

储蓄保障型的社会保障是国家基本不承担社会保险的责任，强制劳动者和雇主按规定缴纳相关费用，计人劳动者个人账户，不进行社会统筹，在遭受年老、失业、疾病等风险时，方能动用。雇员享受的社会保障待遇，完全取决于雇主和雇员缴纳的费用并在个人账户中积累的数额，主要有新加坡、马来西亚、印度尼西亚、智利等东南亚和非洲、拉美的一些国家实行储蓄保障模式。在其中最有代表性的是新加坡的中央公积金制度和智利的私有化运作。这一制度主要是建立在高工资的基础上，而且完全免去了政府在社会保障中的义务，实施的国家有各自的特殊性，如新加坡国土面积较小，城市化率高，经济发展比较均衡等等，智利的资金管理和运营模式值得探索和研究，但其中也蕴藏着极大的风险，我国不宜照抄照搬和随意模仿。

四、国家保障型

国家保障型的社会保障是由国家和企业承担全部费用，对劳动者的生、老、病、死等给予全面保障，个人不需要承担和缴纳相关费用，主要存在于苏联等社会主义国家。一方面国家和企业承担了过宽的保障责任，带来财政的沉重负担，同时也存在保障面过窄、平均主义等问题。我国在计划经济时期，基本上是全部按照苏联模式建立的社会保障制度。实践已经证明，这一模式同社会主义市场经济体制是不相适应的。

实际上，从20世纪70年代以后，各国都在对社会保障制度进行必要的改革，各种类型的保障制度之间互相借鉴、互相渗透，很多国家都普遍建立多支柱、多层次的社会保障体系，除建立普遍的国民养老保险和医疗保险之外，还建立行业或企业年金，以及个人自愿参加的养老和医疗保障等。

第二节　国外农村社会保障制度的变迁

考察西方国家现代社会保障制度的变迁和发展，各国的情况不尽完全相同，但可以发现，社会保障制度建立的初期，并没有惠及全体国民，主要是覆盖雇佣劳动者，农村现代社会保障制度是在社会保障制度的建立和完善过程中逐步实现覆盖和完善的。因为，现代社会保障制度的建立是由综合因素促成的。一是工业化的发展和资本主义生产方式的确立，必然伴随着对农民土地的剥夺，一方面把农民从小生产和土地的束缚中解放出来，成为可以自由出卖劳动力的无产者，工人可以自由地迁徙；另一方面工业化带来了生产方式的社会化，雇佣劳动者在自由出卖劳动力和自由迁徙过程中，伴随年老、疾病、失业、伤残、死亡等现象，由于他们失去了传统的土地保障，必然要求社会化的保障方式。二是与各国的社会矛盾的尖锐程度特别是无产阶级和资产阶级斗争的结果息息相关。这就是现代社会保障制度没有在英国、法国等老牌资本主义国家最早建立，而是在相对落后的德国率先建立的原因。资产阶级革命首先开始于英法等国，这些国家在世界范围内最早建立资本主义制度，工业化程度和资本主义生产方式最为发达，但由于马克思主义于19世纪中叶以后在德国广泛传播，唤起了德国工人阶级的觉醒，工人阶级开始走向政治舞台，广泛开展了同资产阶级的斗争，资产阶级为了维护自身的统治，从长治久安的角度出发，通过建立社会保障制度来缓和同工人阶级的矛盾，在世界上首先推出疾病保险制度。三是社会保障制度必须依赖于经济实力的增加和社会财富的积累，在制度建立的初期，总是优先解决最迫切的问题，然后再逐步扩大范围。

杨翠迎博士对各国城乡社会保障制度建立的时间差作过深入的考察。德国是世界上最早建立正式社会保障制度的国家，早在1883年就颁布了《疾病保险法》，为工人建立了社会医疗保险制度，直到1957年才建立农村社会养老保险制度，其间经历了74年时间。日本在1941年开办了厚生年金保险制度，1971年建立了农村社会养老保险制度，其时间差为30年，而日本的城乡社会医疗制度建立的时间差为34年。美国在1935年开办职工养老保险，直到1990年才全面建立了农村社会养老保险制度，时间差为55年，但美国自1965年建立了城市社会医疗保险制度后，至今仍没有专门的农村社会医疗保险制度。当然，美国的情况可能比较特殊，因为美国人“强调个人自由，注重个人选择”。这点，我们从美国社会保障制度的发展，就能窥见其并不崇尚福利国家的做法。加拿大城乡社会养老保险制度的时间差为63年，波兰为50年，而中国的台湾地区也有44年。

各国和地区城乡社会养老保险制度的时间差较长，而社会医疗保险制度的时间差却相应较短，这可能与医疗保障的紧迫性和现实性有关。这种城乡社会保障制度建立的时间差表明，农村社会保障制度滞后于城市社会保障制度是社会经济发展的普遍现象，时间差的长短与各国社会、经济、人口状况等因素有关。① 杨翠迎博士还认为，各国建立农村社会保障制度时，农业产值占GDP的比重大约在15%以下，农业劳动力结构份额大约在20%以下；农业人口比重大约在40%以下，且正面临人口老龄化的高峰；人均GDP大都在2000美元（当年汇率）以上。② 由于农村居民有属于自己的土地，不仅从土

① 杨翠迎：《中国农村社会保障制度研究》，中国农业出版社2003年版，第67页。
② 同上书，第21页。

地上可以获得收益，得到相当程度的保障，而且，当遭遇疾病、年老、死亡的时候，还可以将自己的土地进行出售，从土地出售收入中获得必要的保障，因此，各国的农村社会保障水平有比较大的差异，特别是养老保险制度方面较为明显。根据林义教授的研究，按不同的保障标准类型划分，有收入补充型和收入替代型，收入补充型即农村养老保险给付的养老金仅作为农民老年生活的补充收入，若要维持其退休前的生活水平，除养老金之外还需要有其他的收入来源。收入替代型即农村养老保险给付的养老金可以基本上满足农民的退休生活需要。相对而言，两种养老保险模式的差异之处在于其替代率的不同，前者替代率较低，后者较高。从世界范围来看，芬兰等受贝弗里奇报告深深影响的北欧福利国家基本上都将其农村养老保险水平定位为收入替代型，因为这些国家基本上都采取全民养老金制度。即使存在城市和农村养老保险制度之别（如芬兰），农村养老保险收入替代率也与其他行业大致相等。另外，一些受英国影响的英联邦国家也是如此，如加拿大、澳大利亚等。除此之外的其他欧洲国家基本上都将其农村养老保险保障水平定位为收入补充型，如德国、奥地利、法国、波兰、希腊等。这些国家的农村养老保险收入替代率低于其他行业，大多只达到最低生活保障水平，有的甚至还没有达到，因而带有很大的社会救济色彩，如奥地利农民养老金平均水平是全社会最低的，波兰农民养老金仅与最低生活保障水平持平，希腊农民的最低养老金水平比贫困线还低得多（Symeomdou，1997）。尽管不少曾经属于英国殖民地的非洲、南美国家都受到了贝弗里奇报告的影响，但由于经济水平普遍较低，自然也就难以为农民提供较高的养老金待遇，以前养老金水平大多维持在最低生活保障水平之下，近年来逐步提高到最低生活保障水平一线，比如毛里求斯、纳米比亚、巴西、阿根廷等。亚洲国家除日本、新加坡等经济发达国家以外，其他发展中国家、转轨国家的农村养老金替代率也普遍较低。所以，大多数国家的农村养老保险制度在保障水平方面都有别于城镇养老保险制度，更多是定位为收入补充型，而非收入替代型。①

① 林义：《农村社会保障的国际比较及启示研究》，中国劳动社会保障出版社2006年版，第12－13页。

从农村社会保障制度的资金来源来看，社会保障资金存在非缴费型和缴费型两种模式，非缴费型的特点是国家通过一般税收筹集并支付社会保障资金，而不是通过雇主和雇员缴纳社会保险费进行筹集，并从保险基金中进行支付。非缴费型社会保障覆盖面较宽，不论是否参加社会保险，都在覆盖范围之内。缴费型主要是指社会保险而言，特点是通过雇主和雇员共同缴费筹集社会保障资金，并从收缴的社会保险基金中进行支付，在其中又有差别，有的按照缴费水平进行给付，有的给付水平大于缴费水平。根据林义教授对农村养老保险的研究，目前，非洲、南美洲国家大多采取非缴费型农村养老保险制度，原因有二：一是这些国家农民收入水平本身就低，农民面临严重的贫困、医疗、养老问题，根本就难以负担缴纳养老保险费的义务；二是部分国家曾经属于英国殖民地，因而受到了贝弗里奇报告福利思想的影响。如南美的阿根廷、巴西、智利、乌拉圭、玻利维亚等国，非洲的博茨瓦纳、纳米比亚、南非、毛里求斯等国，其中南非和巴西是规模最大的非缴费型发展中国家。另外，大洋洲的英联邦国家也受到了贝弗里奇报告福利思想的影响，农村养老保险受益人也无须缴纳养老保险费，如澳大利亚、新西兰等。缴费型农村养老保险模式主要集中于欧洲大陆国家，如德国、波兰、法国、奥地利、希腊等，其主要原因在于这些国家大多受到了俾斯麦思想的影响，强调受益人的缴费义务。但是，从农村养老保险资金来源构成来看，农民缴费所占比例非常低，仅为10% －30%不等，政府补贴成为其主要来源。如德国、奥地利政府补贴为70%，希腊、波兰为90%，法国为30%，但还有58%是从其他行业的保障计划资金划拨过来。所以，发展中国家和英联邦国家的农村养老保险大多属于非缴费型，资金完全依赖于其他筹资方式。部分发达国家的农村养老保险属于缴费型，但缴费所占资金比例非常低，绝大部分都依赖于其他筹资方式。①

第三节　国外社会救助制度评介

国内学者对国外城乡社会保障制度的分析多数从社会保险制度入手，对

① 林义：《农村社会保障的国际比较及启示研究》，内部印刷，第13－14页。

社会救济和社会福利方面的分析还不够。笔者认为，在评价一个国家的社会保障制度时，应该将社会救助制度也纳入评价范围。各国的社会救助制度普遍包括一般救助、特定救助和专项救助等。一般救助是指对收入低于特定水平的群体提供现金或食物救济；特定救助是指给一些特定群体如老年人、儿童、残疾人等提供现金或食物救济，而这些人群的收入可能在最低收入水平之上；专项救济是指为一般救济对象和其他特定人群提供免费或有补助的物品或服务（如住房救助等），可以实物或现金的形式提供。在所有国家都存在贫困人口，社会救助在反贫困中的作用尤其明显。以美国为例，虽然美国的贫困发生率呈下降趋势（详见表2-1），但根据美国人口普查局1989年的调查统计，1988年，仍然有3200万人没有达到联邦政府作为贫困线而制定的最低收入（大约为基本生活食品预算的3倍）标准，占美国人口的13.1%，而且在不同的种族中，贫困状况有很大的差异。总体来说（详见表2-2），白人家庭的收入贫困率（7.9%）比黑人家庭（28.2%）或西班牙裔家庭（23.7%）要低。黑人与西班牙裔之间的贫困率差异与两种群体间不同的家庭类型分布有关——黑人中单身母亲家庭中约有49%低于收入贫困线。单身母亲家庭约占所有贫困黑人家庭的75.6%，约占贫困西班牙裔家庭的47.9%。[①] 儿童贫困与种族同样有密切联系，如表2-2所示，黑人和西班牙裔儿童的收入贫困率明显高于白人儿童的贫困率。1988年，高达31.6%的黑人儿童（每5个儿童有2个以上）生活在贫困中，西班牙裔儿童的贫困率为37.8%。[②] 实际上，在农村社会保险制度建立之前，西方国家普遍建立了覆盖全体国民的社会救济制度，并逐步发展成为比较完备的社会福利和救助体系，成为社会保障的重要支柱。而且，社会救助的资金主要由国家承担，社会救助支出在国内生产总值中占有一定的比重（详见表2-3）。

① ［美］迈克尔·谢若登：《资产与穷人——一项新的美国福利政策》，商务印书馆2005年版，第26、39-40页。

② 同上书，第30页。

表 2－1　家庭收入与贫困（1949－1985）①

年份	中位家庭收入*	官方贫困率%
1949	14021	34.3
1954	16678	27.3
1959	19993	22.4
1964	22783	19.0
1969	27680	12.1
1974	28145	11.2
1979	29029	11.7
1985	27735	14.0

资料来源：U. S. Bureau of the Census. Current Population Reports，SeriesP60，reported in Sheldon Danziger and Peter Gottschalk，1988－89. "IncreasingInequality in the United States：What We Know and What We Don't." Journalof Post Keynesian Economics 11（2），174－95. 1954 年收入贫困率以美国健康与人类服务部戈登·费希尔未发表的图表为依据。

*所有年份的中位家庭收入以 1985 年的美元指数报道。

表 2－2　不同种族人口与儿童收入贫困的比例（1979 年与 1988 年）②

总收入率	1979 年	1988 年
所有人	11.7	13.1
白人	9.0	10.1
黑人	31.0	31.6
西班牙裔人	21.8	26.8

① ［美］迈克尔·谢若登：《资产与穷人——一项新的美国福利政策》，商务印书馆 2005 年版，第 28 页。

② 同上。

续表

总收入率	1979 年	1988 年
儿童收入贫困率*		
所有人	16.2	19.6
白人	11.6	14.4
黑人	40.9	44.1
西班牙裔人	27.8	37.8

资料来源：u. s. Bureau of the Census，1989，“Money Income and Poverty Sta－tus in the United States：1988.” Current Population Reports，Series P－60，no. 166. Center on Budget and Policy Priorities，1989. “Poverty Rate and House－hold Income Stagnate as Rich－Poor Gap Hits Post－War－High.” Washington：Center on Budget and Policy Priorities，October.

＊18 岁以下的儿童。

表 2－3　1995 年 OECD 国家社会救助支出在国内生产总值中所占的百分比①

国家	一般救助 [1]	属于某种群体的救助 [2]	现金救助 [1] + [2]	住房救助 [3]	现金加住房救助 [1] + [2] + [3]
澳大利亚	0.4	9.4	9.5	0.5	9.1
奥地利	—	0.2	0.2	—	0.2
比利时	0.1	0.6	0.7	—	0.7
加拿大	1.8	0	1.8	—	1.8
丹麦	1.4	—	1.4	—	1.4
芬兰	0.5	—	0.5	0.6	1.1
法国	0.3	0.8	1.1	0.9	2.0

① 科林·吉列恩：《全球养老保障——改革与发展》，中国劳动社会保障出版社 2002 年版，第 86 页。

续表

国家	一般救助 [1]	属于某种群体的救助 [2]	现金救助 [1] + [2]	住房救助 [3]	现金加住房救助 [1] + [2] + [3]
德国	0.5	1.6	2.1	0.1	2.3
希腊[b]	—	0.1	0.1	—	0.1
冰岛	0.1	0.1	0.2	—	0.2
爱尔兰	0.3	4.8	5.1	—	5.1
意大利	0.2	1.1	1.3	—	1.3
日本	0.2	—	0.2	—	0.2
卢森堡	0.4	0.2	0.5	—	0.5
荷兰	0.8	1.4	2.2	—	2.2
新西兰	0.1	13.0	13.0	—	13.0
挪威	0.5	0.2	0.7	0.2	0.9
葡萄牙	—	0.5	0.5	—	0.5
西班牙	0.03	1.1	1.1	—	1.1
瑞典	0.63	—	0.6	0.6	1.2
瑞士	0.88	0	0.9	—	0.9
土耳其[c]	0.5	—	0.5	—	0.5
英国	2.4	0.2	2.7	1.6	4.2
美国	0.4	0.9	1.3	0.3	1.6

说明：由于四舍五入的原因，数字相加可能不等于总数。

一表示在该类中没有实质性的花费形式。

a1992 年的数据；b1988 年的数据；c1993 年的数据。

资料来源：数字、数据来自政府或者学术报告。

由于有比较完备的社会救助制度，基本生活等方面遇到特殊困难的可以从社会救助体系得到相应的物质帮助，仅从OECD国家老年社会救助受益人口进行分析（详见表2-4），澳大利亚所占比例最高，已达到8.8%，如果加上其他受助人群，所占的比例还要更高。在同等条件下，社会救助同社会保险和社会福利之间存在此消彼长的关系，社会保险制度比较完善，覆盖面较广，支付标准较高，按替代型标准设计，以及社会福利水平比较高的国家，享受社会救助的群体会相对较低，反之，社会保险制度覆盖面较窄，支付标准较低，按补充型标准设计，以及社会福利水平相对较低的国家，享受社会救助的群体比例较高。即使是社会保险制度比较完善、社会福利水平较高的国家，仍然存在相对贫困的问题，社会救助制度的功能仍然是不可替代的。

表2-4　1995年OECD国家老年社会救助受益人占总人口、老年总人口比例和社会救助申请者占总人口的比例①

国家	占总人口比例（%）	占老年人口比例（%）	占申请社会救助人口比例（%）
澳大利亚	8.8	—	46.9
奥地利	3.4（1993年）	—	—
比利时	1.1	6.7（1994年）	30.0（1994年）
加拿大	0.2	—	2.3
丹麦	—	0.2	—
芬兰	0.3	2.6	4.8
法国[a]	2.2	—	21.7
德国	0.6	—	18.3

① 科林·吉列恩等编：《全球养老保障——改革与发展》，中国劳动社会保障出版社2002年版，第87页。

续表

国家	占总人口比例（%）	占老年人口比例（%）	占申请社会救助人口比例（%）
希腊	0.3（1993年）	—	4.1（1992年）
冰岛	6.8b（1992年）	1.7	8.0（1992年）
爱尔兰	3.2（1993年）	—	24.0（1992年）
意大利	1.3（1994年）	8.7（1993年）	33.6（1993年）[c]
日本	2.3	—	43.3（1993年）
卢森堡	0.4	—	22.5
荷兰	0.2（1991年）	—	—
新西兰	14.8（1993年）	—	58.0（1993年）[d]
挪威	0.2（1992年）	1.1	5.3（1992年）
葡萄牙[a]	1.2	—	45.7
西班牙	0.4	—	11.4
瑞典[a]	0.3	1.6	3.3
瑞士	2.3（1994年）	—	—
土耳其[c]	—	—	—
英国（60+）	3.0	—	27.0
美国	0.6（1993年）	—	—

说明：申请社会救助的人口总数可能会包括重复计算的数目。

a. 受益人总数包括配偶和孩子（NOSOSCO，北欧国家的社会保护制度，1995年）。

b. 包括老人补助金的受益者。

c. 申请地方社会救助的人口数字不详。

d. 新西兰养老金总数。这一部分养老金与需要经济状况调查的情况恰恰相反：它提供给所有年龄超过65岁的人，但是他们必须缴纳收入所得税和超过一定界限的其他收入的额外税款。

资料来源：OECD人口统计；国家住处机构提供了从他们的国家账户中得到社会救助金的申请者的估计数。

第四节 部分国家社会救助制度研究

为了进一步考察社会救助建立和发展的历史进程，分析社会救助在社会保障体制中的作用，下面我们选择若干国家的社会救助制度进行具体分析。

一、英国的社会救助制度

英国在世界上第一个建立国家济贫制度，早在1601年，英格兰议会通过了《济贫法》，将贫困救济作为国家的一项基本职能加以确定。1834年，联邦政府颁布了新的《济贫法》，将对贫民、失业者为主的救济作为社会政策加以实施（原始阶段）。从19世纪末、20世纪初到第二次世界大战之前，英国的社会保障有了全面的发展，英国政府制定了《老年赡养法》、《国民保险法》等一系列法案，整个社会保障制度趋于统一完整，实施范围有所扩大，并从慈善性质的施舍救济成为工人享有的一种权利（第二阶段）。第二次世界大战以后，按照《贝弗里奇报告》提出的面向全体国民的社会保险和相关服务计划，逐步形成了一整套完备的社会福利制度，包括社会保险、社会补贴、社会服务、社会救助和医疗保健等。社会保险主要包括养老保险、失业保险、工伤保险、丧葬补贴、产妇保险等，英国国民只要按规定缴纳保险费，均可获得相应的保障；社会补贴包括住房补贴、儿童津贴、高龄老人补贴等，享受对象为无行为能力保险的人；社会服务包括政府的社会服务部门和各类社会志愿团体对有特殊困难的居民，提供各种福利设施和各类服务，主要针对老年人、儿童、残疾人、精神病患者等。1948年制定的《国民救济法》规定，凡16岁以上的英国居民，收入来源不足以满足最低生活需要者，都可以申请社会救助。经过对社会救助申请者进行生活状况调查，对符合条件者由政府给予救助，资金由政府拨款。根据1848年开始实施的《国民保健法》，所有英国国民都可以享受免费治疗，产妇、哺乳期妇女、儿童、退休者、因医疗事故造成的病人，战争和因公伤残津贴领取者以及低收入家庭可免交处方费。另外，对初等和中等教育实行免费教育，高等教育虽不免费，但90%的大学生可获得政府发放的津贴。

二、美国的社会救助制度

经过几十年的发展和变革，美国的社会福利政策在内容上逐步完善，形成了三大政策支柱，即社会保障、社会公益事业和最低物质生活保障。社会保障政策是指由政府发起的社会保险计划；社会公益事业是指为国民提供最为基本的生活必需品和相关服务，包括教育、卫生保健、住房、幼儿日托和法律服务等；最低物质生活保障是指国家为所有最贫困、最易遭受伤害以及蒙受重大损失的居民制定一项最低物质生活标准，以确保他们能在最低生活水准之上。在美国，该项计划也称“反贫困政策”。[①] 美国于1935年颁布《社会保障法》，标志着美国现代社会保障制度的确立。为应对经济危机，罗斯福总统的新政强调政府的责任，在美国历史上，第一次把确保不让任何人挨饿的责任承担起来。根据社会保障法，美国的社会保障包括两项保险计划及三项救助内容，两项保险计划为（1）养老金，（2）失业保险；三项救助内容为（1）老年人救助，（2）盲人援助，（3）无独立生活能力的儿童援助。实施三项救助计划可以得到联邦政府的补贴。但该部法律没有把农业工人、家庭仆人、联邦政府和州政府的公务员以及其他特殊就业者包括在内。1950年、1952年和1954年对社会保险法的3次修订，意义特别重大。救济的条件放宽了，救济的范围扩大到了农民、公务员、个体手工业者、家庭仆人以及其他各种就业者。美国的反贫困措施大体上可分为三大类：一是社会保险救助，主要包括三种：（1）老人、遗属、残疾人的健康保险，这一计划虽然要求受益人每月按工资的一定比例缴纳社会保障信用基金，等到退休、伤残、残废、丧失劳动能力以后，当事人或当事人的受益人才能从这一基金中按月得到救助，因而被普遍认为是一项保险而不是福利，但因为大多数受益人领取的救助大大超过他们缴纳的基金，所以事实上它仍然是一项福利；（2）医疗照顾项目，这是专对65岁以上的老人适用的医疗照顾方案，受益人每月只要付很少的医疗服务费，就能享受免费医疗；（3）失业救济，受益人在工作

---

① 详见牛文光《美国社会保障制度的发展》，中国劳动社会保障出版社2004年版，第157－159页。

期间，经按月缴纳失业救济信用基金，一旦失业，可以领取最长达半年的失业救济金，一般为原工资的26%～48.2%。二是非保险救助。只要收入和财产低于规定的标准就享有获得此类救助的资格，包括四种：（1）未成年子女家庭援助，援助的对象主要是未成年子女的贫困家庭；（2）食品券计划，发放对象是那些收入低于一定水平的失业或在职人员所在家庭，食品券通常用于在指定的商店或货架上免费或低价购买基本食品，如面包、牛奶、鸡蛋等；（3）对老人、盲人等丧失劳动能力的人的援助；（4）一般公众援助，这是对那些无家可归者和没有资格享受上述救助计划的穷人提供的援助。三是实物及服务形式的援助项目，包括对贫困家庭的住房捐助、医疗补助、免费就业训练、免费提供法律诉讼服务（只限于民事诉讼）、为老人提供修建房屋、领养和照看孩子的法律手续的服务、为贫困家庭的子女提供免费午餐、给经济困难的大学生提供低息和无息贷款等。以上救助项目分别由联邦政府和州政府提供资金和组织实施。凡美国公民或合法的外国人都可获得一般救助，针对老年人的救助项目的享受范围限于美国公民。①

三、德国的社会救助制度

德国是第一个建立现代社会保险制度的国家，因此，研究和借鉴德国的社会保障制度具有重要的意义。德国的社会保障制度从1881年德国皇帝威廉一世颁布《黄金诏书》开始，于1883年建立医疗保险制度，1884年建立工伤保险制度，1889年建立养老保险制度，1927年颁布《失业保险法》正式实施失业保险制度。最初，社会保险的覆盖面仅限于工薪收入者，直到1957年，制定了《农民养老金法案》才将养老保险扩大到农村。经过一百多年的发展，德国已经建成了具有自身特点的完备的社会保障制度，主要包括社会保险和社会照顾。社会保险包括养老保险、失业保险、工伤保险和医疗保险。. 其中养老保险分为法定义务养老保险、企业补充养老保险和私人养老保险，法定义务养老保险具有强制性，一切从业人员及部分收入不高的独立经营者和自

① 科林·吉列恩等编：《全球养老保障——改革与发展》，中国劳动社会保障出版社2002年版，第96页。

由职业者都必须参保，企业补充养老保险根据企业与其雇员按自愿原则参加，私人养老保险完全由个人意愿参加；失业保险和工伤保险均为强制参加，医疗保险包括义务医疗保险和自愿医疗保险两类，义务医疗保险为强制参加，自愿医疗保险属于私人健康保险为自愿参加，社会保险费由雇主和雇员共同缴纳。德国政府于1924年颁布救济义务法令，对公共救济的条件、种类以及救济程度等做出了统一规定，两德分设之后，联邦德国政府于1962年颁布了新的《联邦社会救助法》，以法律形式对社会救助做出了具体的规定，以后，分别对该部法令进行了几次修订，使其更加完善，在东西德合并以后，该部法令得到继续执行。德国的社会救济包括对特殊人群的专项照顾和救济，以及针对低收入群体的普遍照顾和救济，主要项目包括母亲保护和儿童补贴、住房补贴、社会救济等，职业妇女和家庭妇女从怀孕到分娩后这一时期内可享受一系列保护和照顾，专门为解决低收入、多子女家庭及残疾人、老年人的住房问题，实施由政府进行补贴，凡收入不足以租住适当面积住房的公民都可以享受国家提供的住房补贴，凡是生活在德国的居民，只要符合救济条件的，都可以得到社会救济，主要有衣、食、住、家庭用具、取暖以及培训、疾病、孕产妇、残疾人、盲人教育、病人护理、老人、流浪者等专项救济，采取资金帮助以及医疗帮助、康复帮助、收入养老院供养等。

四、日本的社会救助制度

日本把社会救助制度通称为生活保障制度，即对贫困者进行最低生活水平保障的制度，由于属政府行为，国家出资救助，又称之为国家救济制度。

日本的现代社会保障制度开始于明治维新以后，建设的初期，就是以反贫困作为主要功能，1874年颁布的被视为日本社会保障制度萌芽的《恤救规则》，救助对象主要是贫困者，1932年日本《救护法》的实施，仍然是以贫困救助为核心。第二次世界大战结束以后，日本战败，面临一系列的经济和社会问题，日本政府为维护经济和社会秩序，保障国民的基本生存，首先把重构社会保障体系的重点放在社会救助方面，1946年制定并颁布《生活保护法》，标志着社会救助开始了一个新的阶段。根据《生活保护法》的规定，所有贫困的国民，其能力和全部资产不能维持其最低生活水平时，可以获得最低生活保障，包括生活扶助、教育扶助、住宅扶助、医疗扶助、分娩扶助、就业扶助、葬祭扶助等七种扶助，政府同时提供一些生活保护设施及资金援助（贷款）等，包括对因身体或精神上的原因需要提供救护、收容和保护的人及就业等扶助的人提供特殊帮助，对没有住所的被保护者提供住所设施，对低收入者提供低息的生活福利贷款。① 此后一个时期制定的一系列法律，包括《儿童福利法》、《残疾人福利法》、《新生活保护法》、《失业保险法》、《工伤保险法》、《职业安定法》等，也是围绕社会救助为重点的。1948 年颁布的《日本国宪法》突出提出生存权问题。日本的社会与其他国家不同，其社会保险制度是从建立公务员的养老制度开始，1941 年劳动省颁布《养老金保险法》并于 1942 年实施，标志着日本在私营企业中实施了养老保险制度。随着日本经济逐步恢复到快速发展，1961 年全面实施《国民年金法》，实现了“国民皆保险，国民皆年金”的目标。1922 年制定《健康保险法》，包括生育、工伤和疾病的统一保险，五年以后正式实施，并于 1958 年颁布了新的《国民健康保险法》，从 1961 年在市、町、村全面实施，此后于 1968 年和 1973 年两次进行修订，使国民健康保险制度逐步完善。从 20 世纪 70 年代开始，日本的社会保障制度进一步完善，1974 年出台《雇佣保险法》代替原执行的《失业保险法》，增加了预防失业、稳定雇佣关系的功能，更注重能力的开发，并开始了社会保障制度的改革。

第五节　国外农村社会保障制度对我国的借鉴和启示

一、正确认识农村社会保障在社会保障体系中的重要地位

农村社会保障制度是社会保障制度的重要组成部分，扩大社会保障制度的覆盖面，建立农村社会保障制度是社会保障制度建设的内在要求，在推进社会保障制度建设过程中，必须重视和加强农村社会保障制度建设。各项社

① 详见吕学静：《日本社会保障制度》，经济管理出版社 2000 年版。

会保障制度是一个相互联系、相互区别的有机整体，在推进我国农村社会保障制度建设中，要统筹考虑，注意分析各个保障子系统之间的不同功能和有机联系。

二、建立多层次的农村社会保障体系

各国社会保障制度的建立，同各国的经济、社会和文化存在紧密的联系，既要学习借鉴，又要充分结合我国的实际，不能照抄照搬。各国的社会保障制度改革，普遍朝多支柱的方向发展。中国农村实行家庭联产承包责任制，尽管土地的保障功能在弱化，但是在现行制度下，土地的保障功能仍然是无法替代的，在今后的农村社会保障体系中还将发挥主导作用。中国深受儒家文化的影响，具有家庭保障的传统，而且，相关法律也规定子女对父母具有赡养义务，因此，中国农村社会保障制度建设也必须考虑多支柱共同支撑，除继续发挥土地的保障功能以外，在现代社会保障的制度安排上，也应充分考虑中国的国情，从最急需的保障项目起步，主要保障基本生活需要。由于家庭保障不仅可以起到保障基本生活的作用，同时，家庭的服务功能和精神慰藉作用也是其他保障所无法替代的，因此，必须进一步充分发挥家庭保障的作用。社会救助和社会福利以政府投入为主，社会保险则主要靠个人和家庭缴费，国家给予必要的政策和资金支持。

三、正确处理农村社会保障制度建设和统筹城乡社会保障制度的关系

从世界各国的情况看，城乡社会保障制度的建立之间存在时间差，农村社会保障制度的建立普遍晚于城市社会保障制度，保障方式和保障水平也存在差异。很多国家都建立多支柱的保障体系，充分发挥国家和个人的作用。长期以来，我国农村社会保障制度同城市社会保障制度按不同的模式进行设计，农村社会保险制度还未做出正式制度安排，社会福利水平普遍低下，在已有制度中，覆盖面及保障标准普遍低于城市。在推进经济社会发展进程中，首先，要加快城乡统筹发展步伐，提高城镇化水平，减少农民数量，将已经城镇化、从事非农产业的农业人口纳入城镇保障体系；其次，加快农村社会保障体系建设的步伐，构建符合中国实际的农村社会保障制度，并积极稳妥

地推进城乡社会保障制度一体化的进程。

四、注重社会救助在农村社会保障制度建设中的地位和作用

国内学者在将中国农村社会保障制度建设同外国农村社会保障制度进行比较研究中，主要进行社会保险制度的比较研究。由于社会保险制度在现代社会保障制度中处于核心地位，将两者进行比较研究，确实是非常必要和重要的。但是，由于社会保障制度的各项内容是一个有机联系的整体，各自有不同的功能，起到相互补充的作用，所以从发达国家社会保障制度建立、健全、完善的历程看，一般顺序是社会救助、社会保险、福利津贴，最后形成完整的体系。特别是在中国的现实条件下，农业总产值在国民生产总值中的比重还比较大，农村人口还占多数，且贫困面较大，认真研究国外救助制度将对我国农村社会保障制度的建设起到重要的借鉴作用。在研究中国农村社会保障制度特别是民族地区农村社会保障制度建设中，应该将社会救助作为突破口，加以重点建设。

五、正确处理公平和效率的关系

公平和效率是对立统一的关系，二者既有统一的一面，也有矛盾的一面，必须正确处理。合理地体现社会公平，构建公平和谐的社会，能够促进效率的提高。公平不是平均，适当的差距也是公平的体现，但差距过大显然有失社会公平，而且还会影响效率的提高。效率的提高是社会财富增加的前提，同时，也是公平的物质基础，没有高效率带来的经济发展，社会公平也就成为无源之水、无本之木，计划经济时代的低效率和平均主义，并不是真正意义上的公平。我国农村社会保障总体缺失，特别是民族地区就更为薄弱，本身不存在过度保障的问题。但是，在新制度的设计过程中，仍然需要正确处理公平和效率的关系，在目标定位、模式构建、标准确定、管理方式选择等方面，要符合中国农村的实际，与经济社会发展水平相适应。

第三章 民族地区农村社会保障制度的变迁

由于城乡二元经济社会结构的制约，中国农村采取了不同于城镇的保障模式，总体上是实行家庭保障和土地保障。农业合作化和人民公社时期实行集体保障，实质上仍然是以社区形式出现的家庭保障和土地保障。与此同时，建立了救灾救济、五保户供养、优抚安置等相应的制度。

新中国成立初期，在全国范围内进行了土地改革，广大农民实现了耕者有其田，极大地激发了生产热情，生活水平在原来的基础上有了较大的提高，主要是依靠土地保障和家庭保障，辅之以国家的临时困难救济。1949年12月政务院就发布了《关于生产救灾的指示》，力图通过发展生产和国家救济，在较短时期内尽快解决灾区群众的生活困难问题。次年，先后成立中央救灾委员会和中国人民救灾总会。当时的救灾工作取得了明显的成效，通过广泛开展救灾工作，生产得到恢复和发展，群众生活基本得到保障，基本避免了旧中国大面积的逃荒现象。随之兴起的农业合作化运动到1958年实行政社合一的人民公社，农村居民主要依靠合作社和人民公社的集体保障，这种保障方式一直延续到农村改革之前。20世纪50年代国家就制定了“五保”制，60年代正式建立了农村合作医疗制度。在当时的制度条件下，大多数的农村人口主要从集体统一分配中得到相应的福利性保障，对特困群体五保户的供养、农村合作医疗保障等也主要由集体经济筹资，对因灾等产生临时和特殊困难的群众，国家给予适当的救济。农村集体保障的资金由所在生产单位安排，是农民自身创造财富的直接扣除，实际上是社区保障，而且保障对象众多，水平低下，是中国传统保障中最为薄弱的环节。改革开放以后，随着农村家庭联产承包责任制的推行，集体经济逐步解体，传统的农村集体保障失去了赖以存在的经济基础。国家加大了对救灾救济的投入，改革了五保户供养、优抚安置工作，逐步推进新型农村合作医疗试点。

第一节　社会救济

农村社会救济主要包括农村五保户供养、农村困难救助、在乡老复员军人生活补助、带病回乡退伍军人生活补助、精简退职老职工救济、自然灾害救济和恢复重建工作。除精简退职老职工救济从20世纪60年代开始外，其他几项工作均从20世纪50年代开始起步。当时，主要是对老、弱、孤、寡、残疾人员和因灾因病的困难群众等，采取享受胜利果实及土改成果从优、发动群众互济互助与国家救济三结合，确保他们的基本生活不低于当地一般群众的生活水平。随着经济的发展，救济范围和救济标准有了新的变化。

一、农村五保户供养

农村五保户供养是指对无劳动能力、无生活来源、无法定赡养、抚养、扶养义务人，或者其法定赡养、抚养、扶养义务人无赡养、抚养、扶养能力的老年、残疾和未成年的村民吃、穿、住、医、葬等五个方面给予生活照顾和物质帮助的保障政策。农村五保供养政策是新中国成立以来实施最早的农村社会保障政策之一，早在农业合作化时期就开始了，产生于1956年的《高级农业生产合作社示范章程》，并在1960年制订的《全国农业发展纲要》中得到进一步的完善，资金来源主要依靠乡村集体经济。1994年，国务院发布《农村五保供养工作条例》，仍然将五保供养作为农村的集体福利事业，规定五保供养所需的经费和实物由农村集体经济组织负责提供，供养标准不低于当地村民的一般生活水平，具体标准由乡镇人民政府规定，供养方式为集中供养和分散供养两种形式，并进一步规范了五保供养的对象、内容、形式和监督管理办法，使该项工作进一步走入法制化的轨道。实行农村税费改革以后，农村乡提留村统筹的费用逐步免除，原规定的供养资金已无来源。2006年国务院出台了新的《农村五保供养工作条例》，要求各级人民政府将农村五保供养建设纳入经济社会发展规划，规定农村五保供养资金在地方人民政府财政预算中安排，有农村集体经营等收入的地方，可以从农村集体经营等收入中安排资金，用于补助和改善农村五保供养对象的生活。供养标准不得低于当地村民的平均生活水平，并根据当地村民平均生活水平的提高适时调整，将供养标准的制定权提高为省级人民政府，也可以由设区的市级或者县级人民政府制定，报所在的省一级人民政府备案后公布执行，县乡人民政府应当为农村五保供养服务机构提供必要的设备、管理资金，并配备必要的工作人员。新条例的公布实施，明确了政府在五保供养中的责任，保证了五保供养对象有可靠稳定的资金来源或供养标准的合理确定及适时提高。2006 年底，全国农村得到五保供养的人数为 503.3 万人，468 万户。①

早在新中国成立初期，云南省对丧失劳动能力、生活无依靠的老、弱、孤、寡和残疾人员，采取享受胜利果实及土改成果从优、发动群众互济互助、国家救济三结合的办法，确保他们的基本生活不低于当地一般群众的生活水平。1956 年 11 月，云南省人民政府发出《关于积极开展“五保”工作的指示》，对五保工作提出了要求，规定了五保对象的条件、标准以及经费来源等。到 1957 年上半年，全省有 91 个县的全部或部分乡、社开展了五保工作。之后，由于集体经济基础十分脆弱，到 1959 年 8 月，敬老院锐减为 1063 个，减少 78.31%，在院人数为 12681 人，减少 77.9%。接着，由于“左”的错误造成的不良影响，五保工作不仅难以发展，而且缺乏经济来源，致使多数敬老院相继解散。到 1978 年，仅有昆明等少数几个地方还有 9 所，在院人数 91 人。十一届三中全会以后，城乡经济体制改革，农村实行联产承包责任制，商品经济迅速发展，联产承包或个体生产已成为农村生产经营的新形式。为适应新形势的要求，进一步做好五保工作，1982 年云南省政府制定了《农村五保工作试行办法》，对评定五保的条件、五保内容、供给标准、供养办法和资金来源做出了明确规定。但是，由于供养资金从农村集体经济组织提供，

① 国家统计局：《2006 年民政事业发展统计报告》http://www.chinagateway.com.cn/chinese/20070523_1html.

全省没有制定统一的供养标准，农村五保户供养工作发展不平衡。根据各级民政和财政部门调查统计，云南省农村税费改革领导小组办公室统一汇总，到2005年底，全省共有五保对象14.4万人，已经落实五保待遇的有8.35万人。据省民政厅统计，全省共有敬老院722所，尚有18个县没有敬老院，有一半多的乡（镇）没有敬老院，集中供养6659人，占已保对象的8%，仅占应保对象的4.7%，平均每所敬老院集中供养的对象不足10人，有的敬老院实际供养人数仅2－3人，分散供养的有7.68万人。随着农村税费改革的推进，将五保户供养资金纳入财政资金保障范围，2005年，云南省财政按照已纳入供养的8.35万人每人每年500元安排供养资金，通过一般性转移支付补助各地。楚雄州等地落实较好，已经基本做到应保尽保，并将保障标准统一定为每人每年600元，全部由财政承担；有的地区不仅保障标准太低，而且尚未做到及时兑现。2006年，按照应保对象14.4万人计算，省级将补助资金的标准提高到每人每年720元，全年所需资金10335万元，由省级财政通过转移支付补助各州（市），各州（市）、县（市、区）根据当地的生活水平和财政状况再给予一定补助，目前，各地都按不低于720元的标准落实了五保户供养资金。

二、20世纪60年代精简退职职工救济

60年代精简退职职工是指20世纪60年代响应国家号召，从国家机关和国有企事业单位中退职返乡或下乡从事农业生产，到农村安家落户的人员。1962年6月1日国务院发布《关于精简职工安置办法的若干规定》，要求对精简下来的职工主要安置到农村去，其中老、弱、病、残职工凡是符合退休条件的按照国务院1958年2月公布实施的《关于工人、职员退休处理暂行规定》作退休处理；不符合退休条件的则作为退职处理。此后，内务部又制定了若干具体规定，对上述职工中的困难者进行救济。① 1965年6月9日国务院发出《关于精简退职的老职工生活困难救济问题的通知》，对精简退职老职工

① 郑功成等著：《中国社会保障制度变迁与评估》，中国人民大学出版社2002年版，第374页。

生活救济的范围等问题作了进一步规定。1982 年民政部、财政部发出《关于进一步做好精简退职老职工生活困难救济工作的通知》。

云南省当时的退职职工共有 29946 人，到 2005 年底全省共有精简老职工 21030 人。云南省对精简退职老职工的生活救济工作始于 20 世纪 60 年代，由于受“文化大革命”的冲击，多数地区未贯彻落实对退职老职工生活救济的规定。80 年代以后，云南省拨乱反正，实事求是地审核补办了有关救济手续，并制定了相应的救济标准，落实了这部分人的救济问题。云南省于 1984 年结合实际制定了《关于对六十年代初期精简退职的国家机关和全民所有制企事业单位的老职工发放生活补助费的暂行规定》，对 60 年代精简退职职工给予生活救济，具体标准为：部分人员按原工资的 40% 救济，部分人员实行定期定量救济，标准为 1942 年底前参加工作的每人每月补助 68 元；1943 年 1 月 1 日至 1945 年 9 月 2 日参加工作的每人每月补助 58 元；1945 年 9 月 3 日至 1949 年 9 月 30 日参加工作的每人每月补助 48 元；1949 年 10 月 1 日至 1952 年 12 月 31 日参加工作的每人每月补助 38 元；1953 年 1 月 1 日至 1957 年 12 月 31 日参加工作的每人每月补助 33 元，所需费用主要由各州市县财政部门从农村救济费中列支。此后，多年没有统一出台过调整标准的政策，部分州市不同程度地自行提高了补助标准。2005 年实际享受救济的人数为 19587 人，支出经费 1017.96 万元，其中，领取 40% 救济的有 4660 人，支出 194.58 万元，月人均支出 34.8 元；享受定期定量救济的有 14927 人，支出 823.38 万元，最高 130 元，最低 33 元，月人均 46 元。

考虑到精简退职老职工的特殊情况，现在年龄最小的已近 70 岁，年老体弱。随着国家经济实力的增强、居民生活水平的提高和其他特殊人群补助标准的增加，云南省在 2006 年研究公务员工资制度改革和事业单位收入分配制度改革时，决定从 2006 年 7 月 1 日起同步提高 60 年代精简退职职工的补助水平，在原标准基础上每人每月增加 60 元，使定期定量救助人员每人每月补助标准提高到 128 元、118 元、108 元、98 元和 93 元，平均 106 元；领取原工资 40% 的生活救济人员月平均提高到 94.8 元，所需经费由省财政承担，全省每年增加资金 1514 万元。原各州市已在原基础上自行提高标准超过 60 元的可以不再提标，未达到60元的按差额补足。

三、因战伤残人员救济

20世纪70、80年代，云南是中国仅有的少数战区之一。与越南接壤的有文山、红河和思茅三地州的麻栗坡、富宁、马关、金平、河口、绿春和江城7个县的21个区、65个乡、613个自然村、12981户、94438人直接处于战争前沿。[①] 由于村寨遭受炮击，部分村民被炸死炸伤，房屋、道路、电力、通讯、胶园、茶园等生产生活设施被炸坏，边民群众已无法正常生产生活，被迫后撤安置。战争结束后多年，还不断出现边民被战时埋下的地雷炸伤的情况。为解决伤残人员和其他因战优抚对象正常的生产生活困难，财政拨出专款给予救济，很多救济工作到现在仍在继续。据云南省文山州政府统计，“十五”期间，从战区恢复建设资金中投入3954万元，支付因战伤残人员和因战死亡困难家属救助费1415万元，为13318名因战伤残人员及其家属解决了临时生活困难；建设安居工程1152户6.4万平方米，小水窖536口，引水工程33项，沼气池997口；安装假肢1361人次1376条，修理假肢144条；新增触雷救助62人，因战伤残亡人员及其家属生产生活困难得到进一步解决。

四、农村其他困难救济

困难救济是农村社会保障的一项基本制度。我国在实施困难救济工作上有较长的历史，新中国成立以后也有一些有效的做法和成功的经验，其基本保障对象为五保户、贫困户、残疾人以及因生产条件、自然灾害和其他原因造成的一部分贫困户等困难群众。农村贫困人口救济工作起步于1950年，当时的主要任务是医治战争创伤、安定人民生活、稳定社会秩序，救济对象主要是因灾、因病的贫困群众、难民、无依无靠孤老残幼等农村贫困人口。随着经济的发展，救济范围和救济标准逐步有了新的发展变化。除对五保户等

① 有关数据根据高祖兴《跨世纪的中国民政事业1994－2002（云南卷）》（中国社会出版社，2002年）和云南省民政厅有关统计资料整理。

特殊群体的救济建立了相应的制度外，对面上的困难群众的救济工作全国还没有形成一套规范的制度，普遍采取临时救济措施，而且存在标准偏低、操作不规范、资金不足和覆盖面窄的问题。

云南省从2006年起启动了农村特困救助工作，经省政府同意，省民政厅、省财政厅共同制定了《关于建立和完善农村特困群众生活救助制度的意见》，决定各级财政共同筹资1.2亿元，对全省107万左右不符合五保供养条件、家庭主要劳动力因病因残等原因丧失劳动能力、不救不活的特困群众给予定期定量生活救助，按月或按季发放。同传统的临时救济相比，更加制度化和规范化。但是，人均救助标准仅为每年120元，难以真正保障其基本生活，需要完善政策，规范管理，扩大救助范围，提高救助水平，并创造条件逐步向农村最低生活保障制度过渡。

五、自然灾害救济和恢复重建工作

中国的救灾工作始于新中国成立初期。早在新中国刚刚成立的1949年12月19日，政务院就发布了《关于生产救灾的指示》，要求各级人民政府成立生产救灾委员会，开展救灾工作，次年2月中央救灾委员会正式成立。此后，中央多次出台救灾工作的相关指示、决定。1949年内务部提出的救灾工作方针是："节约防灾，生产自救，群众互助，以工代赈。"此后，根据农村经济和体制的变化情况作了相应的补充和完善；按照以防为主，防、抗、救相结合的原则，1983年，第八届全国民政会议确定了"依靠群众，依靠集体，生产自救，互助互济，辅之以国家必要的救济和扶持"的救灾方针，逐步建立了具有中国特色的抗灾救灾体系。2006年11月，在全国第十二届民政工作会议上，回良玉副总理提出了"政府主导、分级管理、社会互助、生产自救"的新的救灾工作方针，进一步明确了政府在救灾工作中的主导地位，并强调了各级政府的责任。全国每年有数亿人次受灾，2005年为4.07亿人次，当年因灾死亡2475人，紧急转移人口1570.3万人，直接经济损失2042.1亿元，倒塌房屋226.4万间，受灾面积3881.8万公顷，自然灾害生活救助资金支出达62.58亿元，其中内蒙古1.79亿元，广西3.09亿元，贵州2.02亿元，西藏0.54亿元，青海0.87亿元，宁夏0.83亿元，新疆3.39亿元。[①]

云南由于特殊地形地貌和立体气候类型导致各种自然灾害频繁。除台风、海啸外，干旱、风雹、洪涝、泥石流、山体滑坡、地震、雪灾、霜冻、病虫等自然灾害频繁发生，可谓无灾不成年。由于地处低纬度高原，气候的区域差异和垂直变化明显，雨量充沛且分布不均，又处于地震多发地带，洪涝、泥石流、滑坡、地震等灾害十分突出，且多灾并发，一次性灾害持续时间长，受灾范围广，损失程度深，恢复难度大。据云南省国土资源厅的资料显示，云南省记录在案的滑坡点有6012个、泥石流沟3349条、地面塌陷245处、其他地质灾害点26处。全省有41个县级政府驻地的城镇受到地质灾害不同程度危害，有160余个乡镇政府驻地直接受到滑坡、泥石流的威胁或危害，其中危害较严重的有79个，有近5000个自然村约30余万山区农村人口处于地质灾害的威胁和危害之下；据不完全统计，目前全省受到地质灾害严重危害的铁路路段有480公里，公路路段达3000余公里；受到地质灾害危害的大、中型矿山约有150个，小型矿山则数以千计；有1000余座水库和电站受到地质灾害严重危害；目前有13000余公顷农田因泥石流灾害而沙石化。[②] 根据国家颁布的地震烈度区划图，云南全省均处于6度以上的地震烈度设防区，其中，7—9烈度设防区面积占84%，全省基本找不到不发生5级地震的安全地带。原有129座县城中，有41座受到过不同程度的地质灾害危害，1986年以后，已有7座因此而撤销县制或易地搬迁。据不完全统计，全省有160余个乡（镇）政府驻地、近9000个自然村、约30万山区农村人口直接受到泥石流、滑坡的威胁或危害。[③] 据云南省民政厅的灾情统计，1990年至2005年的16年中，自然灾害受灾人口达4.5亿人次，死亡9128人，给云南省造成的直接经济损失达1000亿元以上（详见表3－1）。

---

① 根据民政部《2006年中国民政统计年鉴》整理，中国统计出版社2006年版。

② 云南省国土资源厅：《云南省地质灾害防治规划》（2003－2020），内部印刷，2003年。

③ 徐荣凯：《云南省灾害应急管理系统建设》，载李学举主编《灾害应急管理》，中国社会出版社2005年版，第117页。

表3-1　云南省1990年至2005年灾情统计表

单位：万人、千公顷、万间、万元

年份	受灾人口	死亡人口	伤病人口	倒塌房屋	损坏房屋	农作物受灾面积	农作物绝收面积	直接经济损失
1990	2750.6	0.0819	0.0975	8.7	30.1	1943.5	143	73668
1991	2237.9	0.0914	0.0449	5.9	40.2	1681.8	103.2	120000
1992	2669.1	0.0503	0.08	5.7	20.1	2051.6	252.5	183000
1993	2893.4	0.0428	0.1133	6.4	81.1	2083.3	194.4	360000
1994	2426.3	0.0727	0.1425	7.6	76.6	2075.4	238.9	314300
1995	2659.4	0.062	0.1138	7.9	68.8	2037.8	253.5	411600
1996	3168.1	0.095	2.7135	45.7	130.1	2327.4	274.8	827800
1997	2913	0.0514	1.8666	23.8	106.2	2436.5	366.1	1056300
1998	2651	0.0709	1.8027	15.3	107.1	2129.2	253.1	780000
1999	5145.2	0.0478	0.9463	6.9	32.9	4360.8	685.82	1322900
2000	3466.1	0.0494	14.2097	11.4	139.2	3861.3	735.8	1282400
2001	2566.5	0.0558	5.4701	13.9	122.2	1992.5	333.9	924000
2002	2544	0.0553	2.2184	9.8	55	2003	284	644000
2003	2341.2	0.0229	0.9675	8.6	183.9	1652.3	238.1	610000
2004	1825.3	0.0329	3.2302	12.3	158.6	1061.7	153.9	726000
2005	2756.5	0.0303	2.8592	10.2	84.9	2579.3	439.6	1055000
合计	45013.6	0.9128	36.8762	200.1	1437	36277.4	4950.62	10690968

资料来源：根据云南省民政厅救灾处资料整理。

从1900年至2006年8月，全省共发生5级以上地震359次，平均每年3.35次，其中5.0~5.9级地震280次，6.0~6.9级地震66次，7.0级以上地震13次，震级最高的地震是1970年通海7.8级地震。从1993年至2006年8月，共发生5级以上地震56次，平均每年4.23次，其中5.0~5.9级地震46次，6.0~6.9级地震8次，7.0级以上地震2次。① 云南省的救灾工作始终遵循国家确定的救灾方针，救灾渠道不断拓宽，制度和体系建设不断完善和加强，救灾投入不断加大，逐步建立了有云南特色的抗灾救灾体系。2001年至2005年，全省共下拨救灾资金195589.1万元，救济灾民11133.5万人，灾民基本生活得到了保障。救灾资金坚持“专款专用，重点使用”的原则，用于：1. 解决灾民无力克服的衣、食、住、医等生活困难；2. 紧急抢救、转移和安置灾民；3. 灾民倒房恢复重建；4. 加工及储运救灾物资，确保居民因自然灾害遭受重大财产损失时，能有效地解决吃、穿、住、医等困难问题，切实保障灾区群众的基本生活。通过对地震灾区民房的恢复重建，确保了灾民群众安居乐业。为了保证对粮食价格放开以后重灾贫困户口粮的平价供应和救济，解决好粮食差价的补贴问题，云南省对粮价放开的县实行救灾粮随行就市，差价部分由省、地、县三级负担，按照贫困县5∶3∶2、其他县4∶3∶3的比例分级负担，因灾缺粮且经济困难的灾民得到了及时有效的救济，在一定程度上解决了灾民群众的基本生活问题。为保证抗灾救灾和灾后恢复重建工作的顺利进行，确保救灾资金的专款专用和使用效益的发挥，云南省制定了一系列规章制度。1993年11月，云南省人民政府正式颁布《云南省抗灾救灾暂行规定》，建立了救灾工作的有关制度。为进一步规范救灾粮差价款的管理，1993年制定了《云南省救济粮差价补贴办法》和《云南省救灾粮差价补贴专项资金使用管理办法》，对粮价放开的112个县和未放开的13个县的救灾粮差价补贴进行了规定，差价由省、地、县三级财政共同负担。1993年至1996年先后制定了《云南省救灾款物管理使用办法》、《云南省接收救灾捐赠款物管理暂行办法》和《云南省抗震救灾恢复重建资金管理暂行办法》等相应的救灾款物管理规定，对救灾款物和地震恢复重建资金的使用管理做出了

① 根据云南省地震局相关统计资料整理。

规定。2000 年又制定了《云南省自然灾害应急预案》，对全省自然灾害的类别范围、救灾方案和各级职能进行了分解。2004 年，出台了《云南省人民政府突发公共事件总体应急预案》，之后，于 2006 年出台了重特大自然灾害救助、破坏性地震、防汛抗旱、地质灾害、特大森林火灾、突发公共卫生事件、突发公共事件财政保障预案等专项预案，对处置各种自然灾害的原则、组织机构与职责、信息报送、预警、应急响应、保障措施、宣传培训和演习、奖惩等作了明确规定，进一步提高了全省灾害紧急处理能力及救灾工作的时效性和规范性。

第二节　优抚安置

优抚安置是指对特定对象给予优待、抚恤、安置待遇的总称。优待是指国家规定对优抚对象在政治上、经济上给予的优厚待遇；抚恤是指国家对伤残人员和牺牲、病故人员家属所采取的物质抚慰形式；安置是指对复员退伍军人、军队离退休干部及其随军家属和无军籍退休退职职工的帮助、就业或生活安排。现在优抚对象主要包括伤残人员、“三属”、“三红”、在乡老复退军人、带病回乡退伍军人、义务兵家属、老党员等。国家对优抚对象实行抚恤和生活补助，制定了专门的政策，并定期提高抚恤补助标准。优抚对象在城乡均有分布，国家在制定政策的时候，有的是专门针对城镇的优抚安置对象的政策，有的是专门针对农村优抚安置对象的政策，有的是针对城乡优抚安置对象统一制定的政策。对于城镇优抚对象的相关问题，我们将在第四章进行论述，对于针对城乡优抚安置对象共同的相关问题，由于这部分优抚安置对象多数属于农村范畴，我们在本章加以叙述。

优抚安置工作从战争年代就已经开始，1931 年中华苏维埃第一次全国代表大会制定了《关于中国工农红军优待条例》，抗日战争时期，陕甘宁边区政府制定了《抗日军人优待条例》等政策规定，对优抚对象给予食物、劳务等优待，如代耕代种、土地分配、伤残抚恤、退职休养、安置到残疾院或荣军院等。新中国成立以后，逐步建立和完善了优抚安置制度，1950 年 12 月 11 日，内务部公布《革命烈士家属革命军人优待暂行条例》、《革命残疾军人优待抚恤暂行条例》、《革命军人牺牲、病故褒恤暂行条例》、《民兵、民工伤亡抚恤暂行条例》和《革命工作人员伤亡抚恤暂行条例》，对优抚工作做出了一系列规定，军烈属在分土地、租房、助学金、就业、购物、就医、贷款、实物补助（粮食）等方面给予优待；革命残疾军人按四等六级分别给予抚恤金（粮食折物）及残疾金（粮食折物）并享受公立医院的免费治疗及伙食待遇；革命军人牺牲、病故后享受一次抚恤（粮食），并评定残疾等级，享受待遇；因对敌斗争或因公牺牲者授予烈士称号；病故者不称烈士，其家属享受一次性抚恤费；烈属享受烈属抚恤，伤残者评定残疾等级并享受待遇。1963 年内务部印发《进一步加强对烈属、军属、残疾军人的优待、补助工作》和 1963 年 6 月 29 日内务部《关于对（“进一步加强对烈属、军属和残疾军人的优待、补助工作”）文件中几个问题的综合批复》中，确定了定期定量补助的对象：烈属、牺牲病故军人家属，1950 年前复员、退伍军人，生活困难的二等以上残疾军人。1979 年 2 月 23 日，总政、民政、财政、商业、卫生等五部《关于退伍老战士称号和待遇方面存在的问题与解决意见的联合通知》明确了退伍红军老战士、西路军红军老战士、失散红军的称谓和待遇，其中：退伍的革命红军老战士生活费定期定量补助标准每人每月 30 元以内，并享受公费医疗。1979 年 10 月 30 日，民政、财政两部印发《关于改进优抚对象定期定量补助工作的规定》，统一规定了享受定补的对象：烈属，病故军人家属，带病回乡复员、退伍军人。在乡复员军人标准：农村每人每月 6～10 元；小城市和城镇每人每月 10～15 元；大中城市每人每月 15～20 元。1987 年 12 月 12 日国务院发布了《退伍义务兵安置条例》，对义务兵安置范围、原则、具体安置办法都做了规定；1988 年 7 月 18 日国务院发布第 8 号令即《军人抚恤优待条例》，正式规定了“优待对象”的称谓，将现役军人家属统称为优待对象，并相应规定了享受的抚恤、补助、优待政策。该条例出台的同时，废除了此前的所有相关条例；1989 年 8 月 4 日，民政部印发《国家机关工作人员、人民警察伤亡抚恤如何办理》规定参照《条例》执行。从此以后，全国优抚对象抚恤补助名称和标准得到了统一。1998 年对《兵役法》作了进一步的修订，1999 年国务院、中央军委颁发的《中国人民解放军士官退出现役安置暂行办法》、2004 年国务院办公厅转发民政部等部门《关于扶持城镇退役士兵自谋职业优惠政策意见的通知》，实现了城镇士兵自谋职业优惠政策的重大突破，对城镇退役士兵就业和社会保障、报考成人高等院校、从事个体经营的税费减免、贷款、家属子女农转非等方面给予优惠和照顾。在2000年前每隔3～5年财政部和民政部联合发文提高一次抚恤补助标准，近年来，已经连续七次提高了抚恤金标准，2006年进行了第八次提标。与此同时，两部也多次强调要求各地在国家统一规定标准基础上再增发抚恤补助，使优待对象的抚恤补助不低于当地平均生活水平。2004年8月1日，国务院和中央军委以第413号令公布了新的《军人抚恤优待条例》，从2004年10月1日起施行。新条例对抚恤优待对象的抚恤、优待（含医疗保障）重新作了全面的规定，由于等待新条例的配套政策制定齐全，故云南省尚未制定新条例实施办法。2006年，中央在出台公务员工资改革和事业单位收入分配制度改革的条例的同时，下发了《民政部、财政部关于调整部分优抚对象等人员抚恤和生活补助标准的通知》，制定了提高优抚对象抚恤和补助标准的政策，所需资金主要由中央财政承担，并且于2006年1月开始执行，比公务员工资改革和事业单位收入分配制度改革执行的时间提前了六个月，体现了党和政府对优抚对象的关心和照顾。云南省及时贯彻落实中央的提标政策，除中央财政承担的资金外，其余全部由省级财政承担。

一、伤残人员抚恤

伤残人员主要包括伤残军人、伤残人民警察、伤残国家机关工作人员、伤残民兵民工。到2005年底，全国有伤残人员88.5万人，[①] 云南省共有伤残人员17246人。革命伤残军人系各个革命和建设时期的革命功臣，国家非常重视这部分人的优抚工作，根据不同的伤残程度按照中央有关规定定期发放抚恤金，所需经费由中央财政负担。2005年抚恤金标准，每人每年最低标准为960元，最高标准为11200元，平均为3655.6元。

根据民政部、财政部的文件精神，从2006年1月1日起，在现行标准的基础上，按照不同残疾等级和不同残疾性质，提高残疾军人、伤残人民警察、

① 根据民政部《2006年中国民政统计年鉴》整理，中国统计出版社2006年版。

伤残国家机关工作人员、伤残民兵民工定期抚恤金标准。提高标准后，残疾人员抚恤金每人每年最低标准为 1250 元，最高标准为 14560 元，平均为 4658.8 元，提高残疾人员抚恤金标准所需经费由中央财政承担。

二、“三属”定期抚恤

“三属”指烈属、牺牲军人遗属、病故军人遗属。按照中央规定，对“三属”定期发放抚恤金。到 2005 年底，全国共有纳入定期抚恤的“三属”人员 49.25 万人，其中烈士家属 34.92 万人，牺牲军人家属 6.36 万人，病故军人家属 7.97 万人。[①] 按照中央有关规定，2005 年“三属“人员的定期抚恤金补助每人每年最低标准为 2340 元，最高标准为 4200 元，资金由中央财政承担。

根据民政部、财政部的文件精神，从 2006 年 1 月 1 日起，在现行标准的基础上，提高“三属”人员抚恤金标准，经费由中央财政承担，提标后“三属”人员抚恤金每人每年最低标准为 2760 元，最高标准为每人每年 4980 元。云南省共有“三属”人员 8344 人，其中，烈士家属 5453 人，牺牲军人家属 1089 人，病故军人家属 2095 人。在中央规定的抚恤金标准的基础上，云南省各级财政都安排了一定的经费，用于提高“三属”人员的生活补助标准。

三、“三红”人员生活补助

“三红”人员是指在乡退伍红军老战士、在乡西路军红军老战士、红军失散人员。2005 年底，全国共有“三红”人员 80051 人，其中，在乡退伍红军老战士 2681 人，在乡西路军红军老战士 1370 人，红军失散人员 7.6 万人。[②]

根据民政部、财政部的文件精神，从 2006 年 1 月 1 日起，在现行标准的基础上，提高“三红”人员抚恤金标准，经费由中央财政承担。云南省没有在乡退伍红军老战士和在乡西路军红军老战士，仅有红军失散人员 49 人。提标前红军失散人员生活补助标准为每人每年 2880 元，提标后为每人每年 3360 元。云南省按中央要求，为红军失散人员提高了生活补助标准。

---

① 根据民政部《2006 年中国民政统计年鉴》整理，中国统计出版社 2006 年版。
② 同上。

四、在乡老复员军人生活补助

在乡老复员军人是指1954年10月31日之前入伍，后经批准从部队复员回原籍农村安置的复员军人。按中央规定为在乡老复退军人定期发放生活补助。2005年底全国共有在乡复员军人214.5万人。[①] 经国务院同意，2005年民政部、财政部下发了《关于提高回乡务农抗战老战士等在乡复员军人生活补助标准和维修抗日烈士纪念设施等工作的通知》，明确从2005年1月起，提高在乡老复员军人生活补助标准，中央按照每人每年500元安排资金，在此基础上，为体现对抗战老战士的关心和照顾，中央财政按照每人每年360元、要求地方财政按照每人每年140元的标准，增加对抗战老战士的生活补助资金。按照此标准，在乡老复员军人2005年的补助标准为年人均1328元。

根据民政部、财政部的文件精神，从2006年1月1日起，再次提高对在乡老复退军人的生活补助标准。云南省2005年共有在乡老复员军人55389人，在2005年补助标准的基础上，从2006年开始，按照每人每年提高240元的标准执行。

五、带病回乡退伍军人生活补助

带病回乡退伍军人是指1954年10月31日之后入伍，在服役期间因病、因伤但达不到评残的条件，并持有部队医院证明，从部队退伍回原籍农村安置的复员军人。按照相关规定，对带病回乡退伍军人给予定期生活补助，经费由地方财政承担。

云南省2005年底有带病回乡退伍军人20049人，每人每年生活补助费为240元，经费由州（市）、县级安排。根据民政部、财政部的文件精神，要求各地按照不低于月人均70元的标准、不高于十级伤残军人抚恤标准（月人均104.2元）给予带病回乡退伍军人生活补助。中央财政按年人均840元的80%补助为672元（月人均56元），差额部分年人均168元（月人均14元）由地方承担，加上原年人均补助240元（月人均20元），提高标准后，年人

① 根据民政部《2006年中国民政统计年鉴》整理，中国统计出版社2006年版。

均补助标准为 1080 元（月人均 90 元）。

六、义务兵家属优待

义务兵家属优待是指国家、社会和群众对服现役的义务兵在政治上、经济上给予优厚待遇的制度。对军属的优待从战争年代就已开始。我国开始实行义务兵役制以后，对军属优待主要体现在义务兵家属的优待上，实行“群众优待和国家抚恤相结合”的原则，对服现役的义务兵家属给予实物、现金、减免义务工等多种形式的优待。2004 年，国务院和中央军委颁布的《军人抚恤优待条例》明确规定，义务兵服现役期间，其家庭由当地人民政府发给优待金或者给予其他优待，优待标准不低于当地平均生活水平。

早在 1990 年，云南省政府在出台的相关政策中就对义务兵家属优待做出了明确的规定，要求进行普遍优待，对农村义务兵家属每户的优待标准不低于当地乡（镇）上年人均纯收入的 50%；对从机关企事业单位入伍的城镇义务兵，由所在单位按其基本工资的 70% 发给优待金，从城镇社会青年和在校学生入伍的义务兵，优待标准由县级人民政府制定。此后，云南省在 1995 年出台的《云南省〈双拥模范城（县）命名管理办法〉实施细则》和 1996 年出台的《双拥模范城（县）检查验收细目》中规定，义务兵家属的优待标准不得低于当地农民人均纯收入的水平。1998 年，云南省政府出台《云南省义务兵家属优待规定》，对义务兵家属的优待进行了进一步的规范。农村税费改革之前，义务兵家属优待资金实行以县为单位的社会统筹，2002 年实行农村税费改革后，云南省统一实行现金优待，经费来源从省对下财政转移支付资金中列支。2005 年，云南省享受优待的军属有 33088 户，主要为义务兵家属，当年发放优待金 2353 万元。

七、老党员生活补助

享受优抚待遇的老党员是指新中国成立前加入中国共产党的农村老党员和未享受离退休待遇的城镇老党员。云南省 2005 年底有老党员 1490 人，绝大多数为农村老党员，其中：1937 年 7 月 7 日至 1945 年 9 月 2 日入党的有 10 人；1945 年 9 月 3 日至 1949 年 9 月 30 日入党的有 953 人；1949 年 9 月 30 日前入党，但已享受优抚对象抚恤的有527人。

根据民政部、财政部的文件规定，对新中国成立前入党的老党员发放生活补助，其中：1937年7月6日前入党的，每人每年补贴1800元：1937年7月7日至1945年9月2日入党的，每人每年补贴1440元；1945年9月3日至1949年9月30日入党的，每人每年补贴960元。已享受优抚对象抚恤补助的老党员，不执行上述补贴标准，按每人每年600元标准发给生活补贴，所需资金由中央和省各承担50%。这是中央第一次出台对这部分老党员发放生活补贴的政策。

八、安置制度

转业军官的安置主要是城镇安置，我们在第四章进行论述。对退役士兵（含复员干部、退伍义务兵、复员或转业士官、伤残士兵）的安置体现了城乡二元结构的安置模式，按照“从哪里来，回哪里去”的原则，由入伍征集地的县级人民政府予以安置。城镇退伍义务兵、城镇复员士官、转业士官和荣立二等功以上的农村退伍义务兵由政府安排工作；复员干部、符合转业条件作复员安置的士官、农村退伍义务兵和复员士官，不直接安排工作，对原籍为农村的退伍义务兵回农村进行安置。2005年全国共安置退役士兵和复员干部45.18万人，具体情况详见表3－2。

表3－2　2005年安置退役士兵、复员干部情况表

单位：人

内容／地区	总人数	退伍义务兵		业复员士官	复员干部
		城镇	农村		
全国	451751	215311	177788	56843	1809
内蒙古	6864	4024	2083	715	42
广西	11595	3136	7385	1055	19
贵州	4071	3716	59	281	15

续表

内容 地区	总人数	退伍义务兵		业复员士官	复员干部
		城镇	农村		
云南	11592	3042	6511	1933	106
西藏	1043	531	465	41	6
青海	1812	1507	64	229	12
宁夏	2167	1609	451	104	3
新疆	3913	2748	397	672	96

资料来源：根据民政部《2006 年中国民政统计年鉴》计算整理。

第三节　农村合作医疗和农村医疗救助

传统的合作医疗制度是通过集体和个人共同筹资，为农村居民提供基本医疗服务的一种互助互济型医疗保障制度。目前实行的新型农村合作医疗制度，增加了政府投入并组织、引导和管理的新内容。

一、农村合作医疗的兴衰

农村合作医疗最早起源于 20 世纪 40 年代的陕、甘、宁边区，发展于 50 年代，兴盛于 60 ~ 70 年代。1959 年 11 月，卫生部在山西召开全国农村卫生工作会议，决定开展农村合作医疗，之后，农村合作医疗在全国逐步兴起和发展，1976 年全国 90% 的生产队办起合作医疗，五届全国人大将“合作医疗”写入《中华人民共和国宪法》，成为我国农村传统医疗保障制度的重要支柱。云南省的合作医疗开始于 60 年代，1968 年全省农村推广合作医疗，为配合合作医疗的开展，1969 年大理卫校和曲靖卫校率先编写教材，举办赤脚医生培训班。到 1969 年底，全省建立了合作医疗站（室）11315 个，占生产队总数的 94.9%，由各级政府和人民公社管理，每年年终集体分配时，按人均 1 ~5 元提取经费交合作医疗站，社员到合作医疗站看病，除交 5 分钱挂号费外其余费用全免。但是，由于在低筹资条件下实行全包全免，而群众医疗消费不断攀升，支大于收，导致合作医疗陷入困境，到1975年全省坚持办合作医疗的生产队已降至47%。1984年农村实行家庭联产承包责任制为主的农村经济改革后，集体的筹资途径中断，加上管理水平差，制度不完善，缺乏监督机制，造成合作医疗的解体。从1993年开始，合作医疗开始恢复，但以上问题依然存在，至2002年底全省合作医疗覆盖率仅达到20%。①

二、新型农村合作医疗试点

从2003年开始，按照中央的统一部署，全国开始了新型农村合作医疗试点工作，由政府组织、引导、支持，农民自愿并以户为单位参加，个人、集体和政府多方筹资，个人按人均10元筹资，中央和地方各级财政按人均20元进行补助，以大病统筹为主，农民互助共济，参合的农民可以按一定的比例报销住院费用。当年，全国共有257个县（市、区）启动了新型农村合作医疗试点工作。到2006年，全国新农合试点县增加到1451个县（市、区），占全国县（市、区）总数的50.7%，4.1亿农民参合，参合率为80.5%。②

云南省确定2003年在20个县（市）开展新型农村合作医疗试点工作，筹资标准为每人每年30元，其中农民个人筹资10元，各级政府补助20元。截止2003年底，全省20个试点县（市）的300个乡（镇）、2820个村委会已全部启动新型农村合作医疗试点工作，已参加新型农村合作医疗的农民为648.39万人，参合率达87.93%；2005年，参合人数略有减少，为602万人，参合率为81.04%。除20个试点县（市）外，还有37个县（市）选择了66个乡（镇）开展新型农村合作医疗试点工作，66个乡（镇）农业人口152.1万人，已参合90.7万人。③ 2006年试点县扩大为52个，参合农民达1419万人，参合率为85.15%，其中，高于全省平均参合率的县有34个，低于全省平均参合率的县有18个，最低的广南县为60.16%；筹资标准提高到每人50

---

① 根据云南省卫生厅提供的有关资料整理。

② 国家统计局：《2006年国民经济和社会发展统计公报》，http://news.xinhua-net.com/politics/2007-02/28/content_5783954.htm.

③ 根据云南省财政厅《云南省2003年社会保险基金决算》有关资料整理。

元，参合农民个人缴费10元的标准不变，政府补助部分提高到每人40元，中央和地方财政各补助20元。此外，昆明市采取按30元的筹资标准，其中市、县政府补助20元，农民自筹10元，在9个非国家确定的试点县自行开展试点。新型农村合作医疗试点工作，由省出台指导性的意见，各地确定实施方案。根据实施的情况看，各地制订的方案大同小异，很多县进行了修订和完善，主要是提高了报销比例、补偿标准及封顶线。主要做法有以下几点：（1）门诊医药费用补助方式。在村、乡、县门诊就诊或仅限于在村、乡门诊就诊可报销，2005年以前报销比例在10%～40%之间，由村级到县级逐级降低，2006年开始提高报销比例，底线提高到25%；部分县建立个人或家庭门诊账户，2005年底以前，资金额为每人每年6～10元，2006年试点的52个县中有27个县建立了家庭账户，有6个县标准超过10元，其中巧家县最高，为13元，设置家庭账户的，不设起付线和报销比例，在村、乡门诊按个人或家庭账户定额报销。（2）住院医药费用补助方式。设立住院起付线的，起付线标准为20～800元，其中在乡级住院最低起付线为20元，在县级住院最高起付线为300元，在各级医院住院按不同比例报销医药费用，报销比例为20%～70%，在乡级医疗机构住院普遍为40%～60%，在县级医疗机构住院普遍为30%～50%。设置住院报销封顶线的，封顶线标准为每年每人3000～10000元，其中按5000～8000元设置的县居多；不设住院起付线，在各级医院住院按不同比例和费用水平实行分段报销，报销比例为15%～50%，设置住院报销封顶线，封顶线标准为1000～4000元。2005年，已开展试点的20个县有602万农民参合，参合农民筹资6075.15万元，各级财政补助10695.48万元，当年筹资16752.63万元，加上2003年以来的滚存结余资金，可用资金为23366.17万元。当年共为6433779人次提供了医疗补助16437.96万元。新型农村合作医疗试点工作的开展，有效地减轻了参合群众的医疗负担，给广大参合农民带来了实惠。

三、农村医疗救助启动

在2003年开展新型农村合作医疗试点的同时，中央相关部门出台了《民政部卫生部财政部关于实施农村医疗救助的意见》，开始在全国实施农村医疗救助工作，对农村五保户和未解决温饱的贫困家庭给予医疗救助，救助资金主要由中央和地方各级财政安排，并采取社会各界自愿捐赠等多渠道筹集。已开展新型农村合作医疗试点的地区，对符合救助条件的贫困户，由特困医疗救助资金代其缴费，并对参合后医疗的自付部分给予减免；未开展新型农村合作医疗试点的地区，对特困群众就医从特困医疗救助资金中直接给予减免部分费用。

第四节　农村养老保障制度

新中国成立以后的很长时间里，我国对农村居民的养老保障没有专门的制度安排，主要依靠家庭和个人保障，在合作社和人民公社时期，从集体分配中可以得到一定程度的保障。从 20 世纪 90 年代开始，民政部开始部署农村社会养老保险试点工作，从本世纪初开始，国家和云南省结合计划生育工作，开始试行对农村独生子女的父母给予奖励的政策，实际上是针对特殊人群的养老保障政策。

一、农村社会养老保险试点

1991 年，民政部开始部署农村社会养老保险试点工作，1992 年 1 月 3 日，民政部正式下发了《县级农村社会养老保险基本方案》。此后，民政部要求各地根据《方案》规定的原则，积极组织本地进行试点，并陆续下发了若干用于指导这项工作开展的规范性文件。1999 年 7 月，《国务院批转整顿保险业工作小组（保险业整顿与改革方案）的通知》提出“对农村社会养老保险进行清理整顿，停止接受新业务”。此后，该项制度发展不平衡，部分地区处于停顿状态。2005 年，劳动和社会保障部与日本协力机构共同确定，选择北京大兴、山东招远、福建延平、四川巴中等 8 个县市区作为“中国农村社会养老保险制度创新与规范管理”中日政府合作项目试点县。2006 底，全国参加农村养老保险人数为 5374 万人，全年共有 355 万农民领取了养老金，全年共支付养老金 30 亿元。[①] 按此计算，每人每月平均领取养老金 46. 38 元。

1992 年，云南省人民政府下发了《云南省人民政府办公厅关于开展农村社会养老保险工作的通知》，并在曲靖市、建水县、潞西市开展了试点工作。1993 年又增加了宜良县、楚雄市、个旧市、开远市等 11 个县（市）进行试点。1995 年在试点经验的基础上，全省普遍铺开了此项工作，到年底，全省有 69 个县市开展了农村社会养老保险工作，参保人数达 48 万人。1997 年 12 月，省政府正式颁布了《云南省农村社会养老保险暂行办法》，各地也相应制定了农村社会养老保险实施细则。1998 年，省级农保机构由民政部门划转劳动保障部门，此后，多数地县陆续划转。按照劳动和社会保障部对农村养老保险进行清理整顿的部署，云南省自 1999 年底开始进行清理整顿工作，农保工作就此处于基本停滞状态。截止 2003 年 12 月 31 日，全省共有 14 个地州市的 105 个县市区开展了农村社会养老保险工作，涉及 1145 个乡镇、7288 个村和 293 个乡镇企业，参保人数达到 133. 21 万人，占全省农业人口的 3. 7% 左右，3. 16 万人已开始领取养老保险金，最高的每月可达 460 多元，最低的不足 2 元。到 2005 年底，云南省参加农村养老保险的人数为 137. 78 万人，仅比 2003 年增加 4 万多人。民族地区农村养老保险制度的建设，发展水平参差不齐，总体情况不甚理想，有的地方存在停滞甚至倒退现象。目前农村社会养老保险实行“个人缴费为主，集体补助为辅，国家政策扶持”的办法，个人账户实账管理，按储备积累总额确定养老金给付标准。与城镇养老保险相比，最大的差别是不具有互济性，缺少城镇养老保险的社会统筹部分，是一种以预筹积累为特征的储蓄保险制度。由于从制度设计开始就不是一个比较完善的制度安排，再加上操作过程中存在的诸多问题，保险金被挤占挪用的情况时有发生，所以，现行的农村社会养老保险制度并不是一项成功的制度安排，停滞甚至失败是必然趋势。云南省南华县作为“中国农村社会养老保险制度创新与规范管理”中日政府合作项目试点县之一，从 2006 年开始，进行了制度创新试点，核心是在缴费中增加了政府补贴的内容。

---

① 劳动和社会保障部、国家统计局：《2006 年度劳动和社会保障事业发展统计公报》，http：//www. stats. gov. cn/tjgb/qttjgh/qgqttjgb/t20070518_ 402405314. htm.

二、计划生育奖励

云南省是最早实施农业人口独生子女家庭奖励政策的省份。2001 年 7 月 11 日云南省人民政府办公厅印发了《云南省农村独生子女夫妇和双女结扎夫妇一次性养老保险奖励试点实施办法》。2003 年下发了《云南省人民政府关于印发云南省农业人口独生子女奖励暂行规定的通知》，出台了对农业人口独生子女奖励的政策，选择 41 个县进行试点，对终生只生育一个孩子的农业人口夫妇及其独生子女进行奖励，除一次性给予 1000 元的奖励经费，免除独生子女教育阶段的课本费、杂费和文具费外，还规定独生子女父母年满 60 周岁以后，每人每年发给 500 元的养老生活补助，经费由省、地、县财政共同承担，同时废止了《云南省农村独生子女夫妇和双女结扎夫妇一次性养老保险奖励试点实施办法》。新的奖励暂行规定受到广大农民群众的欢迎，有力地促进了计划生育政策的落实，对控制人口增长、提高人口质量起到了不可估量的作用。当年，已有 763 名符合条件的独生子女父母开始领取生活补助。[①] 2004 年，国家人口计生委、财政部、国务院扶贫办出台了在西部地区开展“少生快富”扶贫工程试点工作的意见，将宁夏、青海、云南三个省（区）列为“少生快富”试点省（区）。同年国家人口计生委、财政部在总结云南省的经验和做法的基础上，出台了农村部分计划生育家庭奖励扶助制度试点方案，将四川、云南、甘肃、青海和重庆以及河北、山西等 10 个省市的各 1 个地（州、市）纳入试点，针对农村只有一个子女或两个女孩的计划生育家庭的夫妇年满 60 周岁以后所面临的特殊困难，在部分地区探索建立农村部分计划生育家庭奖励扶助制度，按人年均不低于 600 元的标准发放奖励扶助金。根据国务院发展研究中心课题组的评估，2005 年全国符合条件的奖励对象有 169.3 万人，在全国推行这一制度，需资金 10 亿元，据估算，到 2021 年奖励扶助对象达到峰值时总人数为 1204 万人，所需要的奖励扶助资金约为 70 亿

---

① 云南省人口计生委主任张玉明 2004 年 1 月在全省农业人口独生子女奖励试点工作现场会发言材料《团结奋进扎实工作确保试点工作取得更大成效》。

元。[①] 云南省将两项试点与“奖优免补”进行了有机整合，省政府修订出台了《云南省农业人口独生子女家庭奖励规定》，从2004年6月起在全省全面推行，进一步扩大范围和提高奖励标准，独生子的父母年满60周岁以后每人每年补助600元，独生女的父母每人每年补助700元，对依法生育的子女死亡现无子女的夫妻每人每年给予750元的养老生活补助，现年龄超过60周岁的，以本规定开始实施的实际年龄为起点发放。截止2005年底，全省共有39.4万户农村家庭自愿放弃生育二孩、三孩，领取了《独生子女父母光荣证》，是过去24年累计办证数的2.9倍，全省农业人口一孩家庭领证率已达36.33%。有28.5万对夫妻领到了一次性奖励金；有10.78万人次享受了奖励扶助金。

第五节　社会福利

农村占有的社会福利同城市相比有巨大的差距，农村社会福利主要体现在教育和卫生方面，国家没有面对所有农村人口的住房福利，仅从救灾和扶贫方面帮助灾民和特困人口修建标准较低的住房，使部分特殊群体能享受到相应的照顾。

一、教育福利

（一）教育事业发展概况

通过新中国成立以后50多年的发展，中国的教育事业取得了举世瞩目的成就。到2006年底，全年普通高等学校招生540万人，在校生1739万人，毕业生377万人；各类中等职业教育招生741万人，在校生1809万人，毕业生476万人；普通高中招生871万人，在校生2515万人，毕业生727万人；初中学校招生1930万人，在校生5958万人，毕业生2072万人；普通小学招生

① 农村部分计划生育家庭奖励扶助制度试点协调小组办公室：《农村部分计划生育家庭奖励扶助制度试点工作总结、评估报告》，中国人口出版社，2006年版。

1729 万人，在校生 10712 万人，毕业生 1928 万人。[①] 中国的农村义务教育体制是在计划经济时期逐步发展起来的，当时的基本制度特点是政府办学与农村集体办学相结合。改革开放后的 1985 年颁布了《中共中央关于教育体制改革的决定》，明确规定农村义务教育实行三级办学、两级管理的体制，即县、乡、村三级办学，县、乡两级政府管理，所需教育经费也明确要以县、乡两级政府的财政为主，鼓励多渠道筹资。中央政府及省级政府的主要责任是对义务教育发展进行统筹规划，并给予地方必要的财政援助。义务教育经费主要来自乡级财政和农民集资，义务教育的组织、管理责任也主要由乡、村承担，总体来说，在相当长时间里，以乡、村为责任主体一直是农村义务教育体制的基本特征。许多乡级政府和村级组织基本经济支持能力弱化，采取向农民集资、摊派或变相摊派的做法。另外，从 2000 年开始的农村税费改革，逐步取消了乡提留、村统筹项目，减少了乡村支持义务教育的资金来源。[②] 新中国成立以前，云南的教育事业非常落后，全省人口中 85% 以上是文盲，学龄儿童入学率只有 20% 左右。[③] 民族教育几乎是空白，据 1950 年统计，全省数民族地区仅有 1 所初级师范、5 所中学、45 所小学和 75 所教会学校，在校学生仅 2 万人。[④] 新中国成立以后，云南的教育事业纳入国家计划，取得了长足的发展，特别是 1985 年 5 月《中共中央关于教育体制改革的决定》公布后，进入了发展最快的历史时期。2006 年云南省有普通高等学校 50 所，招生 9.56 万人，在校学生 28.42 万人，毕业生 6.36 万人；各类中等职业教育学校招生 12.87 万人，在校学生 32.52 万人，毕业生 8.87 万人；普通高中招生 20.47 万人，在校学生 54.54 万人，毕业生 12.77 万人；初中招生 65.57 万人，在校学生 190.16 万人，毕业生 63.52 万人；普通小学招生 76.03 万人，在校学生 452.26 万人，毕业生 68.69 万人；全年扫除文盲 13.3 万人，全省人

---

① 国家统计局：《2006 年国民经济和社会发展统计公报》，http://news.xinhua-net.com/politics/2007-02/28/content_5783954.htm.

② 参见农村义务教育体制改革研究课题组《农村义务教育体制改革：反思与建议》，载财政部教科文司编《2004 年全国教科文财务工作会议材料汇编》，经济科学出版社 2004 年版，第 340、341、343 页。

③《新编云南省情》，云南人民出版社 1996 年版，第 578 页。

④ 沙云生：《云南民族教育现状及其对策研究》，内部印刷。

口平均受教育年限为6.76年。[①] 2005年，云南省教育经费总投入198.2亿元，其中政府预算内教育经费投入144.8亿元，占教育总投入的73%。[②]

（二）针对民族教育的特殊措施

新中国成立初期就创办了一批食宿包干的省立中小学和民族小学，1957年以后，国家实行“就地办学”的方针，取消了寄宿制学校，对有特殊困难的学生给予部分费用补助。民族中小学分别下放到地（州）、县以下管理，并兴办公办社助、社办公助的民办学校。1964年民族地区兴起耕读小学和半工（农）半读学校。改革开放以后，逐步制定和完善了相应的措施，形成了解决民族地区义务教育阶段贫困生上学困难问题的倾斜政策。2005年以后，结合贯彻落实中央“两免一补”政策，对民族特困生给予了进一步的关心与照顾。

1. 实行“三免费”（免课书费、杂费、文具费）教育补助。1978年以后，对边境一线20公里范围内的少数民族地区中小学生给予生活补助费，贫困山区的学生实行“三免费”，之后，政策逐步作了一些调整和完善；1999年云南省委、省政府决定对全省8个地州25个边境县行政村及村以下小学中户籍在当地行政村的1－6年级学生实行“三免费”；2002年，省级在原补助数额的基础上，将“三免费”教育扩大到边境53个扶贫攻坚乡的初中生和小学生；2003年，“三免费”教育实施范围又扩大到全省129个边境一线贫困乡镇以及7个人口在10万以下的少数民族和藏族约41万名初中、小学生，补助标准为初中生每年250元、小学生每年150元。2005年，云南省将“三免费”教育整合到“两免一补”工作中。

2. 实行“两免一补”政策。根据国务院的有关要求，从2005年起对国家扶贫开发重点县实行“两免一补”（免学杂费、教科书费、发放生活补助费），到2007年所有农村家庭经济困难学生都得到“两免一补”资助。从2005年起，云南省在整合原“三免费”政策的基础上，启动了“两免一补”工作。2005年，在保持原“三免费”享受范围和投入力度不变的前提下，对全省260万名农村初中和小学生免除了学杂费和教科书费，对115万名家庭

① 云南省统计局、国家统计局云南调查总队：《2006年云南省国民经济和和社会发展统计公报》，http://www.stats.gov.cn/tjgb/ndtjgb/dfndtjgb/t20070410—402398421.htm.

② 云南省教育厅：《全国教育经费统计报表（综合报表）》，内部资料2006年版。

经济困难的寄宿学生给予生活费补助，标准仍然维持初中生每年 250 元、小学生每年 150 元。

3. 举办寄宿制学校。1980 年以后，在农村开办供给食宿的民族中小学。1984 年开办 3000 所半寄宿制高年级小学，对 30 万名高年级小学学生提供住校方便，并发给生活补助；到 2005 年，半寄宿制高年级小学发展到 5500 所。云南省每年安排一定数量的专项资金用于寄宿制、半寄宿制中小学学生的生活补助，标准早期为每个学生每月 7－15 元。从 2000 年起补助标准分别提高为全寄宿制学生每月 25 元、半寄宿制 12 元。从 2006 年起，对 41 所省定民族中小学、33 所贫困县一中民族部的寄宿制学生生活补助费由每月 25 元提高到 30 元，并逐步扩大补助范围。“十五”期间，省政府在《云南省基础教育振兴行动计划》中决定每年扩大 6 万名享受此项补助的寄宿制学生规模，即每年增加 720 万元，共计投入 2.59 亿元，补助学生达 55.5 万人。

（三）民族教育发展仍然滞后

虽然云南省的教育事业取得了明显的发展，但是发展仍然滞后，在广大的农村，特别是民族地区，所占有的教育资源大大低于城市，享有的教育福利水平还十分低下，带来了起点的不公平（详见表 3－3）。通过表中数据我们可以看出，在生均教育经费、生均固定资产、生均专用设备方面，农村的水平都大大低于城市，虽然生均校舍面积农村略高于城市，但是，到 2005 年底，全省中小学还存有危房面积 491 万平方米，其中绝大部分为农村中小学危房。同时，由于农村中小学普遍规模小、班级学生人数少，农村小学还存在大量的一师一校办学点，人均校舍面积虽高于城市，但从另一个方面证明农村居住分散，入学率低于城市，教育服务和福利水平远低于城市。虽然生均拥有普通图书的差距不明显，但电子图书尚未统计在内，也无法对图书质量进行定量分析，而且，城市学校规模较大，可供学生查阅和利用的图书绝对量自然增加，农村学校规模较小，可供学生使用的图书的绝对量自然减少，特别是一师一校办学点，所能拥有的图书资料更是少得可怜。

表 3-3　2005 年云南省义务教育阶段生均教育资源情况对比表

项目	初中生均占有教育资源			小学生均占有教育资源		
	全省	农村	农村与全省比较	全省	农村	农村与全省比较
教育经费（元）	1946.25	1651.03	-295.22	1649.84	1592.16	-57.68
政府预算投入（元）	1526.38	1485.36	-41.02	1282.19	1277.13	-5.06
校舍面积（平方米）	6.96	6.97	0.01	5.63	5.81	0.18
固定资产（元）	3558.76	3297.16	-261.6	2343.97	2244.98	-98.99
专用设备（元）	253.54	194.88	-58.66	142.4	109.74	-32.66
普通图书（册）	11	10	-1	9	9	0

资料来源：根据云南省教育厅 2006 年《全国教育经费统计报表》整理。

从教育软件进行分析，2005 年底，云南省共有初中代课人员 2115 人，其中农村初中代课人员 1825 人，小学共有代课人员 22338 人，其中农村小学代课人员 21196 人。由于统计口径的原因，没有将县级市和区所辖乡镇统计在农村范围内，其他代课人员大多数在这些乡镇初中和小学代课，实际上，农村代课人员所占的比例还要更高。合格和高水平教师的比重，农村学校也远远低于城市，我们没有查阅到农村学校和学校教师学历和专业技术职务的相关统计对比资料，但从农村学校代课人员的数量就可见一斑。在此，我们绝没有贬低代课人员的任何含义，他们为农村教育事业的发展做出了重要的贡献，只是从总体上进行分析比较。

虽然对民族地区和贫困县义务教育阶段的困难学生给予了“两免一补”，但是仍然存在覆盖面窄、生活费补助标准偏低的状况，农村学生特别是民族地区的贫困学生上学难的形势依然严峻。

根据 2000 年全国第五次人口普查的统计，全国人均受教育年限为 7.27 年，云南省为 6.32 年，15 个云南特有民族为 5.54 年，仅有纳西族和白族平均受教育年限高于全省平均水平，分别达到 7.04 年和 6.95 年，最低的拉祜族仅为4.07年；7个人口较少民族仅为5.2年，其中最低的怒族仅为4.77年。根据全省农村住户抽样调查的结果显示，2005年全省农村16岁以上成人的文盲率为14%，绝对贫困人口中的成人文盲率高达25%。

二、卫生福利

我国卫生事业是政府实行一定福利政策的社会公益事业。由于卫生事业的性质及对人民生命和健康的特殊作用，卫生福利是社会福利的重要组成部分。同时，由于医疗保障的对象是个人，在研究医疗保障时，不仅要研究保障对象的需求，也需要对供给和服务进行研究。

（一）卫生事业发展概况

1949年全国卫生机构合计只有3670个，其中医院2600个，妇幼保健院（所、站）9个，卫生技术人员50.5万人，其中医生36.34万人；到1980年全国卫生机构已经发到18.06万个，其中医院9902个，卫生院5.54万个，妇幼保健院（所、站）2745个，专科疾病防治院（所、站）1138个，疾病预防控制中心（防疫站）3105个。[①] 截止2006年末，全国卫生机构已发展到30万个，其中医院、卫生院5.9万个，妇幼保健院（所、站）3006个，专科疾病防治院（所、站）1404个。医院和卫生院床位321.6万张。疾病预防控制中心（防疫站）3587个；卫生监督所2256个。卫生技术人员452.5万人，其中执业医师和执业助理医师197万人，注册护士138.6万人。[②]

新中国成立以后，民族地区的卫生事业取得了长足的进步，人们享有的卫生福利水平不断提高。1949年云南省仅有各类卫生机构91所，其中医院72所，病床615张，专业卫生人员991人，其中卫生技术人员511人，这些机构和人员多数集中在少数城市，医疗设备简陋，技术水平高者不多，广大农村几乎完全没有医疗卫生机构。由于云南省地处边疆，疟疾、鼠疫、血吸虫、天花、麻风、霍乱等传染病、地方病流行。在20世纪50年代初期，云南省就开始发展医疗、公共卫生、妇幼保健和中医等卫生事业，建立了各级

① 根据《2005年中国卫生统计年鉴》整理，中国协和医科大学出版社2005年版。

② 国家统计局：《2006年国民经济和社会发展统计公报》，http://news.xinhua-net.com/politics/2007-02/28/content_5783954.htm.

人民医院，大多数专州建立了防疫站、妇幼保健站、卫生学校以及一批专业防疫机构，并在土改工作团中设立卫生队，帮助广大边疆民族群众防病治病，中央也派出专业防疫队伍到边疆疫区为群众防疫治病。经过50多年的发展，云南省医疗卫生体系不断得到加强和完善。1997年《中共中央、国务院关于卫生改革与发展的决定》提出了以“农村为重点，预防为主，中西医并重，依靠科技与教育，动员全社会参与，为人民健康服务，为社会主义现代化建设服务”的新时期卫生工作方针，要求卫生事业发展必须与国民经济和社会发展相协调，人民健康保障的福利水平必须与经济发展水平相适应；政府对发展卫生事业负有重要责任，各级政府要努力增加卫生投入，广泛动员社会各方面筹集发展卫生事业的资金，公民个人也要逐步增加对自身医疗保健的投入，到20世纪末，争取全社会卫生总费用占国内生产总值的5%左右。云南省委、省政府同年制定了《贯彻落实（中共中央国务院关于卫生改革与发展的决定）的实施意见》，要求突出农村卫生、预防保健和中医药三个战略重点，提出到2000年建立起适应云南经济社会发展和人民健康需求的卫生服务、医疗保健、卫生执法监督体系，基本实现人人享有初级卫生保健的目标；要把解决农村群众医疗保健问题摆到突出位置，特别要把解决贫困地区、边境地区、少数民族地区的缺医少药问题纳入扶贫攻坚计划，认真落实。2002年，中央出台了《关于进一步加强农村卫生工作的决定》，提出了农村卫生工作的目标。根据中央的决定，云南省提出到2010年，在全省农村基本建立起适应社会主义市场经济体制要求和农村经济社会发展水平的农村卫生服务体系和农村合作医疗制度，建立基本设施齐全的农村卫生服务网络，建立具有较高专业素质的农村卫生服务队伍，建立精干高效的农村卫生管理体制，建立以大病统筹为主的新型合作医疗制度和医疗救助制度，使农民人人享有初级卫生保健，主要健康指标达到全国平均水平。

2006年，云南省有卫生机构10020个；医院649个，拥有床位11.05万张；卫生技术人员12.1万人，其中医生5.65万人。疾病预防控制机构150个，卫生技术人员6028人；专科防治机构31个，卫生技术人员581人；妇幼保健院（所、站）148个，卫生技术人员4758人。农村有医疗点的村占总村数的比重为98.5%。乡村医生和卫生员3.55万人。① 农村卫生体系由县、乡、村三级卫生体系构成，包括三级医疗体系和公共卫生体系。同经济发展相比，卫生事业的发展严重滞后，在整个卫生事业中，城市卫生事业和农村卫生事业的发展严重失衡，医疗卫生资源主要集中在城市，特别是大城市。2005年，全省卫生部门拥有房屋和设备固定资产105.68亿元，其中，医疗机构拥有96.11亿元，包括房屋固定资产53.65亿元，设备固定资产42.46亿元；在医疗机构房屋和设备固定资产中，省级和州（市）级医疗机构为63亿元，占52%，县乡两级医疗机构为57.1亿元，占48%。其中，省、州（市）级医疗机构房屋固定资产26.66亿元，设备固定资产24.66亿元，分别占医疗机构房屋和设备固定资产的49%和58%；县乡两级医疗机构房屋固定资产26.97亿元，设备固定资产17.79亿元，只分别占全省医疗机构房屋和设备固定资产的51%和42%。城市人口拥有48%的床位和卫生技术人员，数倍于城市人口的农村人口只拥有52%的床位和卫生技术人员，广大农村居民享有的卫生福利大大低于城市，"看病难、看病贵"的问题更加严重。

（二）农村卫生事业存在的主要问题

主要为农村服务的乡村两级医疗机构的医疗条件十分落后，2005年，全省有乡（镇）卫生院1483个，床位2.41万张，共有在职人员25679人，平均每个乡（镇）卫生院有在职职工17.35人，其中医学专业大学学历人员850人，占3.31%；医学专业大专学历6379人，占24.84%；医学专业中专学历（含职高）人员14366人，占55.94%。全省乡（镇）卫生院业务用房面积1872359平方米，其中危房面积375897平方米，危房率为20.07%。全省卫生院实有病床24733张，平均每院拥有病床16.71张。只有968所卫生院拥有X光机，拥有率为68.58%；小型B超机1253台，拥有率为80.2%；心电图机949台，拥有率为61.56%；半自动生化仪602台，拥有率为39.59%。

全省有村卫生室13474个，有卫生人员32698人，平均每个卫生室有2.47人，其中有乡村医生29479人，村卫生员3474人，卫生员占人员总数的

① 云南省统计局、国家统计局云南调查总队：《2006年云南省国民经济和社会发展统计公报》，http://www.stats.gov.cn/tjgb/dfndtjgb/t20070410402398421.htm.

10.62%。村卫生室平均业务用房面积为37.12平方米，业务用房不到两间；尚有5825个村卫生室无业务用房，占村卫生室总数的44%，仅靠租借房屋或在医生家中开业，部分有业务用房的卫生室面积达不到"80平方米、3室（诊断室、治疗室、药房）分开"的标准。体温计、听诊器、血压计、出诊箱、药柜、消毒锅、观察床、产包、检查床、小冰柜等开展农村卫生服务最基本的设备，应该100%地配备，但目前，2元钱的体温计、10多元的听诊器、80多元的血压计在村卫生室也没有100%地配齐，100元以上的医疗设备很少。有观察床的村卫生室占63.78%；有检查床的村卫生室占30.64%，有产床的占8.05%，有产包的占36.54%，有高压消毒锅的占67.16%。

2005年度，20个试点县参合农民在乡镇卫生院住院的占53.11%，住院费用总额占总住院费用的22.88%，住院补偿资金占33%；在县级医院住院的占33.54%，住院费用总额占总住院费用的42.04%，住院补偿金资金占43.18%；在县级以上医院住院的占11.52%，住院费用总额占总住院费用的34.18%，住院补偿资金占22.6%。县级和县级以上医疗机构占用了三分之二的新型农村合作医疗住院补偿资金。农村居民就诊"小病不出村、大病不出乡、重病不出县"的目标远未实现。云南省广大农村交通不便，群众居住分散，收入低，贫困面大，如果农村群众患病都要进城救治，势必增加"难"和"贵"的问题：一是按目前的医疗收费标准，级别越高的医院收费标准越高；二是进城看病特别是到大城市看病，必需支出较多的交通、食宿和陪护等费用；三是因看病带来的误工等方面的因素，还会造成收入的减少。

第六节　扶贫开发

国际上一直从社会保障的角度研究贫困问题。英国1601年颁布的《济贫法》就是对贫困进行社会救助的法律，英国的布什和朗特里最早从社会保障的角度去研究贫困问题。贫困是世界性的问题，贫困有广义和狭义之分，对其内涵也有不同的理解。联合国发展和计划署对贫困所作的定义是：人类贫困，是指缺乏人类发展最基本的机会和选择——长寿、健康、体面的生活、自由、社会地位、自尊和他人的尊重。我国国家统计局认为：贫困一般是指

中央政府再次召开了中央扶贫开发工作会议，对20世纪最后两年的扶贫开发工作进行再动员、再部署，确保《国家八七扶贫攻坚计划》的如期实现，随后下发了《关于进一步加强扶贫开发工作的决定》。

我国按照“政府主导、社会参与、自力更生、开发扶贫”的思路，创新扶贫思路、扶贫模式和扶贫机制，采取了一系列行之有效的措施，创造了许多好的做法和经验。各级建立专门负责扶贫工作的组织机构，制定专门针对贫困地区和贫困人口的优惠政策，变“输血式”救济扶贫为增强“造血”功能的开发式扶贫，在贫困地区部署国家重大建设项目，扶持贫困地区发展优势产业，改善贫困地区基础设施条件，发展经济和教育、科技、文化、卫生等社会事业，经济开发与智力开发相结合，采取整村推进的综合性扶贫，实行一村一策、一户一品的分类指导政策，引进国际经验的小额信贷扶贫模式，异地开发扶贫，对口帮扶和挂钩联系扶贫，对边境地区和人口较少民族采取特殊帮扶措施。

（四）持久扶贫阶段

进入21世纪，我国政府制定了《中国农村扶贫开发纲要（2001～2010年）》，决定从2001年到2010年集中力量加快贫困地区脱贫致富的进程，把我国扶贫开发事业推向一个新的阶段。扶贫开发总的奋斗目标是：尽快解决少数贫困人口温饱问题，进一步改善贫困地区的基本生产生活条件，巩固温饱成果，提高贫困人口的生活质量和综合素质，加强贫困乡村的基础设施建设，改善生态环境，逐步改变贫困地区经济、社会、文化的落后状况，为达到小康水平创造条件。至此，我国的扶贫工作进入了一个长期持久扶贫的阶段。

二、针对特殊贫困群体的扶贫

中央还针对特殊地区和特殊贫困群体制定了专门的扶贫开发措施。2000年，经国务院批准，正式启动以加快边境民族地区经济社会发展，促进边疆各族人民尽早富裕起来为目的的“兴边富民”行动，并于2002年8月制订了《全国兴边富民行动规划纲要（2001～2010）》。国家民委等五个部门于2005年8月编制下发了以人口较少民族群众为基本对象，以改善人口较少民族聚居村基本生产生活条件和增加农牧民收入为重点的《扶持人口较少民族发展规划（2005～2010）》，目的是通过五年左右的时间，使人口较少民族聚居的行政村基础设施得到明显改善，群众生产生活中存在的突出问题得到有效解决，基本解决现有贫困人口的温饱问题，经济社会发展基本达到当地中等或以上水平；再经过一段时间的努力，使人口较少民族达到全面建设小康社会的要求。关于以上特殊措施的具体内容，我们将在第十章中结合构建特困民族社会保障制度的特殊视角进行具体分析论述。

三、云南扶贫工作的发展及成效

云南省的扶贫工作是根据中央的统一部署，结合云南的实际开展的。1978 年以前，云南贫困人口达到 2000 多万人，第一阶段结束以后，云南的贫困人口从 2000 万人下降到 783 万人。1979 年 9 月，为减轻农民负担，当时的云南省革命委员会出台调整粮食征购负担的政策，生产队人均口粮在 200 公斤以下的免征公粮，免购余粮；不足 150 公斤的，在统销粮中返销补足 150 公斤。这种以生产队为单位、以口粮数量为标准划分贫困，是云南最早的一项具有扶贫性质的政策。1984 年 6 月 1 日云南省委在批转丽江地委《关于发展商品生产，改变小凉山地区贫困面貌的请示报告》中指出：对全省类似小凉山的特困民族地区，在经济政策上进一步放宽，继续执行粮食免征、免购政策，延长到 1990 年不变；实行口粮定销和以林、畜、药等“特产换粮”的办法，一定五年到十年不变；放宽地方留成木材比例；税收上给予减免照顾。这是改革开放后云南省有关扶贫工作的第一份文件。1984 年云南省委、省政府又根据中央文件精神，结合云南实际制定了《云南省贫困地区有关税收问题的若干规定》，对贫困地区新办企业、乡镇集体企业、个体工商户交纳的产品税、营业税、工商所得税等给予了减、缓、免的优惠照顾。第二阶段，根据国务院“七五”期间解决大多数群众温饱问题的总目标，云南省各地都把扶贫工作的重点放在解决群众的温饱上，集中力量打好“温饱攻坚战”。1986 年，省政府发出《关于进一步做好农村扶贫工作的通知》，要求把扶贫工作从单纯救济型转变为经营服务型，把“输血”式的救济变为“造血”功能式的扶持；要兴办经济实体，选准项目。1986 年 3 月，省委、省政府下发的《关于切实加强贫困地区工作尽快解决温饱问题的决定》制订了18条针对贫困地区实行休养生息、放宽搞活、加快发展的政策措施。如调减合同订购粮，减免农业税，免购国库券以及放宽搞活集体林区木材经营，鼓励开发资源，发展乡镇集体企业、种植业、养殖业、加工业，多渠道搞活商品流通，分期分批解决人畜饮水，优先安排乡村公路、人马驿道建设，发展农村小电站，要求省级各有关部门对贫困地区的经济开发和智力开发给予优惠照顾等等。1989年，云南省政府有关部门开展了《云南省41个贫困县脱贫致富战略研究》，提出41个贫困县从1989年到1992年以解决温饱为主，兼顾区域开发，主攻方向是实施人均一亩稳产高产农田、一亩经济果、户均每年出售一头大牲畜、户均转移出一个劳动力从事非种植业的“四个一”的温饱工程。1990年，云南省政府批转省保险公司《关于健全和完善云南省农村保险服务体系的建议》的通知，将原来三个方面的领导小组合并，调整为“云南省人民政府扶贫开发领导小组”。到1993年底，云南省的贫困人口下降到700万人。进入扶贫攻坚的第三阶段，由于国家调整了贫困县的标准，云南省有73个国家级贫困县，占全国贫困县总数的12%，是国家重点扶持贫困县数量最多的省份。云南省从实际出发，把国家贫困县年人均纯收入低于400元的标准降低为人均纯收入低于300元的省定贫困县标准，决定从1994年到2000年用7年时间，解决700万人的温饱问题，形成《云南省七七扶贫攻坚计划》。1995年召开了全省第一次扶贫开发工作会议，省委、省政府做出了《关于打好扶贫攻坚战，确保“九五”基本脱贫的决定》，进一步明确了坚持区域扶贫和扶贫到户相结合，以扶贫到户为主，坚持开发式扶贫等扶贫攻坚方式，确定了206个特困乡为云南省扶贫攻坚的重点，并不断加大了扶贫资金的投入，实施改土、治水、办电、修路、绿色等五大扶贫工程，进一步加强了对扶贫攻坚的领导，建立了扶贫攻坚目标责任制。1996年年底，云南省政府和各地州市政府签订《扶贫攻坚责任状》，把五年内各级政府扶贫攻坚目标、解决贫困人口温饱问题的任务进行量化，使扶贫攻坚的任务责任更加明确。1997年以后，启动了异地开发、小额信贷、温饱村试点等一些行之有效的扶贫措施，完善了党员干部结对扶贫制度。从1994年到2000年的扶贫攻坚阶段，云南省累计投入189亿元资金，解决了742万农村贫困人口的温饱问题。到2000年底，云南省共有贫困人口 1022 万人，占全省农村人口的比重为 29.6%，占全国贫困人口总数的 20.9%，其中，按照国家 625 元的“绝对贫困”标准，云南省还有绝对贫困人口 337.5 万人，绝对贫困发生率为 9.8%，占全国绝对贫困人口总数的 14%；按国家 865 元的“不稳定解决温饱人口”标准，全省还有低收入人口 684.6 万人，占全省总人口的 19.6%，占全国低收入人口的 11%。全省农村贫困发生率由 1993 年底的 23.8% 下降到 4.7%，73 个国家级贫困县的农民人均纯收入从 491 元提高到 1035 元，粮食产量从 458 万吨增加到 771 万吨，如期实现了基本解决全省贫困人口温饱问题的目标。

进入新世纪的持久扶贫阶段以后，2002 年制定了《云南省农村扶贫开发纲要》，提出 2010 年前基本解决剩余特困人口的温饱问题。2003 年，云南省提出“向绝对贫困宣战”，决定在 5 年内筹集 45 亿元资金，基本解决全省 40 多万户特困农户安居温饱和 50 万基本丧失生存条件的农民异地搬迁问题。“十五”期间，投入各级财政资金、信贷资金、定点扶贫和对口帮扶资金共 155 亿多元，引进国际扶贫资金 5.26 亿元，并大力鼓励、支持、引导民间资本和民营企业投资参与扶贫开发。通过以整村推进为载体，突出抓好产业扶贫和劳务输出，大力加强扶贫安居工程、基础设施和社会公共事业建设，坚持以解决温饱为中心，坚持“一地一策、一族一策、一村一策”的原则，因地制宜采取产业扶贫、科技扶贫、外资扶贫和劳务输出、社会帮扶、小额信贷、易地搬迁等行之有效的扶贫措施，极大地改善了贫困地区的生产生活条件，增强了综合发展能力。到 2005 年，全省贫困人口由 2000 年的 1022.1 万人下降到 737.8 万人，共减少 284.3 万人，占全国贫困人口总数的比重由 20.9% 下降到 11.47%；其中，绝对贫困人口由 2000 年的 337.5 万人下降到 248.4 万人，减少了 89.1 万人，低收入人口由 684.6 万人下降到 489.4 万人，减少了 195.2 万人。全省贫困人口的人均纯收入由 2000 年的 459.6 元增加到 2005 年的 516.4 元；低收入人口的人均纯收入由 2000 年的 728.2 元增加到 2005 年的 835.1 元；73 个国家级扶贫开发工作重点县农民人均纯收入从 1100 元提高到 1461 元，80 个国家和省级扶贫开发工作重点县农民人均纯收入由 2000 年的 1103 元增加到 2005 年的 1537 元，年均增加 86.8 元，年均增长 6.6%，比全省平均水平高 0.2 个百分点。省委、省政府确定了“一基本、一提高、三完成、四实现”的“十一五”时期全省扶贫开发工作的任务目标：到2010年全省基本解决250万绝对贫困人口的温饱问题；提高500万农村低收入人口的收入水平；完成3万个贫困自然村的整村推进扶贫计划，力争完成20万贫困人口的易地搬迁，完成200万贫困地区劳动力培训转移；实现大多数贫困人口人均拥有1亩以上基本农田、1亩经济作物、1亩经济林果、1头出栏大牲畜，每个扶贫开发工作重点县培植起1至2个支柱产业，促进贫困地区经济社会全面协调可持续发展，为建设社会主义新农村、实现云南省与全国同步进入小康社会的奋斗目标创造条件。①

第七节　民族地区和少数民族的特殊保障

新中国成立以后，根据党中央、国务院的要求，民族地区也逐步开展了农村社会保障工作，大部分内容同其他地区农村社会保障工作的内容大同小异，但也结合了民族地区的实际，对民族地区各个时期的社会稳定、社会发展起到了促进作用。总体上看，民族地区农村社会保障政策还很不完善，整个农村社会保障工作还处于较低层次。

除对农村实施普遍的保障政策措施之外，党和政府对边疆少数民族的特殊保障也制定了相应的特殊保障措施。云南和平解放以后，中央和云南省委制定了“慎重稳进”和“团结、生产、进步”的边疆民族工作方针，之后的土地改革也采取了有别于内地的特殊方式进行。针对少数民族地区的特殊情况，对边疆民族的救济采取了较之内地更为宽厚的政策。20世纪50年代，在经济上采取了“多予少取”的原则，对生产生活方面给予无偿救济。通过“做好事、交朋友”的群众工作，把救济粮款、衣被、籽种和农具送到少数民族困难户家里，派出医疗队给少数民族群众免费看病、送医送药，以看得见的实际利益，对疏通民族关系、增进各民族之间的团结和谐、发展生产，起到了积极作用。可是，在“文化大革命”中，这些政策被视为“边疆特殊

① 孔垂柱2006年6月11日在全省扶贫开发工作会议上的讲话：《认清形势任务强化政策措施为实现“十一五”扶贫攻坚目标而努力奋斗》。

论”，以“不抓阶级斗争”为由受到批判。党的十一届三中全会以后，这些行之有效的好的做法得到了恢复、继承和发扬，边疆少数民族地区一直作为救济工作的重点，得到了倾斜照顾。

党和政府在“直过区”设立生产文化站，管理“直过区”的行政、生产和生活，在经济和社会发展方面也给予了特殊扶持，包括专设“直过”经费，实行税收减免，加强民族贸易，组织信贷合作，设立民族教育专项补助，培养民族干部等方面。对“直过区”民族的生产生活给予补助和扶持，加强基础设施建设，无偿提供农具、籽种、粮食、食物和衣物；对在该地区经商者酌情减免营业税，在农业生产上，减免农业税；发展贸易机构，对民族贸易和互助合作给予贷款支持；发展中小学教育，对中学生提供助学金，试办供读学校，采取保送培养大中专学生，选送班干部进修培养；实行免费医疗、送医送药等等。

针对云南省地处边疆，国境线长，传染病、地方病发生率较高，而且边境地区经济不发达，贫困面较大，群众抵御疾病风险能力差的情况，长期以来云南省对边境一线少数民族地区实行医疗费减免政策，即对居住在边境一带的贫困群众就医时，政府给予一定程度的医疗费减免照顾，缓解边境地区群众因病致贫、因病返贫的状况，促进边疆的稳定。此项政策涉及对边境 8 个州（市）的 25 个县（市）贫困人群的就医补助。近年来，省、州（市）、县每年按照约人年均补助 2 元的标准，安排专项经费用于帮助边境地区开展边境一线群众医疗费减免工作。由于补助标准较低，操作尚不规范，这项政策对边境一线困难群众的看病问题只能起到缓解作用，效果十分有限，还无法发挥基础性和根本性的作用。

第四章　民族地区城乡社会保障制度的比较研究

由于城乡社会保障制度的二元体制，造成了农村社会保障的严重滞后和缺失。要进一步推进农村社会保障制度的建设步伐，有必要对中国城镇社会保障制度的历史和现状进行考察和分析，并对民族地区城乡社会保障进行比较研究。

第一节　中国城镇社会保障制度发展历程

纵观我国社会保障制度的发展历史，一般研究认为分四个发展阶段：一是创建和发展时期（1951～1966年）；二是停滞和倒退时期（1967～1977年）；三是调整与恢复时期（1978～1985年）；四是改革创新时期（1986年至今）。

一、创建和发展时期（1951～1966年）

新中国成立前夕，中国人民政治协商会议通过的《共同纲领》，起到了临时宪法的作用。《共同纲领》不仅规定烈军属中的生活困难者应受国家和社会的优待，人民政府对参加革命战争的残废和退伍军人应当给予适当安置，而且还规定要逐步实行劳动保险制度，救济灾荒。在1954年9月20日通过的第一部《中华人民共和国宪法》，就对我国的劳动者在年老、疾病或者丧失劳动能力的时候有获得物质帮助的权利，做出了明文规定，并同时规定国家举办社会保险、社会救济和群众卫生事业，以保证劳动者享受这种权利。以上规定，为新中国的社会保障制度奠定了法制基础。1951年2月26日政务院公布了第一部社会保障法规《中华人民共和国劳动保险条例》，规定了社会保险的范围、经费来源、给付项目、条件和标准，之后，又于1953年和1956年进行了两次修改，使适用范围扩大到所有城镇企业职工。该《条例》规定社会保险的经费从企业的生产收益中提取，由工会管理使用，这就确定了国家保障同企业保障相结合的保障模式。

按照《宪法》的基本要求，我国分别按企业和机关事业单位构建了两套保障体系，涉及养老、医疗、失业、救济、优抚等各个方面。针对国家机关事业单位的社会保障问题，政务院于1952年6月和9月分别颁布了《关于各级人民政府、党派团体及所属事业单位的国家工作人员实行公费医疗的指示》、《各级人民政府工作人员在患病期间待遇暂行办法》；于1955年4月制订了《关于女工作人员生产假期的通知》，9月制订了《关于国家机关工作人员子女医疗问题》的规定，12月制订了《国家机关工作人员退休处理暂行办法》和《国家机关工作人员退职处理暂行办法》；1957年2月卫生部发布了《职业病范围和职业病患者处理办法的规定》；1958年2月颁布了《关于工人、职员退休处理的暂行规定》、《关于国营、公私合营、合作社营、个体经营的企业和事业单位的学徒的学习期限和生活补贴的暂行规定》，3月颁布了《关于工人、职员退职处理的暂行规定》；1962年6月颁布了《关于精简职工安置办法的若干规定》；1965年10月发布了《关于改进公费医疗管理问题的通知》；1966年4月发布了《关于改进企业职工劳保医疗制度几个问题的通知》。在社会救济方面，政务院于1949年12月发布了《关于生产救灾的指示》；1950年6月发布了《关于救济失业工人的指示》。劳动部于1950年7月发布施行《救济失业工人暂行办法》；1952年8月发布《关于劳动就业问题的决定》、《关于失业人员统一登记办法》。在优抚方面，内务部于1950年公布了《革命残废军人优待抚恤暂行条例》。中央还先后制订了劳动就业、失业工人救济和登记、公费医疗和劳保医疗等一系列规定和办法，国家机关工作人员及工人退休退职等一系列规定。

二、停滞和倒退时期（1966～1977年）

1966年8月至1976年10月，我国经历了长达十年的“文化大革命”运动，给我国国民经济和社会带来了灾难性的损失，也使社会保障事业出现了停滞和倒退。“文化大革命”发生的当年，主管社会保障的内务部被撤销，工会停止活动。1969年2月，财政部发出了《关于国营企业财务工作中几项制度的改革意见（草稿）》，规定国营企业一律停止提取劳动保险金，退休和患病职工及其他劳保开支改在企业营业外列支。这样，企业职工的社会保险统筹被取消，由社会保险变成了企业的自我保险，造成了我国社会保障事业的倒退。

三、调整和恢复时期（1978～1985年）

1978年12月，党的十一届三中全会全面恢复实事求是的思想路线，决定把全党工作的重点转移到经济建设上来，中国的社会保障制度也得到了恢复和调整。同年，设立民政部，主管包括社会救济、社会福利和优抚安置等社会保障事务在内的民政工作，国务院发布了《关于安排老弱病残干部的暂行办法》和《关于工人退休、退职的暂行办法》。1982年五届全国人大五次会议通过了第四部宪法，对公民的劳动和社会保障权益重新作了规定。

四、改革创新时期（1986年至今）

从20世纪80年代开始我国进行社会保障制度改革。1986年7月，国务院颁发《国营企业职工待业保障暂行规定》，同年，在全国推行劳动合同制，并配套建立了劳动合同制工人养老保险制度。企业待业保险和养老保险制度的建立，标志着我国进入了社会保障制度改革创新的历史时期。从90年代开始，国家颁布了一系列的法律法规，制订了相关政策规定，着力推进各项社会保障制度的改革，规范了企业职工基本养老保险和失业保险，启动城镇职工基本医疗保险，建立国有企业下岗职工基本生活保障和再就业制度，出台以城镇居民最低生活保障为主要内容的城镇社会救助制度（详见表4－1），基本形成了以“两个确保”为重点、“三条保障线”为核心、“五项社会保险”改革同步推进为主要内容的城镇社会保障体系。这一时期，社会保障改革的内容十分丰富，我们将结合云南省城镇社会保障制度的改革和发展情况，在下一节中加以论述。

表 4－1　2005 年民族地区城镇社会保障主要情况表

单位：万人

内容 地区	基本养老保险					医疗保险			医疗保险		城市低保
	参保人数	职工	企业	离退休	企业退休待遇	参保人数	职工	退休	参保	领取人数	人数
全国	17487.0	13120.4	11710.5	4367.5	700	13782.9	10021.7	3761.2	10647.7	362.3	2234.2
内蒙古	3389	252.9	224.6	86.1	644	292.0	206.0	86.0	222.2	4.9	69.7
广西	288.6	215.3	215.3	73.3	618	285.9	203.6	82.3	219.9	9.4	56.9
贵州	183.7	132.0	117.2	51.7	630	180.5	129.0	51.5	129.3	1.3	49.2
云南	258.7	176.8	167.8	81.9	669	320.7	225.2	95.5	180.3	9.1	69.7
西藏	7.7	4.6	4.6	3.1	1377	15.2	10.4	4.8	6.7		4.4
青海	60.0	43.0	43.0	16.9	819	62.0	41.6	20.4	33.2	1.1	20.5
宁夏	67.5	51.5	51.5	16.1	829	64.5	47.3	17.2	37.2	1.2	21.3
新疆	302.1	213.1	204.3	89.0	806	321.1	223.6	97.5	202.4	5.6	62.9

资料来源：根据《2006 年中国统计年鉴》，《2006 年中国民政统计年鉴》，劳动和社会保障部规划财务司《2006 年劳动和社会保障统计摘要》，民政部最低生活保障司、财务和机关事务司《2005 年全国城市居民最低生活保障情况》等相关数据整理。

第二节　城镇社会保障制度的发展

云南省城镇社会保障制度基本是按照全国的模式和轨迹发展变化的。从20世纪50年代初期，根据《中华人民共和国劳动保险条例》的要求逐步建立了社会保险制度。当时，为解决民国时期遗留下来的失业问题，首先在昆明、个旧、大理、楚雄、曲靖、玉溪等27个市县建立失业保险制度，开展了对失业职工的救济工作：1952年，全省共登记失业人员2.82万人，对其中生活困难又一时无法参加转业训练的1.39万失业工人进行失业救济；1960年以后，由于实行统包统配的就业制度，失业保险制度随之取消。1951年，云南省开始建立工伤保险和生育保险制度，工伤待遇、女工生育期间的工资待遇，以及检查、分娩等费用全部由企业或单位承担，给企业特别是工伤事故发生频率较高或女职工较集中的企业和行业带来了沉重的负担；① 机关事业单位实行的是干部退休制度，经费由政府承担，实际上形成了国家保障和单位保障的模式。从20世纪80年代开始，进行社会保障制度改革，经过20年的发展，基本形成了以"两个确保"为重点、"三条保障线"为核心、"五项社会保险"改革同步推进，完善"税务征收、财政监管、社保发放"的管理体制为主要内容的城镇社会保障体系。

一、社会保险制度改革

一是建立企业职工基本养老保险制度。1991年6月、1995年3月和1997年7月，分别出台《国务院关于企业职工养老保险制度改革的决定》、《国务院关于深化企业职工养老保险制度改革的通知》和《国务院关于建立统一的企业职工基本养老保险制度的决定》，建立了统账结合的统一的养老保险制度。2000年，国务院出台《关于印发完善城镇社会保障体系试点方案的通知》，决定从2001年起在辽宁省进行为期3年的完善城镇社会保障体系的试

① 根据《新编云南省情》第十三章第二节、第八十二章第二节相关资料整理，云南人民出版社1996年版。

点工作，内容包括在确保基本养老金按时足额发放的前提下，进一步完善社会统筹基金与个人账户基金相结合的基本养老保障模式，做实个人账户。以后试点扩大到东北三省，2006 年做实个人账户的试点又新增 8 个省（市）。2005 年 12 月，《国务院关于完善企业职工基本养老保险制度的决定》，扩大了基本养老保险的范围，逐步做实个人账户，改革基本养老金计发办法。二是建立失业保险制度。1999 年 1 月，国务院颁布了《失业保险条例》，对原失业保险制度进行了修改和完善，使失业保险制度改革进入了一个新的阶段。三是进行城镇医疗保险制度改革。在 1994 年开始进行的江西九江和江苏镇江试点及以后扩大试点的基础上，于 1998 年颁布了《国务院关于建立城镇职工基本医疗保险制度的决定》，标志着我国的城镇职工医疗保障由公费医疗和劳保医疗向医疗保险制度转变，医疗保障制度的改革进入了一个新的历史时期。四是实行工伤保险和女工生育保险。在全国没有做出统一规定之前，各地还普遍开展了企业职工工伤保险和女职工生育保险。2003 年，国务院正式出台《工伤保险条例》，对工伤保险制度进行了规范。

云南省的社会保险制度改革起步于 20 世纪 80 年代，经过多年的探索和发展，已经全面建立了企业职工基本养老保险、失业保险、城镇职工基本医疗保险、工伤保险和生育保险五项社会保险制度。2006 年，共有 267. 42 万人参加了基本养老保险，其中在职职工 183. 63 万人，离退休人员 83. 79 万人；有 189. 36 万人参加失业保险，当年领取失业保险金的人数为 12. 9 万人；有 331. 59 万人参加了基本医疗保险；有 111. 1 万人参加工伤保险；有 101. 28 万人参加生育保险。[①] 云南省 2006 年社会保险基金本年收入合计 148. 11 亿元，本年支出 120. 08 亿元，本年结余 28. 04 亿元，年终基金滚存结余 140. 3 亿元。其中，养老保险基金本年收入 93. 08 亿元，本年支出 80. 49 亿元，本年结余 12. 59 亿元，年终滚存结余 79. 27 亿元；失业保险基金本年收入 7. 7 亿元，本年支出 2. 98 亿元，本年结余 4. 73 亿元，年终滚存结余 16. 2 亿元；基本医疗保险基金本年收入 43. 57 亿元，本年支出 34. 97 亿元，本年结余 8. 88 亿元，

① 基本养老保险、失业保险和基本医疗保险的人数根据云南省统计局、国家统计局云南调查总队公布的数据整理，工伤保险和生育保险的人数根据云南省财政厅、云南省劳动和社会保障厅编制的《云南省 2006 年度社会保险基金决算》整理。

年终滚存结余37.01亿元；工伤保险基金本年收入1.99亿元，本年支出1.01亿元，本年结余0.98亿元，年终滚存结余4.47亿元；生育保险基金本年收入1.76亿元，本年支出0.9亿元，本年结余0.86亿元，年终滚存结余3.34亿元。[①]

从1998年中央实施“两个确保”的政策以来，各级财政特别是中央和省级财政对社会保险主要是城镇企业职工基本养老保险给予了巨额财政补助，1998年至2006年共补助130亿元，[②] 有力地支持了社会保险事业的发展。

（一）养老保险制度建设

确保企业离退休人员基本养老金按时足额发放是中央确定的“两个确保”的主要内容之一。云南省于1986年开始进行企业职工养老保险制度改革，从1995年实行统账结合模式，开始建立个人账户，早期实行差额缴拨。1998年出台了《云南省企业职工养老保险条例》和《云南省实施统一的企业职工养老保险制度的规定》，明确企业职工养老保险制度覆盖范围为云南省行政区域内的企业及其职工、城镇个体经济组织及其雇员，确定了统一制度、统一标准、统一管理和统一调剂使用基金的“四统一”的省级统筹模式，开始实行全额缴拨，要求养老保险基金纳入财政专户，实行收支两条线管理，启动地税征收养老保险费的改革试点工作。从1998年9月起，原实行行业统筹的11个中央单位基本养老保险移交地方管理。2000年下发的《云南省人民政府关于印发（云南省企业职工基本养老保险条例实施办法）的通知》，进一步明确了现行养老保险征收、管理、发放各环节的具体办法。从2001年开始，逐步规范执行统一的养老保险缴费比例。根据2005年底下发的《国务院关于完善企业职工基本养老保险制度的决定》的精神，2006年出台《云南省人民政府关于完善企业职工基本养老保险制度的实施意见》，规定逐步做实个人账户，并从2006年1月1日起，个人账户的规模统一由本人缴费工资的11%调整为8%，全部由个人缴费形成，用人单位缴费不再划入个人账户；改革了基本养老金计发办法，进一步强化了基本养老金待遇与缴费数额挂钩；加强征缴管

① 云南省财政厅、云南省劳动和社会保障厅：《云南省2006年度社会保险基金决算》。
② 基金收支、财政投入的数据根据云南省财政厅1998－2006年度《云南省社会保险基金决算》整理。

理，扩大基本养老保险覆盖面，明确提出当前及今后一段时期将非公有制企业、城镇个体工商户、灵活就业人员作为参保的重点，并对此类参保人员的缴费比例和缴费基数进行了调整，从2006年1月1日起，缴费比例统一按照20%执行。

（二）失业保险

云南省于1986年开始启动企业职工待业保险工作，1998年制定了《云南省企业职工失业保险条例》，1999年发出云南省贯彻国务院《失业保险条例》有关问题的通知，为符合条件的失业人员发放失业救济金。失业保险的覆盖范围除与养老保险的范围基本相同以外，将事业单位也纳入了参保范围。失业保险按属地原则参保，实行州（市）级统筹、省级调剂的制度。2006年，云南省修订并出台了新的《云南省失业保险条例》，于2006年7月1日起执行。新《条例》对失业保险的参保范围、待遇计发、基金支付和调剂金制度等作了进一步的规定，将有雇工的城镇个体工商户及其雇工纳入了参保范围，法定劳动年龄内的城镇未雇工个体工商户及城镇其他从业劳动者可自愿参加，将领取失业保险金的期限与缴费时间挂钩，对失业保险同医疗保险的参保及待遇作了适当衔接，并对已履行缴费义务的参保企业未向社会裁减人员、不能按当地最低工资标准发放工资的，可从失业保险金中给予不超过六个月的最低工资补差，对调剂金的调剂和财政补贴等作了相应规定。为做好新《条例》的实施工作，省政府出台了《实施（云南省失业保险条例）若干问题的意见》，重点对新《条例》中的省级调剂金制度进行了具体规定，同时，细化了新《条例》中规定的各项基金支出项目的支付标准，强调了建立基金预、决算制度，进一步明确了国家机关的工人和全额、部分拨款事业单位等用人单位应缴纳的失业保险费的资金来源。

（三）城镇职工基本医疗保险

在全国开展城镇职工基本医疗保险试点工作期间，云南省在原曲靖市（县级市）、开远市率先进行试点。在总结试点经验的基础上，根据国务院的统一要求，1999年省政府以86号令颁布了《云南省城镇职工基本医疗保险制度暂行规定》，制定了《云南省城镇职工大病补充保险暂行办法》等15个配套文件，规定在本省行政区域内的机关、企业、事业单位、社会团体、民办非企业单位及其职工、退休人员，应当参加基本医疗保险。2000 年出台了实行国家公务员医疗补助的相关政策。2001 年开始全面实施城镇职工基本医疗保险制度改革，在职职工和退休人员按属地原则参保，实行社会统筹和个人账户相结合，离休人员、二等乙级以上革命伤残军人等特殊人群不参加医疗保险。逐步建立大病补充医疗、公务员医疗补助等多层次医疗保障体系。之后，对部分困难企业职工和个体工商户等，建立了不设个人账户、只保住院、不保门诊的大病住院保险。

（四）企业职工工伤保险和生育保险

1997 年，根据《云南省人民政府办公厅转发省劳动厅关于（云南省企业职工工伤保险暂行办法）和（云南省企业职工生育保险暂行办法）的通知》的要求，建立城镇企业职工工伤生育保险制度，参保对象均为云南省行政区域内的企业以及与之形成劳动关系的劳动者，实行省、地、县三级管理，由单位承担缴费义务，职工个人不缴费。在 2003 年国务院出台《工伤保险条例》之后，于同年下发了《云南省贯彻（工伤保险条例）实施办法》的通知，进一步完善了云南省的工伤保险制度，提高了统筹级次，由原来的三级管理变为州（市）级统筹，省级直接管理部分行业，按不同行业实行基准费率和浮动费率。2006 年，转发了劳动和社会保障部会同人事部、民政部、财政部联发的《关于事业单位、民间非营利组织工作人员工伤有关问题的通知》，并明确不属于财政拨款支持范围或没有经常性财政拨款的事业单位，参加工伤保险基金统筹；依照或参照国家公务员制度管理的事业单位，执行国家机关工作人员的工伤政策；上述规定范围以外的事业单位、民间非营利组织，可参加统筹地区的工伤保险，也可按照国家机关工作人员的有关工伤政策执行，由各州（市）根据当地经济社会发展和事业单位的具体情况确定。

（五）社会保险基金征收改革

1998 年以前，社会保险基金由劳动保障部门组织征收，实行差额缴拨。从 1998 年 8 月开始，地方管理的企业职工基本养老保险基金由地税部门征收。从 2000 年开始，省属行业和中央下划行业企业职工基本养老保险基金也交由地税部门征收。在 2002 年，省财政厅会同有关部门开始研究五项社会保险基金统一由地税部门征收的问题，经省政府批准，从 2003 年 7 月 1 日起，昆明、玉溪两市开始五项基金统一征收的试点工作，2004 年 7 月 1 日此项工作已经在全省推开。从 1998 年将企业职工基本养老保险基金纳入财政专户、实行收支两条线管理以后，失业保险基金也先后纳入财政专户管理；2001 年医疗保险制度全面推开之时，也明确规定医疗保险基金纳入财政专户管理；在全面推开地税部门统一征收五项社会保险费之时，规定了工伤保险和生育保险的财政专户管理制度，实现了五项社会保险基金全面纳入财政专户管理。

（六）机关事业单位养老保险和失业保险试点工作

根据人事部的要求，1996 年云南省人民政府出台了《云南省省级机关、事业单位工作人员养老保险制度改革实施办法（试行）》和《云南省省级机关、事业单位工作人员失业保险试行办法》，1997 年开始省级行政事业单位养老保险和失业保险改革试点，规定实施的范围和对象为省级国家机关、社会团体、事业单位中包括聘用制干部及合同制工人在内的国家公务员和工作人员。养老保险费由单位和个人共同缴纳，单位按上年度本单位职工工资总额的 2% 缴纳，职工个人按本人上年度月平均工资总额的 2% 缴纳，缴费比率较低；失业保险费单位按职工工资总额的 0.5% 缴纳，职工个人不缴纳。单位承担的部分，省级国家机关、社会团体和财政全额拨款的事业单位由财政安排，差额拨款单位财政负担 50%、单位自行承担 50%，自收自支和企业化管理的事业单位全额自行承担。此后，绝大多数州（市）、县参照省级的办法开展了试点工作。养老保险确定的是“低缴费、低积累、不发放”，单位和个人在缴费以后，离退休人员的离退休费仍然由原渠道承担，只是根据缴费年限，对离退休人员增发 2 至 6 元的离退休金，难以起到保障作用，而且还增加单位和个人特别是自收自支和企业化管理事业单位的负担。同时，由于国家统一出台的失业保险规定已经明确将事业单位纳入统一的失业保险参保范围，机关事业单位失业保险试点已无单独存在的必要。经云南省政府批准，机关事业单位养老保险和失业保险试点工作于 2001 年停止进行。省级停止执行的政策出台以后，多数州（市）、县也停止试点工作，目前，仅有昆明、玉溪两市仍在开展，但两市是参照企业职工基本养老保险和失业保险的相关规定进行操作的。

二、国有企业下岗职工基本生活保障和再就业

国有企业下岗职工是指离开了原工作岗位但未与原企业解除劳动关系的职工，是我国经济转型时期出现的特殊情况。1998 年，针对我国国有企业结构调整过程中出现的职工下岗的特殊情况，党中央、国务院发出了《中共中央、国务院关于切实做好国有企业下岗职工基本生活保障和再就业工作的通知》，提出“鼓励兼并、规范破产、下岗分流、减员增效、实施再就业工程”，建立了国有企业下岗职工基本生活保障和再就业制度，各级政府按照财政、社会、企业各承担三分之一的“三三制”原则，筹集国有企业职工基本生活保障资金。2000 年，国务院下发《关于印发完善城镇社会保障体系试点方案的通知》，规定从 2001 年 1 月 1 日起，国有企业原则上不再建立新的再就业服务中心，企业新的减员原则上不再进入再就业服务中心，由企业依法与其解除劳动关系，凡所在单位参加了失业保险并依法足额缴费的，按规定享受失业保险待遇。各地区要区分不同企业情况，实行分类指导，用三年左右时间分步骤地完成向失业保险并轨。2002 年的《中共中央国务院关于进一步做好下岗失业人员再就业工作的通知》，完善和落实了促进再就业的各项扶持政策。2005 年 11 月，中央政府再次发出《国务院关于进一步加强就业再就业工作的通知》，对下岗失业人员政策进行了延续、扩展、调整和充实，明确了今后几年就业再就业工作的指导思想、目标任务、政策措施和工作要求，为做好就业再就业工作指明了方向。

云南省的国有企业下岗职工基本生活保障和再就业工作可以分为三个阶段：第一阶段为主要确保基本生活阶段；第二阶段为以促进再就业为主，再就业和保障基本生活并重阶段；第三阶段为全面促进再就业阶段。1998 年至 2001 年云南省各企业共建立再就业服务中心（工作站）2033 个；办理规范下岗的企业职工 13.06 万人，其中给予“三三制”基本生活保障的有 12.73 万人。到 2005 年底，原进入企业再就业服务中心（工作站）的下岗职工绝大多数已经出中心，其中，与原企业解除劳动关系、转入享受失业保险待遇的人员占 22.6%，实现再就业（含上岗、协议保留社会保险关系自谋职业的人数）的人员占 68.5%，退休、退养等人员占 8.9%。

为确保国有企业下岗职工基本生活费及时足额发放，1998 年《中共云南省委省政府关于贯彻〈中共中央、国务院关于切实做好国有企业下岗职工基本生活保障和再就业工作的通知〉的实施意见》规定，在全省国有企业组建再就业服务中心，按财政、社会和企业“三三制”及财政兜底原则，对进入再就业服务中心的国有企业下岗职工给予基本生活保障，这是第一阶段。2002 年，云南省下发了《中共云南省委省政府关于贯彻〈中共中央、国务院关于进一步做好下岗失业人员再就业工作的通知〉的实施意见》，规定从2002 年 7 月 1 日起，停止审批新的下岗人员进中心，推进三条保障线向两条保障线并轨。对国有企业下岗职工主要给予各项再就业补贴、提供小额担保贷款、减免各种税费等优惠政策，扶持下岗失业人员再就业，同时，对仍然在中心的下岗职工继续运用原资金渠道提供基本生活保障。2005 年，为贯彻落实中央经济工作会议有关并轨工作的要求，劳动和社会保障部、财政部联合下发了《关于切实做好国有企业下岗职工基本生活保障制度向失业保险制度并轨有关工作的通知》，要求确保在 2005 年底前基本实现国有企业下岗职工基本生活保障制度向失业保险制度的并轨。2005 年底，除个别地区和少数企业之外，云南省基本完成了下岗职工出中心，在全省范围内基本实现了下岗职工基本生活保障和失业保险制度的并轨。2006 年省政府出台了《云南省人民政府关于印发加强就业再就业工作实施办法的通知》，省级各部门也出台了相关配套措施，启动了新一轮的就业和再就业工作，重点是解决体制转轨中的下岗失业人员再就业问题和重组改制关闭破产企业职工安置问题，同时兼顾高校毕业生、进城务工农村劳动者和被征地农民，实现城乡统筹就业。享受人群除下岗职工以外，还增加了持失业证的城镇其他登记失业人员（含各类高等院校毕业生、复员转业退役军人），以及本省户籍的农村进城务工人员。在具体政策上比上一轮作了完善和增加，除对下岗失业人员继续给予社会保险补贴、免费职业介绍和培训、小额担保贷款补贴外，对持再就业优惠证特别困难的失业人员（指领取低保且失业一年以上，夫妻双方失业，困难单亲家庭，女 40 周岁、男 50 周岁以上即“4050”人员）提供公益岗位并给予社会保险补贴、特困医疗补助、子女上学补助等，并相应提高了培训补助标准、贷款担保贴息额度，对招用下岗失业人员的企业给予税收优惠、社会保险补贴、小额担保贷款扶持、免费培训及免收相关费用等。

三、城市居民最低生活保障

在上海等城市探索的基础上，国务院1997年9月下发《关于在全国建立城市居民最低生活保障的通知》，1999年9月出台《城市居民最低生活保障条例》，并于2002年基本实现了动态管理基础上的应保尽保。之后，纳入低保范围的人群相对稳定，主要是完善措施，加强动态管理，坚持“应保尽保”和“应保才保”相结合，并逐步提高保障标准或补差标准。到2005年底，全国共有2234.2万城镇居民得到最低生活保障，全国平均保障标准为156元，最高是北京市和上海市均为300元，最低为黑龙江省126元；平均补差标准为72.3元，最高为北京市236.3元，最低为河南省58.1元。民族地区平均低保标准和平均补差分别为：内蒙古128.4元和80.5元；广西137.2元和65.6元；贵州135.2元和74.5元；西藏205.8元和99.1元；青海162.6元和92.5元；宁夏162.7元和64元；新疆129.7元和74元。[①] 2006年，民政部、财政部发出《关于切实做好适当提高城市居民最低生活保障补助水平工作有关问题的通知》，要求从2006年7月1日起，全国统一提高城市低保补助水平，具体标准由各地自行确定。到2006年底，享受城市居民最低生活保障的人数为2240.1万人，全国平均保障标准为169.6元，比上年提高8.7%；平均补差标准为83.6元，比上年提高15.6%；各级财政共支出低保资金224.2亿元，比上年增长16.8%。

云南省1998年制定了《云南省城镇居民最低生活保障制度实施意见》和资金管理办法，按“低水平、广覆盖”的原则，要求地级市、地区行署和州政府所在地的城市以及有条件的县（市）政府所在地的镇要在1998年以内建立起城市居民最低生活保障制度，其余县级市和县政府所在地的镇要在1999年底以前建立起这项制度，将家庭人均收入低于当地最低生活保障标准的持有非农业户口的城市居民纳入保障范围，保障标准按照当地基本生活必需品费用和财政承受能力，结合当地职工最低工资标准、基本生活费标准、失业

① 民政部：《2006年中国民政统计年鉴》，中国统计出版社2006年版。

救济标准等其他各项社会保障标准合理确定。实际上，各地于 1999 年正式实施城镇居民最低生活保障制度，当年实现了各县人民政府所在地的镇及县级市全面建立该项制度，当年保障人数 11 万多人。之后，逐步实现由大中城市向小城镇推进，2002 年 6 月以后，已覆盖到全省所有非农业人口，基本实现应保尽保，保障人数平稳增加，并于 1999 年下半年、2001 年和 2004 年全省三次统一提高了保障标准。到 2005 年底，有 69.7 万人享受了城市居民最低生活保障待遇，低保标准最高为 210 元，最低为 140 元，全省平均为 159 元。对城镇无生活来源、无劳动能力、无法定赡养人或抚养人的“三无”人员等特困群体按低保标准全额发放，其他保障对象按其家庭人均收入与最低生活保障标准的差额发放。2005 年底，全省最高补差标准为 105 元，最低补差标准为 52 元，平均补差 76 元，略高于全国 72.3 元的补差水平。2006 年，按照中央的统一部署，云南省再次出台了提高城市低保补助水平的政策，每人月增加补助 12 元，全省补差标准提高到 88 元，全省享受城市最低生活保障的人数增加到 74.3 万人，最低生活保障金支出 7.1 亿元。

四、城市医疗救助

城市医疗救助主要是解决城市贫困人群的医疗补助问题。2005 年国务院办公厅下发了《转发民政部等部门关于建立城市医疗救助制度试点工作意见的通知》，要求从 2005 年开始，用 2 年时间在各省、自治区、直辖市部分县（市、区）进行建立城市医疗救助制度试点工作，之后再用 2 至 3 年的时间在全国建立起管理制度化、操作规范化的城市医疗救助制度。

根据国务院建立城市医疗救助试点工作的要求，云南省政府办公厅转发了国务院办公厅下发的《转发民政部等部门关于建立城市医疗救助制度试点工作意见的通知》的文件，并结合云南省实际，提出在全省 28 个县进行试点，对低保对象中未参加城镇职工基本医疗保险的人员、已参加城镇职工医疗保险但个人负担仍然较重的人员及其他特殊困难群众给予救助。城市医疗救助基金由各级财政安排和福利彩票公益金地方留成部分、接受社会捐赠等多渠道筹集。城市医疗救助开展的面还比较窄，在全省范围内全面推开还尚待时日。

五、优抚安置

1981 年 10 月国务院、中央军委发布了《关于军队干部退休的暂行规定》，对退休条件、退休后生活费待遇、住房安置作了详细规定；1982 年 1 月国务院、中央军委又对军队干部离休问题作了规定；1984 年 5 月公布的《兵役法》对优抚对象的优抚待遇作了规定；针对不同的安置对象，采取不同的安置方法。对军队离退休干部区别不同情况，采取在军队或地方休养，分别由军队或地方民政部门进行管理；无军籍退休退职职工移交地方管理。以上人员的经费由中央财政统一负担。2001 年，中共中央、国务院和中央军委出台了《军队转业干部安置暂行办法》，改革了单一的计划安置方式，实行计划分配与自主择业结合的安置方式，对军队转业干部的安置去向、工作分配与就业、待遇、社会保障、家属安置等作了全面系统的规范。计划分配的军队转业干部由党委、政府负责安排工作和职务；自主择业的军队转业干部由政府协助就业、发给退役金。2004 年，中央又发出了《关于做好 2004 ~ 2006 年军队体制编制调整改革期间转业干部安置工作的通知》，放宽了军队转业干部选择安置方式的条件。按照相关规定，52 岁以下的师职转业干部、团级职务的转业干部、担任营级职务且军龄满 18 年的转业干部，可以选择计划分配或自主择业的方式安置，按自主择业方式进行安置的除按规定领取退役金外，还享受安置地公务员的住房和医疗待遇。长期以来，城镇退役士兵主要实行计划安置，由政府安排工作，从 2003 年开始全面推行计划安置与自谋职业相结合的安置方式。从 2005 年起云南省对城镇退役士兵实行考试考核（统称“双考”）的安置办法，以公开安置政策、安置对象、安置岗位为基础，以文化考试和实绩考核为依据，对符合安置条件并要求实行就业安置的退役士兵进行公平、公正、公开和择优安置，在全国属创新之举。

云南省在各州（市）建立了干休所，接收安置军队离退休干部和无军籍退休退职职工。2004 年以前，军队离退休干部实行批次移交，共接收了五批；2005 年起改为按年度移交。2006 年完成了四批无军籍退休、退职职工的移交安置，2007 年后将逐步改为按年度移交。贯彻落实《军队转业干部安置暂行办法》，对实行计划安置的军转干部，主要在行政事业单位进行安置。积极做好自主择业军转干部的安置和相关服务工作，并于2004年制定了《云南省加强自主择业军队转业干部管理服务工作的意见》，由云南省军队转业干部安置工作小组等六个单位联合下发执行。从2001年到2006年，全省共接收安置了2502名自主择业的军队转业干部。云南省出台了《云南省退役士兵安置规定》，并于2003年8月出台了《云南省城镇退役士兵自谋职业促进办法》，规定坚持个人自愿、政府鼓励和引导的原则，推进城镇退役士兵自谋职业工作，对自愿自谋职业的城镇退役士兵，由安置地的县级人民政府退役士兵安置机构按安置地上年度在职职工年人均工资2倍的标准发给一次性的自谋职业补助金，国家规定服现役二年期满后，每增加一年按照当地上年度在职职工人均工资的40%增发。

六、补充保障

除以上保障体系以外，云南省在近几年还对建立多层次的社会保障制度进行了有益的探索，实施了相应的补充保障措施。补充保障主要包括由云南省总工会发起、各级工会共同组织实施、单位和职工自愿选择参加的职工医疗互助，以及在部分经济效益较好的企业开始起步建立的企业年金制度。

（一）职工医疗互助

云南省总工会和各级工会从2004年开始组织开展职工医疗互助活动，到2006年已经实施了三期，解决职工因患病住院导致生活水平下降或因病致贫的问题，使广大职工享受的医疗水平从整体上得到提高。根据《云南省职工医疗互助活动管理办法》的规定，凡云南省行政辖区内参加城镇职工基本医疗保险并同时参加大病补充医疗保险的在职职工和退休人员，按规定缴纳互助金的，均可由单位工会统一组织参加云南省职工医疗互助活动。互助金的来源主要有职工缴纳的互助金；政府、行政和工会的补助；政府安排的风险准备金；社会各界的捐赠、赞助。医疗互助活动以一年为一个周期，新参加的按每人每年72元的标准缴纳互助金，由单位和职工共同缴纳，原已参加过第一期和第二期互助活动的，从第三期开始按50元的标准缴纳。参加医疗互助的职工在住院期间发生的在基本医疗保险和大病补充医疗保险等支付后的自付部分，扣除全自费医疗费用后，采用分段计算、累加支付的办法给予补助。在自负部分超过800元至20万元的部分，补助比例分别为40%至90%；

800元以下和20万元以上及基本医疗保险和大病补充保险不予支付的部分，医疗互助基金不承担补助。

（二）企业年金

企业年金即企业补充养老保险，有的国家又称为私人养老金计划，是现代社会保险制度的支柱之一。美国是最早设立企业年金计划的国家，早在1776年，美国为所有独立战争中的伤残军人提供半额生活费用，1780年又为那些参战士兵增加了养老津贴。1995年我国劳动部出台了《关于建立企业补充养老保险制度的意见》，部分企业和行业开始建立企业补充养老保险。中国关于企业年金的正式规定始于2000年12月国务院出台的《完善城镇社会保障体系的试点方案》。该方案第十条规定，有条件的企业可为职工建立企业年金，并实行市场化运营和管理。企业年金实行基金完全积累，采用个人账户方式进行管理，费用由企业和职工个人缴纳，企业缴费在工资总额4%以内的部分，可从成本中列支。同时，鼓励开展个人储蓄性养老保险。2004年以后，劳动和社会保障部陆续制定了《企业年金试行办法》、《企业年金基金管理试行办法》、《关于企业年金方案和基金管理合同备案有关问题的通知》等一系列文件，对企业年金的筹集、管理、支付、运营等问题进行了规范。

按照劳动和社会保障部的相关规定，2004年8月，经云南省政府同意，授权云南省劳动和社会保障厅会同云南省地方税务局、云南省国家税务局联合下发了《关于建立企业年金制度有关问题的通知》，云南省劳动和社会保障厅还出台了《关于贯彻劳动和社会保障部（企业年金试行办法）的通知》、《云南省劳动和社会保障厅转发劳动和社会保障部（关于企业年金方案和基金管理合同备案有关问题的通知）的通知》等文件，规定云南省区域内的企业在建立企业年金制度时，企业缴费在上年度职工工资总额5%以内部分，可在经营成本中列支并在税前扣除，超过5%的部分在企业自有资金中列支，并对五个问题作了明确规定：一是企业或职工当月未能及时足额缴纳基本养老保险费的，不得继续提取或缴纳企业年金；二是企业年金个人账户号码采用职工本人的居民身份证号码建立账户，序号按企业参加年金的人员编排；三是企业缴费部分向职工个人账户分配资金时，可综合考虑职工的岗位、贡献、本企业工作年限、年龄等因素，适当拉开档次；四是职工被企业按《劳动法》

第二十五条（二）至（四）项解除劳动关系或被劳动教养、开除公职、除名、自动离职的人员，企业可根据企业年金方案的规定，扣减计入职工个人账户的企业缴费部分，但企业年金个人账户由原管理机构继续管理，重新就业后可以续缴或办理转移手续；五是原云南省劳动厅有关政策中对企业补充养老保险的规定同时废止。2006年，在《云南省人民政府关于完善企业职工基本养老保险制度的实施意见》中，正式以省政府文件的形式对发展企业年金做了规定，对建立企业年金的企业应具备的条件、费用缴纳和税收优惠政策及监督管理等方面提出了明确要求。

云南省企业年金的建立工作，已经进入实际操作阶段，从2004年底以来，已有36个试点企业向云南省劳动和社会保障厅报送了企业年金方案，享受了税优政策。各企业的方案基本具备普惠性质，多数采用职务岗位、专业技术职务和工龄等因素设置相应系数，有的单位把在本单位工作年限也作为系数设置。2006年7月，资金积累达到2.4亿元，云南省劳动和社会保障厅还认定了首批29家企业年金基金管理机构资格。总体上看，实行了企业年金的企业数量还很少，管理还需要进一步完善和规范。

第三节　民族地区城乡社会保障制度的差异

中国的社会保障制度，经历了建立、发展、曲折和改革的过程。新中国成立以后，我国面临着医治战争创伤、快速发展经济的任务，参照苏联模式，建立了城乡分割的二元经济体制，并建立了与之相适应的城乡分割的社会保障制度。其后，经历了曲折甚至破坏和倒退，直到20世纪80年代，开始进行社会保障制度改革，探索建立与社会主义市场经济相适应的社会保障机制，并不断完善和发展。这一时期，社会保障制度建设的重点仍然放在城市，农村社会保障制度的建设仍然滞后。

城镇劳动者已经初步受益于社会保险制度，并从国家、单位得到更多的保障待遇。部分效益好的企业，开始建立以企业年金为主要内容的补充养老保险制度，并建立了以最低生活保障制度为主要内容的救济制度。城市居民还占有大部分的教育和卫生资源，享受福利分房或廉租房待遇，所享有的社会福利大大高于农村。同时，由于城镇居民的收入大大高于农村，自愿选择的储蓄存款和购买养老、医疗等商业保险的能力远远高于农村。从总体上看，以城镇劳动者为主体的城市居民已初步建立社会保障制度，并开始向社会保障、补充保障和个人保障等多支柱的保障方式过渡。农村社会保障严重滞后，仍然停留在以家庭保障和土地保障为主的保障方式，国家能够提供的主要是部分群体能够享受到的低水平的医疗保障和社会救助，医疗卫生和教育福利水平远远低于城市。

一、法规依据不一致

我国尚未出台社会保障的专门法律，更没有针对民族地区社会保障制度建设的法律法规及相关政策。从 20 世纪 90 年代中期以后，国务院相继出台了针对城镇社会保障制度的一系列法规，主要有《失业保险条例》、《城市居民最低生活保障条例》、《社会保险费征缴暂行条例》和 2003 年出台的《工伤保险条例》等，对全国的社会保障制度建设做出了一般性的规定，所规范的仅仅是城镇社会保障，农民中仅有部分农民工在其范围内。针对农村社会保障的法规主要有 1994 年 1 月 23 日和 2006 年国务院颁布的新老《农村五保供养工作条例》，涉及面仅为农村五保户，还没有针对所有农民的社会保障方面的法规，更没有专门针对民族地区社会保障制度建设的特殊性的相关规定。由于法律法规的不健全，严重制约了我国社会保障制度改革的步伐，农村社会保障的建立和发展更是处于无具体法律法规的状态。

二、制度设计不统一

从 20 世纪 80 年代以来，按照相关法规和政策规定逐步建立了城镇职工基本养老保险、失业保险、城镇职工基本医疗保险、工伤保险和女工生育保险等五项现代社会保险制度，将城镇劳动者纳入了社会保险保障范围；以城市居民最低生活保障制度为重点的城市救济制度，覆盖了所有符合条件的城镇居民，构建城市居民社会保障的最后一道“安全网”，城镇困难群众医疗救助工作也已开始启动。根据《国务院关于解决农民工问题的若干意见》的相关规定，虽然 2006 年出台了《云南省人民政府关于解决农民工问题的实施意见》，规定推进以农民工参加工伤保险为主要内容的“平安计划”，用人单位要按照国务院《工伤保险条例》的规定，及时为与其建立劳动合同关系或有事实劳动关系的农民工办理工伤保险，按时足额缴纳工伤保险费，但是，规定用三年左右时间才能将高风险行业的农民工纳入工伤保险范围，即使是三年以后，仍无法覆盖所有农民工。优抚安置的大部分规定，也是针对城乡分别制定的，仅对伤残人员、红军失散人员、新中国成立前入党的农村老党员和未享受离退休待遇的城镇老党员给予的优抚和生活补贴待遇按统一的标准发放。农村社会保障方面的制度和措施主要包括新中国成立以后逐步建立的农村救灾救济制度、五保户供养制度、农村合作医疗制度。改革开放以后，农村社会保障有了进一步的发展和完善，农村社会保障的发展主要体现在国家救灾救济的投入有一定增长，完善了农村五保户供养制度、实施农村养老保险、推行新型农村合作医疗保险试点等。但是，救灾救济工作还未形成一整套规范的运作模式，特别是农村困难救济仍以临时性为主。从 20 世纪 90 年代初开始推行的农村社会养老保险试点工作，主要靠个人缴费，无政府补贴的统一规定，无调剂功能，并非真正意义上的社会保险，只能算个人储蓄保险；而且，现行农村养老保险制度由于运作成本较高，在高利率条件下启动并制定的基金支付标准，银行利率不稳定，在经过几次利率下调后，保险基金的保值、增值本身已十分困难，更难以保证按原定标准兑付，直接影响了农村养老保险工作的正常开展。中央对农村养老保险基金的管理没有统一的规定，地方财政部门未参与基金的管理，也使基金管理的规范性受到影响。现在推行的新型农村合作医疗，虽然已展开试点，但到 2006 年底，只覆盖了 40% 的县，大部分县的农村居民还未享受到该项制度的优越性，而且，统一的财务制度、会计制度还没有建立，同样给管理体制的建立和完善带来了诸多问题。由于集体经济的弱化和解体，农村的生活和医疗保障从集体保障退回到了家庭保障和自我保障，导致了农村的社会保障制度严重缺失。

三、支付标准差距大

除养老保险以外，农村尚未建立其他社会保险制度，所以标准无从比较。以养老保险为例，2005 年云南省参加了城镇企业职工养老保险的退休人员，平均每月领取的退休金为689元，而参加农村社会养老保险的农村居民，由于达到退休年龄所领取的养老金完全依据个人缴费金额而定，平均每月仅为数十元。医疗保障水平差距也很大，云南省城镇基本医疗保险平均缴费率约为职工工资总额的8%，个人按本人工资收入的2%缴纳，单位和个人缴费合计为10%。2005年云南省职工年平均工资为1.61万元，按工资总额的10%计算，平均缴费1610元，即个人可享受的医疗保障项目尚不包括大病补充保险、公务员补助、职工互助医疗等。即使是已经开展了新型农村合作医疗的地方，虽然解决了部分群众“病有所医”的问题，但是农民的医疗保障水平每年平均50元，无法从根本上解决农村人口的医疗负担问题，如果农民一旦患大病，因病致贫、因病返贫的问题仍然比较突出。2005年云南省城市居民最低生活保障标准全省平均为162元，其中对城市“三无”人员按全额进行发放，而农村五保户从2005年开始，由政府财政资金承担，标准为每月50元，同城市低保的标准相比还不到三分之一，2006年提高到60元，也仅为城市低保标准的37%。从2006年起启动了农村特困救助工作，各级财政共同筹资1.2亿元，对全省107万左右的特困群众给予定期定量生活救助，按月或按季发放，每人每月只能执行10元的标准，同基本生活的需要差距还非常遥远。

四、对民族地区和少数民族缺乏特殊制度安排

除了对农村给予相应的普遍保障之外，虽然党和国家对居住在边疆地区和“直过区”等特困民族给予了相应的关心和照顾，但是，在社会保障方面，除了在资金的安排上给予了一定的倾斜以外，缺乏相应的制度安排。在现行各种农村社会保障的政策措施中，虽然边境一线农村居民看病就医补助政策与民族地区和少数民族有一定联系，但主要是针对农村居民进行设计的，还没有专门针对民族地区和少数民族特别是“直过区”和人口较少民族的特殊保障安排。由于民族地区和少数民族经济发展和生活水平低下，必然带来支付能力有限，需由个人或家庭承担保障费用存在更大的困难。例如，相对规范的新型农村合作医疗制度，政府对参合农民的补助水平一致，参合农民的缴费标准相同，再加上自愿参合的模式设计，必然带来收入水平较低的特困民族参合困难。

第五章　少数民族的传统保障①

各少数民族在长期的社会经济发展中创造了各具特色的灿烂的民族文化，各民族有不同的心理、风俗、习惯、道德、宗教和婚姻家庭结构，也形成了具有民族特色的传统保障方式。尊重不同民族的传统文化是我们党处理民族关系和制定民族政策的前提和基础，建立民族地区农村社会保障制度时也不例外。云南省有25个少数民族，由于历史和自然的原因，大多居住在边疆地区，形成相对封闭的环境，经济和社会发展水平相对滞后，面临严峻的生存环境，普遍形成互助互爱、尊老爱幼的传统，并在民族内部和宗族之间有一定的规范作用。

第一节　家庭保障

云南25个少数民族近代以来普遍实行一夫一妻的父系小家庭，部分纳西族、普米族、拉祜族、景颇族、德昂族、布朗族、佤族、基诺族、傈僳族等民族仍不同程度地保留着母系大家庭、双系大家庭和父系大家庭三种家庭形态。

一、父系家庭保障

父系家庭主要有一夫一妻的父系小家庭和父系大家庭两种组成形式。一夫一妻的父系小家庭成员大多由父母及未婚子女组成，家庭中的长辈男子为一家之长，主掌家政。家庭老人的赡养通常遵循这样几条不成文的规则：

① 本章部分内容借鉴和吸收了云南民族大学民族研究所、云南省财政厅社会保障处联合承担，赵世林、唐新民任课题组组长，两个单位共10名专家和实际工作者共同完成的《云南少数民族传统社会保障机制研究》的相关成果。

(1) 赡养任务由儿子承担；有女无子招婚的，由上门女婿及女儿承担；(2) 儿子成家后，如果父母还能劳动维持生活，儿子暂不承担赡养任务，直到老人丧失劳动能力之后，赡养任务才开始实行；(3) 老年父母若和儿子吃在一起，儿子通常不再给现钱；(4) 老年父母若与儿子分开另吃，儿子每年给父母一定数量的柴、粮和现金；(5) 老年父母若在几个儿子中的一家吃饭，则由这个儿子管饭，由其他几个儿子贴一些钱、粮和柴，数量由兄弟间协商而定。父系大家庭主要在独龙等民族中存在，同一父母所生的兄弟及他们的妻子儿女同住在一栋比较大的房子里，每一个兄弟及他们的妻子、儿女有一个火塘。在生产上，同一房子里每个火塘的人共同耕种一大块土地，因为彼此都是叔伯弟兄或姻亲关系，所以双方并不计较各个火塘每次出劳动力的多和少，大家合起来一块搞生产，其收获按各个火塘统一平分。每个火塘的人都有自己的粮仓，由火塘的主妇负责保管支配。每个火塘的人还有各自开垦的生荒地，此项土地上的收成归自己所有，存在各自的粮仓内。在消费上，采取每个火塘的主妇轮流做饭的共食方式，即每次由一个火塘的主妇为全体家庭成员做饭，然后分给其他火塘的人，不论大人或小孩，每人一份。轮到哪个火塘的主妇做饭，就动用哪个火塘粮仓内的粮食，若某个火塘贮存的粮食已吃完，则该火塘主妇不再做饭，由尚有存粮的火塘的主妇负责做饭分食，直到大家将各个火塘储存的粮食全部吃完为止。还有一种方式，各火塘各自做饭，如果各火塘的饭食相同，一般就不再相送，要送的主要是大家没有的饭食，诸如鱼、肉之类好吃的东西。这种父系大家庭，在劳动上能够互相帮助，在个别火塘缺粮的情况下，仍可以得到其他火塘供给的食物，具有食物保障的功能。

二、母系家庭保障

母系家庭以宁蒗彝族自治县永宁乡摩梭人的母系大家庭最为著名。在永宁摩梭母系大家庭中，家庭保障的作用发挥得最为充分。在母系大家庭中，家庭成员全是母系成员，财产按母系继承，家庭财产和生活资料的分配由母亲负责，舅舅实际扮演了父亲的角色，对外的社会活动由舅舅做主。家庭成员男女平等。母亲及其姐妹、舅舅共同承担抚养母亲及其姐妹所生子女的义务，子女共同承担赡养母亲、外婆、姨妈、舅舅的责任。具体内容我们将在本章案例分析中进行更为详尽的论述。

三、双系家庭保障

双系家庭在云南部分普米族、拉祜族、景颇族、德昂族、布朗族、佤族、基诺族、傈僳族等民族中存在。双系大家庭的成员一般包括一对夫妇的三代或四代后裔，即包括儿子、儿媳、孙子、孙媳；女儿、女婿、外孙女、外孙婿等父系和母系成员。在大家庭成员中，一对夫妇及未婚子女又组成若干个个体家庭，已婚子女分别组成小家庭。大家庭的名称有以女家长名字命名的，也有以男家长名字命名的。大家庭的公共财产由大家庭的家长掌握，大家庭成员共同享用。已婚女儿分家立户时，可以在公共财产中得到一份土地和动产。儿子结婚从妻居时，除自己的衣物外还可分得部分农具。大家庭分家时，凡共居长屋的子女平均得到一份土地和动产，其中负责赡养父母的任何一个子女，还能继承父母的房子。大家庭分家前已经从妻居的儿子和从夫居的女儿不得参加分配大家庭的财产。拉祜族通常把大家庭和小家庭的关系比作蜂房和蜂饼的关系。大家庭住宅面积一般为 120 平方米左右，最大的达 230 平方米。大家庭人口多数为 40 人以上，也有 100 人以上的。直至 1965 年，澜沧巴卡乃寨拉祜族娜期家成员仍然有 101 人，有 8 个火塘，分 18 个生产、生活单位。

第二节　家（宗）族保障

家（宗）族保障是指：以一定的血缘关系为基础，形成的具有亲戚关系的直系、旁系和姻亲关系的社会成员之间的互助形式。历史上云南民族地区由于山高坡陡，交通不便，迁徙困难，家族成员往往居住在共同的地域，或同居一村寨，或散居于附近的村寨之中，凝聚力和向心力随血缘关系和地缘半径的接近而增加，也有的少数民族，即使代际关系比较远或迁徙到较远的地域半径，仍然具有较强的凝聚力，如宁蒗小凉山的彝族。在生活封闭、对外交往较少的情况下，家（宗）族保障起着不可替代的作用。

姻的缔结不单是男女双方个人的事，而是两方家族、家庭及亲友们的一次较广泛的集体协助或支援，也是各亲属家庭之间的一次物资再分配和消费的活动。在举行婚礼时，众亲友按其亲戚关系的远近，以自报“帮”、“还”、“送”及“其他”逐项交纳并逐项登记。以后亲友举行婚礼时，也比照办理。女方家庭要准备相应的嫁妆，但这些物品并非归男方一家占有，依俗，在婚礼结束时，男方应将其中近一半的嫁妆物品再分送给自己的至亲友好携回。景颇族的婚礼，清楚地反映出往昔人们传统的协助方式，通过这类场合的相互馈赠，用以适当调剂彼此之不足。①

第四节　其他保障

在广大民族地区和各少数民族中，还保留着其他的多种传统保障形式，如未婚青年组织、生产协作组织和经济互助组织等等，这些方式也是以一定的地域和群体为载体，在某种程度上，也可以归为社区传统保障，但具有特殊性，故专门加以论述。

一、未婚青年组织

云南少数民族未婚青年组织既属于性别群体，也属于年龄群体，他们在村社公益事务、宗教活动、节日庆典、生产生活等活动中发挥着重要的作用。德宏州傣族的未婚青年组织以村寨为单位组成，由男女头目“货冒”和“货少”领导，各村寨往往分给一定数量的公田让未婚青年组织耕种，将其收入作为组织的活动经费，让他们帮助照顾孤寡老人的生活，统筹钱粮或代耕代收其田地，使老年人老有所养。青年男女到15岁后可主动加入，也可由父母代为申请加入。随着时代的变迁，这一组织的活动形式和内容逐渐多样化，如潞西市的未婚青年组织，农忙季节到各个村寨帮助劳动力不足的农户插秧、收割等，既对有需要的农户提供了帮助，也获得了一定的经济收入；农闲季节，组织丰富多彩的文艺、体育活动，推动了农村的精神文明建设。据我们

① 蔡家麒：《景颇族近年婚俗及宗教信仰考察》，《民族文化》1987年第4期，第17－18页。

2006年3月10日到德宏州潞西市风平镇那目村实地调查，实行联产承包责任制以后，公田已基本不存在，仅有允门村、弄坎村等部分村寨还有少量以鱼塘自养或出租等等形式存在，未婚青年组织的主要经费来源是由“货冒”和“货少”组织未婚青年通过有偿劳动所得，有条件的村也会给予一定资助，平时最大的开支是用于孝敬村里的老人，其他还用于购买槟榔、糖果等分发给符合加入组织条件的未婚青年，表示接纳他们加入，以及购买和修理象脚鼓等民间乐器。

二、生产协作组织

这是一种劳动互助组织，具有临时性和季节性的特点，通过互助或换工等方式，达到加快生产进度，提高工作效率的目的。大理市凤仪镇的白族群众，每到栽插季节，成立临时性的劳动互助组织“栽秧会”，居住在同一地域或在同一连片田地劳动的邻居自愿组织，以换工的方式进行集体栽秧，用敲锣、唢呐吹奏《栽秧调》等曲目，举行“开秧门”和“关秧门”仪式，各户用炒蚕豆和水酒互相敬赠，表示祝福。

三、“賨会”组织

历史上，云南的汉族、彝族、白族、苗族、纳西族和瑶族等，都流行“賨会”（“賨”，音“从”）。纳西族流行的“賨会”与互助储金会相似，有学者将其归纳为六种：一是“实惠賨”。这种賨以十人为限，为首者拿第一轮，并请其余九人来家聚餐，同时要付给一定的利息，以后各轮都要按月还息，但这种利息远远低于高利贷。二是“愿賨”。前提是自愿参加，每位当家的纳西族妇女计划某时需要办家中大事，就自愿结合来上賨。这种賨人数不限，没有利息，轮流做东，但规定某家一有急事则可以提前支取。三是“智賨”。这种賨是围绕一两个精明能干的纳西族妇女组织起来的，凭智慧以及运气来确定谁做东，有点赌博色彩，也无利息。四是“化（伙伴）賨”。这种賨是由同龄人、同学或街坊邻里的成年女子组织起来，其主要目的是共同寻求人生的乐趣，轮流做东，请伙伴来家里品尝自己做的菜肴，主人以使伙伴们满意作为当天化賨活动最重要的目的。化賨一般一月一次，大家都把一定数目的钱集中起来交给做东者使用，依次轮流。五是“命（女）贡賨”。这是未出嫁的姑娘们相邀约的賨，人数不限，也不轮流做东，而是要等到其中的某位姑娘出嫁时送钱、化妆品和首饰等物品。失约者会遭同伴们的讥笑，至使终身铭记此事。六是“转转賨”。这是一种60岁以上的男性老人们的賨，带有娱乐的性质，每个月或每个星期转一家，人数不限，有年轻时的朋友，同一个街道或同村的邻居。转到哪家就由哪家的儿子、媳妇或未出嫁的女儿负责款待。老人们轮流在参与者的家中谈古论今，吟诗作画，下棋打牌或演奏古曲，尽兴方散。①

四、其他互助组织

云南民族民间普遍存在“打老庚”、“结亲家”等形式的民间互助组织，作为传统文化，因地域、民族及社会历史背景不同，其内涵也不尽相同。滇西北的普米族与其他民族打老庚时有明显的性别特征，男性交男老庚，女性交女老庚，且多与商品交换有关，老庚之间，用大至同等价值的土特产品互相赠送。结亲家也具有明显的民族和地域特征，如居住在楚雄彝族自治州武定县一带的彝族人，当孩子出生以后，对第一个进入家门的客人就拜作“干爹”或“干妈”；或者是父母亲到家外路口等候，碰到的第一个路人，如对方愿意即可拜为“干爹”或“干妈”；还有的家庭，为了让孩子好养，身体健康，会选择到家里乞讨的乞丐拜为“干爹”或“干妈”，并要求为其婴儿取乳名，还馈赠一定的钱财，以酒肉招待。如“干爹”或“干妈”是熟人或在本地居住的人，逢年过节应带上礼物前去拜望，对方也会回赠“压岁钱”或其他礼品。如“干爹”或“干妈”为偶尔路过的外地人，也可能过后少有往来。居住在红河南岸的哈尼族和傣族以及怒江的傈僳族等少数民族还有结交“牛亲家”的传统。牛是少数民族赖以生存的重要生产资料，少数民族中普遍流传“养猪为过年，养牛为耕田”的谚语。哈尼族多居住在山区，傣族多居住在坝区，山上山下农时节令不尽相同，一般以居住在山区的一户哈尼族和居住在坝区的一户傣族经自愿协商，将双方的牲畜折为合理价格，若多寡不

① 郭大烈：《纳西族风情录》，四川民族出版社1998年版，第241－242页。

均则用现金补足，牲畜即为双方共同财产，由双方轮流管理和使用。每年开春时节，坝区的傣族处于农忙季节，且气候温和，水草丰富，双方的耕牛由傣族使用和喂养，夏季，山区的哈尼族进入农忙季节，且绿草成荫，食料充足，坝区气候炎热，耕牛便由哈尼族使用和喂养。冬季，哈尼族山区水少草地枯，这个季节又须将耕牛赶到坝区过冬避寒，由傣族一方管理和使作。如果母牛生崽，属双方共同所有，如宰杀或出售时，双方共同分成。绿春县骑马坝乡哈甫村的李龙斗、玛玉村的李重保和龙布巩村的李用波等哈尼族群众分别和骑马坝村的范顺安、范阿东和白云富等傣族家庭结成了“牛亲家”，形成了资源整合、友善依赖的生产生活方式。

第五节　约束机制

各少数民族的传统保障是在长期的生产生活中形成的文化传统，主要靠民族伦理、家规族规、习惯法、宗教和乡规民约等进行约束，各家族、社区往往由有威望的长辈进行管理和裁决，上辈有对下辈进行言传身教的义务。历史上，各民族都有尊老爱幼、扶贫济弱的优良伦理观念，经过漫长的历史发展过程，已经固化为民族文化的精华。很多民族都有自己所尊崇的民族习惯法，如有违反，将受到族人的唾弃，甚至严厉的处罚，其中尤以宁蒗小凉山彝族的习惯法最为著名。藏族、傣族、普米族等民族普遍信仰佛教，傈僳族、苗族等民族信仰基督教，宗教教义中包含的教人从善的合理部分，也形成了相应的约束力。大理的白族家庭以老人为尊，家中大事一般由老人当家做主，婚丧嫁娶都请“老人客”。现代一些村规民约也对优秀的传统保障方式做出了规定，在布依族聚居的罗平县鲁布革乡，乡人民代表大会曾于 1993 年对所属各村公所依法治理、民主管理的规定中关于赡养义务做出了规定。通海县兴蒙乡蒙古族村寨的村规民约中规定：“全村要认真贯彻执行《老年人保护条例》，尊老爱幼。”丽江一些纳西族的村规民约中规定，村中哪家老人自然死亡，全村每户凑 10 元钱给这家人办丧事，如果老人属非正常死亡（如自杀等），死者家属不能得到这笔钱，并且要受到村民的指责和鄙视。在壮族族规中，规定后辈要照顾鳏寡孤独者；村规民约中，要求尊老，否则要罚款、罚物或写悔过书或当众向村民道歉认错。

案例：云南省宁蒗县永宁乡摩梭人的传统保障

摩梭人分布在金沙江上游一带，主要聚居在川滇交界的泸沽湖地区，总人口约4万人。在新中国成立后进行的民族识别中，将分布在云南宁蒗等地的摩梭人归为纳西族，将居住在四川盐源等地的摩梭人归为蒙古族。宁蒗县的摩梭人自称摩梭族或摩梭人。生活在宁蒗县永宁乡的摩梭人，至今还保存有“走婚”和母系大家庭的风俗习惯，形成了其特有的传统保障方式。

一、永宁摩梭人婚姻关系的特点和现状

泸沽湖畔摩梭人的婚姻主要有三种形态（云南境内主要是宁蒗县的永宁乡）：一是“阿夏异居婚”，俗称“走婚”，也就是男不娶、女不嫁。建立了阿夏关系的男女，各居母亲家，男阿夏夜晚到女阿夏家居住，清晨返回母亲家生产、生活。二是“阿夏同居婚”。建立阿夏关系的男女双方，不再各居母亲家，而是同居男家或女家。这种婚姻形式结合自愿、离异自由，不受任何约束，离异时男女各回各家居住。三是“一夫一妻制婚”。基本同其他民族的一夫一妻制相同。

随着社会经济的发展，当前永宁摩梭人婚姻制度同20世纪50、60年代相比，有了一定的变化，但是并未像过去一些学者所预言的那样，很快地向着一夫一妻制发展。“文化大革命”期间，由于受“左”的思想的影响，当地曾经采取强制永宁摩梭人结婚，实行一夫一妻制的做法，遭到了摩梭群众的普遍抵制。“文化大革命”结束后，改变了“左”的做法，进一步落实了党的民族政策，摩梭人的风俗习惯得到了尊重，很多被强制结婚的群众又自愿解除了婚姻关系，男女各自回到母亲家，过起了走婚生活（详见表5-1）。

表 5－1　永宁乡摩梭人婚姻形态对比表

年份	所调查有婚史人数	阿夏异居婚		阿夏同居婚		一夫一妻制婚	
		人数	%	人数	%	人数	%
20 世纪 50 年代	1635	1285	78.6	182	11.1	168	10.3
1993 年	96	60	62.5	30	31.3	6	6.2
1999 年	3224	1762	54.7	1188	36.8	274	8.5

资料来源：20 世纪 50 年代的数据，转引自严汝娴、宋兆麟《永宁纳西族的母系制》，云南人民出版社 1983 年 2 月第 1 版；1993 年的数据，引自唐新民主编《泸沽湖旅游区建设可行性研究报告》，1993 年 9 月内部印刷；1999 年的数据，引自宁蒗彝族自治县旅游局《永宁乡摩梭村寨社会调查综合分析》，1999 年 12 月内部印刷。

现在，实行阿夏婚姻的比例并未比新中国成立初期减少。1993 年，我们对永宁乡落水自然村摩梭人的婚姻家庭形态进行过调查，在所调查的 96 人中，实行阿夏婚姻的有 90 人，占 93.75%，其中：阿夏异居婚 60 人，占 62.5%；阿夏同居婚 30 人，占 31.25%；实行一夫一妻制小家庭的 6 人，占 6.25%。1999 年，宁蒗县旅游局曾经更大范围地调查了永宁乡 31 个摩梭村的 1049 户、6765 人，发现在有婚史的 3224 人中，实行阿夏异居婚的 1762 人，占 54.7%；阿夏同居婚 1188 人，占 36.8%；一夫一妻 274 人，占 8.5%。可以看出，永宁摩梭人中现在实行阿夏婚姻的比例同新中国成立初期相比并无大的变化，实行阿夏异居婚的呈逐步下降趋势，但比例仍然占 50% 以上，实行阿夏同居婚的呈上升趋势，更多的人选择了阿夏同居婚，实行一夫一妻制的也有所减少。为便于进一步研究分析，现将 1999 年永宁乡摩梭人分村寨的婚姻状况统计如下（详见表 5－2）。

表 5－2　1999 年永宁乡摩梭人 31 个村寨婚姻状况统计表

村名	户数	人口总数	有婚史数	阿夏异居婚						阿夏同居婚						一夫一妻制婚						与其他民族结阿夏
				总数	%	40岁以上人数	%	40岁以下人数	%	总数	%	40岁以上人数	%	40岁以下人数	%	总数	%	40岁以上人数	%	40岁以下人数	%	
永宁海玉角	30	205	117	80	68	41	51	39	49	35	30	21	60	14	40	2	2	2	100			
永宁忠实	36	170	99	49	50	12	24	37	76	43	43	33	76.7	10	23.3	7	7	2	28.6	5	71.4	
永宁中瓦	39	255	134	83	62	27	33	56	67	49	36.6	36	73.5	13	26.5	2	1.4	2	100			1
永宁思乐	34	257	128	82	64	24	29	58	71	42	32.8	34	80.9	8	19.1	4	3.2			4	100	
永宁嘎拉	15	95	49	22	45	8	36	14	64	27	55	16	59	11	41							1
永宁烂瓦	30	164	80	42	52.5	14	33.3	28	67	32	40	26	81	6	19	6	7.5	4	66.7	2	33.3	1
永宁下开幕	25	172	82	34	41.5	18	52.9	16	47	46	56	26	56.5	20	43.5	2	2.5			2	100	4
永宁黑瓦落	16	81	44	23	52.3	5	21.7	18	78	15	34	14	93.3	1	6.7	6	14			6	100	
永宁纳哈瓦	38	281	113	55	48.7	22	40	33	60	56	49.6	40	71.4	16	28.6	2	1.7			2	100	3
永宁高明	29	240	110	78	70.9	14	17.9	64	82	32	29.1	30	73.8	2	6.2							1
永宁八七	41	246	122	62	50.8	27	43.5	35	57	51	41.8	37	72.5	14	27.5	9	7.4	5	55.6	4	44.4	3
永宁上开幕	42	305	131	59	45	17	28.8	42	70	72	55	47	65.3	25	34.7							
永宁达史	62	316	156	58	37	26	44.8	32	55	84	53.8	51	60.7	33	39.3	14	9.2	4	28.6	10	71.4	9
永宁陈家湾	32	207	77	39	50.6	12	30.8	27	69	17	22.1	16	94	1	6	21	27	13	61.9	8	38.1	
永宁平静	42	213	106	16	15.1	4	25	12	75	49	46.2	32	95.3	17	34.7	41	39	18	43.9	23	56.1	16
永宁拖支大村	50	247	116	42	36.2	18	42.9	24	57	74	63.8	38	51.4	36	48.6							1

续表

村名	户数	人口总数	有婚史数	阿夏异居婚						阿夏同居婚						一夫一妻制婚						与其他民族结阿夏
				总数	%	40岁以上人数	%	40岁以下人数	%	总数	%	40岁以上人数	%	40岁以下人数	%	总数	%	40岁以上人数	%	40岁以下人数	%	
拖支格洛	23	122	57	19	33.3	12	63.2	7	37	38	66.7	16	42	22	58							
落水上下村	75	476	233	122	52	58	47.5	64	53	65	28	46	70	19	30	46	20	14	30	32	70	
落水竹地	22	172	77	55	71.4	21	38.2	34	62	21	27.3	15	71.4	6	28.6	1	1.3	1	100			1
落水里格	19	139	59	39	66	25	64	14	36	20	34	13	65	7	35							
落水你色	14	81	40	21	52.5	8	38.1	13	62	19	47.5	13	68.4	6	31.6							
落水小落水	21	119	53	26	49	4	15.3	22	85	21	39.6	11	52.4	10	47.6	6	11	5	71.4	2	28.6	1
落水山夸	27	154	76	36	47.4	7	19.4	29	81	35	46	26	74.3	9	25.7	5	6.6	1	20	4	80	
温泉阿若瓦	23	196	89	78	88	31	40	47	60	11	12	11	100									
温泉阿各瓦	21	190	88	72	81.8	30	41.7	42	58	12	13.6	8	66.7	4	33.3	4	4.6	3	75	1	25	
温泉瓦拉片	45	357	173	137	79.2	48	35	89	65	36	20.8	22	61	14	39							2
温泉依满湾	21	127	59	49	83	22	45	27	55	10	17	6	60	4	40							
泥鳅沟上村	45	313	151	73	48	14	19	59	81	40	26.5	32	80	8	20	38	26	22	57.9	16	42.1	5
泥鳅沟中村	30	240	107	73	68	27	37	46	63	32	29.9	29	90.6	3	19.4	2	2.1	2	100			
泥鳅沟下村	29	233	99	61	62	28	46	33	54	38	38	25	65.8	13	34.2							
泥鳅沟八珠	73	392	199	77	39	24	31	53	69	66	33	46	69.7	20	30.3	56	28	23	41	33	59	13
合计	1049	6765	3224	1762	55	648	37	1114	63	1188	37	816	69	372	31	274	8	121	44	153	56	62

资料来源：引自宁蒗彝族自治县旅游局《永宁乡摩梭村寨社会调查综合分析》，1999 年 12 月内部印刷。

二、永宁摩梭人的家庭结构

由于独特的婚姻形式，永宁摩梭人的家庭也形成了三种形式：一是母系大家庭。家庭成员全是母系成员。二是双系家庭。在一个家庭中，有两种以上的婚姻形态并存，就形成父系、母系关系并存的家庭。既有母系血统的成员又有父系血统的成员。三是父系家庭。一般是近几代才从母系大家庭中分离出来的小家庭。永宁摩梭人家庭结构和婚姻状态是紧密相连的，阿夏婚姻形态的继续存在，也就必然决定母系大家庭的存在和延续。在1993年所调查的28户摩梭家庭中，母系21户，占75%；双系5户，占17.86%；父系2户，占7.14%。在1999年调查的1049户摩梭家庭中，母系728户，占69%；双系210户，占20%；父系111户，占11%。（详见表5－3）。为便于进一步研究分析，将1999年永宁乡摩梭人分村寨的人口家庭形态列表统计（详见表5－4、表5－5），对母系大家庭的人口，我未查阅到全面系统的统计材料，但据我们在调查中发现，现在的母系大家庭人口普遍比新中国成立初期减少，没有发现由20至30人组成的母系大家庭，10人以下的家庭居多，这是一个新的变化。可以看出，永宁摩梭人的家庭婚姻结构同新中国成立初期并没有什么大的变化，新一代摩梭人仍然继承和发扬着传统的婚姻家庭制度，他们仍然对阿夏婚姻和母系大家庭情有独钟，保留母系大家庭的比例比1950年代还要高，双系家庭的比例有所下降，父系家庭的比例略有升高。1984年的统计数字，是“文化大革命”时期强制结婚带来的结果，“文化大革命”结束后，还有相对稳定的一段时期，不能代表永宁摩梭人家庭结构发展变化的趋势。由于条件的限制，在本县工作和外出就业的人员，已实行一夫一妻制和父系小家庭。

表 5－3　永宁乡摩梭人家庭形态对比表

年份	调查户数	母系家庭		父系家庭		双系家庭	
		户数	%	户数	%	户数	%
20 世纪 50 年代	335	170	50.7	144	43	21	6.3
1984 年	551	171	32.4	144	27.6	212	40
1993 年	28	21	75	5	17.9	2	7.1
1999 年	1049	728	69	210	20	111	11

资料来源：20 世纪 50 年代的数据，转引自严汝娴、宋兆麟《永宁纳西族的母系制》，云南人民出版社 1983 年 2 月第 1 版；1984 年的数据，转引自《宁蒗彝族自治县志》第 189 页，云南民族出版社 1993 年 12 月第 1 版；1993 年的数据，引自唐新民主编《泸沽湖旅游区建设可行性研究报告》，1993 年 9 月内部印刷；1999 年的数据，引自宁蒗彝族自治县旅游局《永宁乡摩梭村寨社会调查综合分析》，1999 年 12 月内部印刷。

表 5－4　1999 年永宁乡摩梭人 31 个村寨人口家庭形态统计表

村名	户数	人口总数	母系家庭		父系家庭		双系家庭	
			户数	%	户数	%	户数	%
永宁海玉角	30	205	29	96.66	1	3.34		
永宁忠实	36	170	23	64	13	36		
永宁中瓦	39	255	29	74.35	10	25.65		
永宁思乐	34	257	34	100				
永宁嘎拉村	15	95	13	87	1	6.5	1	6.5
永宁烂瓦村	30	164	23	76.7	6	20	1	3.3
永宁下开幕村	25	172	23	92			2	8
永宁黑瓦落村	16	81	15	93.8			1	6.2
永宁纳哈瓦	38	281	20	52.6	2	5	16	42.4
永宁高明村	29	240	29	100				

续表

村名	户数	人口总数	母系家庭		父系家庭		双系家庭	
			户数	%	户数	%	户数	%
永宁八七村	41	246	24	58.5	11	26.8	6	14.7
永宁上开幕村	42	305	38	90.5			4	9.5
永宁达史村	62	316	15	24	31	50	16	26
永宁陈家湾	32	207	14	43.75	5	15.63	13	40.62
永宁平静村	42	213	33	78.6	5	11.9	4	9.5
永宁拖支大村	50	247	16	32	15	30	19	38
拖支格洛村	23	122	7	30.4	9	39.2	7	30.4
落水上下村	75	476	48	64	19	25	8	11
落水竹地村	22	172	20	90.9			2	9.1
落水里格村	19	139	15	78.9			4	21.1
落水你色村	14	81	11	78.6	3	21.4		
落水小落水村	21	119	15	71.4	5	23.8	1	4.8
落水山夸村	27	154	24	88.9			3	11.1
温泉阿若瓦	23	196	23	100				
温泉阿各瓦	21	190	21	100				
温泉瓦拉片	45	357	42	93.33			3	6.67
温泉依满湾	21	127	20	95	1	5		
泥鳅沟上村	45	313	29	64	16	36		
泥鳅沟中村	30	240	22	73	8	27		
泥鳅沟下村	29	233	22	76	7	24		
泥鳅沟八珠村	73	392	31	42.46	42	57.54		
合计	1049	6765	728	69	210	20	111	11

资料来源：引自宁蒗彝族自治县旅游局《永宁乡摩梭村寨社会调查综合分析》，1999年12月内部印刷。

表 5－5　永宁乡摩梭人同堂代数对比表

年份	调查户数	一代		二代		三代		四代		五代	
		户数	%	户数	%	户数	%	户数	%	户数	%
20 世纪 50 年代	301	18	6	116	38.5	135	44.9	31	10.3	1	0.3
1999 年	1049			444	43	517	49	88	8		

资料来源：20 世纪 50 年代的数据，转引自严汝娴、宋兆麟《永宁纳西族的母系制》，云南人民出版社 1983 年 2 月第 1 版；1999 年的数据，引自宁蒗彝族自治县旅游局《永宁乡摩梭村寨社会调查综合分析》，1999 年 12 月内部印刷。

三、永宁摩梭人独特的家庭保障方式

每个民族都有自己独特的生活方式、心理素质和伦理道德标准。对永宁摩梭人婚姻家庭形态的评价，不能完全套用其他民族和现代的道德规范。摩梭人独特的婚姻、家庭形式，决定了其独特的传统家庭保障模式。

（一）母系大家庭的保障方式

在母系大家庭的阿夏异居婚中，男女阿夏所生子女属女方家庭成员，随母姓，由女方家庭抚养，男方不承担法定抚养义务，但有义务抚养自己姐妹所生子女。子女也不承担对父亲的赡养义务，但有义务抚养母亲、外婆、姨妈、舅舅等家庭成员。家庭财产和生活资料的分配由母亲负责，舅舅实际扮演了父亲的角色，对外的社会活动由舅舅做主。家庭成员男女平等。母亲及其姐妹、舅舅共同承担抚养母亲及其姐妹所生子女的义务，子女共同承担赡养母亲、外婆、姨妈、舅舅的责任。财产按母系继承。阿夏同居婚中，男女阿夏共同承担抚养子女的义务，还要承担抚养所居家中姐妹所生子女的义务。离异时，子女一般随母亲家居住，也可由双方协商或征求子女意见决定，不会引起双方冲突。

（二）双系家庭的保障方式

在双系大家庭中，子女由家庭中的上辈成员共同抚养，长辈由家庭中的后辈共同赡养，财产由生活在家庭中的后代共同继承。

摩梭人认为，家庭全部成员都是同一母系血缘，全部家庭成员之间要亲密和睦、尊老爱幼、礼让为先、宽怀谦恭，对老弱病残者给予特殊的优待和尊重。家庭女性成员的子女由母亲、舅舅和姨母共同抚养，子女也必须赡养孝敬母亲、舅舅及姨母至送终。谁家有人生小孩或生病及喜庆吉事或灾难，都要带着厚礼去看望，以视济助安慰祝贺。[①] 在20世纪80年代和90年代初，曾任宁蒗县长和县委书记的阿苏大岭曾归纳过摩梭婚姻家庭制度的八大优点：一是能最大限度地利用家庭的生产资料和生活资料。摩梭大家庭人口多，弟兄姐妹不分家，不像其他民族那样，子女结婚就分家，重新建房，添置日常用具、农具，购买耕牛、牲畜等。二是利于分工。由于摩梭大家庭人口多，便于农村实行承包责任制后家庭生产的分工，农业生产、安排家务、放牧等各得其所，不像其他民族家庭分家后人口少，劳动力紧张。三是团结和睦。摩梭大家庭由于母系血缘的维系，弟兄姐妹之间互相尊重，互相谦让，和睦相处，减少家庭矛盾。四是婚姻自由。在大家庭中的男女青年恋爱自由，婚姻自由，家庭极少干涉。五是社会矛盾少。由于家庭的团结和睦，婚姻自由，减少家庭矛盾、婚姻纠纷，因而社会矛盾极少。六是人口素质好。摩梭人中没有近亲结婚，因而与其他民族比较，人口素质较好。七是有利于计划生育。在摩梭人大家庭中，姐妹之间互相谦让，孩子不分你我，都是大家庭成员，自觉实行计划生育，采取避孕措施，施行节育手术普遍，人口增长速度低于全省指标。八是老有所养，少有所托。摩梭大家庭有自觉赡养孤寡老人的优良传统，子女不分你我，大家共同抚养，因此，几乎没有孤寡老人无人赡养的情况，几乎没有五保户和无人抚养的弃儿。阿苏大岭的总结评价，虽然在措辞和分类上还有进一步推敲的必要，但在总体上确实概括了永宁摩梭人婚姻家庭形态的特点，也为当地摩梭群众所普遍认可。

据我们调查，宁蒗县永宁乡摩梭人的家庭保障仍然发挥着重要的作用（详见表5－6）。结果显示，摩梭人中有63.22%的人认为，土地保障和家庭保障仍然能够提供有效的保障。在问卷中，我们还进一步问及传统的土地保障和家庭保障能提供哪些方面的保障（详见表5－7）。可以看出，摩梭人认

① 宁蒗县志编撰委员会编：《宁蒗彝族自治县志》，云南民族出版社1993年版，第189－190页。

为，传统的保障方式能够提供的保障主要为：医疗、养老，而对突发性的困难和自然灾害自身很难保障。

表 5－6　永宁乡摩梭人土地保障和家庭保障问卷调查情况表 1

单位：人

人数 地区	调查人数	土地保障和家庭保障能否提供有效保障			
		能		不能	
		人数	%	人数	%
摩梭人	174	110	63.22	64	36.78

表 5－7　永宁乡摩梭人土地保障和家庭保障问卷调查情况表 2

单位：人

人数 地区	调查人数	土地保障和家庭保障能提供的其他保障（允许多选）							
		医疗保障		养老保障		困难救助		自然灾害救助	
		人数	%	人数	%	人数	%	人数	%
摩梭人	174	95	54.6	83	47.7	63	36.2	31	17.8

通过以上分析可以发现，在民族地区，传统的保障方式仍然发挥着不可替代的作用。在建立新的农村社会保障制度的过程中，应该继续挖掘各民族优秀文化传统，使其在新时期继续发挥作用。

保障制度。民族地区农村社会保障制度的建立应确立发展目标、体系模式、建设重点和实施步骤。从长远来看，应当坚持全国“一盘棋”、城乡一体化的政策导向，同时，我国又是一个农业人口占绝对多数的发展中国家，经济基础薄弱，地区之间、城乡之间差别巨大，因此不可能“一蹴而就”立即实现全国统筹的模式，农村不能完全照搬城市社会保障制度。就我国民族地区社会保障制度的体系和内容而言，也不可能同时建立，一步完善，而必须选择最急需、最有经济保证、人民群众要求最迫切的制度为突破口，分步实施，逐步完善。

四、分类指导与因地制宜的原则

我国地域辽阔，由于自然、历史和文化的原因，经济发展不平衡，西部贫困地区同东部发达地区的差距至少在20年以上，而且还呈不断扩大的趋势。由于经济社会的差距客观存在，社会保障制度的建立，不应该也绝不可能“一刀切”，应区分不同类型，制定相应的特殊政策，进行分类指导。国家应对农村社会保障的体系模式进行总体规划，使各地有一个整体的发展目标，各地在一定时期内的建设重点、步骤、发展的时间要求和保障标准应有所区别。国家对不同类型地区的资金扶持也应该有所区别，重点支持西部民族贫困地区。

五、社会保障与民族传统保障方式相结合的原则

在现有条件下，与市场经济相适应的现代社会保障制度，还无法独立承担起社会保障的全部职能，尤其是在民族地区的广大农村，传统的保障方式在一定时期内还将起到重要作用。一方面，要加快民族地区现代社会保障制度建设的步伐，另一方面，又要充分发挥传统保障方式的作用，做到二者相互结合，互为补充。只有结合不同民族地区和不同民族的实际，制定相应的社会保障制度，才能够更好地保证社会保障的健康发展，也才能赢得各族群众的拥护和认同。

六、低水平与广覆盖的原则

我国将长期处于社会主义初级阶段，社会保障制度的建立只能是低水平、广覆盖。对已经建立的城镇社会保障制度，只能根据经济发展和人民生活水平的提高，适时增加保障内容，逐步提高标准水平。民族地区政府可以承担的社会保障资金有限，单位、群众的缴费能力不足，所以，在一定时期内，民族地区的社会保障标准不可能照搬东部地区的标准，特别是在农村社会保障制度建立过程中，由于农村人口基数大、比例高，未来社会保障负担沉重；同时，广大民族地区农村经济发展水平低，消费水平也相对较低，因此，在建立民族地区农村社会保障制度的时候，也必须从低水平起步。在制度的设计上，还要考虑能够尽可能地覆盖广大的人群，让不同的群体能够享受到相应的保障。总之，社会保障制度的受益者在整体上只能从享受低层次的社会保障水平起步，随着经济的发展和社会保障的完善逐步扩大保障内容和提高保障水平。

第二节　需要正确处理的几个关系

民族地区社会保障制度的建设问题，应该制定科学合理的发展规划。由于民族地区的特殊性，在建立健全民族地区社会保障制度时，必须正确处理好以下关系：

一、社会保障制度建设与全面建设小康社会和构建和谐社会的关系

全面建设小康社会显然是包括建设民族地区小康在内的小康社会，构建社会主义和谐社会，必须有包括民族地区在内的全社会的和谐。没有民族地区的小康，就不会有全国人民的小康；没有民族地区的和谐，就没有全社会的和谐。要实现民族地区的小康，构建全社会的和谐。构建和完善包括民族地区农村社会保障制度在内的社会保障体系，是全面建设小康社会和构建社会主义和谐社会的基础和重要目标。全面建设小康社会和构建社会主义和谐社会，是一个逐步实现的历史过程，小康社会不可能是全国同步实现，社会

的和谐程度也是逐步提高，即使是全面建设小康社会目标总体实现了，其内在的发展水平的差异也会依然存在。社会保障制度的建立也应该同小康社会建设与和谐社会的构建过程相适应，既要站在政治和历史的高度加快社保制度建设的步伐，又要看到民族地区社会保障制度的建设也是在发展的历史进程中不断建立和完善的。

二、社会保障制度建设与其他发展和改革措施的关系

社会保障制度的建设涉及的范围十分广泛，同经济和各项社会事业的发展密切相关，同其他很多方面的改革相互联系，相互制约，相互促进。民族地区社会保障制度的建设既可以促进民族地区经济的发展，也可以推动其他改革的深化。例如，建立完善的民族地区农村社会保障制度将为民族地区"三农"问题的解决寻找到新的突破口，有利于农村的稳定、农业的发展和农民的增收，还可以促进民族地区市场经济体制的建立，以及加快城市化的步伐等。同时，经济是社会保障的基础，民族地区社会保障制度的建立，有赖于国民经济的发展和民族地区的振兴，以及各民族群众收入的增加，只有这样，国家才能集中更多的资金用于民族地区社会保障制度的建设，群众也才有财力用于自身的社会保障。民族地区社会保障制度的建立还有待于农村其他各项改革如户籍制度的改革、卫生事业的改革、用工制度的改革以及劳动力市场的不断健全和完善等各项改革的整体推进。因此，民族地区农村社会保障制度建设，还要同其他改革措施的推进相衔接。

三、城镇与农村社会保障制度的关系

社会保障制度建设，从长远看，应建立覆盖保障全体公民的统一的社会保障制度，还农民应有的国民待遇，但这只是问题的一个方面。无论是从国际经验来看，还是从我国目前的社会经济发展水平来看，社会保障制度的建设都需要一个逐步建立和完善的过程。很多国家都是在建立城镇社保制度以后的几十年，才逐步建立农村社会保障制度。由于我国人口众多，农村人口占绝大多数，要建立城乡统一的社会保障制度的时间可能会更长。而且，城镇社保制度的建立也是一个发展过程，目前，西部民族地区同东

部发达地区也不可能做到完全统一。比较可行的做法是，确定统一目标，明确实施步骤，逐步建立和完善。在目标设置上，应分远期目标和近期目标，远期目标是建立城乡一体化的保障体系，但近期内，在坚持土地保障和家庭保障为主的前提下，只能结合实际，特别是民族地区经济、社会和文化发展的实际，选择有别于城镇保障体系的模式，甚至同发达地区的农村社会保障制度也应有所区别，并选准实施的突破口，逐步推进民族地区农村社会保障制度的建设。

四、单项保障制度同社会保障体系建设的关系

民族地区社会保障制度的建设是一个统一的整体，各个单项的保障制度有机地构成了整个制度体系。理论上要避免单纯地研究某一项制度，不切实际地夸大该项制度的地位和作用，没有将其放在整个社会保障体系中进行研究分析的片面性；实践上由于不同的社会保障工作由若干个职能部门进行管理，容易产生站在不同角度强调各自所管理工作的重要性，在实施过程中，要站在整个体系建设的高度，摒弃部门利益。在研究每个单项制度建设的重要性和可能性、构建模式及建设的时间表时，都要放到整个体系中进行分析。一方面，要研究整个制度建设的可行性、模式选择和时间表问题，切实加快建设步伐。更重要的一方面，是由于整个制度建设也不可能同时起步、同时完善，要选准建设的突破口，赋予其中的某项或某几项制度建设的优先权，以带动整个制度建设的发展。

第三节　群众意愿及相关条件分析

民族地区农村社会保障制度的保障主体是广大的农民群众，在制度选择和相关政策制定过程中，均不能脱离相应的文化背景。因此，有必要了解和倾听群众的心声，对群众意愿和相关条件进行分析。

一、群众意愿分析

为了了解民族地区农村群众的愿望，我们采取抽样调查和重点调查的方

式对2002年云南省村级财务情况、农户基本情况、农户收支情况进行了广泛调查，在全省127个县、市、区（当时昆明市尚未进行区划调整，五华、盘龙两区没有农业人口，未做调查）中，每个县、市、区随机选择一个村委会和20个农户进行抽样调查，并按好中差相结合的原则选择玉溪市江川县、红河州蒙自县和思茅地区澜沧县进行重点调查，每个县抽选10个村委会和100个农户作为调查对象；并在西双版纳州3个县、思茅地区的10个县、红河州3个县及楚雄州的武定县、玉溪市的江川县、丽江市的宁蒗县开展了云南省民族地区农村社会保障制度建设问卷调查。

我们首先就土地保障和家庭保障在现实中的作用进行了问卷调查（详见表6－1）。结果显示，有45.19%的人认为现行的家庭保障和土地保障已经不能为自己提供相应的保障，但摩梭人中有63.22%的人认为，土地保障和家庭保障仍然能够提供有效的保障，证明摩梭人大家庭的特殊保障功能。值得注意的是，和永宁摩梭人居住在同一地域的其他民族认为土地和家庭能提供有效保障的比例最低，根据我在该县工作时的了解，主要是由于当地其他民族认为母系大家庭的保障功能要优于其他结构的家庭。这一结果基本能够客观反映民族地区各民族群众的看法。在问卷中，我们问及传统的土地保障和家庭保障能提供哪些方面的保障（详见表6－2）。由于调查表设计的原因，答案比较分散，同表6－1的结果进行综合分析，笔者认为，调查结果的具体比例只具有参考价值，只能反映出现行保障功能的作用。结合我们对民族地区农民群众认为最需要建立的社会保障制度情况的调查（详见表6－3），可以，印证以上结论。可以看出，民族地区农民群众最希望建立的社会保障制度是医疗保障，占46.1%，要求最为迫切；其次是最低生活保障制度，占20.6%；希望得到困难救助的比例居第三位，占17.1%；希望建立养老保险制度的排第四位，占10.3%；希望得到自然灾害救助的比例最少，占5.9%，这与自然灾害救助的特定性有关。笔者认为，以上调查结果基本符合客观实际。

表 6－1　土地保障和家庭保障问卷调查情况表 1

单位：人

地区＼人数	调查人数	土地保障和家庭保障能否为您提供保障			
		能		不能	
		人数	%	人数	%
摩梭人	174	110	63.22	64	36.78
摩梭地区其他民族	49	14	28.57	35	71.43
其他民族地区	972	531	54.63	441	45.37
合计	1195	655	54.81	540	45.19

表 6－2　土地保障和家庭保障问卷调查情况表 2

单位：人

地区＼人数	调查人数	土地保障和家庭保障能为您提供哪方面的保障（允许多选）									
		医疗保障		养老保障		低　保		困难救助		自然灾害救助	
		人数	%	人数	%	人数	%	人数	%	人数	%
摩梭人	174	95	54.6	83	47.7			63	36.2	31	17.8
摩梭地区其他民族	49			3	6.1			10	20.4	1	2.0
其他民族地区	972	331	34.1	221	22.7	290	29.8	117	12.0	159	16.4
合计	1195	426	35.6	307	25.7	290	24.3	190	15.9	191	15.9

表6-3　社会保障制度情况调查表

单位：人

地区＼人数	调查人数	您认为最需要建立的社会保障制度是什么限选一项									
		医疗保障		养老保障		低保		困难救助		自然灾害救助	
		人数	%	人数	%	人数	%	人数	%	人数	%
摩梭人	174	75	43.1	5	2.9			78	44.8	16	9.2
摩梭地区其他民族	49	4	8.2	4	8.2			41	83.6		
其他民族地区	967	470	48.6	114	11.8	244	25.2	85	8.8	54	5.6
合计	1190	549	46.1	123	10.3	244	20.6	204	17.1	70	5.9

二、民族地区的土地保障和家庭保障

群众意愿同土地保障和家庭保障的现状是吻合的。土地虽然是农民的最后一道保障，但受土地制度、土地数量及土地收入的限制，加上我国农业基本上还是“靠天吃饭”的现状，因此，土地保障的相对作用，也会趋于下降，农民依靠土地保障的局限性，也将趋于增加。

在云南的土地面积中，山区占84%，高原占10%，盆地只占6%，地形坡度小于8度相对平坦的土地仅为3.4万平方公里，8度至15度的土地有5.26万平方公里，15度至25度的土地有14.34万平方公里，25度以上的土地有15.32万平方公里。2005年云南省耕地总资源为6094.40千公顷，常用耕地面积为4191.80千公顷，人均仅为1.01亩，低于全国平均水平。不仅如此，云南省耕地70%以上田块小，分布零星，有效灌溉面积仅1469千公顷，旱涝保收面积仅878.3千公顷，[①] 据云南省林业厅在实施退耕还林计划时的统

① 相关数据根据《2005中国农村统计年鉴》资料整理。

计，全省有1500万亩（合1000.5千公顷）耕地分布在25度以上的山坡，占云南省常用耕地面积的24%。由于土地贫瘠，科技水平低下，不易规模化经营，近年来，农产品价格持续下滑，农业生产资料价格持续上涨，生产成本不断增大，使得农业经营的绝对收益越来越低。据云南省统计局公布的数据显示，2004年和2005年农业生产资料价格指数分别为106.3和105.9，均比上年度有较大幅度的上涨。2005年平均每人生产费用支出为1015.40元，比2004年的848.62元增加166.78元。随着经济的发展和经济结构的调整，农民非农就业机会的增加和农民收入来源的多元化，导致在农民的收入来源中，农业和土地收入的相对重要性下降，农业经营的利益趋于减少。家庭经营收入仍然是农民纯收入的稳定增长因素，据农村住户抽样调查资料显示，2001~2004年，农民人均家庭经营收入由1137.6元增加到1386.6元，年均增长6.8%，增速略高于纯收入的增长；家庭经营收入对纯收入的增长贡献率达到75.4%，是农民增收的“绝对主力”。从农民家庭经营收入内部看，云南农民家庭经营仍然以第一产业为主，且第一产业所占比重继续加大：2001~2004年，家庭经营第一产业总收入由1663.2元增加到2125元，年均增长8.5%，在农民家庭经营总收入中所占比重由2001年的87.8%增加到2004年的90.5%，而第二、三产业的发展则呈现缓中有降的趋势，所得总收入分别由2001年的56.33元和174.7元下降到2004年的51.9元和171.6元，在农民家庭经营总收入中所占的比重也有较大幅度的降低。[①] 我国农村居民的收入水平同城镇居民的收入水平存在很大差距，云南省农民人均纯收入大大低于全国平均水平，而且差距还在进一步扩大。由于农村居民收入很低，主要只能保障当期基本生活，2005年农村居民家庭恩格尔系数为54.5%，比全国平均水平45.5%高出9%，比全省城镇居民家庭恩格尔系数42.8%高出11.7%，显然，农村居民依靠土地和家庭仅能维持当前的基本生活，对养老、医疗等方面的保障明显不足。

我们发出的《村级农户基本情况表》和《村级财务情况调查表》对2002

① 云南省统计局：《云南省国民经济和社会发展情况2001~2005》，内部资料，2006年，第74页。

年情况的调查结果也说明了同样的问题。在对全省16个州（市）进行抽样调查的基础上，我们选择玉溪市和文山州进行重点比较分析，调查覆盖了两个州（市）的所有县，其中，在玉溪市的9个县共选择了23个村委会，文山州的8个县选择了8个村委会进行调查。玉溪市是云南省经济发达的地区之一，大多数经济指标仅次于昆明市，居全省第二位，文山州是全省经济比较落后的地区之一，选择这两个市（州）的情况进行分析（详见表6－4），有较强的代表性。

表6－4　农户从事产业情况表

单位：户、个

地区＼内容		玉溪市个案村	文山州个案村
总户数		25840	6850
有承包地的	户数	25240	6830
	%	97.68	99.71
已迁城镇户口仍在本村的	户数	191	29
	%	0.74	0.42
以种养业为主的户数	户数	22832	6651
	%	88.36	97.09
以第二产业为主的户数	户数	1595	113
	%	6.17	1.65
以第三产业为主的户数	户数	1413	86
	%	5.47	1.26

玉溪市从事以种养业为主的农户的比例仍然高达88%以上，从事二、三产业为主的农户的比例不到12%；文山州以第一产业为主的农户的比例高达

97%以上，从事其他两个产业的农户仅仅只占3%，在这样一个以农业产业为主的地区，大多数农户仍然在依靠土地和家庭保障。

第四节 基本思路和总体框架

一、政策依据

我国正处于并将长期处于社会主义初级阶段，这是中国的国情。党在农村的基本政策是长期稳定并不断完善以家庭联产承包经营为基础、统分结合的双层经营体制。党的十四届三中全会提出了要建立多层次的社会保障体系，并明确城乡居民的社会保障办法应有区别。党的十六大仍然把构建城乡有区别的社会保障制度作为社会保障体系建设的目标和方向，要求有条件的地方探索建立农村养老、医疗保险和最低生活保障制度。党的十六届三中全会决定农村养老保障以家庭为主，同社会保障、国家经济相结合，有条件的地方探索建立农村最低生活保障制度。这是建立健全民族地区农村社会保障制度的指导方针，在设计民族地区农村社会保障制度模式时，不能脱离我国的国情和国家的政策导向。

二、基本思路

无论是从发达国家的经验来看，还是从我国目前的社会经济发展水平来看，社会保障制度的建设都需要一个逐步建立和完善的过程。中国农业生产总值和农业人口及农村劳动力的比重还很高，在制度建立的初期就要求建立一整套完善的城乡一体化的社会保障体系，特别是要求民族地区在目前就要建立城乡一体化的社会保障体系，那只能是良好的愿望，并无现实基础。笔者认为，建立城乡一体化的社会保障体系的条件还不具备，在制度设计上应分远期目标和近期目标。远期目标是建立城乡一体化的保障体系，目前如果实行城乡一体化的社会保障政策，不仅民族地区经济发展水平和财政实力不允许，而且农民群众也不具备城镇职工的缴费能力。近期农村社会保障制度的构建，必须坚持以土地和家庭保障为支柱，以保障农民基本生活为目的，以制度建设为核心，巩固和完善现有的农村社会保障成果，结合实际，特别是民族地区经济、社会和文化发展的实际，选择有别于城镇保障体系的模式，甚至同发达地区的农村社会保障制度也应有所区别，在坚持土地保障和家庭保障为主的前提下，逐步进行制度创新，建立和完善保障制度，实行国家保障、乡村社区保障和自我保障相结合等多层次、多形式的农村社会保障体系，并选准实施的突破口，逐步推进民族地区农村社会保障制度的建设。

三、总体框架

民族地区农村社会保障制度建设的总体框架应包括：农村养老保障制度、医疗保障制度、最低生活保障制度、福利制度、困难救助制度和优抚安置制度。

民族地区农村养老保障制度在整个农村社保体系中具有最重要的地位。作为制度建设，能够覆盖到最广大的人群并对人群的基本生活保障起着基础性作用的理应成为重点。按照自然法则，每个人都将成为老年人，届时，将丧失劳动能力，需要给予保障。同全国一样，云南省人口老龄化进程进一步加快，并在较短时间内完成了成年型人口向老年型人口的转变，已全面进入了老年型人口社会，“民未富，人先老”。1%人口抽样调查的结果表明，2005 年末云南省 65 岁及以上老年人口共 335.12 万人，比 2000 年的 258 万人增加 77.12 万人，占全省人口的比重为 7.53%，比 2000 年提高 1.44 个百分点；60 岁以上的老年人口共 470 万人，占全省总人口的 11%。按照国际上通用的划分标准，65 岁以上的老年人口占总人口 7%以上或 60 岁以上的老年人口占总人口 10%以上即进入老龄化社会，云南省已经进入老龄化社会。五年来云南省 65 岁以上人口增长 29.66%，与全省人口增长 4.87%相比，快 24.79 个百分点。老年人口的增长速度大大快于云南省人口的增长速度，使云南省老少比（65 岁以上人口与 0～14 岁人口比例）由 2000 年的 23.46%上升到 2005 年的 31.24%，年龄中位数由 2000 年的 27.94 岁上升为 2005 年的 30.02 岁。老龄化社会不仅对社会保障制度的构建提出了严峻的挑战，也同样给民族地区的土地保障和家庭保障带来更多的考问，故养老保障制度的创新是农村社会保障制度建设的重中之重，民族地区概莫能外。疾病是每个人面临的潜在和现实风险，而且，一旦发生疾病特别是严重疾病，将给患者及其家庭带来沉重的经济负担，“因病致贫，因病返贫”已成为农村地区特别是民族地区最主要的贫困原因之一。建立医疗保障制度，行之有效的办法是建立新型农村合作医疗和农村医疗救助制度。新型农村合作医疗制度是由政府组织、引导、支持，农民自愿参加，个人、集体和政府多方筹资，以大病统筹为主的农民医疗互助共济制度。农村医疗救助制度是农村合作医疗制度的配套政策，对没有参加合作医疗和无力缴纳合作医疗资金及参合后自付部分有困难的特困群众给予救助。同时，还要加强农村卫生体系建设，提高医疗卫生和健康保障水平。最低生活保障制度是对处于当地最低生活保障标准之下的人群给予物质帮助，保障其最低生活需要的一种救济制度，是其基本生存权的最低保障，在整个农村社会保障体系中具有“兜底”的作用，是最后一道“安全网”。建立最低生活保障制度是政府的基本职能，应以政府投入为主，决不能以财政难以负担为借口，推卸政府应尽的责任和义务。2005 年底，全国还有年人均纯收入低于 683 元的农村绝对贫困人口 2365 万人，年人均纯收入 684 ~944 元的农村低收入人口 4067 万人，大多数就集中在民族地区。建立民族地区农村最低生活保障制度，对民族地区最具现实意义。针对民族地区农村社会福利大大低于发达地区和城市的实际，全方位提高民族地区农村社会福利水平，以教育、卫生、福利为重点，同时，针对特殊人群大力兴办民政福利事业，发展农村敬老院、儿童福利院，提高五保户集中供养比例，关怀妇女、儿童和残疾人等特殊群体。农村教育应以普及九年义务教育为重点，扩大“两免一补”的享受人群，提高补助标准，解决农村孩子上不起学的问题，并不断提高农村九年义务教育的质量，以解决中长期竞争起点的公平问题。应加强农村公共卫生体系、医疗救治体系的建设，重点抓好计划免疫、妇女儿童保健、县乡村三级医疗体系建设，使广大的农民人人享有初级卫生保健，基本做到“小病在乡村，大病不出县”，切实解决农民“看病难、看病贵”的问题。农村民政福利事业的发展，重点要保证愿意集中供养的五保户能够集中供养，并随经济社会的发展逐步提高供养水平，使其生活水平能够得到保障和逐步提高。困难救助制度应以紧急救灾为重点，对农民突发性、临时性的生活困难给予救济，保障群众的基本生活。困难救助制度以政府投入为主，发扬“一方有难，八方支援”的优良传统，号召全社会献爱心。同时，开展生产自救和互救互济，尽快恢复农民的生产能力。

对外出务工农民和失地农民的保障制度，应采取有别于其他人群的制度安排，对此我们将在以后的章节中专门论述。

第七章　民族地区农村社会保障的路径选择

民族地区农村社会保障制度的建立从理论向实践的层面延伸，如何选择突破口是我们面临的重要课题。根据如上所述的原则，建立民族地区农村社会保障制度，既要从普惠的角度考虑，又必须充分考虑政府和群众的承受能力以及群众的意愿，还必须注重现实的紧迫程度。基于以上几个方面的因素，笔者认为，建立制度的顺序应为医疗保障、最低生活保障、自然灾害救济、社会福利、养老保险。

第一节　民族地区农村医疗保障

认真分析民族地区的实际，可以发现多数地区的农民群众基本能够解决温饱问题，但是，一旦发生重大疾病，将给农民带来巨大的经济负担，因病致贫、因病返贫的现象十分突出。同时，疾病的发生又是每个人必须考虑和面对的实际，广大民族地区群众对参加医疗保障的愿望非常迫切，具有操作的群众基础。而且，相对农村低保和农村养老保险而言，医疗保障的费用较低，现阶段政府投入和群众出资都不会存在太大的问题。医疗保障的方式是建立新型农村合作医疗制度和农村医疗救助制度。

一、新型农村合作医疗制度

同过去推行的农村合作医疗制度相比，新型农村合作医疗制度最大的不同点是充分考虑了农村的经济发展情况和农民的承受能力，增加了政府投入。

（一）政策设计

农民以家庭为单位自愿参加，在筹资方式上实行个人、集体和政府共同出资，在实行的初期可考虑按人均 50 元的最低标准筹资，农民个人缴纳 10

元，各级政府补助40元，上不封顶，在有条件的地方，集体经济给予适当补助，以增加筹资标准。农民筹资部分的收费方式需要认真研究，根据卫生部的调查统计，当前的筹资成本一般县为每人0.5元，西部和山区交通不便的县为每人1.0元，农村居民少于5万人的地广人稀县为每人1.5元，筹资成本太高。不能长期采取“人民战争”和“群众运动”的方式进行收费，应按方便群众、节约成本的原则，探索更为便捷有效的筹资方式。统筹级次可按县级进行统筹，有条件的实行州市级统筹，由财政部门和卫生部门分别设立财政专户和支出专户进行管理。是否将农民个人缴纳的资金全部或大部分计人家庭账户，归其所有，不进行或少进行调剂，应充分尊重参合农民的意见。从发展的方向看，应该增加共济的功能，不设家庭账户符合发展的方向和制度创新的初衷。但是，在制度建设的初期，由于筹资标准较低，必然只有比例较低的人群能够享受到较大的实惠，而建立家庭账户，有利于保持该项制度对农民参合的吸引力。在支付方面，范围和标准按“以收定支、略有结余”的原则合理确定，支付范围可按是否住院划分，也可以考虑按医疗费用划分；报销标准，由各地合作医疗管理机构根据筹资数额与以往医疗费用实际支出情况合理确定。在合作医疗的初建阶段，报销比例可低一点，以后随着农民个人缴费、集体及各级财政补助资金的增加而逐步提高，但一般不应超过80%，避免造成医疗资源的浪费。年度结余资金应控制在20%左右，结余过大，将带来参合农民受益减少；结余太少，会因为医疗费用的不确定性而带来支付风险。此外，还可以制定住院报销的起付线和最高支付限额，具体标准根据合作医疗资金的筹集情况合理确定。在乡镇级应设立专门的管理机构，改变乡镇卫生院审核补偿报销的现状。同时，加大对药品流通、医疗环节改革和监管的力度，防止因药品和医疗费用的上涨抵消新型农村合作医疗制度给农民带来的实惠。

（二）可行性分析

根据卫生部门统计，农村居民患病在乡村医疗机构门诊就医的比例达到98%以上，住院就医绝大多数选择县、乡医疗机构。依托县、乡、村三级卫生医疗机构构建新型农村合作医疗制度，符合中国国情。按照起步初期的年人均10元的个人筹资标准，绝大多数农民群众均有筹资能力，只要制度设计合理，农民参合的积极性很高。中央和地方各级政府共同为农民人均出资40元，不仅是必要的，而且在现有财力条件下，也是完全有能力做到的。2003年，云南省开始在16个州市的20个县开展了新型农村合作医疗试点工作。实施当年，各级政府共补贴资金12117.4万元，乡村集体组织支持144.87万元，农民筹资6484.09万元，有效地缓解了农民看不起病的问题。以2006年提高后的筹资标准每人每年50元、各级政府补助提高到每人每年40元计算，按照新型农村合作医疗在全省范围内推开，2005年底全省129个县市区农业人口3535万人，按100%的参合率计算，筹资总额将达17.68亿元，其中参合农民个人筹资3.54亿元，各级财政补助14.14亿元；按90%的参合率计算，筹资总额将达15.91亿元，其中参合农民个人筹资3.18亿元，各级财政补助12.73亿元。按现行政策，中央财政承担每人每年20元的资金补助，按100%的参合率计算，中央承担7.07亿元；按90%的参合率计算，中央承担6.37亿元，省级及以下财政需分别承担7.07亿元或6.36亿元。按云南省确定的分担比例，经济条件较好的23个县（市、区），地方承担20元部分，由州市县全额承担；经济条件一般的26个县（市、区），地方承担20元部分，由省级承担10元，州市县共同承担10元；80个国家级和省级扶贫开发重点县由省级全额承担。这样，省级分别承担5.53亿元或4.97亿元，州市县财政分别承担1.54亿元或1.39亿元。

二、农村医疗救助

农村医疗救助应该与农村新型合作医疗制度同时或先于后者建立，使农村贫困人群能够获得医疗救助，公平地享受基本医疗保障服务。贫困救助资金的筹集应采取多种形式，政府财政投入为贫困医疗救助资金筹集的主渠道，此外，要在全社会倡导、动员行政事业单位、企业、社会团体和个人捐款。救助资金用于对救助对象参加农村合作医疗个人缴费的资助或发生大病住院自付部分给予补助。由于贫困的实际标准存在地区间的差异，应由各地根据当地实际，按照“以收定支，收支平衡”的原则，制定本地区贫困医疗救助的标准和补助水平。2005年底，云南省有绝对贫困人口248.4万人，低收入人口489.4万人，共有贫困人口737.8万人。可将贫困医疗救助基金补助参加新型农村合作医疗个人缴费的范围确定为绝对贫困人口，同时，对参合后就医过程中自付部分给予补助。

第二节　民族地区农村社会救助

一、五保户救助

五保户是农村最困难的群体，实施五保户生活救助，是农村社会救助中最重要的方面。国务院已经出台五保户供养的相关法规，明确了政府在五保户救助中的责任，重要的是依法抓好落实。五保户人群不多，由于自身的原因，自主反映群体意愿的呼声很小，需要给予特别的关注。落实五保户供养的相关规定不存在资金上的困难，关键是对五保特困群体的感情和配套政策措施的落实问题。现在，五保户供养的政策措施已经全面出台，但标准仍然偏低，同时，还有部分符合供养条件的人员未能纳入供养范围。云南省民政厅根据各地上报数初步统计，目前，云南省符合五保供养的群体约为 22 万人，据我们分析，由于各地掌握标准的尺度有一些差距，总数应在 20 万人左右。五保户供养的标准应高于农村最低生活保障水平，必须建立五保户供养标准的增长机制，随着农村居民生活水平的提高，逐步提高五保户供养的标准，应按农民人均纯收入增长的幅度相应提高供养水平，并将符合五保供养条件的人员全部纳入供养范围。

当前，五保供养分别采取分散供养和集中供养两种方式。人们的生活除必须有相应的经济保障之外，还有生活的文化氛围、长期形成的生活习惯，对五保户的供养方式应充分尊重本人意愿。本人愿意并有条件实行分散供养的，可继续分散供养，但应落实相应的监护人或责任人，负责安排照料五保户的生活。本人愿意实行集中供养的，应全部纳入集中供养。为保证集中供养的条件，应大力发展农村敬老院等福利事业，将集中供养的比例提高到 50% 以上。根据云南省的实际，农村敬老院的建设，应统筹规划、分类指导，经济相对发达、人口较多的乡镇，应以乡（镇）为单位设置敬老院；对经济欠发达、人口较少、居住分散的地区，可以在县城或其他中心乡镇分别建设敬老院，以保证规模效益和管理服务水平。根据《民政部关于农村五保供养服务机构建设的指导意见》的要求，每床位使用面积不应小于5平方米，按照一半人员纳入集中供养计算，10万人需建供养设施面积50万平方米，需投入资金4亿元，再加上其他辅助设施，约需资金5亿元左右。可以考虑从2007年开始，分三年逐步建设。如果扣除现有设施，再综合利用部分可调剂的房屋和地点，投入还可相应减少。怒江州泸水县在实施县城搬迁的过程中，将原县四套班子的办公大院全部调整安排用于敬老院，可将全县愿意并符合集中供养的人员全部实行集中供养。怒江州是全省经济条件最为困难的民族自治州，泸水县的经济并不发达，我们相信怒江州和泸水县能够做到的事情，其他州市通过努力也应该可以做到。福利彩票公益金的使用方向，重点是发展老龄事业，敬老院建设资金可考虑各级政府预算及彩票公益金安排等多渠道筹集。

二、民族地区农村居民最低生活保障

党的十六大提出“有条件的地方，探索建立农村最低生活保障制度”。党的十六届六中全会要求“逐步建立农村最低生活保障制度”。2006年12月召开的中央农村工作会议要求在全国范围内建立农村最低生活保障制度。农村最低生活保障制度严格来说属于农村困难救助的范畴，很多学者也是把二者合一进行论述的，但由于建立农村低保在制度创新方面的意义十分巨大，故单独加以论述。就体系建设而言，基本生活保障和基本医疗保障二者均非常重要，就其顺序而言，我认为应该是生活在前，医疗次之。但从实践层面来看，目前，我认为应该是基本医疗保障在前，最低生活保障在后。这除了在前面论述新型农村合作医疗时所述原因之外，还有以下理由：一是大多数农民尚有土地作为基本保障，可以首先保障基本生活；二是对部分基本生活得不到保障的群体，还有已经实施的农村困难救助、扶贫等相应的措施提供部分保障，而医疗保障方面在此之前几乎是空白；三是农村低保所需资金数额比医疗保障巨大，发展完善需要有一个过程。

实际上全国各地已对建立农村最低生活保障制度进行了有益的探索。1995年广西壮族自治区武鸣县颁布了《武鸣县农村最低生活保障线救济暂行办法》，规定从1996年1月1日起正式实施。这是我国出台的第一个县级农

村最低生活保障制度的文件。1996 年 1 月，在全国民政厅局长会议上，民政部首次明确提出了积极探索农村居民最低生活保障制度的任务，并确定在山东烟台、河北平泉、四川彭州和甘肃永昌等地进行试点。[①] 此后，全国各地纷纷开展试点工作。到 2005 年底，全国有 13 个省、1308 个县（市）建立了农村最低生活保障制度，有 825 万村民、406.1 万户家庭纳入了保障范围。[②] 到 2006 年底，全面建立低保制度的省份已达 23 个，2133 个县开展了农村最低生活保障工作，全国农村低保对象已达 1593.1 万人、777.2 万户，分别比 2005 年底增长 93% 和 91.4%；[③] 全年累计发放低保补助金 41.6 亿元，平均补助水平为每人每月 35 元。[④] 8 个民族省区中仅有内蒙古全面建立了该项制度。

（一）条件分析

不利因素：一是由于农村人口基数巨大，贫困群体比城镇要高得多，建立农村低保需要巨额投入；二是因为农民普遍占有土地等生产资料，而且，在生产方式上是以承包经营为主，收入的计算存在困难；三是农民收入波动较大，再加上庞大的人群，给动态管理带来很多困难。有利因素：一是已有操作多年的农村困难救助、灾害救济、扶贫等政策，并有一定的资金投入，而且，多年来重视向民族贫困地区倾斜，民族地区农村低保制度可以在上述工作和政策的基础上加以改革和整合；二是民族贫困地区群众生活标准普遍较城镇和其他农村地区偏低，有利于低保从低标准起步；三是在民族地区农村低保政策的设计上，可以考虑以保障基本生活为主，住房等问题通过扶贫渠道解决，子女的教育问题通过贫困地区义务教育工程解决，水、电、交通等方面的支出前期可暂不考虑。

（二）政策设计

民族地区农村最低生活保障制度应从小范围和低标准起步，初期，保障范围应界定在农村绝对贫困人群，保障水平应大致相当于国家规定的贫困线标准，要能保障农村绝对贫困人口的最低生活，根据经济的发展逐步提高标

---

① 多吉才让：《中国最低生活保障制度研究与实践》，人民出版社 2001 年版。

② 《2005 年民政事业发展统计报告》，http://news.163.com/06/0519/11/2 HCOSST 20001124J.htm.

③ 《2006 年民政事业发展统计报告》，http://www.chinagateway.com.cn/chinese/200705231.htm.

④ 李立国 2007 年 1 月 18 日《在全国农村最低生活保障工作会议上的讲话》。

准，将所有贫困人口纳入低保。主要考虑维持农民最基本生活的物质需要，重点是吃饭和穿衣的需要。在管理上，要借鉴城市低保的经验，一是扣除自有收入，按补差标准发放现金和实物，考虑到民族地区的实际情况，应以发放实物为主；二是实行动态管理，及时按标准核实并增减享受人员。资金筹集应以政府投入为主，并集中部分福利彩票资金、残疾人保障金用于农村低保，同时，倡导社会各界给予捐赠支持。必须进一步加大政府投入，并以法律法规的形式加以规定；同时，进行结构调整，对财政资金存量进行必要的梳理与整合，一方面，将原部分救助救济资金、救灾资金中的口粮款部分调整用于低保（低保制度建立后，上述资金的功能将弱化）；另一方面，调整支农、扶贫和民族机动金等资金的使用方向和补贴项目，集中部分资金用于保障贫困农民的基本生活。值得提出的是，建立包括民族地区在内的农村最低生活保障制度，中央必须设立对下的专项转移支付资金，在分配上，向西部民族地区倾斜，否则，西部民族地区是无法建立该项制度的，即使勉强建立，也无法保证长期正常运转和健康发展。

根据统计部门的资料，到2005年底，云南省在绝对贫困线下的人口有248.4万人，按静态口径将现有绝对贫困人口全部纳入低保，创造条件将低收入人群纳入低保范围。根据全省农村住户抽样调查，2005年绝对贫困人口人均纯收入为516.4元，按照2005年683元的绝对贫困标准，平均每人需补差167.6元，共需资金4.16亿元。这仅仅是最低层次的保障，穿衣等所需资金还未统计在内。如将穿衣等因素考虑在内，并适当提高副食品标准，还将增加数亿元的投入。云南省2005年财政地方一般预算收入完成312.65亿元，比上年增收46.54亿元，增长17.49%。仅靠地方投入，是难以承担的，如果全国统一出台政策，中央对中西部按50%进行补助，将相应减轻地方财政的负担，这一政策的出台将会更加顺利。

三、民族地区农村自然灾害救济

完善自然灾害救济制度，要进一步坚持2006年11月第十二次全国民政工作会议提出的“政府主导、分级管理、社会互助、生产自救”的新的救灾工作方针。第一，要统筹规划，做好地质灾害调查、监测、预警、治理等工作，对处于灾害威胁范围内的单位和群众进行有计划的搬迁，避免遭受重大损失。据云南省建设厅初步调查统计，目前，全省约有20%的农村民居根本达不到抗震设防的要求，需拆除重建；约有60%的民居需抗震加固改造。要按照抗震减灾的要求，对农村民居从规划选址、设计施工、质量安全、抗震设防等环节进行全面指导和管理，以云南省农村民居防震保安试点工作为契机，以抗震加固改造为主、拆除新建为辅，动员社会各方面力量，广泛发动群众，以群众自筹资金为主，政府给予适当补贴，多渠道筹集资金，动员鼓励村民互相帮助，义务投工投劳，全面提高农村抗震防灾水平，最大限度地减少和避免灾害带来的损失。第二，强化分级负责制，按照不同灾害的等级标准，明确各级政府和各职能部门的救灾职责，以增强救灾工作的时效性，最大限度地减轻灾害损失。第三，在进一步做好防灾减灾工作的基础上，细化自然灾害应急预案，储备救灾物资，对自然灾害在第一时间作出应急响应。第四，完善灾评系统，目前，对自然灾害的评价缺乏科学的依据，地震灾害由地震部门进行评估，由于地震部门对各次地震的评估均按统一的规范和尺度进行，对灾损有一个相对准确的评价，但其中也还有需要进一步完善的地方，比如，地震部门在灾评中，对房屋的损失情况的评价准确性更高一些，其他如交通、水利等设施的损失情况的评价准确性相对较差。对其他自然灾害损失的评价，尚无基本规范，主要依据灾区政府和相关职能部门统计上报，由于各地所掌握的尺度不一，上报的灾情差距较大，也无法做到认真地审核，基本上是统计加估计，层层上报汇总。这样，也就无法做到对自然灾害的准确评价和科学合理地进行救灾工作。这既有客观的原因，如自然灾害无法准确预见，发生范围大，实施救灾时间要求紧等，也有灾评系统不健全、现代科技手段应用不够等多种因素。第五，加大对救灾的投入，并对现有救灾资金进行整合。按现行政策，我国的自然灾害救济制度实际上包括自然灾害救济和农村困难救助的很多内容。按照财政部制定的《2006年政府预算收支科目》，农村社会救济和自然灾害生活救助分属抚恤类级科目下的两个款级科目，农村社会救济属农村其他社会救济下的项级科目，反映为农村五保户贫困户等的生活救济费支出。自然灾害生活救助款级科目下设一般自然灾害救济、特大自然灾害救济和特大自然灾害灾后重建三个项级科目，分别反映为中央和地方政府对受一般自然灾害和特大自然灾害时安排的解决灾民吃、穿、住和抢救、转移、安置、治病、救灾物资储备资金等费用，以及特大自然灾害恢复重建资金。① 二者有明确的不同使用方向。但在实际操作中，因灾发生的生活困难和其他原因产生的生活困难较难区分，各级政府往往将资金统筹使用，中央安排的“三荒”（冬荒、春荒和夏荒）资金是以灾民救济的形式安排，由于造成群众生活困难的原因较多，既有因上年的灾害引起，也有其他原因所致，大量的是灾害和贫困共同作用，在使用上难以区分，致使以灾害名义安排的“三荒”资金在很大程度上变成了困难救济资金。救灾资金应主要解决灾害发生时灾民的应急需要，主要解决灾区和灾民的吃、穿、住、医、读的问题和重要基础设施的修复，以及重特大自然灾害后的恢复重建工作，以尽快恢复灾区正常的生产生活秩序。可将现有救灾资金中用于解决灾后中长期生活困难的资金调整用于农村困难救助和最低生活保障制度（这不意味着我主张救灾资金可以减少）。第六，对民族贫困地区的特大自然灾害的恢复重建工作应集中相应条块资金，按恢复重建与扶贫相结合、恢复重建与发展民族地区经济相结合、救济生活与扶持生产相结合的原则，变“输血”为“造血”，帮助灾区群众发展生产，脱贫致富。在建设标准上，应略高于灾前的标准，这样，既可以起到示范作用，又可以从根本上提高群众抵御自然灾害的能力。

四、确立社会保障在反贫困中的基础制度地位

消除农村的绝对贫困，是一项复杂的系统工程，需要采取多方面的措施。在不同的时期，不同的措施所起到的作用，将会有所区别。反贫困是长期的战略任务，随着形势的变化，要从根本上解决贫困问题，必须建立和完善农村社会保障体系，发挥社会保障制度在反贫困中的基础性作用。

（一）理论依据

人类要生存和发展首先就必须解决衣、食、住等问题，先保障贫困人群的基本生活，不仅能维护其生存的尊严，也才能够谈得上更快地发展。越是

① 财政部编：《2004年政府预算收支科目》，中国财经出版社2003年版，第68－71页。

贫困的人群，越应该优先对其提供社会保障。在人类自身的发展繁衍中，本身存在代际更替，人的生命周期是有限的，尽最大可能提高现时人群的生活水平和质量，而不把对美好生活的追求寄希望于下一代甚至后几代，发展也才显得更有意义。在全国已整体实现小康社会的今天，大多数人群已经解决了温饱问题，正在追求较高层次的精神和文化享受，在这种情况下，着力解决贫困群众的基本生活问题，就显得更为迫切和重要。

按照以人为本的要求，经济社会发展的最终目的体现在促进人的全面发展，经济发展必须体现为生活宽裕。开发式扶贫同社会保障本质和目标是完全一致的，都是为了提高人民群众特别是贫困人口的生活水平，把人的需要放在首位，是以人为本的具体体现。通过农村社会保障制度的建立和完善，从认真解决人民群众最关心、最直接、最现时的利益人手，注重社会公平，加大调节收入分配的力度，妥善处理不同利益群体的关系，努力缓解地区之间和部分社会成员收入分配差距扩大的趋势，提高农村贫困群众的生活水平，共享改革和经济社会发展成果，无疑是构建社会主义和谐社会的基本要求，也是建设社会主义新农村的重要内容。我们党立党为公、执政为民，代表最广大的人民群众的根本利益，就是要最大限度地维护和代表不同群体人民群众的根本利益。

（二）开发式扶贫的效果减弱

进入新世纪持久扶贫阶段以后，贫困人口下降的趋势和幅度大大减缓，而且出现2003年贫困人口数量反弹、有增无降的情况；2005年，西部贫困地区贫困人口占全国的比重比上年有所增加，其中，绝对贫困人口的比重为50.8%，增加0.8个百分点，低收入人口的比重为52.1%，增加4个百分点。以云南省为例，据全省农村住户抽样调查，八七扶贫攻坚期间，云南省农村贫困人口每年减少近百万人；但进入新世纪后，减贫速度逐渐放慢，2001～2005五年间，全省平均每年使136.95万贫困人口摆脱贫困，同时平均每年有118.91万低收入和非贫困人口返贫，占贫困人口的比重都在50%左右，比重居高不下。2001年贫困人口减少了40.2万人（其中绝对贫困人口减少64.1万人，低收入人口增加23.9万人），2002年减少了94.8万人（其中绝对贫困人口增加30.6万人，低收入人口减少125万人），2003年减少了67.3万人（其中绝对贫困人口减少28.6万人，低收入人口减少38.7万人），2004年减少了42.6万人（其中绝对贫困人口减少13.1万人，低收入人口减少29.5万人），2005年减少了39.9万人（其中绝对贫困人口减少13.9万人，低收入人口减少26万人），[①] 贫困人口下降呈减缓趋势。

贫困地区与发达地区相比，贫困人口和非贫困人口收入差距不仅没有缩小，反而出现拉大的情况（详见表7－1），可以看出，不仅全省同全国的差距呈扩大趋势，而且，贫困地区同全省的差距也在进一步扩大。2000年，全省农民人均纯收入为1478.6元，绝对贫困人口的人均纯收入为459.6元，低收入人口的农民人均纯收入为728.2元，分别比全省少1019元和750.4元；到2005年，全省农民人均纯收入增长到2041.8元，而绝对贫困人口的人均纯收入仅为516.4元，低收入人口的农民人均纯收入为835.1元，分别比全省少1525.4元和1206.7元，与2000年相比，差距分别扩大了506.4元和456.3元。2000年，全省农村居民恩格尔系数为59%，绝对贫困人口的恩格尔系数为71.6%，低收入农民的恩格尔系数为70.5%；2005年，全省农村居民恩格尔系数为54.5%，绝对贫困人口的恩格尔系数为78.4%，低收入农民的恩格尔系数为72.9%，全省农村居民的恩格尔系数在下降，但绝对贫困人口和低收入人口的恩格尔系数则呈上升趋势。

表7－1　农村居民年人均纯收入对比表

单位：元

年份	项目	全国	云南省	比全国少	贫困县	比全国少	比全省少
1993年	农民人均收入	921	674	247	318	603	356
2000年	农民人均收入	2253	1478	775	1053	1200	425
2004年	农民人均收入	2936	1864	1072	1315	1621	549

资料来源：全国和云南省数据来源于《中国统计年鉴》、《云南统计年鉴》，73个贫困县的数据来源于云南省扶贫办相关材料。

① 国家统计局云南调查总队、云南省统计局、云南省贫困监测办公室：《云南“十五”时期农村贫困监测报告》。

（三）贫困人口出现新变化

进入持久扶贫阶段以后，同以前相比，随着绝对贫困人口数量的减少，贫困人口和贫困状况有了新的变化，存在很大的特殊性，开发式扶贫的政策效果呈现减弱趋势，需要进行调整和完善。从区域来看，绝对贫困人口主要分布在扶贫重点县、西部地区。2005 年底 592 个国家扶贫重点县农村绝对贫困人口 1433 万人，占全国农村绝对贫困人口的 60.6%；农村低收入人口 2191 万人，占全国农村低收入人口的 53.9%。西部 12 省农村绝对贫困人口 1421 万人，占全国农村绝对贫困人口的 60.1%；农村低收入人口 2384 万人，占全国农村低收入人口的 58.6%。[①] 从生活条件看，贫困人口主要居住在深山区、荒漠地区、边疆民族地区，自然环境恶劣，缺乏必要的生存条件。按人群划分，主要有以下几类：一是不具备基本生存条件，开发和发展受到极大限制的群体；二是教育科技水平低下，人口素质不高，缺乏自我发展能力的群体；三是五保户、残疾人等社会保障对象；四是因家庭成员特别是主要劳动力疾病致贫和返贫，因自然灾害或其他突发事件致贫。以云南省为例，全省有 73 个国家扶贫开发工作重点县，占全国的 12%，到 2005 年底，全省还有绝对贫困人口 248.4 万人，低收入人口 489.4 万人，占全省乡村人口的 23%，分别占全国的 10% 和 12%，是全国扶贫任务最重的省区之一。贫困人口大多数居住在边疆地区、“直过区”和人口较少民族地区、藏区及内地深山区。全省 25 个边境县，有 17 个扶贫工作重点县；大多数“直过”民族生活在贫困县，涉及“直过”地区的 25 个县中，有 17 个贫困县；7 个人口较少民族分布的 31 个县中，有 21 个贫困县。7 个人口较少民族中有 5 个是“直过”民族，除普米族外，其他 6 个民族都居住在边境沿线，与境外同一民族跨境而居。在边疆地区、“直过区”和人口较少民族聚居地区，经济发展水平整体落后，社会发育程度整体低下，大多数群众处于贫困状态的特困少数民族地区，其贫困类型可归结为由于居住地环境恶劣或边远闭塞等原因带来的“地缘性贫困”和由于受教育程度低等因素造成的整体素质低下的“素质性贫困”。全省 78

① 根据国家统计局农村司统计 2006 年 3 月 22 日，http://www.chinaess.cn/san-nong/sannong-dongtai/nongcunjingji/200612/4725.html.

个少数民族自治地方县中，2005 年底还有绝对贫困人口 160.7 万人，占全省的比重从 2000 年的 62.7% 提高到了 2005 年的 64.7%。“十五”期间，山区绝对贫困人口数量虽呈下降趋势，但山区的绝对贫困人口分布结构并未改变，在 2005 年全省绝对贫困人口中，山区占 87.1%，半山区占 10.1%，坝区占 2.8%。在全省 25 个边境县及 16 个临边县中，农村绝对贫困和低收入人口为 286.4 万人，其中绝对贫困人口 116.4 万人，在仅占全省 25% 人口比重的边境地区，却分布着全省 47% 的农村绝对贫困和低收入人口。仅仅扶持其发展，由于发展项目选择的困难、经营管理水平的差距，效益的发挥将大打折扣，而且，这一地区还存在丧失生存条件、无法进行深度开发和发展的情况。大力发展教育、文化等社会事业，确为提高人口素质的治本措施，但是，人口素质的提高是一个渐进的过程，需要较长的周期。如果不在政策上作进一步的调整和完善，这些特困民族在较长时期内将无法改变其落后状态，必须引入新的扶贫理念、机制和措施。城镇贫困人口也主要集中在残疾人、老年人和经济结构调整中的下岗失业人员，国家采取的措施主要是：一方面通过实施积极的就业政策，帮助适宜就业的群体实现就业和再就业；另一方面通过完善社会保障制度，建立城市居民最低生活保障和医疗救助制度保障其基本生活。对农村贫困人口，在进行开发式扶贫的同时，也必须采取相应的生活保障措施。

（四）基础制度建设

构建针对农村贫困群体的社会保障制度，使社会保障在反贫困中发挥基础制度的作用，既要充分考虑我国社会保障体系建设的发展进程，又要结合贫困群体的实际，把最急需、最迫切的需要作为切入点。笔者认为，应把社会救助作为第一位的制度安排，特困群体最需要保障的是吃、穿、住和看不起病、上不起学的问题，从广义的社会救助考虑，这些都应纳入救助范围。

第三节　民族地区农村社会福利

民族地区的农村福利包括的面很广，最重要、最急需的是教育福利和医疗卫生福利，以及针对相关特殊群体的福利。由于五保户集中供养等民政福利和卫生福利中对需方的补助已在其他的章节进行了论述，在本节中，我们主要对教育福利和医疗卫生福利中农村卫生事业的发展这两个方面进行阐述和分析。

一、教育福利

我国于1986年出台了《中华人民共和国义务教育法》，2006年重新修订并实施。新修订的义务教育法明确规定，实施义务教育不收学费、杂费，适龄儿童、少年依法享有平等接受义务教育的权利，国家将义务教育全面纳入财政保障范围，义务教育财政拨款的增长比例，应高于财政经常性收入的增长比例。让广大适龄青少年能够平等地享受法律赋予的权利，是公平教育的基本目标。教育是发展的基础，是提高人口素质的关键，由于义务教育的实施，教育事业是最重要的社会福利事业。长期以来，农村教育福利水平的低下，是城乡差距进一步扩大的重要原因，带来了民族地区发展和竞争起点的不公平，同时，也直接导致了结果的不公平。增加农村居民的教育福利，提高农民享有的教育福利水平，对于提高民族地区及各民族在市场经济中的竞争力，增强发展后劲和自主发展能力，都具有根本性的作用。

发展农村教育应以逐步实现与城市教育水平均等化为目标，以普及九年义务教育为主，切实改变农村上学贵、上学难的状况，让农村学生特别是民族地区的学生能够享受到更好的教育福利。在思路上，主要从解决办学条件和全面实行“两免一补”措施人手，同时，采取特殊政策，全面提高民族地区中小学教师水平，提倡城市中小学对口支援农村，鼓励大学毕业生到边疆民族地区农村中小学任教。

要进一步明确政府的责任，加大政府对民族地区农村义务教育的投入力度，全面落实以政府为主导承担义务教育经费、提高农村中小学的生均教育经费比例，争取到“十一五”末期，基本与城市中小学持平。加大农村中小学排危力度，在“十一五”期间，全面消除农村中小学存在的危房。继续办好农村寄宿制中小学和边境口岸学校。全面落实“两免一补”规定，由于目前免学费和免费提供教科书的政策落实相对较好，今后的重点是推行农村贫困家庭寄宿学生生活费补助制度，需要进一步扩大覆盖面和提高补助标准。

经综合各种因素调查测算，云南省义务教育阶段需要给予生活补助的贫困学生约为198.73万人，占在校生人数的31%，其中藏区3个县为4.6万人，在全省残疾人等特殊学校就读的为3608人。除以上特殊地区和特殊人群外，其余各州（市）县小学阶段在学校寄宿的家庭贫困学生约89.25万人，占小学义务教育阶段在校生人数的19.89%，占寄宿生人数的93.93%；初中阶段在学校寄宿的家庭贫困学生约106万人，占初中义务教育阶段在校生人数的55%。从2007年起，将符合条件的学生全部纳入寄宿制生活补助范围，最低补助标准小学每月每生30元，初中每月每生35元；考虑到藏区的特殊情况，不分小学和初中，每月每生补助100元。每年按春秋两个学期10个月计算，全省面上小学和初中生分别补助300元和350元，藏区中小学生补助1000元。以后，随着经济发展和生活水平的提高，再逐步提高标准。

二、医疗卫生福利

实施新型农村合作医疗制度和农村特困医疗救助制度，只是在一定程度上解决农村群众无钱看病的问题，仍未解决到什么地方看病和是否有合格的医技人员为群众看病的问题。由于政府对卫生事业的投入不足，导致医疗卫生服务供给能力不足，特别是广大农村地区医疗资源匮乏，群众的医疗需求得不到满足。解决群众“看病难、看病贵”的问题，要通过切实履行公共财政职能，既对医疗需求方提供补助，增加群众看病就医的钱，又帮助医疗供应方改善设施条件和服务能力，不仅要使群众看得起病，还要改善群众就医条件，提供低廉、优质的医疗服务，为满足群众的基本医疗需求创造条件。在建立和完善新型农村合作医疗制度和农村贫困人口医疗救助的同时，应以满足农村居民健康需求为导向，优化卫生资源结构，加强农村公共卫生服务和医疗服务体系建设，改善乡镇卫生院和村卫生室的设施条件，实施乡村卫生人员培训，提高农村卫生人员的总体素质，提高卫生服务的公平性和可及性，切实解决群众“看病难、看病贵”的问题。

云南省2006年有无业务用房的村卫生室5825所，按照每所建设补助5万元计算，需投资29125万元用于业务用房建设和设备配置，一次性投入全面完成全省无业务用房村卫生室的建设，基本解决农民群众“小病不出村”的问题。2004~2007年国家发改委计划安排云南省乡镇卫生院基础设施建设项目1129个，除县城所在地的67所卫生院外，有309所卫生院的基本建设需由地方政府安排解决，应于2007年由省、州（市）、县（市、区）政府共同筹集资金一次性完成。同时，由省财政按“填平补齐”的原则，一次性解决1998~2006年省级未安排过补助经费的91所中心卫生院和328所一般乡镇卫生院进行设备改造。根据卫生部的规定，按中心卫生院每所28.7万元、一般卫生院每所21.7万元的标准配置，共需资金9729万元。乡镇卫生院正常的修缮和设备更新，于以后年度逐年安排资金予以保证。2007~2009年，分3年对22000名乡镇卫生院在职卫生技术人员进行全科医学知识培训，需资金2588万元，每年863万元；2007~2010年分4年对32698名乡村医生进行在岗培训，需资金7848万元，每年2616万元。

第四节　民族地区农村养老保障

一、现行制度的缺陷

民族地区农村养老保险制度的建设，从民政部要求各地开展试点工作至今，已经有12年的时间，就全国而言，发展情况参差不齐，总体情况不甚理想，在民族地区发展更加缓慢，有的地方存在停滞甚至倒退现象。目前，农村社会养老保险实行“个人缴费为主，集体补助为辅，国家政策扶持”的办法，个人账户实账管理，按储备积累总额确定养老金给付标准，个人积累多，领取的保险金就多。与城镇养老保险相比，最大的差别是不具有互济性，缺少城镇养老保险的社会统筹部分，是一种以预筹积累为特征的储蓄保险制度。这种保障模式完全依赖于一定的经济基础，取决于所在地区的经济发展水平，或者说是农村居民的个人可支配收入的多少。

截止2005年，云南省实现GDP3472.34亿元，其中，第一产业656.18亿元，占18.9%，不仅高于全国11.5%的平均比重、高于西部地区17.6%的比重，也高于民族地区平均18.5%的比重。全省农民年人均纯收入为2041.79元，有10个州市总体水平低于全省平均数，农民年人均纯收入在4000元以上的有西山（4978元）、官渡（4949元）、呈贡（4568元）、红塔（4431元）、盘龙（4269元）、五华（4254元）等6个县市区；农民年人均纯收入在3000～4000元之间的有13个县市区，其余110个县市区均在3000元以下，农民年人均纯收入在1000元以下的有宁蒗、澜沧、西盟、金平、福贡、贡山等6个县。

为了解民族地区农民群众参加农村养老保险的愿望，我们就此问题进行问卷调查，发出并收回了946份《民族地区社会保障制度建设调查表》（详见表7－2）。可以看出，如果农村养老保险实行国家、集体和个人三方承担费用，则绝大多数的农民愿意参加；如果以个人缴费为主，约有不到一半的农民愿意参加，这反映了民族地区农民群众非常希望获得养老保险。但是，在对“您认为每年缴纳多少费用您能承受”的调查中，大多数人选择填写了每年10元至30元的数额，而且，认为能够缴纳10元的占多数，只有少数人填写了100元以上的金额，仅个别人认为可以承担500元左右，这也可以说明，民族地区农民群众参保能力的不足。即使是按30元的缴费标准和20年的缴费年限计算，在到达领取年限时，每人每月也只能领到几元的养老金，这远远起不到养老的作用。

表7－2　农村养老保险意愿调查情况表

单位：人

地区 \ 人数	调查人数	愿意参加		不愿意参加		未回答	
		人数	%	人数	%	人数	%
国家、集体、个人共同缴费	946	793	83.8	153	16.2	0	0
以个人缴费为主	946	397	42.0	466	49.3	83	8.7

再看农村集体经济的情况，我们选择玉溪市、德宏州和文山州的情况进行分析。2002年我们在玉溪市8个县中选择了23个村，德宏州和文山州每县

选择1个村进行调查（详见表7-3）。可以看出，云南省集体经济比较薄弱，情况比较好的玉溪市平均每村也仅收入11万元，德宏州的5个村平均收入3万多元，文山州的每村收入不到2万元。综合全省的情况，达到玉溪这样收入水平的地区较少，类似德宏情况的地区约占三分之一，同文山大体相当的地区接近三分之二。再以我们重点调查的江川县、蒙自县和澜沧县的情况进行分析，该3县的经济发展水平在全省可分别代表好、中、差3类县。根据在这3个县分别选择10个村调查的结果，2002年江川县平均每村集体收入10.2万元，蒙自县1.38万元，澜沧县平均不到2000元，几乎是空白。结论也与以州市为单位进行的分析基本一致。而且，在调查中我们还发现，集体收入较高的部分村，有相当一部分集体收入是来自土地出让收入，属一次性收入。可以看出，云南省大部分村集体都难以承担为农民缴纳养老保险费的责任。

表7-3　村集体经济情况表

单位：个、万元

内容 地区	调查规模（村）	总收入	平均每村			
			总收入	第一产业	第二产业	第三产业
玉溪市	23	260.59	11.33	7.64	2.07	1.62
德宏州	5	16.62	3.32	0.16	0	3.17
文山州	8	15.69	1.96	0.14	0.5	1.33

注：德宏州和文山州三个产业的数字与总收入小数点后的尾数不一致是四舍五入的结果。

综合整个农村经济情况进行分析，按现行政策尚不具备在全省推行农村养老保险工作的条件。一是由于民族地区农民人均纯收入水平偏低，大多数家庭仅能维持当前基本生活的必要支出，部分困难群众甚至还有困难，无经济能力考虑预期养老的问题；二是农民群众普遍有注重现实的思想，土地和家庭等传统保障还发挥着低水平的主导作用，部分有缴费能力的人对今后的政策存在疑虑，不愿参保；三是由于集体经济薄弱，现行政策的集体补助难以落实，实际上成为纯靠农民个人储蓄的保障方式，农民的参保积极性不高；四是国家扶持没有具体规定，实际上基本没有操作层面的优惠政策。

二、养老保障的制度创新

农村的养老保障在相当一段时期内，仍然必须坚持以土地和家庭保障为主，因此，必须进一步坚持土地家庭联产承包制不动摇，依法保障农民对土地承包的各项权利，采取各种措施加快农村经济的发展，切实解决好“三农”问题，千方百计增加农民收入。要进一步深化农村税费体制改革，切实减轻农民负担。要坚决杜绝乱集资、乱收费、乱摊派的“三乱”现象，保护农民合法权益。要加大扶贫攻坚的力度，加快贫困地区脱贫致富的步伐。政府要加大对农村的投入，让公共财政的阳光照耀到农村，同时，要改变和完善对农业补贴的方式，让农民真正得到实惠。

在坚持土地保障和家庭保障为主的前提下，针对不同的群体建立补充型的养老保障。目前，已经出台的一些政策和即将建立的相关制度，在一定程度上解决了一部分农村人口的养老问题。一是我们主张率先建立农村最低生活保障制度，将包括贫困老年人口在内的贫困群体纳入到低保范围，这样，对土地和家庭保障不能有效提供农村老年人基本生活保障的，可以通过低保给予解决。二是对有稳定工作的农民工、失地农民等从农业产业中分化出来的特殊群体也建立了相应的养老保障制度，这部分群体的养老问题也能在一定程度上获得解决。三是中央和云南省政府出台的对农业人口独生子女奖励的政策，受到广大农民群众的欢迎，不仅有力地促进了计划生育政策的落实，对控制人口增长、提高人口素质起到了不可低估的作用，而且，还将对独生子女户的养老保障起到有效的补充作用。应该按照中央的规定，将享受奖励的人群扩大到双女户，这在普遍存在重男轻女的农村地区，将会产生更为积极的影响。把这一政策同农村养老保险政策进行适当的整合，可以有效地在民族地区农村养老保险中发挥重要的作用。

在西部民族地区继续推行现行农村养老保险制度，或者通过采取硬化集体经济组织的补助、增加财政补贴等手段，对现行制度进行修改完善后继续推行。笔者认为，在像云南省这样集体经济薄弱的多民族省份，加大集体经济组织的补助是无法做到的，当前，要在全省范围内对农民参加农村养老保险给予财政补贴也是不现实的。一是中央没有出台统一对农村养老保险补贴的政策，中央财政没有补助，仅靠地方财政是难以承担的；二是即使要给予财政补贴，也必须是在农民个人首先缴费的基础上进行补贴，在大多数农民缴费困难的情况下，必然形成“补富不补穷”，不仅没有使最需要保障的对象得到保障，还会带来新的分配不公；三是基金的投资渠道不畅，保值增值困难，为避免财政补贴资金的闲置，不如将有限的资金首先用于医疗保障、最低生活保障等更为急需的保障项目。

既然在民族地区全面推行农村养老保险制度的条件还不成熟，是否可以认为在全面实现小康社会以后再实施该项制度，答案是否定的。按平均水平计算，参保人员从缴费到领取养老金必须有20年以上的时间，其中相当一部分会达到30~40年，只有从现在开始试点，逐步推进，才能保证在全面建设小康社会的目标实现之时，完成全面推行农村养老保险制度的任务。从可能性看，在西部民族地区，也有部分经济相对发达、农民人均收入水平较高、具有缴费能力的县（区），这些地区家庭养老和土地养老出现了逐步弱化的趋势，农民一般都对社会养老保障有较高的期望，因此，在这些地区可以继续推进农村社会养老保险试点。即使在相对贫困的地区，也有部分农民群众通过诚实劳动先富起来，率先脱贫，提前实现小康。在中央没有出台新的政策之前，可以考虑在经济条件较好、农民收入水平较高的地区先行试点，积累经验，逐步扩大试点范围。

农村养老保险应放弃原来的方案，建立与城镇企业职工基本养老保险制度相衔接的新方案。全省可以制定一个指导性的意见：一是坚持低标准起步，以个人缴费为主，可考虑按农民人均纯收入作为缴费基数，缴费比例由各地制定；二是按照当地财政能够承担又能调动农民参保的积极性的原则，财政给予适当补贴；三是分别建立统筹账户与个人账户，财政补贴部分作为统筹资金，个人缴费及利息全部记入个人账户；四是由各地城镇企业职工养老保险经办机构管理，人员经费与工作经费列入当地财政预算，一律不得从基金中开支；五是建立严格的管理制度，按照收、管、用相分离的原则，将基金纳入财政专户，实行收支两条线管理，形成各部门相互制约、相互监督的管理机制；六是由中央统一制定基金的投资管理办法及银行的优惠存款利率，拓宽投资渠道，确保基金的保值增值。据我们测算，按照6%的增幅，到2012年，全省农民人均纯收入将超过3000元，而且有可能提前实现。届时，将有一半以上的县超过全省平均水平，同时，财政收入也将有较大幅度的增加，可以有更多的县实施农村养老保险。

在对农村养老保险进行制度安排的同时，应进一步发挥“一方有难、八方支援”的中华民族的优良传统和尊老爱幼的道德规范，促进和提倡社区之间、邻里之间、亲友之间发扬互助互爱、相互支援的美德。要持续开展扶贫济困送温暖活动，拓宽资金来源渠道，动员全社会的力量，关注和支持农村救济和农民养老问题。在云南这样一个少数民族地区，尤其要总结、挖掘和弘扬各民族敬老、爱老的优秀传统保障方式，使其在现代农村养老保障中发挥应有的作用。

案例1：云南省新型农村合作医疗试点的不同范式分析

一、禄丰县实施门诊总预付制和住院单病种付费制

2005年末禄丰县全县总人口为41.7万人，其中，农业人口34.4万人，占总人口的84%。该县自2003年7月开展新型农村村合作医疗试点，是全省第一批20个试点县之一。2005年禄丰县参加新型农村合作医疗的农村人口达到28.14万人，参合率为82%；2006年参合农民达到28.86万人，参合率为84%。2005年以前，政府补助20元，2003至2004年，农民按10元筹资，从2005年开始，农民缴费采取10元、15元、20元三个档次，自愿选择。2005年累计筹集资金1060.68万元（含2003～2004年度的滚存结余资金），当年有72.99万人次享受合作医疗补助，支出917.65万元。禄丰县推行以门诊总额预付制、住院单病种付费为主的基金支付方式。

（一）门诊总额预付制

2006年初，禄丰县农村合作医疗管理委员会出台了《禄丰县新型农村合作医疗乡村定点医疗机构门诊及家庭保健服务总额预付费办法（试行）的通知》，开始在全县范围内实行新型农村合作医疗门诊费用总额预付制。通过六个月的试运行，于2006年7月对该办法进行了修订和完善。该县实施的总额付费是指县新型合作医疗经办机构对乡村两级定点医疗机构为参合农民提供的门诊及家庭保健服务，按各乡（镇）参合人口和一定的付费标准计算付费总额并按月考核付费的一种支付方式。门诊补偿是指根据缴纳保费的多少，按规定比例补偿；家庭保健服务是指根据缴纳保费的多少，按家庭保健合同提供健康体检、建立家庭健康档案、慢性病和急诊上门指导治疗和健康咨询等服务。将各乡（镇）参合农民个人缴费的10元与从住院统筹基金中划来的人均2元合计，作为参合农民在乡村两级定点医疗机构门诊就诊补偿基金。各乡（镇）参合农民自愿按每人每年15元或20元缴纳而提高的5元和10元的保费收入，除分别按缴纳人均1元和2元扣除提取的住院统筹基金（因缴纳15元和20元的参合居民的住院补偿封顶线有不同程度的提高）外，其余部分作为在乡村两级定点医疗机构门诊就诊补偿比例提高的补偿金和家庭保健服务的补偿基金。上述两项补偿基金合计即为各乡（镇）的全年总额付费预算总金额。按不同的缴费比例确定门诊补偿比例，在村卫生室就诊的补偿比例为25%、30%和50%；在乡级就诊的门诊补偿比例为20%、30%、40%。为保证乡村定点医疗机构服务到位，建立了考核与监管制度，分为按月、按季和按年考核，考核内容包括在乡村定点医疗机构门诊的医药费按规定补偿、价格按承诺优惠、家庭保健服务按合同执行，并进行了量化评分，在完成考核以后支付费用，考核得100分为满分，按全额支付；每扣1分，扣减2%的应付金额；得85分以下予以警告，但资金仍按得分计算支付；得75分以下暂不支付当月应拨付资金，通知限期整改，根据整改效果决定支付额度。对村卫生所（室）的补偿支付，不实行总额包干的方式，应按照每月的服务量和补偿资金给予合理分配。

年初预算的门诊费用按照《禄丰县新型农村合作医疗乡村两级门诊及社区卫生家庭保健服务总额付费考核评分标准》进行考核支付。满100分的，按全额支付；每扣1分，扣减20%的应付金额；得85分以下予以警告，但资金仍按得分计算支付；得75分以下暂不支付当月应拨付资金，通知限期整改，根据整改效果决定支付额度。

（二）住院单病种付费制

2005年以前住院起付线为乡级50元，县级100元，州级和省级为200元；2006年分别调整为50元，150～200元（根据三个不同的缴费档次分别确定）和400元；2005年以前补偿比例为乡级45%、县级40%、州级和省级35%；2006年分别调整为55%、45%、35%；2005年以前封顶线为每年乡级5000元、县级5500元，州级和省级6000元；2006年分别调整为5000元、7000元和10000元。从2005年开始，为降低住院费用，禄丰县积极尝试住院单病种付费制度，按病种确定不同的治疗费用。在病种选择上，常见病、多发病与其他病种相比，诊断相对明确，对同病种各医疗机构诊断治疗相对统一、治疗方法相对一致、疗程相关不大、疗效相对肯定的疾病分类统计。同时，对2002年、2003年、2004年县、乡两级定点医疗机构三年的住院情况、费用情况进行分层次统计，摸排出全县农民的疾病谱、疾病顺位、疾病费用顺序、病种住院次数顺序，对常见病、多发病的费用情况进行综合分析，通过充分论证，确定了以“阑尾炎、胆结石、腹股沟疝”等30个病种，规定最高限价，试行住院单病种付费制度。同时，建立首诊医院责任制，同种单病种疾病患者在20天之内不得两次人院。发现首诊医院服务不到位，未达到临床治愈、治疗不彻底就为患者办理出院手续，患者在20天之内又第二次入院的，所发生的费用由首诊医院承担，合作医疗基金不予支付。首诊医院的治疗未达到临床治愈，就转到其他医院治疗的，发生的一切费用由首诊医院支付，新型农村合作医疗基金只对首诊医院按单病种定额付费规定给予补助。单病种付费制减轻了农民的医疗负担。以县级医疗机构平均医药费为例，在实行单病种付费后，“阑尾炎”医药费由原来的2502.70元下降到1500元，降低了1002.70元；“腹股沟疝”由1682.20元下降到1300元，降低了382.20元；“胆结石”由3522.60元下降到2200.00元，降低了1322.60元，医疗费用不合理增长得到了有效控制。

（三）利弊分析

禄丰县实施门诊费用总预付制和住院单病种付费制，出发点主要在于控制医疗费用的增长。门诊总额预付制可以将门诊费用控制在事先划定的范围之内，门诊就诊补偿比例围绕控制费用范围进行制定，并适当调整。住院单病种付费制在所划定的病种内，可以保证将治疗费用控制在相应的标准之下，而且，实行按病种付费不失为一种创新，在某种程度上也可以代表医疗费用支付的发展方向。

但是，这两项制度也存在相应的制度缺陷。门诊总额预付制的缺陷主要有：一是以乡（镇）为单位的门诊总额预付制降低了统筹层次。门诊总额预付制是以各乡（镇）的参合人数计算相应的门诊费用，实际上是将县级统筹的新型农村合作医疗的门诊就医变为乡（镇）统筹，不符合社会保障的大数法则，降低了统筹级次和共济功能，同时，也降低了基金的抗风险能力。二是门诊总额预付制有可能带来医疗服务水平的下降。该项制度虽然有按月考核的制度安排，但是，以控制费用为主要目标的制度设计，为达到收支的平衡和尽量节约支出，有可能带来对一部分医保对象在检查和用药等方面的服务不到位。三是门诊总额预付制对门诊就医的服务机构进行了划定。该项制度对乡（镇）进行门诊费用包干，实际上是将参合农民的门诊就医限制在乡村医疗机构，无法享受到县级以上门诊医疗服务。住院单病种付费制的缺陷主要有：一是费用水平的确定是否科学。该项制度主要以前三年的相关费用为基础进行确定，但对前三年的费用支出是否合理尚缺乏更为科学的分析。二是在实际操作中，虽然控制了各单项病种的超支，但基本都达到了封顶线的支出水平，还存在不合理的因素。三是患同一种病的人群，由于个体的差异，病情会有特殊性，按同一个标准进行收费治疗，难以完全适用。

由于新型农村合作医疗尚在试点阶段，没有现成的模式可以借鉴，各种制度方案尚未要求统一，这两项制度虽然都有相应的利弊，但仍不失为有益的探索。

二、寻甸县创新五种筹资模式

寻甸县为全省第一批开展新型农村合作医疗的试点县之一。2005 年寻甸县参合农民44.77万人，参合率为94%，高于全省平均水平9个百分点。按30元的标准筹资，其中各级政府补助20元，农民按10元缴费，累计筹集资金1597.37万元（含2003~2004年度的滚存结余资金），当年有8.34万人次享受合作医疗补助，支出993.67万元。寻甸县新型农村合作医疗采取建立家庭账户模式，个人缴费10元中，按6元计人家庭账户，4元纳入统筹基金，普通门诊从家庭账户中支付，急诊、重症门诊由统筹账户按1000元以内支付，包含在住院封顶线内。住院起付线为乡级100元、县级300元、市级和省级400元，补偿比例为乡级60%、县级50%、市级和省级40%；封顶线分别以年度和单次住院计算，每年5000元，每次住院3000元，单次住院费用超过15000元时对3000元以上的部分按10%的比例进行二次补偿。该县于2005年8月制定出台《寻甸回族彝族自治县新型农村合作医疗筹资办法（试行)》，对筹资时间、筹资办法、筹资经费等作了明确规定，建立了滚动式预缴费、烤烟款代扣缴费、贫困农民救助参合、农业独生子女户奖励参合、小额信贷代扣缴费五种筹资模式。

一是滚动式预缴费。已参加新型农村合作医疗的农民在定点医疗机构就诊和住院减免补偿医药费时，本着自愿的原则，用减免或补偿所得的费用预缴该户次年参加合作医疗资金。二是烤烟款代扣缴费。该县为烤烟种植大县，每年种植烤烟的农户占全县总农户的40%左右，部分乡（镇）种植烤烟的农户比例高达90%。在烟农自愿的基础上，县合作医疗管理办公室与其签订《新型农村合作医疗委托代扣协议书》，以户为单位代扣农民次年参合费用。烤烟种植面积较大的七星、河口等乡（镇），通过烤烟款代扣缴费参合的农民人数达到了总参合人数的95%以上，减轻了筹资工作量，降低了筹资成本。三是农村医疗救助资金代困难户缴费。按照市财政人均救助7元、县财政人均救助3元的标准，帮助年人均收入在绝对贫困标准以下的贫困户参加新型农村合作医疗。四是农村独生子女户用奖励款缴费。结合农村独生子女“奖优免补”工作，对已办理独生子女证的农村独生子女户实行奖励，由县财政按人均10元帮助参加新型农村合作医疗，对独生子女帮助至年满18周岁，对独生子女父母帮助终生。五是小额信贷代扣缴费。各乡（镇）人民政府在广泛宣传发动、贷款农民自、愿的基础上，制定了小额信贷代扣缴费制度，与其签订《新型农村合作医疗委托代扣协议书》，每年县信用联社在发放贷款时根据《委托代扣协议书》以户为单位代扣农民次年参合费用。

2005年通过多种筹资方式的实施，全县476287名农民中，有447737人参加新型农村合作医疗，比2004年多3万余人，农民参合率达到了94%，是试点工作开展三年来参合比例最高的一年。在参合人群中，以滚动或预缴费方式参合4.88万人，占总参合人数的10.9%；以烤烟款代扣缴费方式参合13.28万人，占总参合人数的29.66%；以贫困农民救助方式参合35000人，占总参合人数的7.81%；以农业独生子女户奖励方式参合19655人，占总参合人数的4.38%；小额信贷代扣缴费方式正在实施当中，人数还未进行统计，仅以四种特殊筹资方式所参合的人数占总参合人数的比例为52.75%。寻甸县筹资方式的创新是该县参合比例较高的主要原因，值得认真总结经验，加以完善推广。

在新型农村合作医疗试点工作中，参合农民的费用缴纳方式一直是困扰管理者的重要问题。在很多地方，主要是采取“人民战争”的收费方式，划定1~2个月的缴费时间，从县乡村抽调大批人员，采取分片包干的方式进行宣传，动员农民群众参合，并缴．纳参合费用，尚未探索出科学长效的收费模式。按现行收费方式，不仅增加了行政成本，在少数地方，为完成事先确定的参合目标，甚至出现完不成任务就扣发责任人员工资奖金的极端做法，以及代垫代缴、虚报参合人数等弄虚作假的行为。寻甸县的五种筹资模式，第三种“农村医疗救助资金代困难户缴费”和第四种“农村独生子女户奖励缴费”实际上是政府出资、参合农民免缴费的做法，其余三种是收费方式的有益尝试。综合分析，通过减免补偿医药费时预缴次年费用的做法，最具推广价值；小额信贷代扣缴费的做法值得斟酌和完善，因为小额信贷资金毕竟应有专门的用途。几种缴费模式均未覆盖所有的参合群体，探索更为可行的资金收缴方式，仍然是新型农村合作医疗工作面临的难题。

案例2：云南省玉溪市江川县农村低保制度的建立和发展分析

玉溪市是云南省最早建立农村最低生活保障制度的地区。根据民政部《关于加快农村社会保障体系建设的意见》，按照“量力而行，低点起步，标准有别，逐渐提高，分类决策，动态管理”的基本原则，江川县于1997年9月开始试点，在调查分析的基础上，1998年在财力较好的红塔区、江川、澄江、通海4个县区建立了农村最低生活保障制度，1999年又在华宁、易门、峨山、新平、元江5个县全面组织实施，各县分别按每年600～900元确定保障标准。8年来，9个县（区）与建立城市最低生活保障制度同步，不断完善并坚持实施了农村最低生活保障制度。2005年，该市纳入农村低保范围的保障人数是2.58万人（占人均纯收入低于600元的贫困农民人口的28.3%，占14万贫困农民的18.4%，占全市农业人口的1.49%），全年发放保障金624.18万元（其中市级财政补助230万元），年人均补助242元。

一、农村低保实施的基本情况

江川县是玉溪市最先实施农村最低生活保障制度的县。江川地处滇中腹地，全县总面积850平方公里，辖7个乡镇，72个村（居）委会，434个村民小组，总人口26.62万人，其中农业人口23.59万人，农户68563户。2005年县内生产总值230239万元，农业总产值97601万元，全县固定资产投资69266万元，地方财政收入12366万元，农民人均纯收入3258元。按照2003年3月云南省民政厅《关于对农村特困家庭开展摸底排查的通知》精神确认的情况，该县有特困户3747户9919人，分别占当年农村总户数、总人口的5.7%和4.3%，其中：因病致贫的2220户6270人；因残致贫的1106户2774人；无工作、无经济来源、无法定抚养人的“三无”人员421户875人。根据国务院扶贫开发领导小组办公室2005年下发的《关于进一步加强贫困人口建档立卡和扶贫动态监测工作的通知》精神建档的情况，按2004年的贫困标准，该县有贫困人口9053户26541人，分别占当年农村总户数、总人口的13%和11%，人均纯收入668元以下的绝对贫困人口1839户5177人，分别占当年农村总户数、总人口的2.7%和2.2%；人均纯收入668～924元的低收入人口4714户13671人，分别占当年农村总户数、总人口的7%和5.8%；人均纯收入925～1200元的低收入人口2500户7693人，分别占当年农村总户数、总人口的3.7%和3.3%。

二、政策标准及措施

（一）最低生活保障对象的确定

按照"五纳入"和"六不纳入"原则确定低保对象。"五纳入"即：(1)残疾人为主的家庭；(2)因一代养几代造成困难的家庭；(3)因天灾人祸无力自救的家庭；(4)因长期以来基本无经济来源而特别困难的家庭；(5)子女无力赡养老人的家庭。"六不纳入"即：(1)因孤寡残、丧失劳动能力，生活不能自理应列为五保供养对象的；(2)有劳动能力，但不自强自立的；(3)因赌博、违法犯罪造成生活困难的；(4)因建房投资过大和婚丧喜事大操大办造成生活困难的；(5)父母不供养残疾儿女或儿女不赡养残疾父母的；(6)有子女，子女有赡养能力而不赡养老人的。

（二）最低生活保障标准的确定

保障标准的高低直接影响工作的成败，标准过高，保障面过大，财政负担重，资金来源不足，工作落不到实处；标准过低，保障面小，保障能力弱，难以保障贫困人口的基本生活。为了科学合理地确定保障标准，该县随机选择了低收入户945户3185人进行入户调查。调查结果显示：调查对象人均收入415元，收入包括粮食、烤烟、蔬菜、养殖、副业以及其他等6项；调查对象人均支出973元，支出包括粮食、肉食、油料、蔬菜、燃料、生活用具、婚丧应酬、衣着、医药、水电费、其他等11项以及交通费、文教费、公粮、教育费附加、水费、承包费、统筹费、建校费、公益事业建设费、劳动工具、生产垫本、养殖垫本等12项，共23项。支出中前11项人均720元用于基本生活需要，后12项人均253元为固定支出。人均支出超过人均收入558元，超支部分主要靠亲戚和邻居之间互助借款透支。按照我国的扶持救济政策，后 12 项可以通过社会减免或生产扶持资金解决，前 11 项则是低收入户生存所必需的物质条件。因此该县确定人年均 720 元为农村最低生活保障线标准。

（三）最低生活保障的内容及方式

最低生活保障的内容包括衣、食两个方面，保证其基本生活。口粮保障标准以年人均大米 300 斤计算，先计算自产部分，不足部分通过保障办法解决，同时解决衣被和生活必须的部分资金。保障对象需要给予救助的口粮、资金核定后，由民政局按时按量下拨到各乡（镇）民政办公室，原则上实行口粮一次性解决，生活保障金按季发放。保障对象同时享受减免集体提留、文教费、教育费附加、公益事业建设费等优惠政策，捐赠和救灾物资优先考虑保障对象。

（四）最低生活保障的运作机制

一是实行“政府统一领导，民政部门主管，有关部门协作，村委会具体操作，社会广泛参与”的农村低保管理体制；二是严格审批程序，坚持“三公开，一监督”的审批程序：（1）本人申请或村委会提名；（2）村民代表会评议；（3）张榜公布；（4）乡（镇）人民政府的调查核实；（5）县民政局审定。实行动态管理，根据实际情况，每季度核定一次；三是低保资金实行专户管理，专款专用。按照省市的要求，江川县农村最低生活保障资金实行县乡（镇）专户管理，由县财政按季将保障资金拨人最低生活保障资金专户，经民政局领导审批后，将低保资金拨入乡（镇）民政办专户，民政办根据批准的低保对象名单，分户开具“三联单”，委托当地信用社以存折的形式发放给低保对象，实行社会化发放，确保了低保资金的安全运行；四是实行定期检查制度，每年一季度，由县监察局牵头，上一年度农村最低生活保障金各级补助及发放情况进行定期检查，发现问题及时处理，杜绝了违法、违规行为的发生。

三、存在的问题

该县农村最低生活保障工作起步较早，实施 8 年来，为切实保障农村贫困人口的基本生活，进一步密切党和人民群众的血肉联系，维护社会稳定，推进农村精神文明建设，促进农村经济发展发挥了积极的作用，取得了较好的成效。但是，该县的农村低保还是一种低水平的保障，与建设社会主义新农村以及小康社会的要求差距甚远，还存在着不容忽视的问题。

（一）覆盖面较窄

2005年，江川县有贫困人口6553户18848人，其中：绝对贫困人口1839户5177人，2005年纳入农村最低生活保障的对象807户2843人，分别占贫困户、贫困人口的12.31%和15.08%，分别占绝对贫困户、绝对贫困人口的43.88%和47.96%；大部分贫困人口、一半以上的绝对贫困人口未纳入，基本生活难以得到保障。在对大街镇的伏家营村委会和江城镇的侯家沟村委会农村最低生活保障情况进行调研中，村组干部普遍反映：由于核给的低保户户数太少，资金有限，他们只能先将低保资金用于最困难的特困户，如果未纳入低保的特困户出现特殊情况需要紧急救助时，就根据具体情况降低已纳入户的低保标准，省下钱来将其纳入低保。

（二）农村贫困人口呈现增加趋势

2003年对农村特困户摸底排查，该县有特困户3747户9919人。2005年对农村贫困人口进行确认建档立卡，按照2004年云南省统一的人均纯收入低于924元的低收入人口标准，有6553户18848人，比2003年的特困人口增加2806户8929人，增长幅度较大。其原因：一是总人口不断增加，贫困人口也随着增加；二是身体残疾、无劳动能力或劳动能力低下，致使生活特别贫困，离开政府的救济就难以生存；三是因病致贫，家庭成员大病住院或长期治病，家贫如洗；四是因祸因灾致贫，由于火灾、车祸增多，自然灾害严重，遭受事故和灾祸的家庭大部分自身缺乏自救能力；五是因失地致贫，部分失地农民无土地耕种、无文化、无技能、无经营思想，找不到生活门路，家庭生活陷入贫困；六是因子女教育致贫，昂贵的教育费用，使经济脆弱的农村家庭不堪重负，在江川一个农村劳动力4~5年的纯收入才能供1个大学生上一年学，部分家庭同时供两个大学生上学，极少数家庭同时供3个，家庭经济十分拮据。

（三）保障程度低

江川县2005年农村低保人均月补助21元，最低的每人每月补助10元，最高的每人每月补助25元。随着社会的发展、人民生活水平的提高以及物价上涨，人的基本生存费用越来越高，每人每年吃大米300斤就需要450多元，加之水电、农药、化肥等生产生活资料价格的提高等因素，低保对象每人每月拿到一二十元的低保补助金，实在难以保障其最基本的生活需要。

四、基本评价

（一）江川县启动的农村最低生活保障制度，进行了人户调查，以农村低收入家庭收入为基础，按照维持基本生活所必须的物质条件，确定当地农村最低生活保障标准，具备了实施最低生活保障制度的基本要求，保障对象的确定，符合当地的实际情况。

（二）对低保标准人群的确定较宽，是以2004年国家统一规定的低收入人群的上限进行确定，但是，在发放标准上，未根据实际的差额进行发放，补助标准较低，实际上只能算是定时定量发放的特困救助。

（三）没有完全做到动态管理。由于没有法律法规保障，缺乏有效的资金投入保障机制，基本处于量入为出的保障方式，有多少钱办多少事，对新增的符合保障条件的贫困人口未能及时纳入保障范围。

案例3：云南省昭通市鲁甸县地震灾区恢复重建情况分析

一、基本情况

2003年11月15日、11月26日和2004年8月10日，云南省昭通市鲁甸县相继发生5.1级、5.0级和5.6级地震，宏观震中均在鲁甸县桃园乡一带，波及范围大部分重合，为昭通市鲁甸县、昭阳区和曲靖市会泽县及贵州省威宁县。三次地震共造成8人死亡、217人重伤、498人轻伤，涉及134263户560288人受灾，大量民房倒损，教育、卫生、通讯、水利、基层政权办公用房等设施遭到不同程度破坏。经云南省地震灾害损失评定委员会评估，三次地震直接经济损失分别为19190万元、9300万元和31990万元，合计61480万元，其中，鲁甸县损失34440万元，昭阳区损失23370万元，会泽县损失2520万元，评估区外的巧家县损失150万元。

二、抗震救灾工作的主要流程

地震发生以后，国家地震局、民政部、财政部等中央部门的领导及时赶赴灾区；云南省和昭通市政府派出由政府领导带队，地震、民政、建设、财政、水利、教育、卫生、交通等部门参加的工作组在第一时间深入灾区，查看灾情，慰问灾民，帮助指导抗震救灾工作；灾区各县党委政府将抗震救灾工作作为地震发生后一段时间的主要工作，分工负责抓紧抓好。与此同时，省地震部门派出专家组，由市县地震部门共同配合，密切监测震情，开展损失评估。抗震救灾工作分两个阶段进行：第一阶段为应急抢险阶段。主要工作一是紧急转移安置灾民，救治伤员，解决灾民吃、穿、住、医、读的突出问题；二是保证灾区交通、水利、电力、通讯等生命线工程的畅通和安全，恢复灾区正常的生产生活秩序；三是及时开展灾情调查、统计和评估工作；四是开展除险排危工作，避免发生次生灾害，带来新的损失。第二阶段为恢复重建阶段。主要工作一是制订恢复重建计划，并上报审批；二是根据省政府批准的恢复重建计划和补助资金总额，开展恢复重建工作；三是根据恢复重建实施的情况，开展检查、验收，直至结束。由于三次地震时间相距较近，恢复重建工作相互交叉，省政府决定对恢复重建工作进行统筹协调，统一验收。三次地震，中央和省级共安排抗震救灾及恢复重建资金 24476 万元，其中，分配昭通市 24026 万元，曲靖市会泽县 450 万元。分配昭通市的 24476 万元资金中，救灾应急支出 1055 万元，占 4%；安排民房恢复重建资金 18444.65 万元，占 75%；安排教育、卫生、通讯、水利、基层政权办公用房等恢复重建资金 5176 万元，占 21%。

昭通市以及鲁甸县、昭阳区的党委、政府在地震救灾应急和恢复重建中，没有完全依赖国家和省的帮助，在地方财力极为有限的条件下，积极主动，竭尽所能，市、县（区）两级共筹措资金 5268.69 万元（含接收捐赠款 1591.82 万元）用于救灾和恢复重建，其中，用于民房恢复重建 2305.09 万元，占自筹资金的 43.8%。

三、恢复重建工作情况和基本评价

2004年9月21日云南省政府在鲁甸召开了“8·10”地震恢复重建现场办公会，要求在2005年底以前全面完成灾区的恢复重建任务。省抗震救灾指挥部批复鲁甸地震恢复重建计划，省财政厅等部门按进度及时安排恢复重建资金。在恢复重建期间，财政部驻云南财政监察专员办事处对地震灾区进行了救灾资金支出效益调查，云南省审计厅在市、县审计部门已经进行了专项审计的基础上，又于2005年10月12日至11月28日对三次地震救灾资金的管理和使用情况进行了就地审计。灾区市、县区各级成立由纪委、监察、审计、财政等部门组成的恢复重建督察领导小组，对恢复重建资金进行全程监督检查，会泽县还建立了专门的灾民举报及调查解决机制，解决民房建设中出现的违规违纪问题。省政府派出检查验收组于2006年5月9日至11日，对三次地震恢复重建工作进行了检查验收。检查发现，除教育部承诺的学校恢复建设资金300万元未到位外，其他恢复重建资金全部到位。资金管理、项目控制、项目实施及监督审计程序完善、规范，省政府批准的灾区恢复重建规划方案执行情况良好，项目计划已基本实施完毕。具体是：民房恢复建设计划重建43704户，修复33932户，全部完成；教育、卫生、通讯、水利、基层政权办公用房建设项目计划共100个（重建49个、修复51个），已完成88个（重建38个、修复50个），占项目计划的88%，在建8个（重建7个、修复1个），占项目计划的8%，未开工项目4个（重建），占项目计划的4%。未开工项目主要是因资金缺口造成的学校建设项目。

通过两年多的努力，灾区乡镇面貌大为改观，经济和各项社会事业得到全面发展，主要表现在：一是群众的生产生活条件得到改善，特别是重灾区群众的居住条件、生存条件得到极大改善，灾民充分感受到了党和政府的温暖，真正体现了灾害无情人有情；二是学校、卫生、市政、水利等基础设施水平得到明显提高，进一步促进了灾区社会经济的协调发展；三是通过抗震救灾应急抢险，锻炼了各级干部，使灾区各级干部进一步发扬了深入实际、实事求是、调查研究、关心群众的良好作风，更加密切了灾区党群、干群关系，各级干部处理急难险重工作、解决各种复杂问题的能力明显增强，精神

恢复重建资金均纳入县（区）财政专户，县（区）财政根据进度将恢复重建资金拨人县（区）民政专户，民政专户再拨到乡（镇）财政专户，乡（镇）向民政部门报账。所有补助农民的建房资金，均不直接发放现金，村委会按花名册核实民房建设进度后按程序报乡分管领导审核，再由乡民政所汇总后报乡领导审批，乡财政所审核后通知信用社按名册发放到灾民的储存卡。在房屋打好地基时发放40%，封顶时发放40%，完工验收时发放20%。这样的管理程序，既加大了管理力度，避免了发放补助后房屋建设完成不了的情况，保证了建房补助资金用在建房上，又避免了管理环节接触现金，出现挤占贪污、优亲厚友的违法违纪问题。

案例4：云南省南华县农村社会养老保险情况评析

南华县国土面积2343平方公里，辖10个乡（镇），全县总人口234109人，其中农业人口53221户213953人，占总人口的91.4%，是个典型的农业县。1995年7月，南华县在原天生堂乡开展农村社会养老保险试点工作，同年，在全县范围内推开试点，1998年开始进行整顿规范。2005年，劳动和社会保障部与日本协力机构共同确定，把南华县列为中日政府合作项目“中国农村社会养老保险制度创新与规范管理”的全国8个试点县之一，继续强化推广农村社会养老保险，力争到2010年全县农民参保率达到30%以上，2020年参保率不低于60%。开展试点工作的1995年，共有5817人投保，累计收取保险金182.03万元；1996年有8355人投保，收取保险金242.74万元；1997年有11004人投保，收取保险金316.75万元；1998年至2005年共有774人投保，收取保险金329826元。在这期间，有470人退保，71人死亡。截止2006年6月，全县共有25221人参保（已减去历年缴费人数中的二次缴费人数188人），占全县21万农业人口总数的12%，参保人员覆盖全县10个乡镇128个村民委员会（社区），累计收取养老保险金774.5万元，加上利息收入230.5万元，积累总额达1000.5万元。目前，共有658人开始领取养老金，月平均养老金5元，累计支出14.2万元。

一、方案设计

参保对象为该县55周岁以下的非城镇户口的公民，包括乡（镇）企业职工、民办教师、乡（镇）招聘干部、职工、个体私营企业户及其他各业劳动者。按照“个人缴纳为主，集体补助为辅，国家予以政策扶持”的原则，一次性投保，标准以200元为起点，设200元、400元、600元……若干档次，上不封顶，自主选择，集体补助部分控制在投保总额的40%以内。投保人从年满60周岁以后的次月起按月领取养老金，保证期为10年，对领取养老金不足10年即去世者，其保证期内的养老金余额可以继承，无继承人可指定受益人，按农村社会养老保险管理机构的有关规定支付丧葬费用，对领取养老金超过10年仍健在者，继续支付其养老金至去世为止；参保期间，可以转保或退保，符合转保条件的，个人缴纳和集体补助部分随同转移，需要退保的，将个人缴纳部分扣除管理费后按7.5%年复利率退还本人，集体补助部分由原补助单位决定退还比例，未达到领取养老金年限去世者，保险金退还给法定继承人或指定受益人。

二、管理方式

1996年县人民政府成立南华县农村社会养老保险委员会，印发了《南华县农村社会养老保险实施意见》。农村社会养老保险委员会办公室设在县民政局，由民政部门具体管理农保工作；1999年9月，农保工作移交县劳动和社会保障部门管理。各乡（镇）设农村社会养老保险管理所，为县养老保险办公室的下属机构，受乡政府和县农保办的双重领导，各村公所（办事处）和企业（乡镇企业）设代办员，负责收取保费发放养老金。农村社会养老保险基金实行全县统一管理，专款专用，县设养老保险基金总账，统一收取保费，统一支付养老金，各乡（镇）建立分账，各村公所（办事处）或企业建立明细账，按人立户记账建档，实行县、乡（镇）、村公所（办事处）或企业三级管理。

三、创新方案

该县被列入中日合作农村养老保险试点县后，2006 年县政府出台了《南华县农村社会养老保险制度创新与规范管理试点工作实施方案》，与原方案相比，有了若干创新。一是将参保原则确定为“个人缴费、集体补助、政府补贴相结合”，除个人缴费和集体补助以外，新增了政府补贴，这是最大的创新点。二是将参保的年龄调整为 18 周岁至 59 周岁，重点参保对象为被征地农民、进城务工农民、村（居）委会干部、农村计划生育奖优免补户、乡镇企业职工等。三是提高了缴费起始标准，设立了封顶线，可以一次性足额缴纳或分次缴纳。规定起始标准为 2000 元，最高缴费标准暂定为 20000 元。如需分次缴纳，首次缴纳金额不得低于最低缴费标准的 20%，且必须在未来 5 年内按 100% 缴纳。四是多渠道筹集资金。政府按最低缴费标准 2000 元的 10% 进行补助；集体给予适当补助，集体土地被征用后，村集体必须为未农转非的村民预留足额缴费资金；对失地农民，村集体应将征地补偿款按原则上不低于最低缴费标准 5% 的比例为农民缴费；对农村现役义务兵、独生子女家长和享受农村最低生活保障待遇的人员及残疾人，可适当提高补助标准；对连续任职两年以上的在岗村（居）委会“三职”干部参加农村社会养老保险的，县财政按每人给予一次性 200 元的标准补助。五是调整了发放养老金的年限和相关标准。除重申参保人年满 60 周岁开始按月领取养老金的规定外，同时规定，因病或因残丧失劳动能力的参保人，经本人申请和州级鉴定，领取养老金的年龄可提前到 55 周岁，每提前一年减发 2% 的养老金；鼓励推迟领取，每推迟一年增发 2% 的养老金。六是保险关系转移和退保。参保人在该县农村范围内转移户口关系的，保险关系不转移；迁出县外的，迁入地可接纳的，个人账户转入迁入地。参保人由农村户口转为非农户口、户口迁入县外而当地未建立农村社会养老保险制度、在缴费期间死亡等三种情况可办理正常退保手续，按劳动和社会保障部规定的退保标准退还本息；参加了农村社会养老保险后，又参加城镇企业职工基本养老保险者，个人缴费部分一次性退还本息，终止农村社会养老保险关系。此外，原则上不退保，个人坚持要退保的，只退还个人缴纳的部分（2005 年前参保的不计息）。

四、基本评价

（一）现行农村社会养老保险制度存在制度缺陷、管理不规范、基金保值增值困难、预期支付风险等方面的问题，各方面意见分歧较大，大多数学者持否定态度。南华县的试点对原制度进行了创新和完善，特别是增加了政府补贴缴费的规定，在一定程度上可以调动农民参保的积极性，不失为一种有益的探索。在全国选择 8 个县作为试点，云南省民族地区仅有一个试点县，无论成功与否，都是值得肯定和鼓励的，如能通过南华县的试点，不断地总结经验，完善政策，探索出完善农村养老保障的有效途径，将具有重要理论意义和现实意义，特别是对民族地区农村养老保障制度的构建，具有重要的指导作用。即使通过试点不成功，由于试点的面不宽，对全省和全国也不会带来全局性的影响。

（二）该县从 1995 年开始试点，到 2005 年底，只有 2.5 万多人参保，参保率仅为 12%，这固然有 1998 年以后进行清理整顿的因素，但最根本的原因还在于制度设计本身的问题。对多数农民而言，由于收入水平较低，除保证当期的生产生活需要外，没有更多的结余用于参保缴费；同时，集体经济不发达，集体补助部分无法落实，对农民缺乏足够的吸引力。

（三）2006 年开始的新制度增加了政府补贴的内容，对农民参保的吸引力将会增加，但是，制度本身仍然不具备共济功能，还是个人储蓄式的保障。即使按最低缴费 2000 元计算，农民仍然要承担大部分，如果要提高缴费档次，需由参保人全额承担，在 2006 年农民人均纯收入仅为 2081 元的南华县，多数农民是否具有参保能力，还需要实践的检验。同时，南华县 2005 年地方财政收入仅 5278 万元，比 2004 年的 4154 万元增加 1124 万元，在全省各县（市、区）中排名第 76 位，地方财政支出 21085 万元，比 2004 年的 18097 万元增加 2988 万元，在全省排名第 101 位。即使仅按 2006 年 6 月的参保人数 25221 人计算，政府按每人 200 元进行补贴，需投入资金 504 万元，占 2005 年地方财政收入增量的 44%，如果 2006 年参保人数上升到农业人口的 30%，将有 64186 人参保，政府需投入的补贴资金将达 1284 万元，已经超过了 2005 年地方财政收入的增量，地方财政压力加剧，难以负担。如果政府补贴资金不及时到位，势必形成空账运行，既影响了政府的诚信，也为以后若干年的政府财政带来更大的危机。同时，养老金的发放是以个人缴费数额和10年的寿命预期进行考虑，现行的平均寿命已达到70岁以上，随着经济社会的发展，还有可能进一步延长，这将会有10年左右的支付资金没有来源，势必增加政府兜底的责任，不仅为基金的收支平衡带来潜在风险，也为以后的政府增加不稳定的因素。

（四）按新制度的设计和工作目标，政府只对参保人给予补贴，到2010年，参保率达到30%以上，2020年参保率不低于60%，也就意味着收入较低无力参保缴费的群众得不到政府的补贴，政府的倾斜照顾政策更多地将会落实到相对比较富裕的农民群体身上，至少在10年左右的时间内有一半的农民群众无法得到政府的补贴，这将会带来新的不公平。

（五）养老的功能难以真正发挥。按现行方案，参保农民到期能够领取到的养老金数额，完全取决于个人缴费数额和政府补贴及利息。由于农民收入较低，大多数群众选择的是较低档次的缴费，这样所能领取的养老金就更加有限。如果按个人最低缴费档次计算，个人缴费2000元，政府按10%补贴200元，按现行银行利率计算，缴费满10年、20年和30年，参保人每月领取的养老金数额分别为20元、25元和35元；如果按个人最高缴费档次计算，个人缴费20000元，政府补贴200元，按现行银行利率计算，缴费满10年、20年和30年，参保人每月领取的养老金数额分别为210元、270元和350元。显然，大多数选择较低缴费档次的群众，30元左右的费用难以起到养老的作用，如果再考虑物价上涨的因素，前景更不容乐观。

（六）当前，对农民工、失地农民、乡镇企业职工以及村干部的养老保险问题，尚未形成统一的意见，很多专家提出，应为这些特殊群体建立相对独立的养老保险体系，而现行的农村社会养老保险制度，包括南华县的新试点政策，都把以上特殊群体作为参保的主要对象，难免各种制度之间存在交叉，需要进行衔接。

第八章 民族地区农民工的社会保障

由于农民工主要不从事农业生产和土地经营，并不是真正意义上的农民，但是，他们也没有成为真正的城市居民，很多制度和体制都将他们排除在城市居民之外，城镇社会保障制度也并未真正把这部分人纳入保障范围。统筹城乡发展的重要内容在于加快城市化进程，构建进城务工农民社会保障体系，对于体现公平正义、规范市场经济秩序、维护社会稳定都具有十分重要的意义。

第一节 现状分析

农民工是指仍然保留农村户口，有承包土地，但主要不从事农业生产，不以农业作为收入的主要来源，而是主要从事非农产业，以工资收入作为主要收入来源的人员。有的学者将农民工与进城务工人员作为同一概念使用，实际上，农民工有广义和狭义之分，狭义的农民工概念等同于进城务工农民，指离开原居住区域，跨区域外出进城务工人员；广义的农民工除包括跨区域进城务工人员外，还包括在原居住区域内从事非农产业的农村劳动者。农民工是改革开放以来出现的一个特殊群体，最早是随着乡镇企业的产生和发展出现的“离土不离乡”的乡镇企业从业人员，他们是第一代广义的农民工，随着农村富余劳动力的增加和城市发展的需要，跨区域流动的进城务工人员不断增加，并由最初的“盲流”成为了城市发展和工业化进程中不可缺失的重要力量。

对我国农民工的数量，不同的部门都做过一些调查统计，数字有一些差异，但总体比较接近。以 2004 年为例，国家统计局在全国 31 个省（市、区）对 6.8 万个农村住户和 7100 多个行政村抽样调查，推算出当年外出就业农民工约为1.18亿人，占农村劳动力的23.8%。农业部根据对1万个农户的跟踪调查，推算出外出农民工约为1亿人，占农村劳动力的21%。劳动和社会保障部根据对全国地级以上城市（不含县级市和县域）流人农民工的统计，推算出农民工约为9000万人。经过对上述三个部门的数据和统计方法进行分析，综合有关部门和专家的意见，目前我国外出农民工数量为1.2亿人左右；如果加上在本地乡镇企业就业的农村劳动力，农民工总数大约为2亿人。① 民族地区外出务工人员相对较少，但已呈逐年增加之势，截止2005年6月，云南省累计转移农村劳动力471万人，新增转移56万人，其中省内转移就业400万人，省外转移就业66万人，国外转移5万人。② 到2005年底，全省农村劳动力转移已达492万人。③ 据云南省劳动和社会保障厅统计，“十五”期间已实现农村劳动力转移就业475.52万人次，比“九五”期间净增加217.47万人次，增长了85.27%，仅2005年，全省新增外出务工人员就达160万人次，其中，“九五”和“十五”期间，到省外转移就业的人当期已达224万人次，占转移就业总数的30.8%。2005年，新增到省外务工的人员达50万人，占输出总数的31.25%；省内新增转移就业人数达110万人，占输出总数的68.75%，其中省内县外就业45.24万人，占输出总数的28.27%；县内就业64.77万人，占输出总数的40.48%。云南省农村富余劳动力约为500万人，比“九五”时期的750万人，有了明显下降。④ 同全国相比，云南省的农民工有着自身的特点：一是在省内转移就业的所占比重较大，其中在县内实现就业的又占省内转移就业的多数；二是季节性转移的比例较高，很大一部分人属于农闲时在外务工，农忙时回乡务农。在云南工作的农民工的数量没有一个部门作过明确的统计和公布。经云南省政府批准，2006年云南省建立了农民工工作联席会议制度，负责具体工作的办公室设在省劳动和社会保障厅。由于机构正在组建，对历史和现时情况的摸底调研和统计才刚刚开始，尚无准确的数据资料。

① 国务院研究室课题组：《中国农民工调研报告》，中国言实出版社2006年版，第3－4页。
② 孔垂柱2005年9月7日在全省农村劳动力转移就业现场工作会议上的讲话。
③ 孔垂柱2006年7月20日在全省农村劳动力转移就业工作会议上的讲话。
④ 云南省人力资源开发中心：《云南省劳务输出扶贫情况快报》，第4期。

根据第5次人口普查资料，农民工在第二产业从业人员中占58%，在第三产业从业人员中占52%，在加工制造业从业人员中占68%，在建筑业从业人员中占80%。农民工已成为我国产业工人的重要组成部分。[①] 目前，大多数农民工还未享受到社会保障的相关待遇，为农民工提供相应的社会保障是完全必要的，只要制度设计合理，也是完全可以做到的。从学术界的研究观点和实际操作层面来看，无论是主张纳入城镇社保体系，还是主张纳入农村社保体系，或者新建农民工的社会保障体系，都有积极的理论和实践意义，但是，都存在难以克服的制度缺陷和操作上的困难。不加区分地将农民工纳入城镇职工社会保险的所有险种参保，不仅用人单位难以承担缴费的压力，农民工中大多数人也不具备缴费能力，即使参保，也难以享受到相应的待遇，不符合多数农民工的意愿；而且农民工中有相当一部分未实现正规就业，没有单位为其承担缴费，如要按灵活就业人员参加城镇企业职工基本养老保险，个人按社会平均工资的60%的标准缴纳20%的养老保险费，是无法做到的。将农民工完全纳入农村社保体系，由于农村社保体系本身就不健全，多数农民工在异地务工和居住，无法保证当期享受待遇的可能性和及时性。笔者认为，不能笼统地探讨农民工的社会保障问题，必须对农民工进行分层次的研究，根据这一特殊群体中的不同情况，制订相应的政策。

第二节　现行保障政策

由于农民工是最接近城镇人口的群体，在制度设计上既要考虑差别，又要考虑同城镇社会保障制度的衔接，可以预言，最早进入城乡一体化保障制度的应该是这一群体。实际上，在现行的城镇社会保险制度中，已经涵盖了对部分农民工的保障，但政策的落实情况不理想。国务院1999年1月出台的《社会保险费征缴暂行条例》对企业职工基本养老保险、基本医疗保险和失业保险费的征缴范围做出了明确的规定。此外，其他一些单项的法规和政策也有相应的规定。

① 国务院研究室课题组：《中国农民工调研报告》，中国言实出版社2006年版，第7页。

一、统一规定

《社会保险费征缴暂行条例》规定基本养老保险费的征缴范围是：国有企业、城镇集体企业、外商投资企业、城镇私营企业和其他城镇企业及其职工，实行企业化管理的事业单位及其职工。1998 年出台的《云南省企业职工基本养老保险条例》规定，该条例适用于本省行政区域内的各类企业及其职工、城镇个体经济组织及其从业人员和其他从业人员。2005 年出台的《国务院关于完善企业职工基本养老保险制度的决定》，进一步扩大了基本养老保险覆盖范围，规定城镇各类企业职工、个体工商户和灵活就业人员都要参加企业职工基本养老保险。当前及今后一个时期，要以非公有制企业、城镇个体工商户和灵活就业人员参保工作为重点，扩大基本养老保险覆盖范围。

二、医疗保险规定

《社会保险费征缴暂行条例》规定基本医疗保险费的征缴范围是：国有企业、城镇集体企业、外商投资企业、城镇私营企业和其他城镇企业及其职工，国家机关及其工作人员，事业单位及其职工，民办非企业单位及其职工，社会团体及其专职人员。《国务院关于建立城镇职工基本医疗保险制度的决定》规定，城镇所有用人单位，包括企业（国有企业、集体企业、外商投资企业、私营企业等）、机关、事业单位、社会团体、民办非企业单位及其职工，都要参加基本医疗保险。乡镇企业及其职工、城镇个体经济组织业主及其从业人员是否参加基本医疗保险，由各省、自治区、直辖市人民政府决定。1999 年以云南省政府第 86 号令出台的《云南省城镇职工基本医疗保险暂行规定》明确了在本省行政区域内的机关、企业、事业单位、社会团体、民办非企业单位及其职工为基本医疗保险的参保范围。乡镇企业及其职工和城镇个体经济组织的业主及其从业人员，逐步纳入基本医疗保险范围。此后，针对一些企业和人员的特殊情况，云南省制定了降低缴费比例，只保住院、不保门诊的特殊医保政策。

三、失业保险规定

在中央没有出台专门的法规之前，云南省于1997年出台了《云南省企业职工失业保险条例》，规定在本省行政区域内的企业、实行企业化管理的事业单位和与之建立劳动关系的劳动者（以下统称用人单位和职工），适用该条例。《社会保险费征缴暂行条例》规定失业保险费的征缴范围是：国有企业、城镇集体企业、外商投资企业、城镇私营企业和其他城镇企业及其职工，事业单位及其职工。省、自治区、直辖市人民政府根据当地实际情况，可以规定将城镇个体工商户纳入基本养老保险、基本医疗保险的范围，并可以规定将社会团体及其专职人员、民办非企业单位及其职工，以及有雇工的城镇个体工商户及其雇工纳入失业保险的范围。1999年国务院出台的《失业保险条例》规定，城镇企业事业单位、城镇企业事业单位职工依照该条例的规定，缴纳失业保险费。该《条例》所称城镇企业，是指国有企业、城镇集体企业、外商投资企业、城镇私营企业以及其他城镇企业。2006年出台的《云南省失业保险条例》规定，本省行政区域内的企业事业单位及其职工，社会团体及其专职人员，民办非企业单位及其职工，有雇工的城镇个体工商户及其雇工，国家机关和与之建立劳动合同关系的工人应当参加失业保险。

四、工伤和生育保险规定

1997年云南省人民政府办公厅转发了省劳动厅关于《云南省企业职工工伤保险暂行办法》和《云南省企业职工生育保险暂行办法》，规定参加工伤保险和生育保险的范围是本省行政区域内的企业及与之形成劳动关系的劳动者。2003年4月国务院颁布的《工伤保险条例》规定，各类企业、有雇工的个体工商户应当依照本条例规定参加工伤保险，为本单位全部职工或者雇工缴纳工伤保险费。

五、专项规定

国务院专门制定了积极稳妥地解决农民工社会保障问题的相关政策。2006年，出台了《国务院关于解决农民工问题的若干意见》，其中，专门对农民工社会保障问题提出了具体措施办法，要求坚持分类指导、稳步推进，优先解决工伤保险和大病医疗保障问题，逐步解决养老保障问题。要适应流动性大的特点，保险关系和待遇能够转移接续，使农民工在流动就业中的社会保障权益不受损害；要兼顾农民工工资收入偏低的实际情况，实行低标准进入、渐进式过渡，调动用人单位和农民工参保的积极性。所有用人单位必须及时为农民工办理参加工伤保险手续，并按时足额缴纳工伤保险费。未参加工伤保险的农民工发生工伤，由用人单位按照工伤保险条例规定的标准支付费用。各统筹地区要采取建立大病医疗保险统筹基金的办法，重点解决农民工进城务工期间的住院医疗保障问题。探索适合农民工特点的养老保险办法，抓紧研究低费率、广覆盖、可转移并能够与现行的养老保险制度衔接的农民工养老保险办法；有条件的地方，可直接将稳定就业的农民工纳入城镇职工基本养老保险。

很显然，在 2006 年出台的《国务院关于解决农民工问题的若干意见》中，对农民工的社会保险问题做出了明确的规定，但对其他保障尚未作出规定，这不能不说是一个缺憾。但是，即使是在该项规定之前，在已经出台的其他法规和政策中，实际上对农民工参加社会保险的问题也有相关规定。在如上所述各项社会保险参保范围的规定中，已涵盖了实现正规就业的农民工和部分灵活就业的农民工。以上规定明确的参保单位中就有大量的农民工，现在企业普遍进行了用工制度改革，实行全员合同制，按规定，企业应同所有从业人员签订劳动合同，在企业工作的农民工的参保身份不言而喻。劳动和社会保障部在出台的文件中，对参加养老保险的农民合同制职工在与企业解除劳动关系后的有关问题有过规定，这也是在承认农民工的参保身份的前提下做出的。现行政策并没有得到很好的贯彻落实。据统计，到 2005 年底云南省已参加城镇职工基本养老保险的农民工仅有 27266 人，参加基本医疗保险的有 5836 人，参加工伤保险的有 47273 人，参加生育保险的有 20926 人，[①] 比例非常低，其中，参保人数最多的为工伤保险。另外，从 2006 年开始，参加工伤保险的农民工人数有了一定的增长，到 8 月底止，达到 7.68 万人。参

① 相关数据由云南省劳动和社会保障厅各社会保险经办机构提供。

加失业保险的农民工人数相关部门没有做过专门的统计，根据其他几个险种的参保情况推算，参保人数不会超过2万。原因是多方面的：一是用工制度不规范。很多企业同农民工未签订劳动合同，而现在的劳动力市场是买方市场，很多农民工为了谋求一份来之不易的工作，也不敢理直气壮地维护自己的合法权益。二是企业的问题。很多企业经济效益不好，还要承担城镇职工社会保障的较高费用，难以再承担农民工养老保险的高额费用；也有的企业，为了降低成本，不愿意为农民工办理参保手续；还有一部分企业，确实因为经济效益的原因无力缴纳农民工的社会保险费。三是农民工自身的问题。农民工收入普遍较低，同时要缴纳几个险种的社会保险费，个人缴费困难，也有的农民工因为养老预期时间很长，担心政策变化不愿参保。四是政策本身存在的问题。由于农民工情况千差万别，存在流动性较大的特点，还存在城乡之间的往返流动，对社会保险的要求不一致，现行政策缺乏统筹考虑和针对性，也给管理和操作带来了困难。

第三节　保障内容

为能够比较深入地研究这一问题，我们共对740名进城务工农民进行了问卷调查。考虑到进城务工农民主要集中在基本建设、工业企业和服务行业的实际，主要从这三种行业中分别选取若干样本进行调查，其中，建筑业365人、制药企业200人、医政服务业175人。进城务工农民中还有相当一部分是从事个体经营，同时，在当地转移就业的农民工占农民工的多数，本次调查没有涉及这部分人群。

根据我们的调查（详见表8－1），进城务工农民最为关心的保障问题依次是医疗、工伤、最低生活保障、养老、失业，并因他们所处的行业不同而有所区别。根据调查显示，进城务工农民认为，最需要建立的社会保障制度依次是工伤保险、最低生活保障、医疗保险、困难救助、养老保险和失业保险，并显示出明显的行业特征。由于工种风险的差别，从事制药工业和建筑业的人认为最需建立工伤保险的比例较高；医政服务业由于工伤几率较低，认为最需要建立的是医疗保险。从以上行业的调查，结合农民工主要从事的工作行业，大致可以推断出不同行业农民工对社会保险的需求。为进一步了解农民工最急需的现实需求，我们还设计了调查农民工认为最需要建立的社会保险制度的问卷选项（详见表 8 - 2），并规定只能选择其中一项。调查结果与表 8 - 1 的结果基本一致，两个选项起到了互相支持、互相印证的作用。调查结果还显示，进城务工农民普遍认为，应该在务工当地参加社会保险，并享受与城镇职工社会保险相同的待遇。在所调查的 740 人中，希望在务工当地参保的人员就占了 77.43%，并有 77.97% 的人员希望所享受的社会保障制度能与城镇的保障制度相一致，只有比例很小的人员希望回原籍参保，并认为保障制度与城镇保障制度应该有所区别。进城务工农民的收入主要是劳务收入，不同于真正意义上的农民，另外，他们又被现行的城镇保障制度排斥在外，几乎得不到任何社会保障。对大多数人而言，他们希望能够享有同城镇职工相同的所有社会保障。我们认为，这是今后的发展目标。由于城市最低生活保障是以城市居民家庭为单位进行计算，是否将农民工纳入保障涉及到户籍制度的改革，需要各项改革措施配套进行。就目前而言，最需要建立的是医疗保险、工伤保险、失业保险和养老保险。

表 8 - 1　进城务工农民社会保障制度建设问卷调查情况表 1

单位：个

人数 \ 内容		进城务工农民最关心的保障（允许多选）						
		合计	医疗保险	工伤保险	最低生活保障	养老保险	失业保险	困难救助
建筑业	人数	365	149	297	219	63	60	139
	%	49.32	40.82	81.37	60	17.26	16.44	38.08
制药业	人数	200	138	163	117	86	75	42
	%	27.02	69	81.5	58.5	43	37.5	21

续表

内容 / 人数		进城务工农民最关心的保障（允许多选）						
		合计	医疗保险	工伤保险	最低生活保障	养老保险	失业保险	困难救助
医政服务业	人数	175	132	109	90	48	57	87
	%	23.64	75.43	62.23	51.43	27.43	32.57	49.71
合计	人数	740	419	569	426	197	192	268
	%	100	56.62	76.89	57.57	26.62	25.95	36.22

表 8－2　进城务工农民社会保障制度建设问卷调查情况表 2

单位：个

内容 / 人数		进城务工农民认为最需要建立的社会保险制度（限选一项）				
		合计	医疗保险	工伤保险	养老保险	失业保险
建筑业	人数	365	43	263	21	38
	%	49.32	11.78	72.05	5.75	10.42
制药业	人数	200	75	57	43	25
	%	27.02	37.5	28.5	21.5	12.5
合计	人数	740	219	369	77	75
	%	100	29.59	49.86	10.41	10.14

第四节　制度建设

从世界经济发展的规律看，一个国家随着社会经济的发展，其农业人口会不断向城市转移，农民会逐渐减少，城市人口会不断增加，一方面这是城镇化发展的必然趋势；另一方面农民人口减少后，既增加了剩余农民人均占有资源（土地）量，又有利于促进农业现代化，也就是，随着一个国家经济的不断发展，从事第一产业的人口比例会逐渐下降，而第二、第三产业的人口比例逐步上升，这是历史的必然。农民工在城镇大规模地涌现，强烈地冲击着过去按照二元社会结构构造的一系列制度体系，特别是阻碍农民工城镇化的制度体系，核心是户籍制度以及相关联的就业制度、社会保障制度、教育制度等。党的十六届五中全会通过的《中共中央关于制定国民经济和社会发展第十一个五年规划的建议》要求认真解决农民工的社会保障问题。农民工是一个既复杂又庞大的群体，从其组成看，既有正规就业的，又有相对稳定灵活就业的，还有流动性较强的季节性农民工。笔者认为，农民工的社会保障制度建设必须结合农民工自身的特点分类实施，分层保障，逐步推进，同时，在研究农民工的社会保障问题时，还要结合与农民工紧密相关的户籍制度改革及土地制度完善问题，特别是应该同实现就业统筹研究，以统筹城乡劳动力市场、实现平等就业为目标，为农民工提供平等的就业机会和服务。

一、就业服务

就业是民生之本，为农民工提供平等的就业机会，实现稳定的就业，不仅可以增加农民工的收入，改善农民工在城镇的生存环境，还可以直接为农民工的社会保障提供前提和条件。农民进入城镇首先要解决的就是就业问题，由于农民工普遍存在文化水平低，绝大多数并不掌握专业技能，不具有维权意识，不熟悉城市生活情况，在劳动力市场中往往处于劣势。为推动农民工的就业，提高农民工的就业能力，首先应该为农民工提供城乡统筹就业的培训服务。目前，虽然对农村劳动力转移及劳务输出实施了“阳光工程”，政府对农民工的培训给予了一定的投入，但是，标准普遍偏低，2006 年人均仅 190 元，培训内容大多限于适应城市工作生活的基本常识和简单的技能，缺乏较高层次的技能培训。应按照统筹城乡就业制度的思路，真正改善农民工就业状况：第一，应加大投入，将农民工培训标准按城市下岗失业人员的标准执行，以岗位技能培训为主，增加农民工就业的机会。第二，做好农民工就业服务工作，为在城镇寻找工作的农民工提供免费职业介绍，一方面可以为自主到城镇寻找工作的农民工增加就业机会，另一方面也可以为更换工作岗位的农民工尽快实现再就业。第三，严格执行劳动合同制度，所有用人单位招收使用农民工都必须依法签订劳动合同，建立明确的劳动关系，为保障农民工合法权益奠定基础。第四，严格执行最低工资标准，并及时发放农民工工资，严禁拖欠和任意压低克扣农民工工资的行为。

二、户籍制度改革

城乡二元分割体制的核心制度一户籍制度，是农民工城市化进程中最根本的制度障碍，作为按照二元体制设计的社会保障制度与户籍制度有着千丝万缕的关系。户籍制度改革对就业制度、社会保障制度、教育制度、住房制度等社会制度起着牵一发而动全身的效果和影响。深化户籍制度改革必将影响社会保障制度，反过来说，要谈及农民工的社会保障问题，必然要重视户籍制度改革的影响。《云南省人民政府关于解决农民工问题的实施意见》提出，在全省逐步取消农业户、非农业户及其他类型户的划分，统一登记为“居民户”。在这里，省政府未规定明确的时间要求，只是提出了一个城乡一体化的发展方向和趋势。由于户籍制度不仅仅是简单的人口统计与管理问题，复杂的是与之相关联的一系列社会制度问题。当前，对农民工户籍制度的改革，需采取“条件准入”制，逐步放宽城镇落户条件，稳步推进。对在城镇居住 2 年以上并拥有合法固定住所（指购买了商品房，含按揭房、二手房，并取得合法产权证明；或具有产权证的自建房；或单位分配给职工长期租住未出售产权的住宅），签订了劳动合同或者具有 2 年以上稳定收入（年人均收入水平达到所在城镇居民人均收入水平）、从事个体工商业和灵活就业的农民工，可按照自愿原则，土地归还集体，将户籍关系迁入现城镇居住地。

三、稳定就业农民工的社会保障

对实现稳定就业并符合前面所述城镇居住地户籍准入条件的农民工，一是将其直接纳入城镇社会保险体系。对与企业签订劳动合同的，由所在企业按规定参加城镇企业职工基本养老保险、基本医疗保险、工伤保险、失业保险、生育保险，其缴费比例按统一规定由单位和个人分别负担；对具有稳定收入从事个体工商业和灵活就业的农民工，按个体工商户或灵活就业人员参加城镇企业职工基本养老保险、基本医疗保险、工伤保险、失业保险、生育保险，其缴费比例按城镇个体工商户或灵活就业人员规定执行，享受以上各项社会保险制度统一的相关待遇。二是应将其纳入城镇社会救助体系，如城镇居民低生活保障制度范围和社会福利体系。三是尽快研究出台城镇企业职工基本养老保险实行全国统筹，为农民工参加城镇职工养老保险提供制度条件。

四、流动就业农民工的社会保障

由于云南省农民工具有流动性大、返乡率高的特点，对没有实现稳定就业、获得城镇准入的农民工，主要应纳入农村保障体系考虑，同时考虑在城镇就业期间的保障问题。受雇于雇主的，首先要求参加工伤保险，其次建立大病住院医疗保险，对养老保险，可考虑根据现行城镇职工基本养老保险制度框架，按照“低缴费、低待遇”的原则，单独建立与城镇职工基本养老保险制度可衔接的过渡性养老保险制度，对养老保险、医疗保险也可自愿选择参加农村社会保障。

（一）工伤和失业保险

这两个险种，可以考虑直接与城镇职工工伤和失业保险并轨。主要理由：一是缴费总体水平比较低，而且不同行业之间的单位缴费比例不同，可以很好地调节不同行业之间存在的不平衡，单位有承担能力。当基金结余过多时，还可以考虑统一下调缴费比例。二是没有个人账户，个人不需要缴费，操作起来比较简便。三是现行政策已有相应规定，主要是督促用人单位按规定缴费。

（二）医疗保险

医疗保险可以考虑从大病医疗保险起步，逐步向既保门诊费用又保大病住院费用的基本医疗保险过渡。起步初期，缴费和保障水平可以比城镇职工基本医疗保险有所降低，分别按单位工资总额和个人工资总额的1%缴费，由用工单位和农民工个人分别负担，鼓励收入较高的农民工提高缴费水平，缴费由用工单位代扣代缴；为农民工建立个人账户，个人缴费部分全部进入个人账户，单位缴费部分按一定比例部分划入个人账户，大部分进入共济账户调剂使用，参保农民工患大病住院时报销部分费用，可考虑由州（市）级统筹，农民工流动时，个人账户资金随之转移。主要理由有：一是农民工中不存在退休人员，而且人员相对年轻，如果只保大病，按此保障水平，基本可以满足低层次的需要。目前，云南省城镇职工大病保险由单位每年按 60 元或工资总额的 0.6% 缴纳，个人按 12 元缴费，年筹资 50 ~ 70 元左右，基本可以保障大病费用的需要。农民工工资水平相对较低，按 1% 缴纳，基本相当于城镇职工大病医疗保险的筹资水平。二是单位按 1% 缴费，增加的负担不重。云南省已逐步将城镇基本养老保险单位缴费比例由 2001 年平均 27% 左右的多比例，降低到了 2006 年 20% 的统一比例，每下降一个点减少企业缴费 1 亿元左右，由此而减轻的企业负担大大超过单独为农民工缴纳的大病医疗保险费的数额（当然，还有行业之间的不平衡问题）。三是农民工个人缴费的数额也不大，而且，个人缴费部分全部进入个人账户，等于个人医疗储蓄，有利于调动农民工的参保积极性。

（三）养老保险

农民工的养老保险问题是整个制度设计中最为复杂的问题。由于农民工养老保障存在多层次性，农民工普遍有承包地，同农村还保留着直接的经济联系，况且农民工本身还存在如前所述的特点，对农民工的养老保险问题目前还不具备统一制度的条件，应该建立多层次的养老保险体系。一是对自愿放弃土地的农民工，可以实施“土地换保障”的参保模式，出让土地的资金全部计入个人账户。二是短期到城镇务工，尚无长期稳定工作和收入的农民工，可以自行选择参保方式，既可以参加城镇职工基本养老保险，也可以返回农村参加农村养老保险。三是在本地乡镇企业工作的农民工如企业经济效益较好，职工个人收入较高，单位和个人有缴费能力的，可以直接参加城镇职工基本养老保险；没有条件参加的，可参加农村养老保险。四是鼓励有条件的农民工购买商业保险或以个人身份参加城镇职工养老保险。

案例：云南省思茅市（现普洱市）农村劳动力转移情况分析

思茅市辖10个县（区），国土面积4.54万平方公里，居云南省第一位，2005年总人口257万人，其中，农业人口205万，耕地面积30万公顷，人均2.24亩，2005年农民年人均纯收入1553元，低于全省平均水平，其中，西盟县仅806元，在全省129个县中，列倒数第3位。思茅市是典型的以农业为主的市，农村劳动力的转移成为安置农村富余劳动力、实现农民增收的有效途径。

一、农村劳动力转移的基本情况①

2005年底，思茅市累计转移农村劳动力24.15万人，2005年当年转移7.2万人，其中，新增转移3.98万人，在新增转移量中，女性人数有18207人，贫困山区人数为28914人；向国外转移2013人，向省外转移6947人，县外转移12334人，县内转移18470人。当地政府为农村劳动力的转移做了大量的组织培训工作，当年培训2.46万人，其中，引导性培训2.08万人，技能性培训3800人，参加培训的人员实现转移的为14953人，其中，向国外转移775人，向省外转移3177人，县外转移4083人，县内转移6918人。有组织地转移1.38万人，主要是跨区域转移，其中，向省外转移3920人，省内转移9922人。转移时间一年以上的为1.76万人，半年以上的为1.48万人，一个月以上的为7364人。新增转移劳动力实现工资性收入1.43亿元，人均收入3600元。

江城县曲水乡是该县边远贫困乡，该乡高山村距县城80公里，全村有农户212户1099人，其中劳动力590人，2005年全村农民人均纯收入909元。2005年，全村外出打工102人，其中省外2人、省内32人、县内68人，外出务工多为农闲季节性临时外出，扣除生活费实现年人均纯收入706元。该

① 相关数据根据思茅市农村劳动力转移及劳务输出“阳光工程”办公室统计资料整理。

村劳动力靠农闲时外出季节性务工，所得收入占当年农民人均纯收入的比重相当高。

二、几点启示

思茅市农村劳动力转移的现状在民族地区有一定的代表性，通过对该市情况的分析，可以看出云南省农村劳动力转移的现状。

（一）自主转移所占的比重较高，但人员培训和有组织的转移工作开始启动，并逐步增加。需要加大有组织转移工作的力度，提高成功率，以实现更稳定的就业。

（二）培训工作还处于较低层次，主要是以引导性培训为主，技能性培训还明显不足。需要加大投入，加大培训力度，提高培训层次和培训质量，特别是加强技能性的培训，提高劳动技能，以增强适应市场的能力，增加收入。

（三）以县内转移为主，以短期转移为主，大多数人还将回到农村和原居住地。这种状况在一定时期内还将继续存在，农民工社会保障制度的建立必须充分考虑这一实际情况。

（四）外出务工收入成为家庭收入的重要来源，对改变贫穷落后的现状具有不可替代的作用。

第九章　民族地区失地农民的社会保障

人口的迁移流动分为自愿性迁移流动和非自愿性迁移流动。失地带来的迁移流动属于非自愿性迁移流动。随着经济社会的发展和城市规模的不断扩大，国家不断兴建经济和社会发展项目，造成部分农民全部或部分丧失耕地。

世界银行认为，发展项目中的非自愿性移民不仅没有缓解，反而常常导致了严重的经济、社会和环境风险，如：生产体系解体；人们失去生产资料或收入来源，面临贫困的威胁；人们搬迁到其生产技术可能不太适用而且资源的竞争加剧的环境中；社区团体和社会网络力量削弱；亲族被疏散；文化特性、传统权威及互助的可能性减小或丧失。如果不精心计划并采取适当措施，非自愿性移民可能会造成长期的严重困难、贫穷和对环境的破坏。[①] 农民失地基本上是由于发展的需要，发展有让群众受益的一面，这种受益是某一地区或某一国家全体公民共同受益，虽然也包括失地农民，但同其他未失地群体相比，失地农民承担了相应的损失和牺牲。而且，发展所带来的利益并不必然使失地农民受益。非自愿性的迁移不仅使迁移人口多年甚至几代人积累的家庭财产受到损失，使长期形成的生产和生活方式被改变，而且带来了赖以生存的生产资料的丧失。耕地既是农民的生产资料和劳动对象，也是农民的主要生活来源，农民失去土地，就必须为保障其基本生活寻找新的来源。

① 《世界银行关于非自愿性移民安置的业务政策和程序》，载钟水映、李明泉等著《工程性移民安置理论与实践》，科学出版社2003年版，第256页。

第一节　现状分析

一、全国征用耕地及失地农民基本情况

新中国成立以后就存在征用农民土地的情况，但是，限于当时的经济发展规模，征用量有限，同时，由于当时实行高度的计划经济，农村实行队为基础，人民公社集体所有，部分土地被征用以后，可以进行调剂，失地农民的问题并未凸显。但实际上矛盾和问题仍然存在，当时，一些工程建设被赋予了浓厚的政治色彩，移民安置从属于“大干快上”的建设项目。1958 年开始兴建至 1973 年完工的丹江口水库，涉及 35 万失地农民，安置方面存在很多问题，留下了深刻的教训。改革开放以后，全国发展步伐加快，农民失去土地的速度加快，规模不断扩大，全部丧失土地或基本丧失土地的农民不断增加，对全国失地农民的总数很难有准确的数据。据国务院发展研究中心调查，20 世纪 90 年代的十年间，全国城乡建设用地增加 2640 万亩，其中 81% 的新增建设用地来自于对耕地的占用，共有 2138 万亩耕地被占用。[①] 有学者认为，近十多年来，随着城镇化进程的加快，因土地被征用，约有 3400 万农民成为失地农民，在未来十年中还将至少形成 2600 万失地农民。[②] 有的认为，目前中国失地农民总数估计在 4000 万人左右，每年还要新增 200 多万人。有的认为，从 1987 ~ 2001 年全国非农建设占用了 2394.6 万亩耕地，至少有 3500 万农民因征地失去或减少了土地。另一种说法认为，1987 ~ 2001 年实际征占耕地数为 4080 ~ 4420 万亩左右，按人均占有土地 0.8 亩计算（实际上发达地区人均耕地低于 0.7 亩），失地农民数在 5100 ~ 5525 万人。如果加上因农村超生等原因没有分到田地的“黑户口”劳动力，这个数目则逾 6000 万人。按照目前城市化进程和基础设施建设步伐，今后每年需征用土地 250 ~ 300 万亩，若按照城郊农民人均 0.7 亩地计算，就意味着每年增加 357 ~ 429

① 《土地解密》，《财经》2006 年第 4 期，第 36 页。
② 卢海元：《走进城市：农民工的社会保障》，经济管理出版社 2004 年版，第 156 页。

万失地农民，十年后失地农民总数将达到 1 亿人。根据国务院批准实施的《1997 ~ 2010 年全国土地利用总体规划纲要》，至 2010 年中国将安排非农建设占用耕地 1850 万亩，其中 90% 以上为征用农村集体土地。按照目前全国人均耕地水平测算，将新增约 1200 多万被征地农民。国土资源部的研究课题《21 世纪我国耕地资源前景分析及保护对策》也指出，在严格控制的前提下，2001 ~ 2030 年全国年均建设占用耕地不低于 180 万亩，20 年间将达 3600 万亩。因此，2001 ~ 2030 年 30 年间将新占用耕地 5450 万亩，新增失地农民 7800 万人。① 新中国成立以后，涉及移民搬迁的最大工程项目堪称三峡工程。三峡工程水库淹没涉及重庆、湖北两省市的 20 个县区市，其中有 2 座城市、11 个县城、116 个集镇需要全部或部分重建。根据国家长江水利委员会 1991 年至 1992 年淹没实物指标调查，淹没线以下人口 84.75 万人，其中：城镇人口 55.93 万人，农村人口 28.82 万人。淹没耕园地 2.967 万平方公顷（38.95 万亩），其中：耕地 1.684 万平方公顷（25.26 万亩），园地 0.722 万平方公顷（10.83 万亩）。考虑到人口自然增长等因素，最终移民人数将超过 120 万人，其中有 82 万属城镇居民，占总数的 68%，为农村移民总数的 2.15 倍②。

二、云南省征用耕地及失地农民基本情况

云南省征用农民耕地及失地农民的数量尚未有确切的统计，根据云南省相关部门的测算，全省目前有被征地农民 337.7 万人（城区内 147.8 万人，城区外 189.6 万人）。其中：基本失去土地的 64.2 万人，完全失去土地的 42.9 万人（城区内 37.3 万人，城区外 6.5 万人）。全省征地后“农转非” 45.7 万人，已就业 25 万人。从 1993 年至 2004 年的 12 年中，共征收建设用地 112.3 万亩（包括宅基地和集体经济组织用地），其中征收耕地 74.8 万亩；平均每年征地 9.4 万亩，其中耕地 6.2 万亩。③ 据省国土资源厅统计，2000 年

---

① 廖小军：《中国失地农民研究》，社会科学文献出版社 2005 年版，第 98 - 99 页。

② 欧阳祖辉：《三峡库区移民扶持资金政策研究》，http://leam.tsinghua.edu.cn8080/2002011487/neUsxymgk.htm.

③ 云南省政协经济委员会课题组：《被征地农民权益保障研究》，载《云南“十一五”规划战略研究（下）》，云南人民出版社 2005 年版，第 902 页。

以来，云南省征用农民的土地平均每年在10万亩左右，2004年，在国家实行最严格的耕地保护政策后，全省仍征地7.15万亩，2005年达到17万亩，预计今后几年还呈上升趋势。据昆明市调查统计，1992年至2006年2月，全市共征地27.19万亩，其中完全失去土地农民23.14万人，部分失地农民39.98万人，部分失地农民中人均仅有耕地0.3亩以下的人数有13.9万人，占部分失地农民总数的37.2%；被征地农民已办理农转非手续的有13.3万人，未办理农转非的有43.68万人。[①] 据昭通市统计，正在建设中的溪洛渡和向家坝两座水电站，涉及搬迁和移民9.4万人。全省失地情况可划分为全部失地和部分失地，全部失地主要在城市（镇）规划区内（称为城市圈内用地），为实施规划将本村民小组的土地全部征收为国有建设用地为全部失地。城市（镇）规划区外的能源、交通、水利水电等工程建设用地（称为单独选址项目）也有全部失地情况，但通过土地调整和移民搬迁等措施，原则上主要还是采取农业安置方式进行安置。

三、征地补偿和失地农民安置的现状

目前，全国统一的对征用土地的补偿标准主要是依据《中华人民共和国土地管理法》和《中华人民共和国土地管理法实施条例》等法律法规。《土地管理法》规定，征收土地的，按照被征收土地的原用途给予补偿，征收耕地的补偿费用包括土地补偿费、安置补助费以及地上附着物和青苗的补偿费，土地补偿费的标准为该耕地被征收前三年平均年产值的六至十倍。征收耕地的安置补助费，按照需要安置的农业人口数计算。需要安置的农业人口数，按照被征收的耕地数量除以征地前被征收单位平均每人占有耕地的数量计算。每一个需要安置的农业人口的安置补助费标准，为该耕地被征收前三年平均年产值的四至六倍。但是，每公顷被征收耕地的安置补助费，最高不得超过被征收前三年平均年产值的十五倍，并同时规定以上土地补偿费和安置补助费，尚不能使需要安置的农民保持原有生活水平的，授权省级人民政府可以决定增加补助，但总和不得超过征收前三年平均产值的30倍。国务院根据社

① 根据昆明市农村经营管理站的统计数据整理。

会经济发展水平，在特殊情况下可以提高补助标准。云南省人大常委会1999年9月制定了《云南省土地管理条例》，对征用土地的土地补偿费和安置补助费的标准作了进一步具体规定：①征用菜地、水田按照该耕地被征用前三年平均年产值（下同）的八至十倍补偿，水浇地、园地、藕塘按照七至九倍补偿，望天田、旱地按照六至八倍补偿，轮歇地按照六倍补偿，牧草地、鱼塘按照三至五倍补偿；②征用种植三年以下新开垦耕地，按照上年产值的二倍补偿，并补偿开发投资；③征用宅基地、打谷场、晒场等生产、生活用地，按照原土地类别补偿；④划拨国有农场、林场、牧场、渔场土地的补偿标准，按照本款①、②、③项的规定办理；⑤征用城市郊区菜地的，应当缴纳新菜地开发建设基金，由州、市、县人民政府、地区行政公署统一管理，专款用于新开发菜地。昆明市西山区、官渡区每平方米缴纳30元；昆明市各县（含东川区）、曲靖市、玉溪市、县级市和州人民政府、地区行政公署所在地的镇每平方米缴纳22.5元；其他县每平方米缴纳15元，并同时规定：各项补偿和安置补助费除被征土地上属于个人的附着物和青苗补偿费以及自谋职业人员的安置补助费付给本人外，其余费用归被征地单位集体所有，专款用于被征地单位发展生产和安排多余劳动力就业以及不能就业人员的生活补助，任何单位和个人不得侵占或者挪用。计算三年平均产值是以主要农作物粮食为依据，而农民种植蔬菜、经济作物以及套种的产出，在计算时却不纳入。特别是一些公益性、基础设施项目，补偿标准更低。同一地段，因征地用途不同，补偿标准差异很大，公益性建设的义务实质上是由被征地农民承担。

对失地农民的安置主要有三种方式：一是农业安置，区别不同情况，在征地中采取在当地调整土地、后靠安置或异地安置等办法，失地农民继续保留农村户籍，在当地或异地继续从事农业生产。这是目前采用最多的安置方式，特别是能源、交通等重点工程建设中普遍采用的安置方式。二是就业安置，主要有三种形式：（一）被征地农民相应转为城镇户籍，用地单位对被征地农民安排工作；（二）由政府开辟就业渠道，帮助被征地农民实行就业，有的失地农民转为城市户籍，有的仍然保留农村户籍；（三）从征用土地中给农民预留部分土地并转为建设用地，支持农村集体经济组织发展二、三产业，以解决失地农民长期的生活问题。这种方式多数集中在城市化发展带来的失地安置上。由用地单位对被征地农民安排工作，在改革开放早期失地规模较少的期间较为普遍，随着征地规模的扩大以及用工制度的改变，已经越来越少。三是自主创业安置，由国家或征地单位对失地农民给予货币补偿，并进行必要的政策扶持和培训，由失地农民自主创业和自谋职业。对城市化发展中的失地农民较为普遍地实行自主创业安置。

四、失地农民社会保障现状

农民失去土地以后，就失去了赖以生存和发展的基础，也就失去了基本生活保障的物质载体。对失地农民的社会保障问题，全国尚无统一的制度安排，按照现行的保障机制，农民主要以家庭保障和土地保障为主，而现在的土地补偿费和安置补助费标准明显偏低，即使是按最高标准计算，也很难保证被征地农民的生活水平不降低，而且，在补偿标准的计算上，也没有考虑养老、医疗等社会保障费用。在大多数地方，对失地农民转为非农业人口的，普遍将符合条件的人群纳入了城市居民最低生活保障。有的学者提出了“土地换保障”、“股权换保障”等安置和保障模式。

部分地区对失地农民的社会保障作过有益的探索和尝试。浙江省 1999 年至 2002 年全省批准建设用地总面积为 172.58 万亩（含耕地 113.57 万亩），其中新征用农村集体土地 154.69 万亩（其中耕地约为 70010 左右）。1999 年至 2002 年，浙江全省被征地农民人数达 170 万人。[①] 浙江省 2001 年制定了《浙江省最低生活保障办法》，建立了城乡一体化的最低生活保障制度，把包括失地农民在内的城乡人口全部纳入保障范围。为保障失地农民的基本生活，该省 2003 年专门针对失地农民的保障问题出台了《关于建立被征地农民基本生活保障制度的指导意见》，决定从 2003 年起，各地要建立被征地农民基本生活保障制度，该项制度主要针对养老保险，其制度设计既有别于城镇职工基本养老保险和其他社会保险，同时又考虑与之衔接，规定对征地时已经是劳动年龄段以上的人员，直接实行养老保险，并建立个人账户与社会统筹相结合的制度。对征地时属于劳动年龄段的人员，按当地测算标准（不分年龄

① 《土地解密》，《财经》2006 年第 4 期，第 36－37 页。

实行相同的缴费标准，或区别年龄分档缴纳）一次性缴足基本保障费用，为其建立个人专户。对征地时未达到劳动年龄段的人员，按征地补偿规定一次性发给征地安置补助费，当其达到就业年龄或学习毕业后，再参加相关的社会保障。被征地农民基本生活保障资金按照“政府出一点，集体补一点，个人交一点”的“三个一点”的办法筹集，其中：政府从土地出让金收入中出资不低于保障资金总额的30%，集体从土地补偿费中承担不低于保障资金总额的40%，个人承担部分从征地安置补助费中抵交，同时在土地出让金中提取建立被征地农民基本生活保障风险准备金，以应对未来的支付风险。对医疗保障问题，只作了原则要求，没有具体规定。嘉兴市对被征地农民或土地被征用后人均耕地不到0.3亩的农民一次性办理“农转非”转为城镇居民人口，撤销农村建制“拆村建居”，并将征地总面积的5%至10%的国有土地留给农民，组建各类股份有限公司，把原村、组的土地补偿费、人员安置补助费以能动建立安置、就业、保险基金、股份等形式，合理配置给原集体经济组织成员，实行就地就业、就地分红。深圳市从2004年7月1日起，不再有农业人口户籍，实现了一元化户籍管理。

从1991年到2003年间，成都市有40万左右农民被依法征用土地，对于已经被征地的“农转非”人员，政府实行“土地换保障，退费进社保，政府给补贴”的办法，每缴1元钱的社保费，政府补贴3元钱。这部分人根据自愿原则，在按不同年龄段、不同征地时间一次性缴纳规定的社会保险费后，被纳入城市社会保障体系，享受相应的城镇职工养老保险和医疗保险待遇。针对2004年1月1日以后被征地的“农转非”人员，成都市在2004年4月1日启动实施了《成都市征地农转非人员社会保险办法》，对处于劳动年龄阶段的，政府主要鼓励其就业；对超过劳动年龄的，政府主要保障其基本生活。征地部门将一次性为征地“农转非”人员缴纳一定年限的基本养老保险费和住院医疗保险费；对处于劳动年龄阶段的，政府还将按年龄段，每人一次性发给6000元到20000元的就业补助金。他们都将相应享受到城镇职工养老保险和医疗保险待遇，至此，成都绝大多部分失地农民已能享受到与城市居民同样的社会保障待遇。① 江西省修水县出台了失地农民基本养老保险试行办法，办法规定：凡户口在县城规划区内的失地农民，年满18周岁并办理“农转非”后，可参加失地农民养老保险。基本养老保险金参照全省城镇个体工商户养老保险标准缴纳，即以全市在岗职工人均工资60%为基数，提取20%缴纳基本养老保险费。按照“降低参保门槛，实行‘低进低保’，失地农民个人缴费为主，政府补贴为辅”的原则，对初次参保的失地农民，根据各自年龄分别向前延伸补缴不同年限的基本养老保险费，补缴金额由失地农民个人负担60%，县政府在土地收益金中补贴40%。参保对象从18周岁开始分4个不同的年龄段进行补缴。除掉第一年龄段，即对2006年6月底之前达到法定退休年龄的失地农民实行一次性补缴，养老保险基金实行县级统筹，其余年龄段的参保失地农民按规定补缴不同年限的养老保险费后，按城镇职工基本养老保险制度的规定，继续缴纳基本养老保险费至法定退休年龄并按城镇职工基本养老保险相关规定享受同等待遇。②

第二节　特殊性研究

云南省的耕地补偿政策以及失地农民享受社会保障的情况和存在的问题，同全国各地大致相同。但是，同发达地区相比，民族地区的失地农民还有其特殊性。

一、城市发展用地带来的农民失地

云南省城市化水平较低，“十五”初期的2001年为24.9%，比全国低12.8%；2005年提高到29.5%，仍然比全国低13.5%。随着构建和谐社会、统筹城乡发展步伐的加快，在今后一个时期，由于城市发展的需要，征用的土地不断增加，失地农民的人数也会增加。

---

① 中国农业信息网，作者：刘海 http：//www.agn.gov.cn/gndt.t20040702
② 《中国社会报》，2006年2月16日。

二、重点工程用地带来的农民失地

云南省属经济欠发达地区，长期以来，能源、交通是云南省经济社会发展的“瓶颈”，改革开放以来，连续几个“五年计划”省委省政府都将能源、交通建设作为发展的重点，今后也将继续加快发展。云南省具有极为丰富的水能资源，全省可开发水电站装机容量9795万千瓦，年发电量4713亿千瓦时，居全国第二位，约占全国总量4.02亿千瓦的1/4。改革开放以后，先后开工建设了鲁布革、漫湾、大朝山、小湾等大型电站，多数已建成投产，其余正在建设当中。但是，云南省水电开发程度远远低于全国平均水平，2003年云南水电装机容量679万千瓦，仅占经济可开发容量9795万千瓦的6.93%，水力发电量280.9亿千瓦时，仅占经济可开量4713亿千瓦时的5.96%，截至2004年底，云南水电装机容量731.5万千瓦，也仅占经济可开发装机容量的7.47%。特别是金沙江、澜沧江、怒江三江干流至2003年底仅累计投产270.5万千瓦，占三江干流可开发量的3.2%，其他河流已投产水电站装机容量约408.5万千瓦，开发的前景非常广阔。而且，电力不足以对云南省的经济发展和人民生活带来了严重制约，“十五”期间呈逐年上升趋势。据统计，2003年全省缺电约40亿千瓦时，2004年缺电约61亿千瓦时，2005年缺电83亿千瓦时，加快水电资源的开发，仍然是云南省能源建设的重中之重。在2006年省人大审查通过的“十一五”规划中已列入一批水电项目。按照现有水电开发规划，云南省水电开发建设的目标是：未来10至15年内在金沙江、澜沧江、怒江干流上续建和新建水电站33座，开工规模达7460万千瓦，投产规模约5000万千瓦。目前在建和正进行筹备期建设的大中型水利水电工程有金安桥、溪洛渡、向家坝、小湾、糯扎渡、景洪水电站以及百色水利枢纽工程；正进行可行性研究报告编制、即将进入前期筹建工作的有观音崖电站、乌东德电站、白鹤滩电站。预计至2020年，全省水利水电工程建设需要搬迁安置移民超过50万人。从2006年开始，每年平均需搬迁安置移民约4万人，相当于前50年全省水电移民的总数。全省公路通车里程由2001年的16.39万公里增加到2005年的16.76万公里，2001年至2005年年平均增长0.5%；其中，高等级公路由2001年的2328公里增加到2005年的4954

公里，年平均增长16.4%。由于云南省特殊的地理状况，加上公路交通建设起点低，现在的公路交通仍然与云南省经济社会发展不相适应。在“十一五”期间，继续推进国道主干线和西部开发省际通道建设，形成通达地州、沟通周边的高速公路网络，加强地级市、州首府通达县城的道路建设。将新建高速公路1900千米、一级公路530公里、二级公路3000公里、三级公路220公里。云南省的重点工程，特别是能源、交通建设项目大部分分布在民族地区和贫困地区，如已经建成的漫湾和在建的小湾电站，就位于临沧和大理交界之处，特别是即将开发的怒江流域，分布着“直过”民族和人口较少民族，是云南省扶贫攻坚的主战场。从以昆明为中心的“7射线”公路建设看，除昆明至攀枝花一线以外，昆明附近均已实现高速化，下一步建设重点为逐渐距昆明更远的地区，大多数经过的都是民族地区和贫困地区。根据各州市的统计，被征地农民生活水平上升的有103.2万人，占31.9%；生活水平持平的有179.2万人，占55.4%；生活水平下降的有40.9万人，占12.7%。但省政协课题组认为，被征地农民生活水平下降占总数12.7%的比例偏小，根据是：一，国家统计局2004年提供的数据显示，全国被征地农民生活水平下降的占42%；二，省农经部门的抽样调查显示，这个比例达到46%；三，实地调研各地政府反映了一定的思想问题。课题组的总结是：全省被征地农民生活水平下降的约占总数的40%，其中，城市化征地约占30%，水电工程征地约占45%。[①] 据我们测算，水利水电项目的被征地农民的生活水平下降的比例应该比省政协课题组的结论还要高，超过50%，理由是：过去的土地补偿标准偏低，水电移民多为靠后安置，其耕种的土地由熟地变为生地，光热、土壤等条件都不如以前，加上后期扶持存在投入少、扶持时间滞后，生活水平下降的比例应高于农经部门抽样调查的平均水平。

三、就业安置形势严峻

从全国的情况看，虽然在一些地区出现“民工荒”，特别是缺少熟练的高

① 云南省政协经济委员会课题组：《被征地农民权益保障研究》，载《云南“十一五”规划战略研究（下）》，云南人民出版社2005年12月版，第902页。

级技术工人，但这只是结构性的短缺，从总体上看，仍然是劳动力供大于求，而且这一状况在短期内难有根本性的变化。云南省农村劳动力本来就比较富裕，但是，由于省内经济欠发达，特别是吸纳劳动力较多的个体私营经济同全国相比更加滞后，就业岗位不足，在农村劳动力转移安置中属于输出地。虽然有四川、浙江等省的大量农村劳动力转移到云南省，前些年就有“十万川军下云南”之说，但并不意味着云南劳动力短缺，重要的原因在于，云南人的就业观念尚未转变，有一些工作不愿干或不会干。把云南的农村富余劳动力放到全国劳动力市场进行比较，并不具优势，最主要的问题是，云南农村教育水平不仅低于东部发达地区，而且在全国平均水平之下。根据第五次人口普查数据显示，2000 年云南人口平均受教育年限为 6.3 年，比全国平均值低 2.11 年。

全省文盲率 11.39%，高出全国平均值（6.72%）近 5 个百分点，文盲率在全国高居第 6 位。在 488 万文盲人口中有 317.84 万文盲是年龄在 15 至 64 岁的人力资源，特别是在农、林、牧、渔业中，文盲率占全省文盲人口的 96.89%。再从文盲者的年龄结构上看，40 岁至 54 岁年龄段的壮劳力文盲占 50.01%。①

第三节　失地农民的社会保障

农民失去土地以后，不仅丧失了这一代人赖以生存的生产资料和劳动对象，而且还丧失了子孙后代的土地保障，必须建立相应的社会保障制度，以保障他们的基本生活。失地农民的情况比较复杂，从所处的空间位置来看，有的居住在城郊经济相对发达地区，因城市发展而失去土地，有的居住在边远经济相对落后的山区，因国家重点工程建设而失地。从失地的数量来看，有的是全部失地，有的是部分失地。从年龄结构来看，有的失地时已经丧失或基本丧失劳动能力，有的失地时正值青壮年，有的还未成年。从身份来看，

① 云南省西部大开发领导小组办公室、云南省社会发展促进会：《云南省“十一五”教育改革与发展对策研究》，载《云南省发展和改革委员会“十一五”规划第一批重大前期研究报告选编》（社会分册·上），内部资料，第 39 页。

有的已经转为城市居民，有的仍然保留农村居民的身份。失地以后的农民分化比较严重，已经不作为独立群体存在。实现了正规就业的群体，应该随单位参加各种城镇职工社会保险，他们的社会保障问题应该在研究城镇社会保障和农民工的社会保障时进行研究；“农转非”的人群也已经按现行政策纳入了城市低保，包含在城市救助的安全网之中，但多数尚未纳入城镇社会保险覆盖范围。针对失地农民的特殊性，无法按统一模式将他们作为一个统一群体纳入城镇或农村社会保障制度的保障范围，应将失地农民的社会保障问题作为特例进行研究，根据不同情况，将这一特殊群体纳入不同的保障体系，必须进行分类施保。特别需要对失地以后没有稳定就业的群体进行特殊研究，在社会保险特别是养老保险制度上作出特殊的制度安排。

一、保障内容

对失去生产资料和劳动对象的失地农民而言，最为迫切的是为他们提供新的就业机会，通过自食其力保障其基本生活，并随着生产的发展逐步提高生活水平。由于失地必然带来生产生活方式的变化，在提供就业保障的同时，必须把就业保障和社会保障有机结合，构建相适应的社会保障制度。养老保障、医疗保障、以最低生活保障为重点的救助应作为失地农民社会保障制度的基本制度。构建失地农民社会保障制度的前提是提高土地征用的补偿标准，创新安置模式，以保证有适应需要的资金来源。

二、分类施保

（一）农业安置的社会保障

对于实行农业安置的失地农民，不论是就地安置、后靠安置还是异地安置，均给他们调整了新的土地，确保了生产资料和劳动对象。对这一部分群体，最重要的是为他们提供发展的条件，一是提供较为完善的基础设施建设，改善生产生活条件。二是加强后期扶持，使他们能够通过自身的劳动保证生活水平不降低，并能得到逐步改善。三是提供良好的配套服务，包括发展生产的指导和教育、卫生、文化设施的建设，使他们尽快适应新的生产生活环境，有较强的文化认同感。这部分群体的社会保障问题，主要随同农村社会保障制度的建立和完善同步推进，参加当地的新型农村合作医疗，按规定履行相应的缴费义务，并享受国家补助和就医的减免政策；在生活发生困难时，按规定纳入农村困难救济或农村低保；在养老保障方面，多数人员可随着农村养老保障政策的出台和完善逐步解决。由于这一部分人在失地时得到了相应的补偿，而且，国家和业主还应进一步提高补偿金额，对60岁以上的男性和51岁以上的女性老年人及残疾人，应为他们办理养老保险，由国家从土地出让金中出资50%，个人从征地和安置补偿金中出资50%，一次性按15年的金额缴纳，并发给相应的养老保险待遇；如征地和安置补偿金无法出资50%的部分，由国家相应提高补助比例。对青壮年，主要靠宣传引导，由他们自行选择参加社会养老或商业保险。

（二）就业安置的社会保障

这一部分群体主要是城市化发展带来的失地农民，无论户籍制度如何改革，他们已经成为城镇居民的一部分，应将他们全部转为城镇户口。为保证他们生活水平的逐步提高，应建立多层次的保障体系：第一层次，将其纳入城镇社会保障体系进行安排；第二层次，引导和鼓励村级集体经济组织建立补充保险；第三层次，引导和鼓励个人或家庭通过增加储蓄、购买商业保险等方式健全家庭保障和个人保障体系。

无论是由用地单位安排就业、政府帮助就业还是村集体经济发展就业，超过就业年龄段的人员都无法实现再就业。因此，在对这一部分群体的社会保障制度的设计上，均应分层次考虑。首先，应为这部分群体中男60周岁以上、女55周岁以上的人员办理城镇职工基本养老保险参保手续，一次性缴纳15年的养老保险统筹费，并开始发放退休金。其次，对在就业年龄段的群体应区别不同情况，对由征地单位安排就业的人员，随单位参加相关城镇社会保险，所需费用按规定由用人单位和个人分别承担，政府将其符合城镇下岗失业人员再就业政策规定的人员，纳入再就业政策扶持范围，承担相应的培训和一定年限的社会保险补贴政策。对留地安置支持农村集体经济组织发展二、三产业的人员，由于当期的基本生活可以从集体经济发展以及本人在集体经济组织中就业或其他方式就业中得到解决，在征地和安置补偿费用中，应优先考虑一次缴纳15年的养老保险和医疗保险金，使其预期的养老和医疗及当期的医疗得到基本的保障，免除后顾之忧，同时，也可相应减少集体经济组织以后的经费负担，还可以预防集体经济组织经营过程中不可预见的因素带来的潜在风险。年龄距退休年限超过15年的人员，15年以后的缴费由村集体经济组织或个人承担。在村集体经济组织中就业的人员，按规定参加失业保险、工伤保险和女工生育保险，所需费用由集体经济组织和从业人员按规定分别缴纳。

（三）自主创业的社会保障

自主创业的农民群体基本上同就业安置的群体相同，多数属于城市化进程中失地的群体，对他们的社会保障的设计也应该按城镇社会保障制度的模式进行安排。对国家和征地单位给予了货币补偿，没有留地安置，实行自主创业安置的失地农民中男18~60周岁、女18~55周岁的人员，应从征地和安置补偿金中一次性为其缴纳15年的养老保险和医疗保险金，养老保险金可按灵活就业人员20%的缴费比例缴纳，医疗保险金由本人自行选择，既可按城镇职工基本医疗保险制度的统一规定缴纳，建立个人账户，享受相关的住院和门诊医疗待遇；也可按只保大病的方式进行缴费，不建个人账户，只享受住院的相关医保待遇，小病门诊就医由个人负担，享受城镇下岗失业人员的免费职业培训和职业介绍，以及相应的社会保险补贴。对于就业安置家庭中的18岁以下未成年人，在达到劳动年龄以后享受城镇就业相关政策待遇。以上失地人员在享受相关社会保险待遇以后，生活确有困难，符合城市低保条件的，纳入城市居民最低生活保障。

（四）失地农民的补充保障

作为第一层次的由国家制度统一安排的社会保障，只能为公民提供基本保障，虽然保障水平会随着经济社会的发展逐步提高，但是，要使失地农民的生活水平得到更进一步改善，还必须建立国家鼓励和引导、企业和个人自愿选择参加的补充保障方式。我们在调研中发现，有少数失地农民在领到数额可观的补偿资金后，在资金的使用上缺乏计划性，既没有安排用于长远的保障投入，也没有实现就业，补偿经费在短期内基本花光。这样，势必留下今后生活难以保障的隐患，也为社会埋下了不安定的因素。除将其纳入统一的社会保障体系外，还应该引导、鼓励参加相应的补充保险，为长远进行补充保障，这不仅是必要的，也是可能的。一方面在国家和业主相应提高征地补偿和安置标准的前提下，补偿费用将有进一步的提高，为建立补充保障提供了资金来源。另一方面参加社会保险的部分费用已由征地补偿和安置费用中承担，并可享受相关的就业优惠政策，为村集体经济组织和个人减轻了负担，也为建立补充保障提供了空间。因此，要引导和鼓励效益好的村集体经济组织为从业人员和本村失地农民购买相应的商业保险，也要引导有条件的失地农民选择符合自身情况的商业保险和增加储蓄，通过补充保障以确保个人和家庭生活水平的逐步提高。

（五）历史遗留问题的解决

以上的制度设计是在进一步提高征地补偿和安置补助标准的前提下进行的制度安排，在此之前已经产生的失地农民，由于当时补助标准较低，基本上没有包括社会保障的相关费用，因此，必须妥善解决已经存在的问题。低标准支付征地和安置费用带来了成本的降低，这一部分的效益实际上已经体现在政府的土地收益和业主的经营利润之中，毋庸置疑，理应由政府和业主共同买单。实行农业安置的，经过调查生活水平比以前下降或没有明显提高的，采取缺什么补什么的方法，加大扶持力度，调整扶持方式，延长扶持年限，提高扶持标准，尽快提高失地农民的生活水平；按照以上对农业安置的保障制度设计，对60岁以上的老年人和残疾人，没有建立相应保障的由政府和业主共同出资，适当提高补助标准，专项用于建立相应保障。实行就业安置和自主创业安置的，凡因公益性建设项目征用的土地，政府应从土地收益中拿出部分资金；非公益性建设项目征用的土地，应由政府和征地单位共同出资，为失地农民建立养老和医疗保障制度。

案例：云南大理至保山高速公路建设征地情况

大理至保山高速公路是云南省“九五”和“十五”期间公路建设的重点工程，大保高速公路东起大理州漾濞县平坡，西至保山市隆阳区大官，途经大理州大理市、漾濞县、巍山县、永平县和保山市隆阳区，全长166.6公里，总投资70.4亿元。该条公路建设拆迁房屋621户72265.117平方米，拆除了构筑物砖围墙、土围墙、石砌体、砼地坪、水井、水池、砖瓦窑、砂场等。建设用地1138.2092公顷，共占用大理、保山两州市五县（市、区）农村集体农用地1066.2906公顷，其中耕地433.3799公顷，另征用农村集体建设用地15.1247公顷、未利用地56.1022公顷，使用国有建设用地0.6917公顷。在大理州境内长107.58公里，共征占沿途4个县市10个乡镇26个村土地20707.6亩。

一、征地办法

县（市）人民政府统一征用，乡（镇）、村、社层层负责，土地管理部门办理具体手续。大保高速公路建设指挥部为用地方，农业生产合作社和其他用地单位为被征地方，具体为大保高速公路建设指挥部与州土地局签订协议，州土地局再与县市土地局签订包干协议，具体征地协议由县市土地局与被征地村社签订，最后将所征土地划拨给用地方使用，并根据用地方施工设计和工程进度，及时召集被征地村社，协商签订征地协议。

二、征地补偿

征地补偿价格按现行规定执行，州县制定了详尽的补偿标准（详见表9－1）。

表9－1　征地补偿标准情况表

征地拆迁项目	补偿标准	征地拆迁项目	补偿标准
水田	每亩20000元	芭蕉树	
旱地	每亩10000元	幼树	每棵5元
菜地	每亩22000元	未挂果树	每棵15元
烤烟地	每亩19000元	初挂果树	每棵30元
鱼塘	每亩20000元	盛挂果树	每棵80元
果园（核桃、板栗）地	每亩20000元	耕地开发费	
林地		一级基本农田	每亩6000元

续表

征地拆迁项目	补偿标准	征地拆迁项目	补偿标准
松林地	每亩 6000 元	二级基本农田	每亩 4000 元
桉林地	每亩 4500 元	一般耕地	每亩 2000 元
灌木林地	每亩 500 元	钢混结构建筑	每平方米 700 元
疏林地	每亩 800 元	砖混结构建筑	每平方米 500 元
荒（草）地、河滩地	每亩 100 元	砖木结构建筑	每平方米 380 元
零星树木		土木结构建筑	每平方米 350 元
桉树、松树		土掌房	每平方米 200 元
胸径 5 厘米以下	每棵 1～2 元	简易房	每平方米 100 元
胸径 5～12 厘米	每棵 8 元	土围墙	每立方米 50 元
胸径 12～20 厘米	每棵 10 元	砖围墙	每立方米 250 元
胸径 20 厘米以上	每棵 30 元	块石砌体	每立方米 90 元
果树		铁大门	每平方米 100 元
未挂果幼树	平均每棵 15 元	木大门	每平方米 90 元
三年以下初挂果树	每棵 30～50 元	砼地坪	每平方米 40 元
三年以上初挂果树	每棵 70～120 元	土坟	每冢 180 元
盛挂果树	每棵 250 元	砖坟	每冢 280 元
核桃树		石坟	每冢 400 元
未挂果幼树	每棵 30～60 元	电力钢塔架	每架 15960 元
三年以下初挂果树	每棵 60～100 元	10～35 千伏高压线	每杆公里 62978 元
三年以上初挂果树	每棵 140～240 元	低压电力线	每杆公里 45600 元

续表

征地拆迁项目	补偿标准	征地拆迁项目	补偿标准
盛挂果树	每棵500元	电信线	每杆公里33488元
竹子	每棚70~150元	水井、水池	每立方米150元
丰收瓜	每棚50~80元	砖瓦窑	每万匹1500元
棕树		石灰窑	每座（10吨）5000元
幼树	每棵10元		
胸径10厘米以下	每棵20元		
胸径10厘米以上	每棵30元		
胸径20厘米以上	每棵50元		

三、安置办法

公路正线征地所涉及的农业生产合作社，以社为单位，征地后人均耕地不足0.5亩的，其社员可在严格控制的前提下办理“农转非”，具体控制标准由县市人民政府根据省有关规定和本地实际确定，报州土地局审批。对“农转非”人员，鼓励兴办集体经济组织自行消化和自谋职业，不再做统一安置，对自谋职业的“农转非”人员，由本人申请可将安置补助费的50%兑付到个人，另一半则交保险公司作为养老保险金，并与村社签订协议，进行公证。

四、基本评价

大保公路的征地、补偿及安置办法是现行制度的缩影。客观地评价，该项重点工程较好地执行了已有的法律法规和相关政策，对每个项目的补偿都制定了具体的标准，并及时兑现。同时，也折射出现行制度的缺陷，征地由各级政府和村社层层负责，统一征用，再划拨给建设方使用，形成了政府同村社、建设方同政府的关系，失地的主体——农民，也即土地的承包者，在整个失地过程中始终处于被动地位。政府需要出台提高补偿标准的相关政策和更加完善的安置办法，包括社会保障政策，以确保失地农民的生存和发展。

第十章　构建特困民族保障制度的特殊视角

加快民族地区和少数民族经济社会的发展，提高生活水平，缩小与发达地区的差距，是民族工作的重要任务。在构建农村社会保障制度中，除建立普遍覆盖农村地区的相关制度以外，还应针对不同民族地区的少数民族进行特殊的制度安排，特别是对少数民族中的特困群体，应从特殊的角度进行考虑。

第一节　特困民族及其范围

在云南省80个国家级和省级扶贫开发工作重点县中，民族自治地方县有56个，占全省扶贫开发重点县的70%，占民族自治地方总县数的71.8%。在民族贫困地区，人口较少民族、“直接过渡”民族和居住在边境一线的少数民族所占的比重最大，是云南省当前贫困程度最深的群体，这就是我们所指的特困民族的范围。当然，居住在边境一线的少数民族中，也有经济相对发达、社会发育程度较高的少数民族，如壮族、傣族等；同时，生活在内地深山区的少数民族也有的还处于特困状态，如昭通市的彝族和苗族，维西县的傈僳族等。从制定特殊政策的层面看，针对人口较少民族、“直接过渡”民族和居住在边境一线的少数民族更具有实践意义。居住在内地还处于特困状态的其他少数民族，也可以参照针对特困民族制定的特殊政策执行。

一、人口较少民族

我们所指的人口较少民族是总人口在10万人以下的少数民族。在全国55个少数民族中，人口在10万人以下的民族有22个，总人口63万人。22个人口较少民族分别是：高山族、布朗族、撒拉族、毛南族、阿昌族、普米族、塔吉克族、怒族、乌孜别克族、俄罗斯族、鄂温克族、德昂族、保安族、裕固族、京族、塔塔尔族、独龙族、鄂伦春族、赫哲族、门巴族、珞巴族、基诺族。主要分布在内蒙古、黑龙江、福建、广西、贵州、云南、西藏、甘肃、青海、新疆10个省（区）。

云南是全国少数民族种类最多的省份，在22个人口较少民族中，云南有布朗族、阿昌族、普米族、怒族、德昂族、独龙族和基诺族等7个民族，占全国人口较少民族数量的31.8%，据2000年第五次全国人口普查统计，以上7个民族共有23.4万人，占全国人口较少民族总人口的37.1%，除少量散居在全国各地以外，大部分生活在云南，有22.9万人，占全国人口较少民族人数的36.2%。其中布朗族90388人，阿昌族33519人，普米族32923人，怒族27738人，德昂族17804人，独龙族5884人，基诺族20685人。[①] 主要分布在怒江、德宏、西双版纳、临沧、思茅、迪庆、丽江、大理、保山等州市的31个县、81个乡（镇）、175个村民委员会。[②]

二、"直接过渡"民族

在20世纪50年代初全国绝大部分地区进行土地改革的民主运动背景下，云南省边疆沿国境线的28个县、220万少数民族人口（包括少部分汉族）中，对于处在封建领主制和奴隶制的160多万人采取了和平协商的土改政策，但对于当时分布在怒江、德宏、西双版纳、思茅、临沧和红河等地州的23个县主要居住在山区的独龙、怒、傈僳、景颇、德昂、布朗、基诺、佤等8个民族和部分苗、瑶、拉祜等族以及克木人和芒人等约60万人，采取了"直过"政策。这类地区的主要特点是：（1）生产力发展水平很低，生产方式很落后，处于刀耕火种和锄耕农业阶段，犁耕处于萌芽，农业与手工业及商业还没有分离，总体处在自然经济阶段；（2）各民族都不同程度地残存着家族公社和农村公社原始社会末期的生产关系与社会组织，社会内部的贫富分化

① 根据国家统计局人口和社会科技统计司、国家民族事务委员会经济发展司《2000年人口普查中国民族人口资料》整理，民族出版社2003年版。

② 云南省民族事务委员会经济发展处：《2005年云南民族经济工作手册》（内部资料）。

还没有形成系统的阶级结构；（3）人民生活极为贫困，经常靠“赶山吃饭”和采集野菜度日，普遍迷信鬼神，大量地杀牲祭鬼，有的还保存着猎头祭谷和血族复仇等陋习，严重破坏生产；（4）多为跨境而居的民族，民族关系和境内外关系十分复杂等。

1952年中共云南省委根据这类地区的特殊情况，认为对于这类地区的社会改革，必须从各民族社会发展水平和生产力水平的实际状况出发，并考虑到境内外的关系，审慎地采取与省内外其他地区不同的政策，不划分阶级，不进行土改，通过发展生产，直接向社会主义过渡。执行这一政策的边疆民族地区称为“直接过渡区”或简称“直过区”，享受这一政策的民族，称为“直过”民族。根据云南省民族事务委员会的统计，“直过”民族主要居住在25个县的76个乡（镇）、647个行政村，2003年末总人口为125.7万人。

三、居住在边境一线的少数民族

中国有2万多公里的陆地边界线，与15个国家接壤，全国有30多个民族与国外的同一民族沿边境线相邻而居。云南边境线长4060公里，分别与越南、老挝、缅甸接壤，有25个边境县（市），2004年总人口576万人，其中，少数民族人口335.5万人，[①] 有16个跨境民族，分别是：彝族、哈尼族、壮族、傣族、苗族、傈僳族、拉祜族、佤族、瑶族、景颇族、布朗族、布依族、阿昌族、怒族、德昂族、独龙族。据云南省民族事务委员会的统计，到2006年底，25个边境县有110个所属边境乡镇，820个村委会，189.84万人口，其中有134万少数民族，跨境少数民族达100.5万人，农民人均纯收入仅为894元，有47个村不通公路，14个村不通电，66个村不通电话，27个村未建小学。

边境地区、“直过区”和人口较少民族聚居地区，从地域和覆盖的民族种类看，有很大的重复和交叉，这一地区是云南省目前最贫困的地区，居住在当地的少数民族是最贫困的人群，这一区域是云南省边疆、民族、贫困、山

① 云南省民族事务委员会经济发展处：《二〇〇五年云南民族经济工作手册》（内部资料），第101页。

区四位一体特点的集中体现。

在25个边境县中，有17个扶贫开发重点县，7个人口较少民族中，除普米族外，其他6个民族都居住在边境沿线，与境外同一民族跨境而居。11个“直过”民族（含部分“直过”的拉祜、哈尼、瑶等3个民族），全部居住在边境县（市），其中，有10个属于跨境民族。在7个人口较少民族中，除普米族和阿昌族外，其他5个民族直到20世纪50年代初还处于原始公社末期的社会发展形态，为直接过渡民族。在25个“直过区”涉及的县中，有20个边境县，17个贫困县；7个人口较少民族分布的31个县中，有21个贫困县，13个边境县。“直过区”和人口较少民族所涉及的县共覆盖22个边境县（已扣减重复、交叉的县）。如果进一步细化按村统计计算，“直过”村和人口较少民族聚居村共758个（已扣减重复、交叉的64个村），42个零散“直过”的村民小组，覆盖人口约150万人。以“直过区”、人口较少民族和边境一线困难群众为切入点，研究帮助民族地区和少数民族的发展，应作为民族工作发展创新的突破口。

第二节　特困民族的历史和现状分析

一、历史沿革

长期以来，边境地区、“直过区”和人口较少民族聚居地区，经济社会发展十分落后。到20世纪50年代，独龙族的生产工具主要为竹、木、石器，有少量小型铁制工具，农业和手工业分工不明显，主要从事“刀耕火种”的山地游耕农业，并从事狩猎和采集等生产活动，生产资料归家族公社所有，集体劳动，主要有整个家族成员集体耕种的“公有共耕”、若干户家族成员伙种的“伙有伙耕”、家庭成员和个体家庭耕种的“私有伙耕”与“私有自耕”四种土地耕作形态。布朗族和基诺族，土地为村社集体所有、家族占用、个体家庭有分种的使用权，生产方式十分落后，实行“刀耕火种”。怒族主要从事农业，家族公有土地归家族成员中几户伙有的“伙有共耕”制，各户相互协作共耕。德昂族经济社会发展很不平衡，普遍以家庭为生产单位。德宏的德昂族过去土地属农村公社所有，个人可以自由开垦村社内的荒地；居住在镇康一带的德昂族，已确立土地的私有权，但仍保留农村公社土地所有制的残余，一个家族公社由有血缘关系的若干小家庭组成，但经济生活则以小家庭为单位，实行比较原始的“伙种平分”制度。阿昌族的土地分为个体家庭和村寨公有两种，私有田占绝大多数，手工业有了一定程度的发展，主要是制作生产生活用的铁具。普米族社会经济发展很不平衡，兰坪、维西等地的普米族地主经济已有一定发展，宁蒗部分地方的普米族处于封建领主经济的阶段，个别地区还保留着母权制家庭。

二、共同特点

从整体上看，云南省特困民族经济社会状况基本上存在很多共同特点：

（一）居住在边疆和山区

绝大多数聚居在边境沿线和偏远山区，交通阻隔不便，环境相对闭塞。由于紧临边境，同境外各国的经济不发达地区接壤，这些国内外边民之间在经济、文化、亲属关系和宗教信仰诸多方面，世代保持着密切的交往关系。这些地区大多数都远离各自地域内的中心城镇，其经济、科技、文化教育等方面辐射的影响力被大为减弱。

（二）社会发育程度低

由于自然的、社会历史因素的长期制约，这些民族中有5个在20世纪50年代初还处于原始社会末期的父系家庭公社和农村公社的历史阶段，同时长时期受到邻近地区其他民族的多重政治统治与压迫，生产力发展水平低下、生产方式落后，自然经济比重高，主要从事结构单一的种植业，手工业与商业尚未从农业中分化独立，社会经济基础结构较为脆弱；劳动力负担沉重；就业构成单一，就业门路狭窄，多限于集中在本乡本土的第一产业。此外，20多年来人口压力急剧增大，这些民族地区的生态环境都遭到不同程度的破坏。这些民族地区大多数被包括在“直接过渡”区内，因为这些民族20世纪50年代初都从各自低起点社会直接进入社会主义社会，但这只是在社会改革发展进程中跨越出的第一步，更为繁重的一系列后续工作一直没有能够跟上来。

（三）社会基础设施建设落后

大多数地区没有完善的公路和通电系统；农田水利等生产基础设施严重不足，人畜饮用水困难，文化教育、医疗卫生和科学技术事业十分匮乏。

（四）贫困程度深

这些民族的聚居地区绝大部分都属于省级和国家级的贫困县，贫困户集中且比重很高，贫困面大、程度亦深。由于一直处于生产生活物质匮乏较为典型的"短缺社会"当中，其农民年人均纯收入普遍低于全省年平均水准，独龙、怒族和德昂族等基本上处于整体贫困状态，生计常常难以为继。

（五）劳动者素质普遍低

习惯粗放耕作经营，生产经营技能差，文盲率很高，自我发展能力较弱，大多数干部群众对于本村本地经济社会的发展缺少有效的办法和措施，加上一些民族地区的传统陋习，其"救援"思想意识普遍比较突出。然而在这些民族的民间，却存在着家族、姻亲以及村寨内部自觉的传统互济的生活保障机制，使得这类地域性小社会、小社区得以维系和延续。

上述7个人口较少民族的共同特征是，由于他们之间社会发展状况不尽平衡，同一民族内部的社会情况也不完全一致，因此这些特征只是在各自的程度上有所差别，但都造成了这些民族的经济社会发展的滞后缓慢，而且渐次地沦为当代社会边缘化的滞后族群地域。

三、贫困的现状

经过新中国50多年的发展，这些地区实现了历史性的跨越，取得了一长足的发展进步，但是同发达地区和其他民族相比，仍然处于贫穷、落后状态。农民人均纯收入远远低于全国平均水平，大部分群众尚未解决温饱和安居问题，由于历史和自然等方面的原因，人口较少民族经济社会发展严重滞后，2003年底，在全国22个人口较少民族聚居的640个村中，有345个贫困村，占53.9%，145个村不通公路，90个村不通电，279个村不通电话，274个村不通邮，215个村不能接收电视节目，498个村没有有线广播，368个村缺乏安全饮用水，46346户群众居住在茅草房或危房中，11645户48472人缺乏基本生存条件，农民人均纯收入仅884元。绝对贫困人口19万人，占总人口比重的19.8%，低收入人口20.4万人，占总人口比重的21.3%，缺粮需要救济的户数27821户，占总户数的比重为14%。①

根据云南省农村社会经济调查队的调查统计，2004年全省农村绝对贫困和低收入人口占乡村人口比重最高的是贡山县，达72.14%，比重超过50%的县还有西盟（71.51%）、沧源（63.85%）、福贡（63.13%）、德钦（62.83%）、绿春（58.29%）、澜沧（58.21%）、维西（57.57%）、双江（55.9%）、江城（53.45%）、镇康（52.17%）等10个县。② 在以上11个县中，除德钦县外的10个县，都分别属于边境县、“直过区”涉及县和人口较少民族聚居县。2003年，“直过区”农民人均纯收入仅698元，分别为同期全国和全省的26.62%和41.13%，“直过区”125.7万人中，人均收入在637元以下的绝对贫困人口占13.51%，收入在637元至882元的低收入人群占52%。2004年7个人口较少民族聚居的175个村委会人均纯收入仅796元，为全省平均数的43%，贫困人口17万人，约50%处于绝对贫困状态，③ 平均受教育年限只有5年，文盲率最高的达到33%，德昂族、怒族、独龙族基本上处于整体贫困状态。据调查，2001年7个民族人均纯收入678元，人均生产粮食359公斤，仅为全省平均数的46%和82%，按国家确定的温饱标准计算，尚有50%的人口处于绝对贫困状态。其中，布朗族、德昂族、普米族、独龙族中的贫困人口占本民族人口的60%～70%。④

四、差距不断扩大

通过几年的扶持和发展，虽然少数民族地区经济取得了一些发展进步，但同发达地区的差距不仅没有缩小，而且还逐步呈扩大趋势。我们以人均GDP、人均财政收入、农民人均收入三项指标进行比较（详见表10－1），可以看出，民族自治县和边境县的人均GDP、人均财政收入、农民人均纯收入三项指标，不论是所占比重还是绝对额同全国、全省的差距都在继续扩大。

---

① 国家民委等：《关于印发〈扶持人口较少民族发展规划（2005～2010年）〉的通知》。
② 《农村情况》2005年第22期。
③ 根据云南省民族事务委员会相关资料整理。
④ 格桑顿珠，纳麒：《云南民族地区发展报告》，云南大学出版社2004年版，第358页。

表 10－1　云南省民族自治县、边境县与全国、全省经济发展对比表

单位：元

年份	项　目	全国	全省	自治地方	为全国	为全省	比全国少	比全省少	边境县	为全国	为全省	比全国少	比全省少
1999 年	人均 GDP	6534	4452	3106	47. 54%	69. 77%	3428	1346	2733	41. 83%	61. 39%	3801	1719
	人均财政收入	913	414	218	23. 88%	52. 66%	695	196	164	17. 96%	39. 61%	749	250
	农民人均收入	2210	1438	1284	58. 10%	89. 29%	926	154	1088	49. 23%	75. 66%	1122	350
2004 年	人均 GDP	10533	6733	5078	48. 21%	75. 42%	5455	1655	4196	39. 84%	62. 32%	6337	2537
	人均财政收入	2029	599	346	17. 05%	57. 76%	1683	253	198	9. 76%	33. 06%	1831	401
	农民人均收入	2936	1864	1670	56. 88%	89. 59%	1266	194	1390	47. 34%	74. 57%	1546	474

数据来源：相关数据根据云南省民族事务委员会经济发展处编写《2005 年云南民族经济工作手册》整理。

第三节 特殊扶持政策与保障措施

一、“直接过渡”政策

我们党对民族地区的特殊政策，从新中国成立初期的20世纪50年代就已经开始实行。当时，各民族都面临实行民主改革、向社会主义过渡的历史阶段，结合云南不同民族地区、不同民族的实际，采取了三种不同的方式，多数经济文化发展水平较高的内地平坝民族地区，基本上采取了同汉族一样的土地改革政策；对处于封建领主制和奴隶制的民族，采取“和平协商”的土改方式；对处于原始公社末期，土地占有不集中，阶级分化不明显的边疆民族地区，采取了不分土地、不划阶级的“直接过渡”政策。

1952年中共云南省委根据处于原始公社末期的少数民族的实际情况，提出“团结、生产、进步”的方针，即依靠群众，团结教育民族上层，疏通民族关系，大力发展生产，开展与生产有联系的贸易、卫生、文教等工作，先后派遣民族工作队深入农村。当年省委民族工作队二队在德宏州瑞丽和陇川的景颇族地区开展工作，1953年6月，又派遣当时省委边疆工作委员会研究室主任马曜为队长，赴德宏州潞西县遮放区西山景颇族聚居地考察，主要研究边疆少数民族采取什么道路和方式过渡到社会主义的问题。马曜等在考察报告中认为，景颇族社会内部土地占有不集中，基本上保持村社土地公有私耕的制度，平均主义观念严重，阶级分化不明显，山官头人从事劳动，其剥削量较轻；生产水平极为低下和停滞，刀耕火种、刻木结绳记事，基本上是自然经济，没有独立的手工业者和商人；山官在群众中威信很高，是氏族、部落的头人，被视为本族生存的保护人，群众没有废除和打倒山官的要求，此外巫师（“魔头”）被认为是本族有知识的人，加上寨头和血族复仇（“拉事”）头人，这四种人是稳定山区和发展生产的重要环节，和土司比较，这四种人比较容易争取团结。该报告第一次提出阻碍景颇族生产力发展的主要不是阶级剥削，而是生产水平落后、社会分工和交换不发达以及陈规陋习等原始落后因素。提出景颇族地区可以不必重分土地和划分阶级，而是大力发展经济和文化，通过互助合作，完成某些环节的民主改革任务，消灭原始落后因素，直接向社会主义过渡。中共云南省委主要领导一致表示同意，并上报中共中央批准。1954 年 6 月，云南省委《关于在边疆民族地区有区别、有计划地开展过渡时期的宣传指示》中提出："在阶级分化不明显的落后民族中，可通过适当形式说明不进行内部的土地改革"。同年，中共德宏州委办了 4 个合作社，继而又建立了生产文化站，这些地区的农业生产均获得增产。此后，怒江、思茅、临沧和红河等地州也相继在独龙、怒、傈僳、布朗（部分）、拉祜（部分）、佤（大部分）等族地区逐步推开直接办互助组和初级合作社的实践，都不同程度取得了很好的成效。

党和政府在"直过区"设立生产文化站，管理"直过区"的行政、生产和生活，在经济和社会发展方面也给予了特殊扶持，包括专设"直过"经费，实行税收减免，加强民族贸易，组织信贷合作，设立民族教育专项补助，培养民族干部等方面。对"直过区"民族的生产生活，给予补助和扶持，加强基础设施建设，无偿提供农具、籽种、粮食、食物和衣物；对在该地区经商者，酌情减免营业税；在农业生产上，减免农业税；发展贸易机构，对民族贸易和互助合作给予贷款支持；发展中小学教育，对中学生提供助学金，试办供读学校，采取保送培养大中专学生，选送班干部进修培养；实行免费医疗、送医送药等等。无论是马克思、恩格斯或列宁等无产阶级革命导师都在他们的著作中多次提到前资本主义的国家和民族，在现存的农村公社土地占有和管理制度的基础上，可以绕过资本主义甚至前资本主义的生产关系直接过渡到社会主义的理论，但是，他们同时指出，资本主义生产力是不能跨越的，必须吸取资本主义创造的一切肯定成果。在这个问题上，我们只是走了第一步，还有很长的路要走。①

对云南省少数民族"直接过渡"的政策，当年是从实际出发而制定的，其理论与实践深具启发意义。半个世纪以来，我们也看到由于这些地区民族社会向社会主义直接过渡的起点很低，经济基础极为薄弱，其社会发展受到自然的、社会历史多种制约因素大，社会整体贫困状态突出，造成发展十分

① 马曜：《马曜学术论著自选集》，云南人民出版社 1998 年版，第 822－849 页。

缓慢且困难众多，迄今和先进地区拉开的距离也越来越长。

二、加快发展的政策扶持

新中国成立以来，党和政府制定了一系列的政策措施，加快和扶持民族地区和少数民族的发展，主要是实行民族区域自治，财政转移支付，民族专项照顾，实施综合扶贫开发，民族贸易照顾，沿边开放政策，支持民族教育、文化、卫生事业发展，培养民族干部等等，并在民族地区安排了一批重点建设项目。于1999年实施的西部大开发，其目的也是为了加快西部民族地区的发展。

对边境贫困地区和人口较少民族也专门制定了特殊的扶持政策。2000年，经国务院批准，正式启动国家民委发起的“兴边富民”行动，并于2002年8月制订了《全国兴边富民行动规划纲要（2001～2010）》，围绕基础设施、特色经济、群众生活三个方面，以加快边境地区经济社会发展为着眼点，加大对边境地区的投入，使边境地区尽快发展起来，各族人民尽早富裕起来，并提出了近中期重点抓好的加快基础设施建设，促进优势产业发展，改善生态环境，促进对外开放，发展科技教育，促进文化、卫生等社会事业发展等六项任务，还提出了交通、农业、水利、生态环境等专项行动计划。云南省开展“兴边富民”行动以来，在边境地区实施了“扶贫温饱工程、免费教育工程、科技扶贫工程、文化扶贫工程”等，成效显著，并于2005年决定用3年左右的时间，各级政府筹资50亿元，吸引社会资本150亿元左右，加大对边境地区的投入扶持，采取10项政策措施办30件惠民实事。为扶持人口较少民族发展，国家民委等五个部门于2005年8月编制下发了《扶持人口较少民族发展规划（2005～2010）》，按科学发展观和全面建设小康社会的目标要求，牢牢把握“共同团结奋斗、共同繁荣发展”的主题，充分利用国家实施西部大开发和新阶段扶贫开发的机遇，以人口较少民族群众为基本对象，以改善人口较少民族聚居村基本生产生活条件和增加农牧民收入为重点，通过5年左右的时间，使人口较少民族聚居的行政村基础设施得到明显改善，群众生产生活存在的突出问题得到有效解决，基本解决现有贫困人口的温饱问题，经济社会发展基本达到当地中等或以上水平。再经过一段时间的努力，使人口较少民族达到全面建设小康社会的要求。提出了加强基础设施建设，改善生产生活条件；调整经济结构，发展特色产业，促进群众增收；发展科技、教育、卫生、文化等社会事业，促进社会进步；加强培训，提高人口素质等四个方面的主要任务，以及加大对基础设施、财政资金、信贷资金、社会事业、人才培训、对口帮扶的力度等六条具体政策措施。云南省早在2002年就采取特殊措施，加快云南省7个人口较少民族脱贫发展步伐，决定从2002年至2010年在人口较少民族聚居的175个村实施温饱和农业产业化基础设施建设、科教、民族文化和人才培养扶贫“五大工程”，实现村村通路、通电、通水、通广播电视，覆盖人口达85%以上，所有农户和群众有房住、有衣穿、有饭吃、有钱用、有书读，基本消除农户和学校的茅草房和危房的“四通五有一消除”的目标。中央的规划下发以后，云南省正进一步完善措施，制订云南省的五年规划。

“富民兴边”行动计划和扶持人口较少民族发展规划对促进特困民族的发展，起到了非常重大的作用。但是，在这计划和规划中，除有对缺乏生存条件但为守边固土而不能实施移民搬迁的边民探索建立最低生活保障制度的原则规定外，没有包括其他社会保障方面的内容，这不能不说是一个缺憾。

三、特殊保障政策

由于我国在社会保障制度上是按照城乡二元结构的模式进行设计，从20世纪80年代以来，逐步建立了城镇职工基本养老保险、失业保险、城镇职工基本医疗保险、工伤保险和女工生育保险等五项现代社会保险制度，将城镇劳动者纳入了社会保险保障范围；以城市居民最低生活保障制度为重点的城市救济制度，覆盖了所有符合条件的城镇居民，构建城市居民社会保障的最后一道“安全网”，城镇困难群众医疗救助工作也已开始启动，城市居民还占有大部分的教育和卫生资源，享受福利分房或廉租房制度，所享有的社会福利大大高于农村。农村社会保障严重滞后，我们在第三章中已经做过分析，新中国成立以后，在农村逐步建立了救灾救济制度、五保户供养制度，以新型农村合作医疗制度和农村医疗救助制度为主要内容的医疗保障制度，启动了农村社会养老保险试点。

除对农村实施的普遍的保障政策措施之外，党和政府对边疆少数民族的特殊保障也采取了相应的特殊保障措施。新中国成立以后，中央和云南省委制定了“慎重稳进”和“团结、生产、进步”的边疆民族工作方针，之后的土地改革，也采取了有别于内地的特殊方式进行。针对少数民族地区的特殊情况，对边疆民族的救济，采取了较之内地更为宽厚的政策。20世纪50年代，在经济上，采取了“多予少取”的原则，生产生活方面给予无偿救济。通过“做好事、交朋友”的群众工作，把救济粮款、衣被、籽种和农具送到少数民族困难户家里，派出医疗队给少数民族群众免费看病、送医送药，以看得见的实际利益，对疏通民族关系，增进各民族之间的团结和谐，发展生产，起到了积极作用。从20世纪90年代开始，省级财政对边境一线的农民看病就医给予一定的补助，现仍在执行，但标准较低。

四、特困民族的特殊保障政策评析

虽然党和国家对居住在边疆地区和“直过区”等特困民族给予了相应的关心和照顾，但是，在社会保障方面，除了在资金的安排上给予了一定的倾斜以外，缺乏相应的制度安排。一是从农村社会保障制度建立的情况看，同城镇社会保障体系有较大的差距，以社会保险制度为标志的现代社会保障制度在城镇已经全面建立，城镇劳动者都已纳入了制度保障范围，至于在实践中还存在参保面过窄等问题，主要是需进一步完善制度和操作层面的问题，社会救济制度也已比较规范，所有城镇居民都已纳入低保覆盖范围，只要家庭平均生活水平低于当地最低生活保障线，均可得到低保的救济。而在广大的农村，尚未建立社会保险制度，目前在农村进行的社会养老保险试点，主要靠个人缴费，也无调剂功能，并非真正意义上的社会保险，只能算个人储蓄保险。农村社会救济制度，只有五保户、灾民和其他特殊人群能够享受，标准偏低，难以真正保证基本生活，而且，除五保户供养制度外，其他救济措施尚未形成规范的制度。以新型农村合作医疗为代表的农村医疗保障制度，虽然已有初步规范的制度安排，但到2006年为止，只覆盖了40%的县，大部分县的农村居民还未享受到该项制度所带来的实惠。二是在现行各种农村社会保障的政策措施中，除边境一线农村居民看病就医补助外，主要针对农村居民进行设计，还没有针对边疆地区、“直过区”和人口较少民族的特殊保障安排。例如，相对规范的新型农村合作医疗制度，政府对参合农民的补助水平一致，参合农民的缴费标准相同，再加上自愿参合的模式设计，必然带来收入水平较低的特困民族参合困难。

第四节　建立特殊保障的重要意义

一、理论依据

我们社会主义的民族政策，就是要使所有的民族得到发展，得到繁荣。所以，我们国家的民族政策，是繁荣各民族的政策，这是我们的根本政策。我国将长期处于社会主义初级阶段，发展不平衡和生活水平的差异长期存在，鼓励有条件的地区和一部分人通过加快发展和诚实劳动先富起来，最终实现共同富裕。早在20世纪80年代，邓小平就提出了两个大局的构想，在著名的南方谈话中又作了进一步的明确和具体化，深刻地阐述了实现共同富裕的战略部署和时间表，在达到小康水平的时候就要突出解决这个问题。目前，我国已整体实现小康，进入全面建设小康社会的新的历史时期，实现各民族共同繁荣进步，已成为当今民族工作的主题。

党的十六届五中全会以科学发展观统领经济社会发展的全局，按照以人为本的要求，提出了建设社会主义新农村和推进社会主义和谐社会建设，从认真解决人民群众最关心、最直接、最现实的利益入手，注重社会公平，加大调节收入分配的力度，妥善处理不同利益群体的关系，努力缓解地区之间和部分社会成员收入分配差距扩大的趋势。民族政策和社会保障都属于社会公共政策的范畴，公平优先，是选择和制定公共政策的前提和标准。贫困民族多为人口较少民族，通过特殊保障政策解决他们的现实生存问题，按照费孝通先生的看法，属于“小民族，大政策，大思路，大发展”，可以有效地解决20多个民族的生存和发展问题，是我们制定民族政策和社会保障政策的正确价值取向。社会保障本身还具有促进经济发展，提高人口质量的基本功能。

采取特殊措施，保障贫困民族的基本生活，本身就是党和政府应尽的责任。根据《中华人民共和国宪法》的规定，中华人民共和国公民在年老、疾病或者丧失劳动能力的情况下，有从国家和社会获得物质帮助的权利。由于我国长期形成的城乡二元结构，地区之间发展不平衡，西部民族地区特别是广大农村还没有充分享受到《宪法》赋予的国民待遇，要建立新时期团结、平等的新型民族关系，正确处理民族问题和民族矛盾，就必须建立完善的民族地区社会保障制度。

二、维护国家安全的现实需要

居住在边境一线的少数民族，有很多属于跨境民族，与国外的民族同族同宗，同一民族在两个国家边境沿线相邻而居，其宗教、文化、语言、生活习惯等都相同或相通，具有天然联系。云南跨境少数民族有 16 个，同缅甸、越南、老挝等三个国家的一些民族属同一民族，从历史上到现在都保持着友好往来，其政治和经济生活都相互影响。由于时代的发展和国际风云变幻，边境地区面临着新的形势。随着对外开放的进一步扩大、区域国际合作组织的增多，国际交往不断加强，国际间的信息交流很快，接壤国家的发展变化情况都将互相产生很大的影响。有的国际组织利用开展国际合作和交流的机会，通过宗教和救济、扶贫等手段和方式，对我国特别是边境民族地区进行政治、经济和文化渗透，已经对我国的国家安全产生了不可忽视的影响。国内经济社会发展、政治安定、人民群众生活提高都将强有力地增强国家的地位和凝聚力。在“文化大革命”中，由于国内政治不稳定、经济停滞、社会秩序混乱和人民生活困难，就曾经发生过较大规模的边民外流的现象；改革开放以后，由于祖国综合国力的增强和人民生活水平的提高，这种大规模的外流现象就不再发生，很多当时外流的群众纷纷回归祖国。由于社会保障的基本功能对于促进经济发展、维护社会稳定、保障人民群众的基本生活都具有重要的作用，特别在边疆民族地区，境外各国的社会保障有了不同程度的发展，建立和完善国内边疆民族地区的社会保障制度，对于维护边疆的政治、社会稳定都发挥着重要的作用，可以有效地增强边民的祖国认同感、民族自豪感和凝聚力。

三、缩小差距的政策选择

社会主义的本质是解放和发展生产力，一切问题都要靠发展来解决。加快发展是解决当代中国民族问题的核心，因此，加快少数民族和民族地区的经济发展，促进各民族的共同繁荣是我国民族工作的基本任务。在边疆地区、“直过区”和人口较少民族聚居地区，经济发展水平整体落后，社会发育程度整体低下，大多数群众处于贫困状态的特困少数民族地区，其贫困类型可归结为“地缘性贫困”和“素质性贫困”，仅仅扶持其发展，由于发展项目选择的困难，经营管理水平的差距，效益的发挥将大打折扣，而且，这些地区还存在丧失生存条件，无法进行深度开发和发展的情况。大力发展教育、文化等社会事业，确为提高人口素质的治本措施，但是，人口素质的提高是一个逐步渐进的过程，需要较长的周期。如果不在政策上作进一步的调整和完善，这些特困民族在较长时期内将无法改变其落后状态。目前，西部地区同东部发达地区、少数民族地区同发达地区的发展差距还在进一步扩大，就是明显的例证。无论是从理论层面还从实践层面，都要求建立特殊的社会保障制度。

社会保障所遵循的是公平原则，保证社会成员的基本生活水平大致相等。社会保障制度在全面建设小康社会和反贫困中，都有着极其重要的地位和作用。由于历史和自然的原因，民族地区同发达地区起点不同，市场经济体制尚未建立，特别是边境地区、“直过区”和人口较少民族，商品经济还极不发达，在整个经济社会发展中，又必须遵循市场经济的基本规律，面对统一的国际国内大市场，在以市场为主体的资源配置中，必然处于劣势。从改善基础设施条件、扶持生产发展等方面对边疆地区、“直过区”和人口较少民族进行扶持帮助不仅是必要的，而且是很紧迫的。但是，通过多年的扶贫开发，条件较好的少数民族贫困人口已有很大一部分摆脱了贫困，剩下的大多是脱贫难度最大的特困群体，依靠开发式扶贫无法让所有的贫困人口脱贫，必须从社会保障的角度进行研究，对他们采取特殊的保障措施，直接提高他们的生活保障水平，解决绝对贫困的问题。同时，在发达地区发展更快的前提下，相对贫困的问题将长期存在，只有采取特殊的社会保障政策，才能够更快地促进边疆地区、“直过区”和人口较少民族发展经济，提高教育、科技、文化水平，实现各民族共同繁荣发展的目标。

第五节 构建特殊保障的模式和路径

建立针对特困民族的特殊保障机制，应充分考虑我国社会保障体系建设的发展进程，结合民族地区和少数民族的实际。从长远来看，社会保障制度的发展，应当坚持全国“一盘棋”、城乡一体化的政策导向。社会保障各个方面的资金来源渠道是不一致的。社会救济和社会福利的资金来源，应以政府投入为主导，并倡导社会各界广泛参与。社会保险的缴费义务主要由单位和个人共同承担。对多数农民而言，如果要按照城镇企业职工的方式参加社会保险，缴纳社会保险费，由于缺乏单位缴费主体，不具备基本条件；云南省2005年农民人均纯收入仅2041.79元，如果要按照城镇灵活就业人员的方式参加社会保险，需要自行全额缴纳社会保险费，也是无法承担的。因此，社会保险费还无法覆盖到农村。现在开展试点的农村社会养老保险制度，在制度设计上是按照“个人缴费为主，集体补助为辅，国家政策扶持”的办法，个人账户实账管理，按储备积累总额确定养老金给付标准，个人积累多，领取的保金就多。与城镇养老保险相比，最大的差别是不具有互济性，缺少城镇养老保险的社会统筹部分，是一种以预筹积累为特征的储蓄保险制度。这种保障模式完全依赖于一定的经济基础，取决于所在地区的经济发展水平，或者说是农村居民的个人可支配收入的多少。由于特困民族所在地区经济十分落后，集体经济薄弱，绝大多数乡村基本是空白，不具备资金补助能力，主要靠个人缴费，因此，缺乏操作层面的实际意义。

特困民族最需要保障的是吃、穿、住和看病的问题。由于解决贫困人口住的问题已经主要纳入扶贫攻坚计划予以考虑，在此不再进行过多的研究和分析。笔者认为，特困民族的特殊保障，应主要从社会救济和医疗保障的视角进行研究，率先建立特困民族最低生活保障，提前实施新型农村合作医疗制度，并同时建立完善医疗救助制度。

在农村建立最低生活保障制度，是最具普惠性质的社会救济制度，在社会保障制度中具有兜底的作用。由于该项制度涉及的人群十分庞大，需要投入巨额资金。在全面建设农村最低生活保障制度的同时，选择边疆地区、“直过区”及人口较少民族地区为突破口，不仅是必要的，财力也是完全可以负担的。以国家划定的贫困线标准，凡家庭人均年收入达不到该标准的特困民族人口，按实际差额计算，据实进行补差，收入超过贫困线以后，停止发放。具体可由县乡民政部门管理和操作。目前，很多特困民族的贫困人群都是由国家给予救济，实施规范的最低生活保障制度，实际上是把当前的救济方式规范化，并相应提高了救济标准。

建立医疗保障制度，不仅可以有效改变特困民族缺医少药、因病致贫、因病返贫的状况，而且还可以提高人口素质，增强发展后劲。云南省边疆县、“直过区”涉及县、人口较少数民族聚居县共涉及48个县（已扣除重复、交叉的县），2006年以前已有19个县纳入了新型农村合作医疗试点范围，应优先于2007年将其余29个县全部纳入新型农村合作医疗试点。为体现国家的倾斜照顾，应将居住在该区域的边境乡镇全部农业人口（不分民族）、县行政区域范围内的“直过”民族和人口较少民族个人缴费部分由国家承担，同时，鼓励有缴费能力的个人增加缴费，并相应提高所报销的水平。

在现有条件下，与市场经济相适应的现代社会保障制度，还无法独立承担起社会保障的全部职能，尤其是在民族地区的广大农村，传统的保障方式在一定时期内还将起主导作用。一方面，要加快民族地区现代社会保障制度建设的步伐；另一方面，又要充分发挥传统保障方式的作用，做到二者相互结合，互为补充。

案例：云南省怒江州贫困状况分析[①]

怒江傈僳族自治州地处云南西北，总面积14703平方公里，辖泸水、兰坪、福贡、贡山4个县，全州4县有29个乡（镇）、260个村民委员会。除兰

① 部分资料来源于：《怒江州中期评估报告》，载云南省人民政府扶贫办编《云南省（中国农村扶贫开发纲要）中期评估报告汇编》，2005年，内部资料；怒江傈僳族自治州州庆活动组委会编《辉煌五十年》，2004年，内部资料。

坪外其余3个县均为边境县，境内居住着傈僳族、白族、怒族、独龙族、普米族等少数民族，其中独龙族、怒族、普米族为人口较少民族，傈僳族、怒族、独龙族为“直过”民族，4个县均为“直过”民族所涉及县及人口较少民族聚居县。据2000年第五次全国人口普查统计，全州少数民族总人口达到42.72万人，占总人口的86.87%，高居全省8个民族自治州和全国30个民族自治州之首。怒江州4个县均为国家扶贫开发重点县，在特困民族地区具有比较典型的意义。

一、特困民族的历史和现状

怒江州是一个集边疆、民族、贫困、宗教、高山峡谷为一体的傈僳族自治州。新中国成立前，大部分群众还以刀耕火种为主要生产方式，多数地方尚处于靠狩猎、采集为生的原始农业社会形态，生产力发展水平极其低下，除兰坪县的部分地区外，全州多数地区尚处于原始社会末期和土司、头人等为主的家长奴隶社会形态阶段。全州不通公路，不通电，没有电话，人民群众出门就爬山，运输靠人背马驮，过江靠划船过溜索，照明用柴火，教育也几乎是空白，只有5所省立小学，没有开办中学教育，在校学生不足2000人，文盲率高达99%。

新中国成立后，根据泸水、碧江（已撤销）、福贡、贡山4县和兰坪县的部分地区，仍处在原始社会末期的情况，对70%的人口实行“直接过渡”政策，对兰坪县的多数地区实行“缓冲区”土改政策。通过50多年的建设，特别是改革开放以后20多年的发展，怒江州有了巨大的变化，经济社会发展取得了长足的进步，各民族生活水平有了明显的改善。至2004年末，全州已建成公路4070.63公里。1999年9月9日贡山县城至独龙江的公路建成通车，结束了我国最后一个少数民族聚居区没有公路的历史。但是，怒江州同全国、全省的发展差距还在进一步扩大，各民族仍然处于整体贫困状态，全州29个乡（镇）中，有19个乡（镇）被列为全省扶贫攻坚乡，成为该州扶贫攻坚的主战场。怒江的贫困可概括为“五位一体”、“十个之最”、“四高四低”。“五位一体”是：集边疆、山区、民族、宗教、贫困为一体的民族自治州。“十个之最”是：山最高、谷最深、坡最陡、地最少、边境线最长、少数民族最多、社会发育程度最低、信教群众最多、劳动者素质最低、贫困程度最深的民族自治州。“四高四低”是：优势资源储量高，开发程度低；贫困人口比例高，生产力水平低；少数民族比重高，社会发育程度低；自然保持面积比重高，基础设施投入低。到2004年末，全州实有贫困人口25.49万人，占农业人口总数的64%，其中：农民人均纯收入在637元以下的绝对贫困人口有17.18万人，同时，因生态条件恶劣，基本丧失生存条件，需易地开发扶贫人口有4万人。据统计，2003年末傈僳族农民人均纯收入在637元以上、已基本解决温饱的仅有48796人，占农业人口的23.1%；尚未解决温饱的贫困人口为16.24万人，占农业人口的76.9%。独龙族2003年末农民人均纯收入在637元以上、已基本解决温饱的仅有225人，占农业人口的5.6%；尚未解决温饱的贫困人口有3944人，占农业人口的94.4%。2003年末全州普米族农业人口为1.41万人，农民人均纯收入在637元以上、已基本解决温饱的仅有4420人，占农业人口的31.3%；尚未解决温饱的贫困人口有9703人，占农业人口的68.7%。4个县涉及“直过”的18个乡镇，2005年平均财政自给率仅为11.62%，其中，福贡和贡山县为全县整体“直过”，所涉及的12个乡镇基本没有本级收入，全靠上级补助过日子。怒江州的贫困又是区域性、全民性的贫困，按新时期脱贫标准，已脱贫人口（占总农业人口的32%）的生活也不富裕，农户的财产值也不过只有2000~3000元左右，比之于内地贫困农户（按新时期贫困经济指标计算）的家庭财产总值，他们只少不多。

二、特殊的地理环境

怒江州处于横断山脉，有云岭、碧罗雪山、高黎贡山、担当力卡山等山脉，境内江河纵横，有澜沧江、怒江、独龙江纵贯全境，形成“四山夹三江”的大峡谷地貌，其中怒江大峡谷为“世界第二大峡谷”。除兰坪县的通甸、金顶有少量较为平坦的山间槽地和江河冲积滩地外，多为高山陡坡，可耕地面积少，垦殖系数不足4%。耕地沿山坡垂直分布，面积69.59万亩，其中水田10.74万亩，旱地58.85万亩，可耕地中高山地占28.9%，山区半山区地占63.5%，河谷地占7.60%。农民虽然人均占有耕地1.1亩，但是这些耕地中坡度在25度以下相对稳定的面积只有16.29万亩，仅占总耕地面积的

23.4%，人均只有0.4亩，其余53.31万亩则是属于坡度在25度以上的陡坡耕地，占总耕地面积的76.6%。这些25度以上的陡坡耕地，原属森林植被保护带，垦殖为耕地后，森林植被砍伐殆尽，生态恶化加剧，自然灾害加重，使许多农民丧失了基本生存条件，被迫易地搬迁寻求生路。由于耕地的特殊性，再加上农业科技落后、自然灾害严重等原因，粮食平均单产只有200斤左右，2004年农民人均有粮392公斤，人均纯收入970元。

三、分析结论

新中国成立以后，各级政府对怒江州和特困民族的发展给予了多方的支持和照顾，该州一直是云南省扶贫攻坚的主战场之一，也取得了明显的成效。纵向相比，怒江州的发展变化是天翻地覆的，特困民族的生活也有了很大的提高；但是，横向比较，怒江州同全国、全省的发展差距还在进一步扩大，特困民族的生存状况和生活水平同其他民族的差距也非常明显。在怒江特殊的历史和环境条件下，自身发展受到诸多条件限制，在很长一个时期内，无法缩小差距赶上其他先进地区的发展水平，优先建立以保障基本生活为主要内容的特困民族保障的特殊制度，必要性和重要性以及可能性都是显而易见的。

第十一章　构建民族地区农村社会保障的财政学分析

社会保障需要通过对国民收入进行分配和再分配来实现。财政承担着分配与再分配的重要职能，因此，需要进一步从财政学的角度进行分析研究。特别是在构建民族地区农村社会保障制度中，需要通过财政职能的发挥，在财政资源的配置中，给予更大的倾斜照顾，进一步的研究分析就显得更有必要。

第一节　财政与公共财政政策

一、西方公共财政理论

财政的思想和理论很早就已产生，在凯恩斯主义出现之前，西方财政政策的目的是为政府的各项开支筹集资金，以实现财政收支平衡。西方财政学作为一门学科，始于18世纪英国经济学家亚当·斯密，他在1776年出版的经济学著作《国富论》中论述了公共财政的思想，将政府财政的管理范围和职能限定在公共安全、公共收入、公共服务、公共机构、公债等范围，基本确立了西方公共财政学的理论框架，成为公共财政理论的奠基人。1882年，巴斯塔布尔出版了《公共财政学》一书，标志着财政学正式成为一门独立完整的学科体系。

从20世纪30年代开始，出现了凯恩斯主义和罗斯福新政，财政政策成为政府调控经济的宏观经济政策。英国著名经济学家约翰·梅纳德·凯恩斯在他的著名论著《就业、利息和货币通论》中，提出了"有效需求不足和国家干预"的主张，认为市场配置资源会出现"市场失灵"，强调国家对市场进行干预，运用财政政策和货币政策对国民经济进行宏观调控。运用财政政策来刺激消费和投资，增加有效需求，防止大量失业和经济危机，成为政府进行宏观调控的重要的手段。当时的美国总统罗斯福运用凯恩斯主义，实行罗斯福新政，帮助美国度过了经济危机。实行运用财政政策进行宏观调控，通过收入再分配提供公共产品，促进社会公平，是市场经济国家的通行做法。

二、我国公共财政政策的建立

早在革命战争年代，毛泽东同志就把“发展经济，保障供给”作为经济工作和财政工作的总方针，并论述了经济决定财政，财政影响经济的思想。邓小平同志对财政工作有过许多重要论述，其中，财政“数字中有政策，决定数字就是决定政策”的论断，对财政政策的重要性作了精辟的概括。以江泽民同志为核心的第三代中央领导集体，在党的十五大上提出了“振兴国家财政”的重大战略思想，之后对社会主义市场经济体制下的财政工作进行了全面系统的论述，对发挥财政政策的宏观调控作用进行了深刻的阐述。

关于财政的职能，学术界进行了充分的讨论，主要有三职能论和四职能论两种观点。持三职能论的学者当中，有的认为，包括分配、调控和监督三大职能；另一种观点认为，具有资源配置、收入分配和经济稳定三大职能。持四职能论的学者当中，也存在一些不同的看法，一种观点认为，是筹集资金、供应资金、调节、监督四大职能；另一种观点认为，在社会主义市场经济体制下，财政具有配置、分配、调控、监督四大职能；还有一种观点认为，应当包括公共保障、收入分配、经济调控和国有资产管理四大职能。有关市场经济条件下财政应当具有的职能，早在20世纪50年代末经济学界就已定论，而且直到今日仍为世界经济学界所推崇，那就是马斯格雷夫的三职能论，即资源配置，收入分配，经济稳定和发展三大职能。[①] 新中国成立以后，我国实行计划经济体制，国家计划对资源配置起基础性的作用，实际上是国家为

① 周顺明：《社会保障预算》，湖北人民出版社2000年版，第33页。

主体配置资源，财政也就形成了国家计划配置资源的基本手段，成为典型的“国家财政”。随着社会主义市场经济体制的逐步建立，1998 年全国财政工作会议上，我国正式提出了构建公共财政框架的改革目标。社会主义市场经济体制下我国的财政政策随着经济体制的发展变化而发展变化。随着“国家财政”向公共财政转变，学术界和实际工作部门对财政职能和财政政策的认识不断深化。陈共在《财政学》教材中指出：“财政政策是一国政府为实现一定的宏观经济目标，而调整财政收支规模和收支平衡的指导原则和相应措施。财政政策目标可以概括为物价相对稳定、收入的合理分配、经济的适度增长和社会生活质量逐步提高；财政政策工具主要有税收、公债、公共支出、政府投资、财政补贴等”。[①] 刘溶沧等将财政政策概括为：国家为了一定时期的路线和任务而选择确定的财政行为的基本规则，具体包括目标、手段和效果的“三位一体”的财政政策概念，‘并强调“政策”本身：“财政政策就是通过税收和公共支出等手段，来达到发展、稳定、实现公平与效率，抑制通货膨胀等目标的长期财政战略和短期财政策略。即财政政策就是政府为达到预期的经济、社会发展目标而确定的财政战略和财政策略。”陈东琪、李茂生在国内较早将财政政策区分为广义和狭义两种概念，“广义财政政策是政府依据客观经济规律制定的指导财政工作和处理财政关系的基本方针和基本准则。狭义的财政政策则源于市场经济中国家对社会经济干预的需要，是政府进行宏观经济管理的一种手段。是利用财政收支的制度性安排和随机调整税收、公共支出以及转移支付，通过调节社会供求关系，以合理配置资源并优化经济结构，同时缩小收入分配差距实现社会公平，进而达到社会安定、经济稳定高效增长和维护国家民族尊严等政治经济目标的手段。”李茂生、郭代模认为：“在中国，经济发展不仅仅是总量的问题，也有结构问题。就财政政策而言，其目的就不局限于总量的平衡，在中国，通常还赋予它经济结构的调整，外部经济问题的解决，社会公平的实现，市场失灵的所有问题都是财政政策作用的领域。”刘溶沧、赵志耘和夏杰长从政策效应的角度把财政政策分为宏观财政政策和微观财政政策，提出“从政策属性上讲，所谓宏观财政政策，

① 陈共：《财政学》，中国人民大学出版社 2004 年版，第 390、394－395 页。

就是影响经济总水平和总趋势，全面调节社会经济活动的政策。微观财政政策，则是宏观财政政策的微观化体现，或者说是宏观财政政策在微观经济层面所产生的作用与影响”。毛程连博士从规范和实证两个侧面来剖析财政政策的特征与目标，认为“财政政策的规范性体现在财政政策的规范性目标指向无外乎是效率与公平”。① 财政政策的内涵、目标与手段并不是一成不变的，也需要与时俱进。财政政策是实现政府职能的重要保障，必须随着国家经济体制和经济政策的变化以及政府职能的转化而不断地调整和完善。由于我国长期处于计划经济体制形成的体制惯性和思维定式，财政大包大揽，管了很多不该管的事，很多该管的事没有管或没有管好，“越位”和“缺位”共存的格局尚未得到根本改变。在市场经济条件下，不仅需要政府运用宏观经济政策这只“看得见的手”进行宏观调控，以弥补市场配置资源的缺陷，同时，还要培育市场，建立完整的市场体系。要按照提供公共产品和公共服务的要求，满足社会公共需要，构建我国公共财政的基本框架。改革开放以后，经过 20 多年的发展，我国经济发展目标顺利实现，总体实现小康，已进入全面建设小康社会，构建社会主义和谐社会的新的历史发展时期。公共财政的职能也需要根据全面建设小康社会和构建社会主义和谐社会的总体目标要求而与时俱进。

三、民族地区农村社会保障的公共财政政策

财政职能由政府职能所决定。随着社会主义市场经济体制的建立，政府职能将随之而转变，提供公共产品和公共服务是政府的基本职能。财政“越位”的职能应坚决退出，“缺位”的职能应坚决补上。不论如何表述，资源配置和分配都是财政的基本职能。建立健全社会保障制度，属为公民提供公共产品和公共服务的范畴，是政府的基本职能之一，也是公共财政政策需要给予重点保障的范围。当前，我国已经进入全面建设小康社会的历史发展阶段，进入构建和谐社会和共同富裕的新时期。贯彻科学发展观，坚持以人为本，

① 夏杰长：《和谐社会视角下的财政政策：一个新的分析框架》，载《中国财政经济理论前沿(4)》，社会科学文献出版社 2005 年版，第 69 页。

注重社会公平，加大调节收入分配的力度，努力缓解地区之间和部分社会成员收入分配差距扩大的趋势，是新时期构建和谐社会的基本要求。我国社会保障制度还很不完善，城乡二元经济结构带来了城乡分割的社会保障体系，在广大的农村，社会保障制度建设严重滞后，特别是西部民族地区，还存在尚未解决温饱的特困少数民族群众，需要加大对社会保障的投入，尤其是向农村特别是向西部民族地区倾斜。按照笔者的思路，西部民族地区社会保障制度的建设，应以社会救助和社会福利为主，这本身就需要政府和财政投入给予保证，这是公共财政政策的重点。

通过改革开放以来 20 多年的发展，我国经济实现了翻两番的战略目标，现在，正在向新的翻番目标迈进。随着经济的发展，财政收入也迅速增长，2005 年，全国财政总收入已实现 31649. 29 亿元，同 2004 年相比，2005 年的增量已达 5252. 82 亿元，增长 19. 9%。[①] 财政收入的增加，为财政加大对社会保障的投入，特别是加大对农村社会保障和西部民族地区的投入提供了雄厚的财力保证。加大对西部民族地区社会保障的投入，优先解决特困民族的基本生活问题，不仅是必要的，而且是完全可以实现的。

四、加大对民族地区的转移支付

财政转移支付制度是指财政资金在各级政府间的无偿转移，在西方主要是中央政府的财政收入转作地方政府的收入，以满足其支出需要的一种财政制度。我国的财政转移支付在各个时期以不同方式存在，从 1994 年分税制改革开始，作为一项配套措施正式建立，并逐渐完善。实际上，转移支付不仅包括中央政府对地方政府的转移支付，还包括地方的上级政府对下级政府的转移支付，以及政府对企业和个人的转移支付。新中国成立以来，与计划经济体制相适应，我国一直实行统收统支、高度集中的财政管理体制，改革开放以后至分税制改革以前先后实行过三种财政体制：一是划分收支、分级包干的财政体制；二是划分税种、核定收支、分级包干的财政体制；三是包干财政体制。从 1994 年 1 月 1 日开始，实行分税制财政管理体制，划分了中央

① 根据《2006 年中国统计年鉴》计算整理，中国统计出版社 2006 年版。

与地方的事权和支出、中央与地方的收入，确定中央财政对地方财政进行税收返还，以及原体制补助，地方上解及有关结算事项的处理，确立了新的预算的编制和资金调度规则。同时，税制也进行了重大改革，按税种划分为中央税、地方税和中央与地方共享税。

分税制改革以后，设立了中央对下的过渡期转移支付制度，并逐步建立规范的转移支付制度，以调节各地经济发展不平衡，促进公共服务水平均等化为最终目标。目前，中央对下的财政转移支付主要包括：财力性转移支付（含一般性转移支付、民族地区转移支付、缓解县乡财政困难奖补资金、调整工资转移支付、农村税费改革转移支付、年终结算财力补助等）、专项转移支付。在专项转移支付中，中央设立了城镇职工基本养老保险、就业补助、城市居民最低生活保障、新型农村合作医疗等专项转移支付资金，对中西部地区开展工作给予专项补助，对地方相关工作的开展和制度完善起到了巨大的作用。

由于实施了分税制财政体制改革及税制改革，中央收入比例不断提高，从 1998 年开始，正式提出了提高“两个比重”的思想，即提高财政收入占 GDP 的比重，提高中央财政收入占全国财政收入的比重。到 2004 年，中央财政收入已占全国财政收入的 54.9%，比分税制改革前 1993 年的 22% 提高了 32.9%，绝对额由 957.51 亿元增加到 14503.1 亿元，增长了 13545.59 亿元。

党的十六大提出“有条件的地方，探索建立农村养老、医疗保险和最低生活保障制度”，十六届五中全会修改为“完善优抚保障机制和社会救助体系……有条件的地方要积极探索建立农村最低生活保障制度”。无论按中央的要求还是实践层面的需要，在民族地区，都必须把建立最低生活保障制度和医疗保障制度作为完善农村社会保障制度的首选目标。通过改革开放 20 多年的发展，东部发达地区得到了快速的发展，在各省区之间比较，东部省区财政收入增长的幅度和绝对额都远远高于西部地区。在西部民族地区建立农村社会保障制度，必须得到中央的支持。2006 年以前，中央对西部地区的新型农村合作医疗试点和农村特困医疗救助，已设立了专项转移支付资金，但尚未对建立农村最低生活保障制度做出统一部署安排，也未对西部地区建立农村低保设立专项补助资金。浙江等东部省份已建立了城乡一体化的最低生活保障制度，以新型农村合作医疗和农村特困居民医疗救助为主要内容的医疗保障制度，已在逐步扩大试点。在民族地区，短期内还无法建立城乡一体化的低保制度。在整个农村建立起农村最低生活保障制度，需要比东部发达地区更长的时间。按先行建立农村特困救助制度并逐步提高标准，在边境地区、“直过区”和人口较少民族地区优先建立农村最低生活保障制度的设想，建议中央统一研究部署，建立农村最低生活保障制度，可以从规范的按月发放补助金的农村特困救助制度开始起步，过渡到最低生活保障制度。同时，中央应增设农村特困救助专项转移支付资金，条件成熟时设立农村最低生活保障补助专项支付资金，对中西部地区开展这项工作给予补助，重点对边疆地区、“直过区”、人口较少民族地区、藏区等特困地区和特困民族给予倾斜，加大支持力度和补助比例，同时，充分调动地方各级政府的积极性，按一定的比例要求地方各级政府投入。凡地方各级政府有积极性的，按照“小民族，大政策”的思路，可考虑在以上特殊民族地区直接实行农村最低生活保障制度，资金主要由中央负担，这样，可以用较少的资金解决贫困民族的基本生活保障问题。至于医疗保障问题，由于新型农村合作医疗试点工作已经在全面推进，一是提速解决，在2007年实现全覆盖，二是给予政策和资金引导，要求地方各级政府优先将边境县、“直过”县、人口较少民族聚居县、藏区县纳入试点，并对以上县加大补助比例，同时，增加对以上县农村特困医疗救助资金的扶持力度。

第二节　社会保障预算

社会保障预算是国家反映各项社会保障资金包括政府安排的社会保障资金和依法收取的各项社会保障基金的收支计划。政府是社会保障的组织者，并承担相应的保障责任，在社会救济和社会福利等方面，政府是投入的主体，在社会保险方面，政府不仅承担着组织责任，而且还给予资金支持。为保证社会保障事业的健康发展，实现社会保障的目标，加强社会保障资金的管理，编制社会保障预算具有重要意义。

一、国际通行做法

目前，国际上的社会保障预算大概有四种模式：一是美国等国家以基金形式反映，放在政府公共预算之外；二是英国、瑞典等福利国家将社保资金纳入公共预算，同政府其他收支融为一体，国家全面负担起社保的财政责任；三是编制一揽子社会保障预算，把来自社保基金的收支和来自政府公共预算安排的收支合为一体，全面反映社保收支、节余投资及调剂资金的使用情况；四是作为政府公共预算的二级预算，在编制政府公共预算时，将社保资金收支单独划出，编制子预算。我国的学者，大体上有两种观点：一是将社会保障预算作为政府公共预算的一个子预算存在，与公共预算之下的经常预算和公共投资相并列，即作为政府公共预算下的二级预算；另一种是将社会保险预算与政府公共预算和国有资本经营预算相并列，从而构成平等结构的复式预算，即一揽子社会保障预算。①

二、国内现状

党的十四届三中全会制定的《关于建立社会主义市场经济体制的若干问题的决定》指出："建立政府公共预算和国有资产经营预算，并可根据需要，建立社会保障预算和其他预算"。党的十五大报告和《中华人民共和国预算法实施条例》第二十条规定各级政府预算"分为政府公共预算、国有资产经营预算、社会保障预算和其他预算"。

对社会保障预算的内容，相关法律法规没有做出明确规定。社会保障的收支，主要包括政府安排的财政资金和向单位及个人筹集的社会保障基金。虽然财政部在1998年全国财政工作会议上宣布："要力争在本届政府任期内建立起与社会主义市场经济基本适应、相对规范的包括公共支出预算、国有资产经营预算和社会保障预算在内的预算管理体系"，但是，编制社会保障预算的工作，特别是社会保障资金一般预算的工作只在个别省市进行了试点，尚未形成规范。同时，社会保障基金预算编制工作取得了一定进展，1999年

① 丛树海：《建立健全社会保障管理体系问题研究》，经济科学出版社2004年版，第218页。

1月，国务院第258号令发布实施的《失业保险条例》第12条规定，“失业保险基金收支的预算、决算，由统筹地区社会保险经办机构编制，经同级劳动保障行政部门复核、同级财政部门审核，报同级人民政府审批。”同年6月，财政部会同劳动和社会保障部制定的《社会保险基金财务制度》，将社会保险基金的基金预算作为一章单独表述并做出相应规定。从全国情况看，5项社会保险基金都普遍编制预算，并统一编制决算。从1999年开始，财政部对政府收支分类改革进行研究，于2005年选择了部分中央部门进行试点，并决定在编制2007年预算时，在全国全面推行此项改革。按照政府收支分类改革方案，各项社会保险基金纳入政府一般预算统一编制，按新的政府收支分类科目进行反映。

三、方案设计

现行的几种社会保障预算的编制方法，各有其优缺点。一是实行基金预算。优点在于，具有较高的透明度，便于社会监督，政府承担的责任较小。但按照中国目前的现实，政府都必须对社会保障承担最终的责任，不仅对养老保险承担兜底责任，即使对财政基本没有补助的工伤和生育保险，如果发生运营风险和支付危机，为维护社会稳定，政府也不可能不承担责任。二是纳入政府公共预算。优点是可以较好地确保各类保障对象的待遇，但政府从中承担了无限责任。三是编制一揽子社会保障预算。优点是能全面反映社会保障收支状况，确保政府对社会保障资金的控制，又不承担无限责任，不足之处是涉及不同部门的利益调整，且技术上还有相当的难度。四是在政府公共预算下编制二级预算。优点是能够比较完整地反映社会保障资金的收支、规模等情况，不足之处是难以形成真正独立的社会保障预算。

编制社会保障预算的难点，在于由政府财政安排的社会救济和社会福利资金预算的编制办法。笔者认为，应编制一揽子社会保障预算，对此，丛树海、周顺明等学者已作过相应的论述。他们认为，从我国国情来看，宜采用“一揽子社会保障预算”模式，即社会保障预算涵盖政府一般税收收入安排的社会保障支出和各项社会保障基金收支。首先，从理论上而言，社会保障是政府提供的一种特殊的公共服务，社会保障预算的资金来源和使用等都不同于政府公共预算。另一方面，从反传统的观点出发，外在风险的存在也会导致国家功能的失灵，需要在国家机构系统之外建立社会保障系统来补救。其次，这种模式既能够克服我国现行预算管理办法所带来的政府在社会保障方面所作努力难以体现，各项基金管理混乱等问题，又能够克服社会保障基金预算不能全面反映社会保障收支状况的弊端，同时吸收了政府公共预算管理办法和社会保障基金预算管理办法的优点，符合我国建立社会主义市场经济体制和完善社会保障制度的客观需要。[①] 除此之外，财政对社会保障的投入，可以有一个总体的反映，不仅有利于政府根据社会保障事业的发展和财力情况，从一般税收收入中相应增加对社会保障的投入，而且有利于综合审视分析社会救助、社会保险和社会福利等社会保障各个方面的收支情况，在政府投入总量不变的前提下，相应调整投入方向，以保证社会保障事业的协调发展和各类保障对象的待遇相对均衡，同时，政府还可以有效地适时加大对西部地区、边疆民族地区的转移支付力度。

第三节　开征社会保险税

目前，对是否采取税收形式筹集社会保障资金，在理论界和实际工作部门还未取得统一的认识。主张以税收形式筹集社会保障资金的学者，对如何选择税种也还有不同的主张，有的学者主张开征社会保障税，有的学者认为应开征社会保险税。即使是持开征社会保险税观点的学者，对其中的很多具体问题也并未形成一致的观点。笔者认为，在实行社会保障费改税的过程中，应先行选择开征社会保险税。按我们的方案，虽然开征社会保险税不直接涉及农村社会保障问题，但是，社会保障是一个有机的整体，多渠道筹集社会保障资金，是完善社会保障体系的关键。而且，城镇社会保障制度有了多渠道稳定的资金来源，政府就可以将更多的资金投向农村社会保障。

① 丛树海：《建立健全社会保障管理体系问题研究》，经济科学出版社2004年版，第218页；周顺明：《社会保障预算》，湖北人民出版社2000年版，第287页。

一、税种的选择

笔者在前面第十章第五节已经作过论述，社会保障各个方面的资金来源渠道是不一致的，社会福利和社会救济的资金来源，应以政府投入为主导，并倡导社会广泛参与。国家投入的资金，应通过一般税收筹集，当前也是这样进行分担的。社会保险基金的来源是：有的险种由单位、个人和国家共同承担；有的险种由单位和个人共同承担；有的险种由单位全额承担，个人不缴费。在目前条件下，如果开征社会保障税，征税和支出范围就应涵盖社会保障的各个方面，纳税人范围也将扩大，既造成重复征税，同时还有大多数人不具备缴费能力，而且还会带来必须实行较高的税率，所以暂时不具备开征的条件。

社会保障的税种设立应有特殊的目的，可确定为社会保险税。开征社会保险税，主要以税收形式筹集社会保险资金，以单位和个人缴纳为主，国家通过一般税收形成的一般财政收支给予适当补助，让纳税人享受相应的保险待遇，遵循了社会保险权利和义务对等的原则，便于同现行的社会保险制度衔接，而且，也符合国际惯例。

农村社会保障是社会保障体系建设中最薄弱的环节，除少数发达地区已经建立了城乡一体化的最低生活保障制度、农村养老保险制度以及在全国各省（市、区）部分县开展新型农村合作医疗制度试点工作等以外，大多数地区的农民刚刚享受到贫困农民医疗救助和遭受自然灾害等临时困难时能够得到国家的救助，标准比较低，属于普惠性质的社会保障制度还非常薄弱，农村的保障主要还是依靠家庭和土地。家庭联产承包责任制是农村的基本经济制度，在现行经济体制下，多数地方农村集体经济非常薄弱，有的地方几乎是空白。对多数农民而言，不具备按照城镇企业职工和城镇灵活就业人员的方式参加社会保险、缴纳社会保险税的基本条件。因此，社会保险税还无法覆盖到农村，目前，只能按城镇社会保险进行设计。这不等于说可以不重视农村的社会保障制度建设，而是要另行研究农村社会保障制度建设的问题，并留下“通道”和“接口”，口快城乡一体化社会保障制度建设的步伐，条件成熟时再开征城乡统一的社会保险税。

二、必要性和可行性

（一）费改税是建立公共财政的必然的选择

公共财政的基本职能就是提供公共服务和公共产品，规范政府职能范围，必然要求对公共财政体制下的财政收支活动进行规范。社会保险作为政府强制推行的社会政策，必须保证有稳定可靠的收入来源。公共财政体制下，国家税收是组织财政收入最重要最基本的手段，从发展看，通过不断完善税制，建立以税为主、以费为辅的收入体系是必然趋势，也是规范政府收入行为的一项重大措施。目前，已开展的社会保险是强制保险，收费与税收都同样具有强制性的特点，具有费改税的基本前提和条件。采取税收的形式筹集社会保障资金比收费形式更加规范，而且，我们所设计的社会保险税方案，便于同现行的社会保险费模式进行衔接，也更利于得到群众的认可。

（二）有利于体现社会保险的公平原则

我国社会保险的原则之一就是"低标准、广覆盖"。目前，覆盖面还比较窄，相当一部分单位、企业和个人没有参保，特别是外资企业、民营企业和个体工商户，即使按参保人数最多的险种进行计算，也还有50%以上的城镇从业人员没有参加社会保险。[①] 以上情况至少会带来两个方面的直接负面效果：一方面，未参保职工的保障权益受到侵害，在年老、患病、失业、工伤等情况下，得不到应有的基本保障；另一方面，未参保的企业减少了生产成本，同参保企业相比，形成不公平竞争。通过开征社会保险税，社会保险的覆盖面将会扩大到所有的纳税人，可以使所有应缴税的单位、企业和个人按规定履行纳税义务，享受相应的保障权益，同时，也使企业在相同的条件下自主经营发展，体现了公平竞争的原则。

（三）保证社会保险有较稳定的资金来源

当前，欠缴社会保险费的现象严重。客观原因主要是部分地区财政经济困难，企业效益较差，缴费能力不足，无法按时足额缴纳。主观上也存在部

① 根据现行规定，机关事业单位不参加城镇职工基本养老保险，以上比较存在一定的不可比因素，但如果以城镇所有用人单位都须参加的城镇职工基本医疗保险的参保人数进行比较，参保的比例还要更低。

分单位、企业和个人虽然具备缴费能力，但故意拖欠，甚至恶意欠费。以城镇职工基本养老保险基金为例，根据劳动和社会保障部的统计，2005 年全国累计欠费达 432 亿元。1998 年中央出台了包括确保企业离退休金按时足额发放在内的“两个确保”措施，规定只要参加了企业职工基本养老保险，不论是否缴费，都必须保障离退休人员养老金的按时足额发放。从理论上看，这符合建立独立于企事业单位之外，管理服务社会化的社会保障制度发展方向；从实践上看，有效地保障了广大离退休人员按时足额领取养老金，维护了他们的合法权益。同时，也带来了缴费单位权利和义务不对等，明显存在收缴和发放“一手软一手硬”的现象。虽然各地都采取了一些加强基金征缴的措施，但收效不大，清欠困难，前清后欠现象严重，部分地区欠费有扩大的趋势。社会保险基金支出呈刚性增长，但对收入缺乏硬性约束，对拖欠社会保险费的原因难以核实，缺乏有效的处罚手段。开征社会保险税，通过税收的强制手段来保证征收，可以有效地改变收缴和发放“一手软一手硬”的现象，保障社会保险事业健康发展。

（四）有利于建立统一的社会保险制度

目前，我国的社会保险制度虽然有统一的原则要求和规定，但由于统筹级次低，养老保险真正实行省级统筹的只有陕西等少数省份，另外，在一些省份建立了省级调剂金制度。失业、医疗保险主要还是县级统筹，分布在 2000 多个统筹单位，政策不统一，管理分散，既造成了共济功能不强，也形成保险关系转移困难，难以适应市场经济发展的需要，特别是对农民工等流动性较大的群体参加社会保险带来了制度性的障碍，阻碍了全国统一的劳动力市场的形成。通过征收社会保险税，建立全国统一的税收制度，可以推进全国统一的社会保险制度的建立，提高统筹级次，增加调剂功能，便于保险关系的转移和续接，促进人才和劳动力的流动，统筹城乡和地区间的经济发展。有的学者担心中央开征统一的养老保险税，会导致退休负担轻的地区向退休负担重的地区转移收入，而像内蒙古、西藏、宁夏、陕西、甘肃等一些经济比较落后的地区目前企业的养老负担轻于全国的平均水平，一旦实行养老保险基金全国统筹，上述地区就会向养老保险负担重的地区转移养老保险费收入。[①] 从2004年的结余情况看，养老保险基金结余在前五位的基本上是发达省份，广东596.8亿元，浙江273.6亿元，山东229.4亿元，辽宁202.3亿元（辽宁省为个人账户做实的试点省份，不能和其他省进行同口径比较），江苏163.6亿元；而西部贫困地区结余大都比较少，内蒙古36.7亿元，宁夏22.2亿元，陕西31.7亿元，甘肃27.4亿元。[②] 事实上，经济发达地区是劳动力的主要流入地，缴费人群将不断扩大，而且工资收入相对较高，缴费基数较大，不会出现有些学者担心的情况。

（五）税务征收社会保险费工作已经积累了较成熟的经验

按照国务院颁布的《社会保险费征缴暂行条例》的规定，社会保险费既可以由税务部门组织征收，也可以由劳动和社会保障部门组织征收。我国开展社会保险制度改革以来，浙江、重庆、云南等省市率先实行税务征收养老保险费，到现在为止，已经有19个省（市、区）将5项社会保险中的全部或单项收费交由税务部门征收。税务部门对征收社会保险费已积累了比较成熟的经验和做法，而且，税务部门具有执法力度大、管理水平高、征收网络健全等优势，从实际效果看，征缴力度有所加强，效果明显。在现行征费的体制下，虽然对此还有不同的看法，实际工作中也还有许多问题需要研究解决和完善，但是，实施“费改税”，并由税务部门组织征收是可行的，已有成功的经验可以借鉴。

（六）以税收形式筹集社会保障资金是多数国家的通行做法

根据库柏赖布兰公司汇编的《1998年国际税收概要》（INTERNATIONAL TAX SUMMARIES）列举的124个国家（地区）中，实行社会保障税（含工薪税、社会保险税、社会保险捐等）的国家有108个。此外，根据国际货币基金组织（IMF）汇编的《1999年世界各国财政统计》，实行社会保险税和工薪税的国家还有24个。而全世界实行社会保障制度的国家有将近180个。[③] 国际通行的社会保障（险）税的纳税人一般是包括雇主和雇员，有的是雇主

① 朱青：《关于我国开征社会保障税问题的探讨》，国研网，2001年。

② 根据《2005中国劳动统计年鉴》整理，中国统计出版社2005年版。

③ 邓大松，刘昌平：《关于我国开征社会保险税的几点理论认识》，www.cnpension.net，2005年2月1日。

和雇员分别承担，有的是雇员自行承担，征税对象主要是工资薪金所得，很多国家都有免征及最高应税额的相关规定。在税率方面，有的国家采用比例税率，有的国家采用累进税率。比如，英国的国民保险税已成为第二大税种，纳税人分别是雇主和雇员、自营者，以及雇主雇员及失业者自愿缴纳。美国是目前实行缴税制筹资模式最为典型的国家，强调权利和义务相结合，同时强调政府只为公民提供最基本的生活保障。

三、方案设计

（一）税　目

社会保险税目包括4个保险项目，一是养老保险，二是失业保险，三是医疗保险，四是工伤保险，以后随着社会经济发展再逐步扩大税目范围。养老保险继续保留个人账户，个人账户的资金由个人全额纳税，公务员缴纳的养老保险税额全部进入统筹账户，供调节使用。失业保险、医疗保险和工伤保险不设个人账户。

（二）纳税主体

社会保险税作为特殊税种，收入有特定的用途，纳税主体应与享受对象基本吻合。因此，应定为机关、企事业单位及其职工和个体经营者。需要说明的是，公务员的养老金应由政府通过一般财政收入和支出进行安排，不纳入社会保险税的支出范围，机关单位不缴纳社会保险税中按养老保险税率计算的税额，但公务员个人应按规定缴纳需个人承担的养老保险税，用于弥补整个养老保险的支出，以体现公平税负的原则。

（三）课税对象

按现行税收体制，分别按所得税、流转税和其他税种进行设计，课税对象可以有以下几种设计方案：

1. 工资总额

分别按单位和企业的应发工资总额及个人应发工资总额计算，个体经营者按一定的社会平均工资计算。优点是，与大部分国家通行做法类似，与现行的社会保险缴费制度接近，易于衔接和操作，并且，也相对合理。不足之处是，税率会相对较高。

2. 经营收入

企业单位按经营收入计算，机关事业单位比照企业单位的税率计算，个人仍按工资总额进行计算。优点是，税率较低。不足之处是，税负不公平，特别是会加重营业额大但利润率较低的企业的负担，还可能带来部分企业因此而发生亏损。

3. 利润总额

企业单位按利润计算，其他纳税主体计算方法同上。优点是，企业有承受能力，不会给企业带来太大的不利影响。不足之处是，没有利润的企业不缴税，利润少的企业可以少缴税，而所有企业的职工又必须享受相应的保障待遇，带来新的税负不公平，同时，也难以筹集到满足支付的税收额。

4. 用工人数

所有单位均按用工人数进行计算。优点是，纳税主体就是支付对象，充分体现了权利和义务对等的原则。不足之处是，对部分企业特别是劳动密集型产业会带来税负过重，难以承担，而高科技产业、垄断行业负担较轻，如果按不同行业确定不同的单位缴税税率，操作上难以界定。

综上所述，我们倾向于按工资总额计算。除以上分析外，主要还有以下理由：一是所得税的特点在于可以直接调节纳税人的收入，充分发挥其公平税负、调整分配关系的作用。社会保障制度本身就是为公平社会财富而进行的一种分配和再分配制度，社会保险税作为一种特定目的税，可以充分发挥调整分配关系的作用。二是社会保险税的支付范围是对个人因年老、疾病、失业等原因丧失劳动能力时保障其基本生活，从雇主和雇员的工资总额中提前扣除和预支，较其他方式而言更具合理性。三是假如将社会保险税的开征确定在城镇社会保险的范围之内成立，便于费改税的有机衔接。四是城镇职工个人目前税负负担不重，随着职工收入的增加，大多数人有承受能力，在具体设计时，合理确定起征点，辅之必要的减免税规定，实施起来将会更加顺利。

（四）税　率

社会保险税税率的确定，需要考虑以下三个方面的因素：一是要考虑到费改税后，由于纳税单位和人员增加、征缴力度加大等因素带来的税收额的增加；二是要考虑到社会保险制度的目的在于保障纳税人因年老、失业、疾病和因工受伤时最基本的生活水平，它允许保障水平有差距，但不主张差距过大；三是税率在一个较长时期应保持相对稳定，因此，在确定税率时应不超过目前缴费的费率，可定为工资总额的40%，分税目计算，养老28%，失业3%，医疗8%，工伤1%，其中，单位按工资总额的29%缴纳，分别为养老20%，失业2%，医疗6%，工伤1%；个人按工资额的11%缴纳，分别为养老8%，失业1%，医疗2%。同时，还应设立最低起征点和最高限征额。

（五）征收管理

我国目前的税收体制，如果按照税收收入归属和征收管理权限，可分为中央税、地方税和中央与地方共享税。社会保险税也可以有以下几种设计模式：

1. 中央税

将社会保险税设计为中央税，由国家税务局负责征收管理。优点是，可以将税收集中于国家统一管理，便于提高统筹级次，充分发挥国家调剂的功能。不足之处是，全国各地的经济发展和个人收入水平差异较大，会给纳税额带来较大差别，难以制定统一的支出标准，同时，又要将相应的资金划转各地，增加运行成本；而且，会使地方对税收缺乏积极性。

2. 地方税

将社会保险税设计为地方税，由地方税务局负责征收管理。优点是，可以充分调动各地组织征收的积极性，同现行制度比，在一定程度上提高了失业和医疗保险的统筹级次，由省级调剂，有一定的抗风险能力。不足之处是，费改税的目标无法完全实现，也无法实现真正完全的统一政策、规范管理，不利于充分发挥国家调剂的功能。

3. 中央与地方共享税

将社会保险税设计为中央与地方共享税，由国家税务局负责征收管理。初步考虑，将单位缴纳的养老保险税和工伤保险税确定为中央收入，单位和个人缴纳的医疗保险、失业保险和养老保险个人缴纳的税额确定为地方收入。优点是，可以更好地发挥国家税收的调节作用，规范社会保险税的收支范围和标准，也可以充分调动地方的积极性，体现一定的差别和特殊性。不足之处是，仍然没有完全建立全国统一的社会保险制度，失业和医疗保险仍然只是省级统筹，调剂能力有限。

笔者认为，应将社会保险税设计为中央与地方共享税。作为基本养老金的支出，中央应有统一明确的规定，同时考虑个人纳税额的不同，体现一定的差别；而且，就企业职工基本养老保险制度的实施情况，要比其他险种更为规范，需要发放的费用也更易于测算，目前由税务征收的比例也更高，改革更容易操作。工伤事故发生的偶然性较大，将工伤保险提升为全国统筹，可以大大提高工伤保险的抗风险能力，并基本统一支付原则。同时，承认各地经济发展水平和生活水平的差异，在医疗、失业等方面体现不同的保障水平。

（六）管理与使用范围

社会保险税应作为一个特殊目的税种，不纳入一般财政收入，可在现有社会保险基金管理模式的基础上进行完善，坚持专款专用，完全用于支付纳税人的各项社会保险相关待遇。开征社会保险税后，收入将比现有社会保险基金规模增加，必须认真研究运营模式，确保保值增值。目前，社会保险基金结余只能用于购买国债和转为定期银行储蓄，保值增值的渠道有限，造成了大量的资金闲置。如果不能拓宽运营渠道，在确保安全的前提下，最大限度地实现保值增值的目标，开征社会保险税的意义将大打折扣。

国家以法律和行政手段强制推行的社会保险制度和征收社会保险税，只能为纳税人提供最基本的生活保障和需要，应鼓励效益好的单位和企业以及高收入人群通过企业年金，参加商业保险等多种形式，建立不同层次的补充保险，满足不同人群的特殊需要。同时，随着经济社会的发展，国家也应加大对社会保障的投入，适时调整社会保险税的税率，逐步提高保障水平。

国家需要加大对社会保障的投入，但是，财政投入资金的总量总是有限的，也需要在社会保障的各个内容之间进行科学合理的分配。通过税收形式筹集社会保障资金，可以提高筹资效率，这样，财政投入的资金就可以更多地投向社会救济和社会福利，对民族地区和贫困民族的保障，也就更有财力支撑。

第十二章　民族地区农村社会保障制度建设的时间表

开展民族地区农村社会保障制度的研究，不仅是理论问题，更重要的是解决实践层面的问题，用科学的理论指导民族地区农村社会保障制度的建设和发展问题。对民族地区农村社会保障制度的构建，应该制定科学合理的发展规划，这就要求既需要有宏观目标，又必须加以具体量化，制定出实施的时间表。由于民族地区的特殊性，政府对农村社会保障投入的重点无疑也是民族地区，所以，为民族地区农村社会保障制度的建设制定一个具有较强操作性的时间表就显得尤为重要。

第一节　时间表的制定

民族地区社会保障制度建设的时间表的制定，必须综合考虑各种因素的影响，第一，必须把其放在我们党以科学发展观统领全局，坚持以人为本，带领全国人民全面建设小康社会和构建社会主义和谐社会，坚持各民族“共同团结奋斗，共同繁荣发展”的大趋势下进行考虑。第二，要正确把握社会保障自身的发展规律，充分借鉴国外社会保障制度建设的成功经验，结合中国特别是民族地区的实际，坚持社会保障制度构建的原则，正确把握和处理普遍性和特殊性，提出符合建设有中国特色的民族地区农村社会保障制度发展的科学结论。第三，正确把握大系统和子系统、整体和部分的关系，将民族地区农村社会保障制度放到整个社会保障体系建设中进行考察，将民族地区社会保障制度建设的各个单项内容放到整个民族地区社会保障制度的构建中进行考察。第四，对民族地区经济的发展，特别是财政收入和农民人均纯收入的增加及农业人口的自然增长进行认真的预测和分析（农民人均纯收入和农业人口自然增长情况见表12-1)。不仅要分析其中某项制度所需要的投入，而且还需要分析整个制度建设所需要的投入。

表12-1　云南省农民人均纯收入及农业人口增长预测表

单位：元、万人

项目＼时间	2005年	2006年	2007年	2008年	2009年	2010年	2015年	2020年
农民人均纯收入（元）	2041.79	2164.29	2294.16	2431.81	2164.29	2577.71	3656.54	4893.27
农业人口（万人）	3720.5	3743.1	3765.9	3788.8	3811.8	3835	3953	4074.6

注：2005年数据来源于《云南统计年鉴》，2006年以后的数据，农民人均纯收入按照年均6%的增幅测算，农业人口按照6.08%的自然增长率测算，未考虑城镇化等因素的影响，从方法论的角度应该是可行的。

一、医疗保障制度的时间表

2002年，《中共中央、国务院关于进一步加强农村卫生工作的决定》提出，到2010年要在全国农村基本建立起适应社会主义市场经济体制要求和农村经济社会发展水平的农村卫生服务体系和农村合作医疗制度。由于医疗保障是广大农民群众要求最为迫切的社会保障制度，全面实施农村合作医疗制度建立的时间应该提前，农村新型合作医疗制度和农村医疗救助制度应该同步建立，同步实施，互为依托，互为补充。

新型农村合作医疗制度实际已经从2003年开始试点，因此，起始的时间表问题无需再讨论，当前的重点应该是加快建设步伐，于2007年在民族地区实现全覆盖。2010年以前，作为制度本身，主要是完善和逐步提高标准，并加强农村卫生体系建设，使合作医疗制度的实施有更强的物质载体。2007年云南省实现全覆盖，各级政府每年补助 40 元、农民自行缴纳 10 元的筹资标准不变，按 90% 的参合率计算，将有 3348 万农民参合，筹集资金总量将达 16.74 亿元，其中，各级政府补助 13.39 亿元，中央财政按每人 20 元进行补助，补助资金达 6.7 亿元，地方各级政府需投入新型农村合作医疗补助资金 6.69 亿元，参合农民个人缴费筹资 3.35 亿元。由于 2006 年中央和地方各级政府已经投入了 5.69 亿元，其中，中央财政补助 2.84 亿元，省财政补助 2.45 亿元，州（市）、县（市、区）两级财政补助 6454 万元。2007 年，各级政府需要新增投入资金 7.45 亿元，其中，中央财政新增投入 3.86 亿元，地方财政新增投入 3.59 亿元。2008 年以后，根据经济发展和农民收入增加情况，逐年增加标准，提高保障水平。2010 年，按年人均 100 元筹集新型农村合作医疗资金，各级政府按每人 80 元补助，其中，中央财政承担 40 元，地方各级财政承担 40 元，农民按 20 元缴费，考虑人口增加的因素，地方政府需筹集资金 15.34 亿元。2015 年，可考虑将标准提高到每人每年 200 元，政府按 150 元进行补助，按照中央补助一半，地方各级政府承担一半的标准计算，地方政府需筹集资金 29.65 亿元。2020 年的远期目标是实现城乡一体化的医疗保障制度。

与新型农村合作医疗制度相配套，全面实施农村特困医疗救助工作。需要给予医疗救助的农村特困人群按 2005 年底云南省有农村绝对贫困人口 248.4 万人计算，以农村绝对贫困人口缴纳个人筹资每人 10 元计算，需 2484 万元；按照 2005 年底新型农村合作医疗试点县平均住院率 4.72%，乡镇卫生院平均住院费用 587 元测算，开展合作医疗的乡镇卫生院住院补偿率 46% 测算，需安排贫困人群住院自付医药费用补助资金 3709 万元，上述两项需安排农村医疗救助资金 6193 万元；按照 2007 年中央和地方财政各承担 50% 的标准计算，中央财政将补助云南省 3100 万元，地方财政承担 3100 万元，省级财政 2006 年安排的 600 万元继续安排外，2007 年省以下各级财政需新增农村特困医疗救助投入 2500 万元，如果省级和各州（市）、县（市、区）分别按 70% 和 30% 的比例分担，省级需新增投入 1570 万元，州（市）、县（市、区）需新增投入 930 万元。2010 年，按新型农村合作医疗提高筹资标准后，特困群众需缴费 20 元的标准计算，其余口径不变，需安排特困医疗救助资金

8600万元，中央和地方各承担4300万元，其中，省级承担3010万元，州、市、县级承担1290万元；2015年，按新型农村合作医疗提高筹资标准后，特困群众需缴费50元的标准计算，其余口径不变，需安排特困医疗救助资金1.62亿元，中央和地方各承担8100万元，其中，省级承担5670万元，州、市、县级承担2430万元。而且，每年有部分贫困人口脱贫，农村医疗救助资金还可以相对减少。

2007年，地方政府共需筹集农村医疗保障资金6.67亿元，其中需新增投入3.27亿元；2010年，地方政府共需筹集农村医疗保障资金约13.55亿元；2015年，地方政府共需筹集农村医疗保障资金约26.16亿元。

二、最低生活保障制度的时间表

建立最低生活保障制度之前，可考虑用2006年一年的时间，规范完善农村救助制度。除继续完善五保户的供养制度外，将对其他困难群众的“冬荒、春荒、夏荒”临时救济，改为根据困难情况按月救济，并完成困难情况的摸底调查、资金整合及出台新政策的前期准备工作。2007年正式实施民族地区农村最低生活保障制度，从低标准、小范围起步，逐步提高保障标准，扩大保障范围。按2005年全省绝对贫困人口248.4万人、绝对贫困人口人均纯收入516.4元、超过683元的绝对贫困线补差计算，需补差167.6元，每年需资金为4.16亿元。经过发展，现有的绝对贫困人口将有大部分脱贫，同时，又会有部分新增的贫困人群，我们估计，云南省的绝对贫困人口将保持在200万人左右。2009年以后，主要是进一步完善制度，逐步提高保障标准，并将保障的范围扩大到相对贫困的人群，建立起比较完备的民族地区农村最低生活保障制度。考虑到贫困线标准的逐年提高，贫困人口收入增幅比其他群体缓慢，从2009年开始，按平均补助标准比2007年增加50%计算，需筹集资金5.88亿元，其中，中央和地方各承担2.94亿元；2010年，再按增加50%的补差标准计算，需筹集资金7.84亿元，中央和地方各承担3.92亿元；2015年，综合考虑标准提高和人员范围变化情况，资金总额按2010年的2倍计算，需筹集资金15.68亿元，其中，中央和地方各承担7.84亿元。到2020年左右，建立起城乡一体化的最低生活保障制度。

三、完善五保户供养制度的时间表

2007 年，五保户供养维持 2006 年的每人每年 720 元的标准不变，将 20 万人全部纳入供养范围，需资金 1.4 亿元，比 2006 年增加投入 4000 万元。之后，按农民人均纯收入平均增长 6% 的比例逐年提高五保户供养标准，每年约增加投入 1000 万元左右，到 2010 年，需投入 1.72 亿元，比 2006 年增加 3200 万元；到 2015 年，需投入 2.3 亿元，比 2006 年增加投入 9000 万元。

农村敬老院建设从 2007 年开始，分三年完成，总投资需 5 亿元。考虑到需做进一步的前期工作，2007 年安排 1 亿元，2008 年和 2009 年分别安排 2 亿元。以后年度，每年安排 3000 万元，作为修缮更新改造资金。

以上两项 2007 年共需投入资金 2.4 亿元；2010 年需投入资金 2.02 亿元；2015 年需投入资金 2.6 亿元。

四、推进乡村医疗卫生机构建设的时间表

从 2004 年开始，国家发改委开始对云南省农村卫生服务体系建设给予补助，到 2006 年已经安排乡镇卫生院基础设施建设项目 1009 个，共补助资金 3.3 亿元，其中，2004 年安排建设项目 355 个，补助资金 1.11 亿元；2005 年，安排 354 个，补助资金 1.19 亿元；2006 年安排 300 个，补助资金 1 亿元；2007 年，将安排 120 个，估计将补助资金 4000 万元左右。按现行政策，中央对村卫生室没有专项补助资金，由地方自行承担。

（一）乡镇卫生院建设

除国家发改委已经安排和将要安排云南省乡镇卫生院基础设施建设项目 1129 个以外，县城所在地的镇的 67 所卫生院转为社区卫生服务机构，还有 309 所卫生院的基本建设需由省以下地方政府安排解决。2007 年，按照“填平补齐”的原则，每所按 800 平方米建设，每平方米造价按 800 元计算，需资金 1.98 亿元。另有 419 所乡镇卫生院未安排过设备补助，其中，中心卫生院 91 所，一般卫生院 328 所，按照现行设备配置标准，按中心卫生院每所 28.7 万元、一般卫生院每所 21.7 万元的标准配置，共需资金 9729 万元。对 2.2 万名乡镇卫生院在职卫生技术人员进行全科医学知识培训，每人 1200 元

培训费，分三年完成，2007 年需安排资金 863 万元。以上三项共需资金 3.04 亿元。从 2008 年开始，分三年对现有 37.59 万所乡镇卫生院的危房进行拆除重建，按每平方米 800 元计算，共需资金 3 亿元，2008 年需安排 1 亿元。医院设备使用年限为 8 ~ 10 年，按 8 年计算，从 1998 年开始购置的设备逐年开始淘汰更新，每年更新 1/8，现在中心卫生院和一般卫生院平均配置标准 23.91 万元，考虑到适当的增长因素，以每所卫生院平均配置 25 万元计算，共需资金 3.76 亿元。2008 年需资金 4703 万元，人才培养经费继续安排 863 万元。以上三项需资金 1.56 亿元。2009 年，乡镇卫生院建设安排的资金与 2008 年相同。2010 年，乡镇卫生院的房屋建设已全面完成，还需安排 5000 万元用于正常情况和因灾损毁的修缮，设备购置和人才培养继续按 2009 年的水平安排，共需资金 1.06 亿元。从 2011 年开始，进入了新一轮的 5 年规划，乡镇卫生院房屋建设继续按 1 亿元安排，设备配置标准增加为 40 万元，扣除原有的 25 万元价值的设备，另需增加 15 万元的配置，需资金 2.6 亿元，分 5 年配置完毕，每年需安排 4515 万元，另外，原安排的每年更新设备资金 4703 万元继续安排，每年需安排设备购置经费 9218 万元，人才培训经费标准按照比“十一五”期间增加一倍计算，考虑到人员增加的因素，预测到 2015 年增加 1 万人，到 2015 年年需安排资金 2.08 亿元。

（二）村卫生室建设

2007 年，一次性全部安排 5825 所无业务用房的村卫生室建设，按照每个村卫生室补助 5 万元，其中 4.4 万元用于房屋建设，0.6 万元用于设备，投资总额 2.91 亿元。对 3.27 万名乡村医生进行在岗培训，每人培训经费 2400 元，分 4 年完成，每年需资金 1962 万元，以上三项共需资金 3.11 亿元。除 2007 年安排建设的 5825 所村卫生室以外，2008 年对其他原安排建设的村卫生室按每所 2 万元的标准进行“填平补齐”，需安排资金 1.47 亿元，培训经费继续安排 1962 万元，共需资金 1.67 亿元。2009 年，村卫生室建设已经全面完成，仅需按 2006 年的基数安排 1500 万元用于房屋修缮和安排 1000 万元适用于设备购置补助，继续安排培训经费 1962 万元，共需资金 4462 万元。2010 年，村卫生室建设资金维持 2009 年的水平。从 2011 年开始，村卫生室按新增 5 万元的标准进行房屋建设和设备购置，分 5 年完成，每年需安排资金 1.85 亿元，培训经费按照标准增加一倍，每人 4800 元，考虑人员增加的因素，按平均每村增加一名医务人员计算，需安排培训经费 4403 万元。到 2015 年需安排村卫生室资金 2.28 亿元。

2007 年，共需安排乡镇卫生院和村卫生室三项建设资金 6.15 亿元；2010 年，共需安排乡镇卫生院和村卫生室三项建设资金 1.51 亿元；到 2015 年，共需安排乡镇卫生院和村卫生室三项建设资金 4.36 亿元。由于大规模的乡镇卫生院和村卫生室建设在“十一五”期间基本完成，所以我们预测在“十二五”期间的增幅较小，并不意味着我们认为可以减少卫生投入，而是认为卫生投入将投向新型农村合作医疗标准的提高、艾滋病防治、计划免疫、地方病防治及县级医疗机构建设等方面。

五、养老保险制度的时间表

云南民族地区的养老保障应坚持多渠道、分层次建立制度。少数经济比较发达的县（区）的养老保险试点工作不应该停顿，应该制定新的政策和方案，积极稳妥推行，摸索行之有效的办法。按照现在的经济发展速度，到 2010 年，将会有 20% 的县农民人均纯收入达到现在启动的县的水平，2012 年，将会有 50% 左右的县达到，到 2020 年，将会有绝大多数县达到。届时，民族地区农村养老保险将基本上实现全覆盖。这仅仅是按照现行发展速度推算，随着建设小康社会进程的推进和农村改革步伐的加快，以及各项支农政策的落实，农村养老保险的建设周期有可能缩短，目标可以提前实现。需要指出的是，届时，仍然会有少数县的群众靠自身的力量仍然无法参保，在已经实施农村养老保险制度的地区，也仍然会有少数困难群众没有能力参保，需要政府应用低保等其他保障措施保障其生活。

表 12－2　计划生育奖励、义务教育“奖学金”、养老奖励扶助经费预测表

年度	经费总计(万元)			一次性奖励经费(万元)		义务教育“奖学金”经费(万元)		养老奖励扶助经费(万元)															
	合计	其中		领证数(万人)	经费	人数(万人)	经费	60岁以上(人)	其中												养老扶助经费	其中	
		中央承担	地方承担						独生子父母60岁以上			独生女父母60岁以上			无子女家庭60岁以上			双女父母60岁以上				中央承担	地方承担
									人数	标准	经费	人数	标准	经费	人数	标准	经费	人数	标准	经费			
2005	25747	5353	20394	16.5	17200	5.86	1192	111524	17778	600	1066.68	14546	700	1018.22	34562	750	2592.15	44638	600	2678.28	735533	5353.15	2002.18
2006	24719	5573	19146	15.1	15800	6.36	1273	116105	18714	600	1122.84	15312	700	1071.84	35090	750	2631.75	46989	600	281934	7645.77	5573.04	2072.73
2007	22890	5826	17064	12.8	13600	6.73	1312	121383	19830	600	1189.8	16224	700	1135.68	35539	750	2665.425	49790	600	29874	7978.305	582638	2151.92
2008	20315	6130	14185	9.6	10500	6.98	1440	127705	21200	600	1272	1734f	700	1214.15	35932	750	2694.9	53228	600	3193.68	8374.73	6129.84	2244.89
2009	21060	64216	14633	9.5	10600	7.49	1698	133883	22545	600	1352.7	18446	700	1291.22	36287	750	2721525	56606	600	3396.36	8761.805	6426.43	233537
2010	22988	6830	16158	10.5	11700	9.1	2002	142286	24416	600	1464.96	19976	700	1398.32	36590	750	2744.25	61304	600	367824	9285.77	6829.73	2456.04
2011	25171	7247	17924	11.3	12600	11	2743	150983	26360	600	1581.6	11567	700	1509.69	36872	750	27654	66184	600	3971.04	9827.73	7247.18	258055
2012	27844	7696	20148	12.5	14100	15.8	3336	160331	28485	600	1709.1	23306	700	1631.42	37018	750	277635	71522	600	4291.32	10408.19	7695.89	27123
2013	28049	8432	19617	10.9	12700	194	3993	175663	32045	600	1922.7	1621c	700	183533	36939	750	2770.425	80460	600	4827.6	11356.06	8431.82	2924.23
2014	30849	9318	21032	114	13200	233	4650	194119	36291	600	2177.46	29692	700	2078.44	37016	750	27762	91120	600	54672	124993	9317.71	3181.59
2015	32217	9750	22467	11.7	13600	27.3	5558	203117	38330	600	2299.8	31361	700	2195.27	37189	750	2789.175	96238	600	5774.28	1306853	9749.66	3308.86
2016	33992	9989	24002	12	14000	32	6611	208109	39251	600	2355.06	32115	700	2248.05	38189	750	2864.175	98554	600	5913.24	1338053	9989.23	339129
2017	36366	10404	25962	122	14200	37.6	8238	216749	41016	600	2460.96	33559	700	2349.13	39189	750	2939.175	102985	600	6179.1	13928.37	10404	352441
2018	38568	10892	27677	12.6	14600	44.8	9398	226910	43133	600	2587.98	35290	700	24703	40189	750	3014.175	108298	600	6497.88	14570.34	10891.7	3678.66
2019	40677	11273	29404	12.8	14900	50.8	10702	234854	44736	600	2684.16	36602	700	2562.21	41189	750	3089.175	112326	600	6739.56	15075.11	11273	3802.11
2020	41838	11610	30227	12.8	14900	57.7	11418	240083	47513	600	2850.78	37402	700	2618.14	42189	750	3164.175	114779	600	6886.74	15519.84	116104	390945

资料来源：根据云南省人口和计划生育委员会预测数据计算整理。

农村养老保险中实施计划生育“奖优免补”政策，云南省计生委已经对2020年以前的人数和经费情况进行了分年度测算（详见表12－2）。2007年独生子女、双女户和无子女户父母60岁以上的人数为121383人，其中，独生子父母60岁以上的人数为19830人，按每人每年600元的标准补助，需资金1189.8万元；独生女父母60岁以上的人数为16224人，按每人每年700元的标准补助，需资金1135.68万元；无子女家庭60岁以上的人数为35539人，按每人每年750元的标准补助，需资金2665.4万元；双女父母60岁以上的人数为49790人，按每人每年600元的标准补助，需资金2987.4万元。以上合计计划生育奖励扶持经费共需7978万元，其中，中央统一按600元的标准承担80%，计5826万元；地方承担其余部分，计2152万元。2010年独生子女、双女户父母和无子女户60岁以上的人数为142286人，分类补助的标准不变，合计计划生育奖励扶持经费共需9286万元，其中，中央承担6830万元，地方承担2456万元。2015年独生子女、双女户父母和无子女户60岁以上的人数为203117人，分类补助的标准不变，合计计划生育奖励扶持经费共需1.31亿元，其中，中央承担9750万元，地方承担3309万元。2020年独生子女、双女户父母和无子女户60岁以上的人数为240083人，合计计划生育奖励扶持经费共需1.55亿元，其中，中央承担1.16亿元，地方承担3910万元。计划生育一次性奖励经费和义务教育“奖学金”本身不属于养老保障范畴，但由于这两项政策同养老奖励扶助政策配套出台，相互有很大的关联性。这两项政策所需经费全部由地方政府承担，2007年，需投入1.49亿元，由于在计划生育奖励政策出台的初期，一次性办证的人较多，2007年一次性奖励经费及“奖学金”支出比2006年减少1706万元。之后，每年办证的人数呈平稳状态，2010年，需投入1.37亿元，2015年，需投入1.92亿元，增幅较小。

六、建立农民工社会保障制度的时间表

2000年以后，云南省城镇企业职工基本养老保险开始逐步统一费率，到2006年，已将单位缴费费率从原来的27%左右下调至20%，已全部调整到位。每下调两个百分点，减轻企业负担1亿元左右，至此，已累计为企业减负

3.5亿元左右。城镇企业职工基本养老保险费率的下调，为实施农民工社会保障制度，特别是社会保险制度创造了有利的条件。农民工的社会保障应同就业制度、户籍制度改革配套研究，统筹城乡就业；从2007年开始，已实现稳定就业的农民工的社会保障，应统一纳入城镇社会保障体系进行安排；对未实现稳定就业、获得城镇准人的农民工，受雇于雇主的，医疗保险制度可考虑从2007年开始，从有条件的企业起步，2009年以前全面建立，以后年度逐步调整政策，提高保障水平。工伤保险和失业保险应督促用工单位从2006年开始按规定缴费，考虑到不同企业的承受能力及农民工所占的比重，2008年以前应力求全部执行到位。养老保险现在可根据自愿的原则选择，按个体户参加城镇职工养老保险、农村养老保险和按单位参加的城镇职工基本养老保险，制定统一制度的时期应该适当后延，逐步实现同城镇职工基本养老保险并轨。

七、建立失地农民社会保障制度的时间表

在过去征地过程中，基本没有考虑失地农民的社会保障问题，已经给失地农民的生活及养老、医疗等保障带来了较大的影响；而且，随着经济社会的发展，农民失地的现象还必然会出现。因此，建立失地农民社会保障制度的时机宜早不宜迟，越早越主动，应于2007年全面启动。凡新失地的农民，在征地时就应同时考虑保障问题，区分不同的安置方式，纳入相应的保障体系；对按过去的相关征地政策征用农民土地带来的失地农民，应进行充分的摸底调查，用三年左右的时间，建立和完善保障制度，妥善解决历史遗留问题。

八、特困民族特殊保障制度的时间表

按照中央要求，有条件的地方要逐步建立农村最低生活保障制度，新型农村合作医疗制度也在逐步扩大试点范围，农村特困医疗救助制度也与新型农村合作医疗试点工作同步启动，而且覆盖面超出了新型农村合作医疗试点县的范围，在所有县初步施行。以最低生活保障和医疗保障为主要内容的特困民族特殊保障制度，应于2007年全面启动，将人均纯收入低于国家规定的

绝对贫困标准的特困民族人口，全部纳入最低生活保障范围。不论2007年新型农村合作医疗是否覆盖所有县，均应优先将边疆县、“直过区”涉及县、人口较少民族聚居县等特困民族所在县，全部纳入新型农村合作医疗试点范围，个人缴费部分由政府承担，参合以后，在就医过程中，自付部分的补助按照新农合的统一规定执行。

云南省人口较少民族主要居住在31个县（市、区）、81个乡（镇）的175个行政村；按照第五次全国人口普查的数据，云南省有人口较少民族22.9万人；“直过”民族主要居住在25个县（市）的76个乡镇的647个行政村，2003年末，总人口125.7万人；① 人口较少民族、“直过”民族和居住在边境一线的民族有很大一部分重合、交叉，据我们估算，扣除重复部分以后，约为200万人左右。根据云南省民委统计，2003年“直过区”125.7万人中，未解决温饱的绝对贫困人口占13.51%，我们以此作为依据，将特困民族的贫困状况按此比例进行测算，特困民族约27万人处于绝对贫困状况，需于2007年率先纳入农村居民最低生活保障范围，按云南省2005年绝对贫困人口人均纯收入516.4元的水平，根据现行超过绝对贫困线标准683计算，需资金4525万元。

第二节 财力分析

一、“十五”期间财政对社会保障的投入

财政对社会保障投入的统计口径，尚无统一明确规定，主要是对卫生事业的投入是否应该包括在内，还存在不同意见。笔者认为，卫生经费中有相当一部分属于医疗保障的范围，自然应该统计在社会保障支出范围之内；另外，对医疗卫生机构的投入，即对供方的投入，也由于卫生事业所具有的福利性和社会服务功能，应计算在社会保障范围内。财政对社会保障的投入包括医疗卫生支出、抚恤和社会福利救济、行政事业单位离退休经费及社会保

① 云南省民族事务委员会经济发展处：《2005年云南民族经济工作手册》（内部资料）。

障补助支出等。

在社会保障制度改革之前，财政对社会保障的投入较少，随着社会保障制度改革的不断深化和社会保障体系的逐步建立和完善，财政对社会保障投入力度也在不断加大。从1996~2005年，云南省财政对社会保障的投入由27.64亿元增加到156.21亿元，年平均增长21.4%，远远高于同期预算内财政支出增长速度。全省社会保障财政支出数占财政总支出的比重也在逐步增长，从1996年的10.22%增长到2005年的20.97%。特别是1998年以来，由于“两个确保”、再就业、城市低保、医疗保险制度改革、卫生事业发展加快等政策出台因素，财政对社会保障的投入有了大幅度增长。通过对2001~2005年财政对社会保障的投入情况分析（详见表12-3）可以看出，一方面财政对社会保障的投入增速很快，总量也有了较大增加，但是投入的主要方向在城镇，其中，卫生投入、优抚和社会救济的重点主要在城镇，城市居民最低生活保障、行政事业单位离退休经费、社会保障补助支出全部是投入城镇，只有自然灾害救济的绝大部分是投向农村。

表12-3 “十五”期间云南省社会保障支出情况表

单位：亿元

项目	2000年	2001年	2002年	2003年	2004年	2005年	合计	平均增幅
医疗卫生	22.38	25.15	28.77	32.75	36.19	44.81	167.67	14.90%
抚恤和社会福利救济	8.86	10.23	11.96	17.25	18.81	20.30	78.55	18.03%
其中：城市居民最低生活保障	1.04	1.39	3.37	4.93	6.13	6.20	22.02	42.90%
其中：自然灾害救济	3.14	3.43	2.64	5.39	4.58	3.90	19.95	4.41%

续表

项目	2000 年	2001 年	2002 年	2003 年	2004 年	2005 年	合计	平均增幅
行政事业单位离退休经费	26. 32	31. 35	37. 92	45. 22	58. 29	62. 61	235. 38	18. 92%
社会保障补助	15. 89	26. 21	25. 67	42. 30	33. 31	29. 03	156. 52	12. 82%
其中：社会保险基金补助	12. 11	13. 73	21. 04	19. 46	19. 37	20. 13	93. 73	10. 70%
其中：就业补助	0. 35	0. 39	0. 21	2. 07	3. 45	3. 75	9. 87	60. 70%
其中：国有企业下岗职工基本生活补助	2. 26	3. 14	2. 48	1. 49	1. 06	0. 64	8. 82	-22. 32%
小计	73. 54	92. 94	104. 33	137. 5	146. 60	156. 74	638. 13	16. 34%
财政总支出	413. 90	496. 43	526. 89	587. 35	663. 64	766. 31	3040. 62	13. 11%
社会保障支出占财政总支出%	17. 77	18. 72	19. 80	23. 41	22. 09	20. 45	20. 99	2. 86%

资料来源：根据云南省财政厅历年决算整理；国有企业下岗职工基本生活保障资金投入逐年减少，主要是由于从 2001 年以后，停止新的下岗职工进中心，实行“三条保障线”向“两条保障线”并轨，并加大再就业的投入力度，属正常现象。

二、财政收支预测

云南省 GDP“十五”期间平均增长 9. 1%，2005 年 GDP 总额为 3472. 89

亿元，比上年增长9.5%；GDP总额居全国第23位，在西部十二省市区中居第5位。2005年地方一般预算收入312.6亿元，比上年增加45.54亿元，增长18.7%。全省地方一般预算支出达到766亿元，比上年增加104亿元，增长15.4%。全省总人口4450.4万人，比上年末增加35.2万人，自然增长率为7.97%。从实行分税制改革的1994年至2005年，云南省地方财政一般预算收入年平均增长13.6%，其中“九五”期间平均增长12.94%，“十五”期间平均增长11.58%；一般预算支出平均增长12.8%，其中“九五”期间平均增长11.99%，“十五”期间平均增长13.1%。由于“九五”期间地方一般预算收入年平均增长率高于“十五”期间的增长率，而“十五”期间每年的增长率都比上一年高，且平均高出3.22个百分点，因此，我们采用按“十五”期间每年的增长比例计算，依次可以确定2006~2020年期间云南省地方一般性预算收入的年平均增长率为14.80%。

由于财政支出同地方一般预算收入的计算口径不同，不能采取收入增长的计算方法。为了预测2006~2020年云南省地方一般性预算支出，首先对“九五”和“十五”期间一般性预算支出的增长变化进行分析，在此基础上确定2006~2020年期间地方一般性预算支出的年平均增长率。

如图12-1所示，1996年至2005年云南省地方一般性预算支出逐年递增，“九五”期间年平均增长速度为11.99%，“十五”期间年平均增长速度为13.10%，比“九五”期间的平均增长速度高出1.11个百分点。因此，确定2006~2020年期间地方一般性预算支出的年平均增长速度为14.21%，依次可以预测2006~2020年的一般性预算支出，计算公式为：

$$\hat{R}_{Lt} = R_{L0} \times (1 + 14.21\%)^{t}$$

其中，R_{L0}加代表2005年的地方一般性预算支出；$\hat{R}_{Lt}$代表各年的地方一般性预算支出的预测值。根据以上预测方法，得到的2006~2020年的地方一般性预算支出的预测值如图12-2所示。

通过计算，可以得出2007年以后的云南省财政收支情况（详见表12-4）。2007年，地方一般预算收入将达到412.04亿元，比2005年增加99.39亿元，地方财政支出将达到999.57亿元，比2005年增加233.26亿元。到“十一五”末期的2010年，地方一般预算收入将达到623.40亿元，比2005

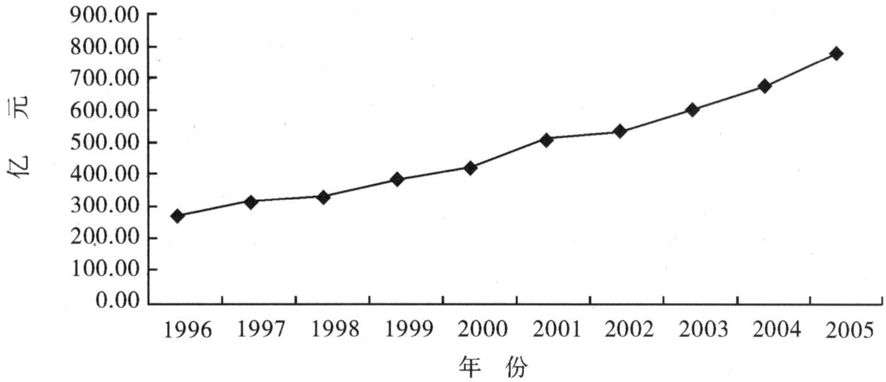

图 12－1　云南省“九五”和“十五”期间地方一般性预算支出的变化趋势

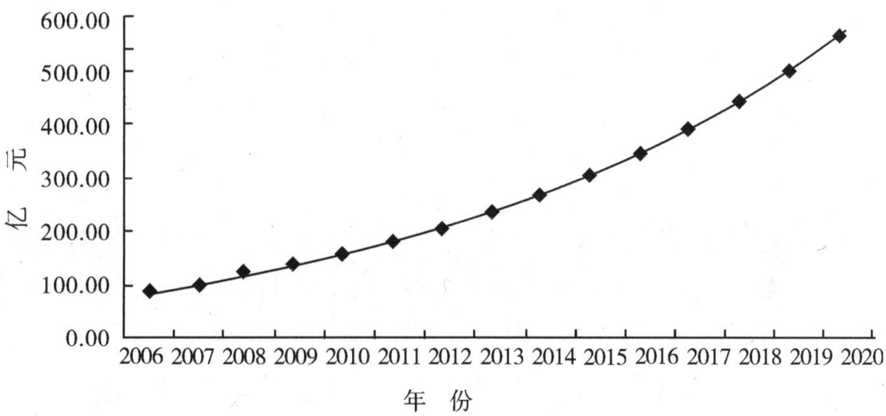

图 12－2　云南省地方一般性预算支出的预测值

年增加 310. 75 亿元；地方财政支出将达到 1489. 11 亿元，比 2005 年增加 722. 80 亿元。到 2015 年，地方一般预算收入将达到 1243. 01 亿元，比 2005 年增加 930. 36 亿元；地方财政支出将达到 2893. 65 亿元，比 2005 年增加 2127. 31 亿元。

表 12－4　云南省财政收支预测表

单位：亿元

项目＼时间	2004 年	2005 年	2006 年	2007 年	2008 年	2009 年	2010 年	2015 年	2020 年
地方一般预算收入（亿元）	263.36	312.65	358.92	412.04	473.02	543.03	623.40	1243.01	2478.48
财政支出（亿元）	663.64	766.31	875.20	999.57	1141.61	1303.83	1489.11	2893.65	5622.99

资料来源：2004～2005 年的数据根据云南省财政厅预算处《2006 年云南省财政运行数据资料汇编》（内部印刷），2006 年的数据根据云南省财政厅决算数据整理，2007 年以后的数据根据一定的增长比例通过计算得出。

三、农村社会保障财政支出分析

根据实现农村社会保障的制度安排，可以依据实现目标和任务估算出 2007 年、2010 年及 2015 年的农村社会保障主要项目的总投入，通过时间序列法预测 2006 到 2020 年实现农村社会保障目标的各年投入。

农村社会保障总投入的预测采用时间序列分析，计算公式如下：

$$\bar{g} = \left(\frac{Y_T}{Y_t}\right)^{1/(T-t-1)} - 1$$

$$\hat{Y}_t + i = Y_t X\ (1 + \bar{g})^i$$

其中，$\bar{g}$ 表示未来各年农村社会保障总投入年平均增长率，Y_T 是预测的最终年，Y_t，是预测的初始年，$\hat{Y}_{t+i}$ 为各年投入的预测值。根据以上预测方法得到的 2006－2020 年的农村社会保障投入的预测值如图 12－3 所示。

2007 年，医疗保障、农村卫生建设、敬老院建设、五保户供养、农村最低生活保障等各项社会保障合计，需地方政府投入 19.01 亿元，扣除 2006 年投入的存量7.69亿元，需新增支出11.32亿元：如果将各项计划生育政策中需地方投入部分计算在内，由于计划生育奖励政策出台的初期，一次性办证的人较多，2007年一次性奖励经费还将低于2006年，新增部分还会低于11.32亿元。2010年，各项社会保障投入合计，需地方政府筹集21亿元，即使加上需地方政府承担的计划生育各项奖励经费1.62亿元，地方政府需投入22.62亿元。2015年，各项社会保障投入合计，需地方政府筹集40.96亿元，即使加上需地方政府承担的计划生育各项奖励经费2.25亿元，地方政府需承担43.21亿元（详见表12-5）。按我们目前对云南省财政收支情况的预测，2007年，上述各项农村社会保障支出比2006年新增11.30亿元，占地方一般预算收入增量的21%，占地方财政支出增量的9%，有一定的支出压力。但是，按我们设计的方案，乡村卫生院（室）的建设主要在2007年解决，以后若干年内相应的投入可以适当减少；而且，昆明、玉溪、红河等州（市）已经决定筹集资金，在2007年要完成乡村医疗卫生机构建设，因此，只要进一步调整支出结构，加大对农村社会保障的投入，各级合理分担，通过努力也是可以做到的。如果考虑多渠道筹集资金，从福利彩票公益金中安排部分敬老院建设和农村低保资金，财政预算内资金的投入压力还可以进一步减轻。2010年和2015年，各级政府需分别筹集21亿元和40.96亿元，2010年只比2006年增加投入9.7亿元，2015年只比2010年增加投入19.96亿元，按当时的财政收支情况分析，由于财政收支的总规模和增量都大幅度增加，支出结构调整的空间也随之加大，地方财政是完全有能力承担的。2020年，各项社会保障实现全覆盖，财政承担就更没有问题，而且，在这之前，还应该考虑提高财政对新型农村合作医疗和农村最低生活保障的补助标准，以保证社保制度的完善和发展。

四、财力分析

通过以上收支分析，可以计算各年农村社会保障主要项目投入占地方一般性预算支出的比重，从而分析说明以上制度安排是否可行。并通过预测2006-2020年地方政府可支配收入，并与同时期的一般预算支出进行比较，分析地方财政能否支撑地方一般性预算支出。

为了进一步证明云南省农村社会保障制度安排的合理性，有必要对2006－2020年云南省的地方可支配收入[①]进行预测，并与一般性预算支出对比，看地方财政能否支撑一般性预算支出。对地方可支配收入的预测，仍采用年平均增长率的预测方法。“九五”期间云南省地方可支配收入的年平均增长速度为11.01%，“十五”期间的年平均增长速度为12.80%，比“九五”期间的平均增长速度高出1.79个百分点。依次确定2006－2020年地方可支配收入的年平均增长速度为14.59%，预测公式如下：

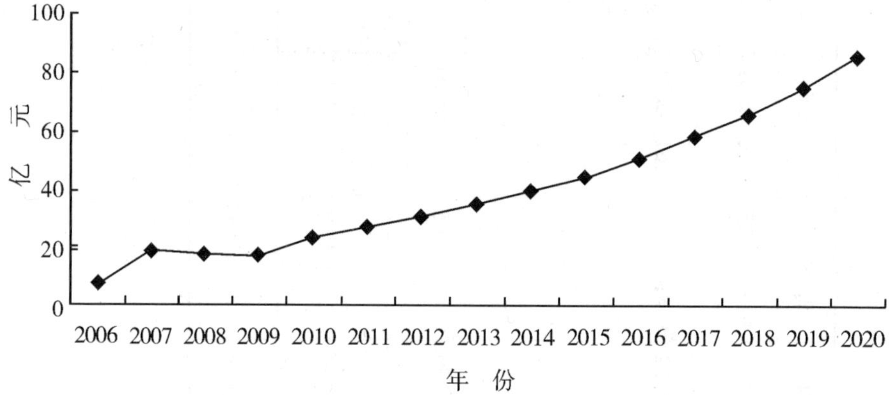

图12－3　云南省农村社会保障总投入的预测值

图12－4　云南省农村社会保障投入占一般性预算支出的比例

① 地方可支配收入＝地方可用财力＋专项补助。

$\hat{R}_t = R_0 \times (1 + 14.59\%)^t$

其中，R_0 代表2005年的地方可支配收入 $\hat{R}_t$ 代表各年的地方可支配收入的预测值。根据以上预测方法，可以得到2006－2020年云南省地方可支配收入的预测值，再将其与地方一般性预算支出进行对比．如图12－5所示。

图12－4显示了2006－2020年云南省农村社会保障主要项目投入占地方一般性预算支出的比例变化趋势。这一比例介于0.85%－1.86%之间，比例不大且呈现平稳下降的趋势。这就说明，云南省对农村社会保障的制度安排是合理的，不会挤占地方一般性预算支出在其他公共服务项目上的投入。

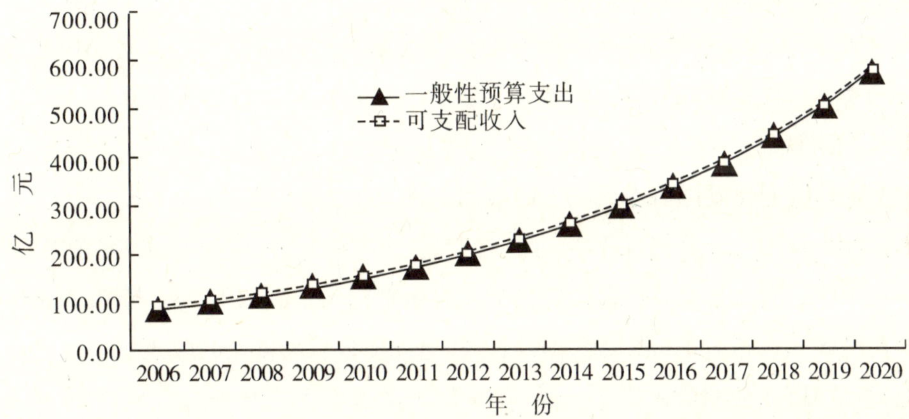

图12－5　云南省地方一般性预算支出和可支配收入的预测值

对云南省地方一般性预算支出和可支配收入的预测反映出：2006－2020年期间，云南省地方可支配收入与一般性预算支出处于同一水平，并且增长趋势相同。由此可以说明，云南省的地方财政能够支撑地方一般性预算支出，进而证明了云南省对农村社会保障的制度安排是合理、可行的。

第三节　农民承受力分析

“十五”期间，云南省农民人均纯收入平均增长6.67%，到2005年已达到2042元，比2000年的1479元增加了563元，比2003年新型农村合作医疗实施初期的1697元增加了345元。农村合作医疗起步初期农民每年只需人均缴纳10元，现在参合的积极性就很高，大多数农民个人缴费不会存在问题，少数缴费有困难的群众，由政府从医疗救助资金中解决。由于中央对“三农”问题的重视，以后农民增收的幅度应高于往年，但由于民族地区过去农民负担相对较轻，农村税费改革和以后将要出台的减免农业税的政策给农民带来的实惠将小于发达地区，综合各种因素，“十一五”期间，农民人均纯收入按平均增长6%计算，到2010年将达到2732元，比2003年增加1035元，再增加每年10元的缴费，占农民收入增量的1%，低于收入增长的幅度，农民也是可以承担的。到2015年，按人均200元筹资，主要是加大了政府的补助额度，农民只增加缴费30元，即使仍然按6%的增幅计算，农民人均纯收入也将达到3657元，再增加30元的缴费，承担起来将更为容易。如果农民愿意多缴费，可以提高享受待遇的水平。农业人口按实际自然增长率6.08%的增幅进行测算。①

农村养老保险随着农民收入的增加而逐步扩大覆盖面，到2012年，全省农民年人均纯收入将超过3000元，将有超过一半以上的县达到或者超过全省平均水平，其他县也有更多的农民群众有缴费能力，到2015年，全省农民年人均纯收入达到3657元，绝大多数县和绝大多数农民群众的收入水平达到或超过现在启动县的收入水平，到2020年，全省农民人均纯收入将接近5000元，不仅有足够的条件实现全覆盖，而且，将有条件建立城乡一体化的养老保险制度。

① 根据《云南统计年鉴》(2003)，中国统计出版社2003年版；云南省财政厅预算处：《2002云南省财政发展报告》(内部印刷)；云南省统计局：《云南省国民经济和社会发展主要指标》(内部印刷) 等相关资料整理。由于经济的发展和小康社会建设进程的加快，农民人均纯收入的增长可能会高于我们的测算数；由于农村独生子女奖励政策的出台和落实，农村人口的自然增长率有可能比我们测算的低。本书的测算从方法论的角度看，应该是可取的。

结 论

通过对选题的审视，运用社会保障理论，借鉴国外农村社会保障制度建立的经验教训，总结我国社会保障制度发展的轨迹，对制度创新的思考和分析，可以得出以下结论：

一、构建民族地区农村社会保障制度，对于坚持科学发展观，构建社会主义和谐社会，实现各民族“共同团结奋斗，共同繁荣发展”，共享改革成果，实现共同富裕具有重要的理论和现实意义。

我国已进入全面建设小康社会和构建社会主义和谐社会的新的历史时期，“共同团结奋斗，共同繁荣发展”是新时期民族工作的主题。按照科学发展观的要求，加快农村社会保障建设的步伐，特别是建立健全民族地区农村社会保障制度，对于坚持以人为本，构建社会主义和谐社会；统筹城乡发展，推进社会主义新农村建设；缩小城乡差距，促进各地区协调发展；建立社会主义市场经济，弥补市场失灵；建立新型民族关系，促进各民族共同繁荣发展都具有重要的意义。按照科学发展观和以人为本的要求，经济社会发展的最终目的是提高人民群众的生活水平，促进人的全面发展。

要实现新时期的发展目标，重点在农村，难点也在农村。没有农村和农民的小康，就不可能有全国和中华民族的小康，没有农村的发展和农民生活水平的提高，就谈不上社会的和谐。由于历史和自然的原因，民族地区同发达地区以往社会基础结构不同、起点不同，在以市场为主体的资源配置中，必然处于劣势。我国东西部之间、城乡之间、贫富之间的差距在不断扩大，“三农”问题突出，这些都是同全面、协调、可持续发展不相适应的。市场经济本身并不能解决贫富分化和收入差距扩大的问题，经济的发展，本身并不必然带来公平正义，只是提供了实现公平正义的物质基础，实现各民族共同繁荣发展应该包括各民族共享改革成果，实现共同富裕。在新农村建设中，

障方式按补差标准发放现金和实物；资金筹集应以政府投入为主，在增加投入的同时，对存量进行结构调整与整合，将原部分救济资金，救灾资金中的口粮款部分，支农、扶贫、民族机动金，福利彩票资金，残疾人保障金等资金用于农村最低生活保障，中央应设立对下的专项转移支付资金并向西部民族地区倾斜。完善自然灾害救济制度，要统筹规划，做好地质灾害调查、监测、预警、治理、搬迁等工作，强化分级负责制，细化自然灾害应急预案，完善灾评系统，加大对救灾的投入，并对现有救灾资金进行整合，加大灾后救济和恢复重建力度。社会福利应主要发展教育福利和卫生福利。农村教育应以逐步实现与城市教育水平均等化为目标，以普及九年义务教育为主，全面落实政府为主导承担义务教育经费，主要应从解决办学条件和全面实行“两免一补”措施，提高农村中小学的生均教育经费，全面消除农村中小学存在的危房，继续办好农村寄宿制中小学和边境口岸学校，全面推行农村贫困家庭寄宿学生生活费补助制度，让农村学生特别是民族地区的学生能够享受到更好的教育福利，切实改变农村上学贵、上学难的状况。卫生福利应以满足农村居民健康需求为导向，优化卫生资源结构，加强农村公共卫生服务和医疗服务体系建设，改善乡镇卫生院和村卫生室的设施条件，实施乡村卫生人员培训，提高农村卫生人员的总体素质，提高卫生服务的公平性，解决群众“看病难、看病贵”的问题。在坚持土地保障和家庭保障为主的前提下，针对不同的群体建立补充型的养老保障。在民族地区全面推行农村社会养老保险的条件尚不成熟，即使增加财政补贴的内容，也必须是在农民个人首先缴费的基础上补贴，在大多数农民缴费困难的情况下，必然形成“补富不补穷”，不仅没有使最需要保障的对象得到保障，还带来新的分配不公；而且基金的投资渠道不畅，保值增值困难，为避免财政补贴资金的闲置，不如将有限的资金首先用于医疗保障、最低生活保障等更为急需的保障项目。已经出台和即将建立的农村最低生活保障、农民工和失地农民的养老保险、农业人口独生子女的奖励政策等相关制度，在一定程度上解决了一部分农村人口的养老问题。农村养老保险可以在经济相对发达、农民收入较高的县（市）先行启动，逐步向全省推开，应建立与城镇企业职工基本养老保险制度相衔接的新方案，坚持低标准起步，个人缴费为主，按农民人均纯收入作为缴费基数，财政给予适当补贴；分别建立统筹账户与个人账户；由各地城镇企业职工养老保险经办机构管理；建立严格的管理制度；中央应统一制定基金的投资管理办法及银行的优惠存款利率，拓宽投资渠道，确保基金的保值增值。

五、针对新时期农村贫困群众的特殊性和扶贫工作的新特点，确立社会保障在反贫困中的基础制度地位，把解决贫困群众的基本生活困难作为重要制度安排。

进入新世纪持久扶贫阶段以后，贫困人口下降的趋势和幅度大大减缓，贫困人口和贫困状况有了新的变化，存在很大的特殊性，开发式扶贫的政策效应有减弱趋势，需要进行完善和调整。仅仅扶持其发展，由于发展项目选择的困难，经营管理水平的差距，效益的发挥将大打折扣；而且，这些地区还存在丧失生存条件，无法进行深度开发和发展的情况。大力发展教育、文化等社会事业，成为提高人口素质的治本措施，但是，人口素质的提高是一个逐步渐进的过程，需要较长的周期。开发式扶贫同社会保障本质和目标是完全一致的，都是为了提高人民群众特别是贫困人口的生活水平，把人的需要放在了首位，是以人为本的具体体现。对农村贫困人口，在通过开发式扶贫的同时，也必须采取相应的生活保障措施，把最急需、最迫切的需要作为切入点。应把社会救助作为第一位的制度安排，特困群体最需要保障的是吃、穿、住和看不起病、上不起学的问题。

六、农民工的社会保障应分层次研究，区分实现稳定就业、从事个体经营和劳动的农民工，分别纳入相应的社会保障体系。

探讨农民工的社会保障问题，必须结合就业服务和户籍制度改革分层次地研究，根据这一特殊群体中的不同情况，制订相应的政策。对实现稳定就业的农民工，直接纳入城镇社会保障体系。流动就业的农民工，受雇于雇主的，应参加工伤保险；可在城镇职工医疗保险的框架内做特殊变通，建立大病住院医疗保险，由用工单位和农民工个人分别负担，鼓励收入较高的农民工提高缴费水平并提高待遇标准，逐步向既保门诊费用又保大病住院费用的基本医疗保险过渡；养老保险目前还不具备统一制度的条件，可根据现行城镇职工基本养老保险框架，按照“低缴费、低待遇”的原则，单独建立与城镇职工基本养老保险制度衔接的过渡养老保险；也可自愿选择参加新型农村合作医疗等农村社会保障。至于对从事个体经营和劳动的农民工，目前还不具备全面纳入社会保险的条件，只能根据自愿的原则，自主选择参保。在本地乡镇企业工作的农民工，如企业经济效益较好，个人收入较高，单位和个人有缴费能力的，可以直接参加城镇职工基本养老保险；没有条件参加的，可参加农村养老保险；鼓励有条件的农民工购买商业保险或以个人身份参加城镇职工养老保险。

七、对失地农民应坚持分类施保，根据农业安置、就业安置和自主创业安置等不同的安置方式，构建不同的保障体系；同时，应提高征地补偿安置标准，创新安置模式。

失地以后的农民分化比较严重，已经不作为独立群体存在，由于安置方式的不同，无法按统一模式将失地农民作为一个统一群体纳入城镇或农村社会保障制度的保障范围，必须进行分类施保。特别需要对失地以后没有稳定就业的群体进行特殊研究，在社会保险特别是养老保险制度上要作出特殊的制度安排。对失地农民的安置主要有三种方式：一是农业安置，失地农民继续保留农村户籍，在当地或异地继续从事农业生产；二是就业安置，由征地单位安排，政府帮助或从征地中预留部分土地以发展集体经济等方式实现就业；三是自主创业安置，由国家或征地单位对失地农民给予货币补偿，并进行必要的政策扶持和培训，由失地农民自主创业和自谋职业。对失去生产资料和劳动对象的失地农民而言，最为迫切的是为他们提供新的就业机会，在提供就业保障的同时，必须把就业保障和社会保障有机结合，构建相适应的社会保障制度。养老保障，医疗保障，以最低生活保障为重点的救助应作为失地农民社会保障制度的基本内容。构建失地农民社会保障制度的前提是应该提高土地征用的补偿标准，创新安置模式，以保证有适应需要的资金来源。

八、对人口较少民族、“直接过渡”民族和居住在边境一线的少数民族等特困民族，应构建特殊的社会保障，主要以社会救助和医疗保障为重点。

特困民族是指人口较少民族、“直接过渡”民族和居住在边境一线的少数民族，这一群体多数从原始社会末期直接向社会主义过渡，实现了历史的跨越。他们共同的特点是居住在边疆和山区，社会发育程度低，社会基础设施建设落后，贫困程度深，劳动者素质普遍偏低。我们党对民族地区的特殊政策，从新中国成立初期的50年代就已经开始。对边境贫困地区和人口较少民族也专门制定了特殊的扶持政策。新时期制定的“富民兴边”行动计划和扶持人口较少民族发展规划对促进特困民族的发展，起到了非常重大的作用。但是，在计划和规划中，除有对缺乏生存条件但为守边固土而不能实施移民搬迁的边民，探索建立最低生活保障制度的原则规定外，没有包括其他社会保障方面的内容，这不能不说是一个缺憾。虽然党和国家对居住在边疆地区和“直过区”等特困民族给予了相应的关心和照顾，但是，在社会保障方面，除了在资金的安排上给予了一定的倾斜以外，缺乏相应的制度安排。只有采取特殊的社会保障政策，才能够更快地促进边疆地区、“直过区”和人口较少民族发展经济，提高教育、科技、文化水平，实现各民族共同繁荣发展的目标。特困民族的特殊保障应主要从社会救助和医疗保障的视角，对吃、穿、住和看病的问题进行研究，率先建立特困民族最低生活保障制度，提前实施新型农村合作医疗制度，并同时建立完善医疗救助制度。全面建立和完善农村最低生活保障制度还需一定时日，选择特困民族为突破口，不仅是必要的，财力也完全可以负担。应于2007年优先将所有特困民族所在县全部纳入新型农村合作医疗试点，并由国家承担居住在该区域的边境乡镇全部农业人口（不分民族）、县行政区域范围内的“直过”民族和人口较少民族的个人缴费部分，同时，鼓励有缴费能力的个人增加缴费，并相应提高报销水平。

九、加大对民族地区农村社会保障的投入，是公共财政政策的基本要求，应增加对民族地区的转移支付，建立社会保障预算，适时开征社会保险税。

财政收入的增加，为财政加大对社会保障的投入，特别是加大对农村社会保障和西部民族地区的投入提供了雄厚的财力保证。加大对西部民族地区社会保障的投入，优先解决特困民族的基本生活问题，不仅是必要的，而且是完全可以实现的。中央应加大对民族地区的转移支付的力度，增设农村特困救助专项转移支付资金，条件成熟时设立农村最低生活保障补助专项支付资金，重点对边疆地区、“直过区”、人口较少民族、藏区等特困地区和特困民族给予倾斜，新型农村合作医疗提前覆盖。同时，充分调动地方各级政府的积极性，按一定的比例要求地方各级政府增加投入。设立社会保障预算，开征社会保险税，为城镇社会保险建立更稳定的资金来源，有利于加大对农村社会保障的投入。

十、民族地区农村社会保障制度需要在实践中逐步演进，制定实施的时间表至关重要，既要制定单项制度的时间表，突出实施重点，又要把单项制度纳入整个社会保障体系统筹考虑，整体推进。

民族地区农村社会保障制度的构建，应该制定科学合理的发展规划，既需要有宏观目标，又必须加以具体量化，综合考虑各种因素的影响，制定出实施的时间表。从建立有差别的农村社会保障制度开始起步，逐步提高保障标准，扩大保障范围，到2020年，建立起城乡一体化的社会保障制度。新型农村合作医疗和农村特困医疗救助制度于2007年在民族地区实现全覆盖；2010年，按年人均100元筹集新型农村合作医疗资金，各级政府按每人80元补助，农民按20元缴费；2015年，将标准提高到每年人均200元，政府按150元进行补助，农民按50元缴费。2007年正式实施民族地区农村最低生活保障制度，将处于绝对贫困的人群全部纳入保障范围。2009年以后，主要是进一步完善制度，逐步提高保障标准，并将保障的范围扩大到相对贫困的人群，建立起比较完备的民族地区农村最低生活保障制度。农民工的医疗保险制度2007年开始从有条件的企业起步，2009年以前全面建立，以后年度逐步调整政策，提高保障水平；工伤保险和失业保险应督促用工单位从2006年开始按规定缴费，2008年以前力求全部执行到位；制定统一的养老保险制度的时期应该适当后延。失地农民的社会保障应于2007年全面启动。凡新失地的农民，在征地时就应同时考虑保障问题，区分不同的安置方式，纳入相应的保障体系；对按过去的相关征地政策征用农民土地形成的失地农民，用3年左右的时间，建立和完善保障制度，妥善解决历史遗留问题。以最低生活保障和医疗保障为主要内容的特困民族特殊保障制度，应于2007年全面启动，将人均纯收入低于国家规定的绝对贫困标准的特困民族人口，全部纳入最低生活保障范围；优先将边疆县、“直过区”涉及县、人口较少民族聚居县等特困民族所在县，全部纳入新型农村合作医疗试点范围，个人缴费部分由政府承担。从财政收入和农民人均纯收入增长情况分析，按以上时间表进行操作，是比较符合实际情况的。

在本书初稿完成之际，正值党的十六届六中全会胜利召开，会议的主要议题是研究构建社会主义和谐社会。会议审议通过了《中共中央关于构建社会主义和谐社会若干重大问题的决定》。党的十六届六中全会指出，社会和谐是中国特色社会主义的本质属性，是国家富强、民族振兴、人民幸福的重要保证。构建社会主义和谐社会，是我们党以马克思列宁主义、毛泽东思想、邓小平理论和“三个代表”重要思想为指导，全面贯彻落实科学发展观，从中国特色社会主义事业总体布局和全面建设小康社会全局出发提出的重大战略任务，反映了建设富强民主文明和谐的社会主义现代化国家的内在要求，体现了全党全国各族人民的共同愿望，全党要切实把构建社会主义和谐社会作为贯穿中国特色社会主义事业全过程的长期历史任务和全面建设小康社会的重大现实课题抓紧抓好。民族地区农村社会保障是一个全新的课题，无论是理论视角还是操作层面都有诸多的问题需要回答。笔者的研究还只是初步的，仅仅是为进一步深入探讨提供了一个新的平台和起点，由于才疏学浅，有的研究结论未必完全正确，还有很多问题需要更加深入地研究。比如，社会保障的基本原则之一在于普遍性，民族问题更重要的是把握特殊性，如何将二者更好地结合，特别是结合的“度”的问题：一方面对各少数民族传统保障方式进行进一步总结和概括，另一方面分别对各个少数民族不同的保障方式进行挖掘和整理，并注重历史和现实的结合。更为重要的是，党的十六届六中全会确定的到2020年构建全体人民共同建设、共同享有的和谐社会的目标，对社会保障制度的建设提出了新的更高的要求，要实现城乡、区域发展差距扩大的趋势逐步扭转，合理有序的收入分配格局基本形成，社会就业比较充分，覆盖城乡居民的社会保障体系基本建立，基本公共服务体系更加完备的目标，需要从更高的角度、更宽的领域、更深的层次探索具有中国特色的社会保障道路。

附　录

文献综述

一、关于重要性和必要性问题

部分学者从人权、公平正义、建立社会主义市场经济体制、缩小贫富和收入差距、维护社会稳定、促进经济发展、全面建设小康社会等各个方面都作了较全面的有一定深度的论述。党的十六届四中全会提出和谐社会的概念和党的十六届五中全会部署构建社会主义和谐社会、建设社会主义新农村之后，部分学者结合构建和谐社会和新农村建设进行了研究。郑功成认为，社会保障是国家对每一个公民应尽的责任，其中也包括对广大农民的社会保障。建立农村社会保障制度，既是保障社会弱势群体和维护社会稳定的安全网，更是衡量一个社会是否公正与公平的一把尺子。从法律意义上看，一个国家内，每个公民的权利应是相同的，不能因为种族、性别、居住地域或户籍身份而区别对待，没有农村的社会保障，城镇社会保障也不可能健康运行。① 社会保障对社会公平正义的追求，恰恰是构建和谐社会的核心价值取向。在市场经济条件下，要促进社会和谐，实现社会公平，在很大程度上需要依赖社会保障。② 申曙光、谢林认为和谐社会的最低要求和基础条件是人民的基本生活得到保障，社会保障事业的发展对于构建社会主义和谐社会具有核心意义与作用。③ 刘斌、张兆刚、霍功从当前农村结构和家庭结构发生的变化，农村经济的现状和农村经济改革的发展，加入 WTO 以后我国与发达国家农业的平

① 郑功成:《中国社会保障制度变迁与评估》，中国人民大学出版社 2002 年版，第 261 页。

② 郑功成:《用社会保障促进社会和谐》，载《社会保障研究》，中国人民大学中国社会保障研究中心、中国劳动社会保障出版社 2005 年第 1 期，第 2 页。

③ 申曙光，谢林:《构建和谐社会与发展社会保障事业》，《社会保障研究》，中国人民大学中国社会保障研究中心、中国劳动社会保障出版社，2005 年第 1 期，第 8、11 页。

等竞争，以及调节分配、缩小城乡差距、达到公平分配等社会保障的职能等方面论述了建立农村社会保障体系的必要性。① 杨翠迎认为，农村社会保障制度是农村市场经济建立和发展的必要条件之一，为农村人建立社会保障制度，让农村人与城市人享有同样的权利，更显示社会保障制度的公平性，是促进农村经济发展、稳定农村社会的一道重要防线，还有助于农村资源优化配置和农村劳动生产力的提高。所以，杨翠迎认为，建立与完善农村社会保障制度，是农村形势的迫切需要，是顺应时代发展的必然。② 相关的论著还很多，都从不同角度论述了建立农村社会保障制度的重要性和必要性。

二、关于统筹城乡社会保障体系的问题

建立农村社会保障制度的重要性、必要性和紧迫性的问题，前些年还存在一些不同看法，近年来在学术界已经形成了比较一致的观点，但是，对是否建立城乡统筹的社会保障体系的问题，争论却相当激烈，远未达成一致看法。一是认为应当建立城乡统一的社会保障制度。杨玉民认为从理论的角度出发，制度安排一元化是社会保障的内在要求，因为一元化的制度安排不仅公平，而且管理简便。市场经济的发展，要求建立全国统一的国内市场和劳动力市场，与此相适应，也要求建立全国统一的社会保障制度和全国统一的社会保障基金，否则，劳动力在全国范围内流动势必受阻。从中国目前的经济发展看，已经完全达到英美等发达国家开始建立统一社会保障制度时的水平，统一社会保障制度已当其时。③ 持类似观点的学者还有相当的比例。樊小刚提出，以建立城乡一体化的社会保障为目标，在经济比较发达的地区，率先建立社会保障制度，构建城乡社会保障制度之间的衔接通道，实现农村社会保障制度创新。④ 二是不赞成城乡一体化的社会保障制度，当然其中也有不同的理由。陈平的看法言辞比较激烈，认为建立统一的社会保障体系是“短

① 刘斌，张兆刚，霍功：《中国三农问题报告》，中国发展出版社 2004 年版，第 461 页。

② 杨翠迎：《中国农村社会保障制度研究》，中国农业出版社 2003 年版，第 6－8 页。

③ 杨玉民：《统一社保制度已当其时》，《中国改革报》2002 年 8 月 19 日。

④ 樊小刚：《土地的保障功能与农村社会保障制度创新》，《财经论丛》2003 年第 4 期，第 11－12 页。

视国策”，其经济动机是短期的，战略目标是错误的，财政上是无法持续的，在国际竞争中是自损国际竞争力的。[①] 三是应对中国社会保障进行城乡整合。李迎生认为，整合也可称作有差别的统一。首先，对进城农民与乡镇企业（小城镇）职工逐步实现与城市职工统一的社会保障制度；其次，将养老保险的第一支柱（保障最低生活水平）与医疗保险的大病统筹部分设计为全民共享项目，先行实现城乡一体化；第三，实现工业反哺农业，财政政策向农业与农民倾斜，以增强农民参与社会保障的经济实力，从整体上保证农民社会保障和城市企业社会保障的实质性公平；第四，建立全国统一的社会保障个人账户，推动社会保障体系城乡整合的最终实现。[②] 四是城乡社会保障制度应进行从“二元到三维”的衔接。王国军认为由于全面建设中国农村社会保障制度的政治、经济和社会条件尚不成熟，也限于国家的社会保障资源不足，所以，期望在短期内彻底解决农村社会保障制度缺失的问题是根本不可能的，强行推动只能是加重农民负担、影响社会稳定。城乡社会保障制度的有机衔接应按不同地区的社会、经济发展水平分别采用过渡模式和目标模式，建立多层次、分阶段、与经济发展水平相适应、农村与城市社会保障体系有机衔接的“三维社会保障体系”。[③]

三、关于体系建设问题

王国军认为城乡社会保障制度的有机衔接应按不同地区的社会、经济发展水平分别采用过渡模式和目标模式，建立多层次、分阶段、与经济发展水平相适应、农村与城市社会保障体系有机衔接的“三维社会保障体系”。第一维度是建立全国城乡的法定的最低保障，其内容是最低养老和健康保障；第二维度是具备条件的农村地区建立农村社区性的基本保障，包括社区性的农村社会养老保险、健康保险制度（新型农村合作医疗或合作健康保险制度），

---

① 陈平：《建立统一的社会保障体系是短视国策》，《中国改革》2002 年第 4 期，第 16 页。

② 李迎生：《探索中国社会保障体系的城乡整合之路》，《浙江学刊》2001 年第 5 期，第73－76 页。

③ 王国军：《社会保障：从二元到三维——中国城乡社会保障制度的比较与统筹》，对外经济贸易大学出版社 2005 年版，第 139 页。

可以和城市的基本养老保险、基本医疗保险有机对接，除保障水平外，可以打破一切城乡界限，与当地城市的社会保障系统联网，针对乡镇企业职工和农民工的工伤保险和生育保险制度，同城镇工伤保险和生育保险完全对接；第三维度是建立以商业性和政策性保险为主体的补充保障，包括商业化经营的农民大病医疗保险、农村灾害与事故保险、为农村经济收入较高人群提供的自愿性质的农村商业保险。① 李迎生认为在我国绝大多数农村地区，目前尚不具备全面实施现代化社会保障制度尤其是社会保险制度的条件。农村社会保障体系改革的目标是在全国范围内形成以社会保险为核心的，外加社会福利、社会救助、社会互助及其他保障方式的科学、合理、系统、规范的城乡居民实质同一的，同时又极具中国传统文化特色的新型的现代社会保障体系。农村社会保障体系的现实选择，应当采取家庭养老、集体帮助和国家补助相结合的方式，同时实施个人养老储蓄计划，疾病保障可选择大病费用社会统筹模式，对农村贫困人口实施最低生活保障；失业津贴或救济目前尚无全面推广的必要。② 杨翠迎提出了构建农村社会保障制度的目标模式、市场模式及转型模式。她认为，社会保障制度的目标模式应该是城乡一体化的统一模式，提出了商业保险在社会保障制度中的主体地位等观点，提出了农村养老保险、医疗保险、失业保险、工伤保险、社会救灾保险、贫困户救济、五保户供养、安置抚恤、社会福利、商业保险、个人储蓄、社会捐赠、慈善事业等一整套宏大的体系。③ 郑功成认为，农村社会保障是一个大概念，既包括扶贫、最低生活保障、“五保户”制度、救灾救济等社会救助制度，也包括一定程度的医疗保障、老年保障，并认为，农村固然需要完善的社会保障体系，但对大部分地区和绝大部分农民来说，最急需的是医疗保障、老年保障及低收入保障。④ 赵曼、刘恒庆等认为从长期发展趋势看，我国农村应逐步建立起以社会保险为主、社会救助为辅，以社会福利提供必要的设施和服务，以优抚保障

① 王国军：《社会保障：从二元到三维——中国城乡社会保障制度的比较与统筹》，对外经济贸易大学出版社 2005 年，第 139 页。

② 李迎生：《社会保障与社会结构转型一二元社会保障体系研究》，中国人民大学出版社 2001 年版，第 177－178 页。

③ 杨翠迎：《中过农村社会保障制度研究》，中国农业出版社 2003 年版，第 116、117 页。

④ 郑功成：《中国社会保障制度变迁与评估》，中国人民大学出版社 2002 年版，第 266、267 页。

对特殊社会群体提供特殊保障，以社会互助作必要补充的社会保障制度框架结构。从近期目标看，普惠性质的社会救助制度包括灾害救济制度与最低收入保障制度（含“五保”供养制度），它是农村社会保障制度的“底盘”。[①] 王越认为，应构建“4+1”的农村社会保障体系，包括以最低生活保障和农业保险为基础的基础保障，以农村养老和医疗保险为根本的基本保障，以农村社会救济和社会福利为辅助的辅助保障，大力发展农村商业保险等附加保障，加快开发式扶贫工作力度。[②] 不少学者从“生有所靠、病有所医、老有所养”的基本保障要求，设计农村社会保障制度的范围和重点。熊思远认为，农村最低生活保障、农村养老保险和农村医疗保险三项制度是农村社会保障制度建设的重点。[③] 刘斌，张兆刚，霍功认为，农村社会保障以社会救济、养老保险、社会福利、优抚安置、社会互助和合作医疗六项制度为主要内容，最低生活保障、养老保险和医疗保险三项制度建设是其重点。[④] 劳动和社会保障部课题组认为应建立由国家、集体、农民三方负担的养老、医疗等社会保障制度，并在经济发展快的地区推进城乡协调的社会保险制度，实现农村社会保险与城镇职工社会保险制度的接轨和社会保险关系的接续。[⑤]

四、农民工的社会保障问题

有学者反对把农民工纳入社会保障体系：一是统一社会保障会严重削弱中国劳动力密集产业的国际竞争力。中国经济改革的成功和高速成长，靠的是没有劳动保障的乡镇企业和民营企业，大量基本建设靠的是进城打工的农民；[⑥] 二是建立农民工社会保障具有负效应，表现在：建立农民工社会保障对我国城市化会产生负面影响，对农村社会保障建设有不利影响，也不利于农

① 赵曼，刘恒庆：《社会保障学》，北京财政经济出版社 2003 年版，第 307 页。

② 王越：《中国农村社会保障制度建设研究》，中国农业出版社 2005 年版，第 219、220 页。

③ 熊思远：《当代中国社会保障导论》，云南科技出版社 2002 年版，第 308 页。

④ 刘斌，张兆刚，霍功：《中国三农问题报告》，中国发展出版社 2004 年版，第 462、463 页。

⑤ 劳动和社会保障部调研组：《农民工社会保障问题研究报告》，《中国农民工调研报告》，中国言实出版社 2006 年版，第 259 页。

⑥ 陈平：《建立统一的社会保障体系是短视国策》，《中国改革》2002 年第 4 期，第 16－17 页。

民工的就业。[①] 三是在我国真正建立城乡一体的社会保障体系还有相当长的路要走，对于多数农民工而言，获得工作机会从而获得收入才是最关键的，如果一定要不顾国情把农民工纳入城镇社会保障体系，国家将付出太大的监督成本，会使我国的劳动力资源优势受到削弱，可能使企业投资的增长势头受到抑制，农民工进城务工就业的机会减少，农民增收将变得更加困难。[②] 更多的学者主张逐步建立农民工的社会保障，但在框架体系与基本思路上还存在较大分歧：一是认为应将农民工纳入到农村社会保障体系。杨立雄认为，把农民工纳入城镇统一的社会保障体系和参照城镇社会保障体系建立新的农民工社会保障制度的两种模式无论在理论上还是实践上都不具备可行性，要从根本上解决农民工的社会保障问题，应加快改革和完善农村社会保障制度，并最终向城乡一体的社会保障体制过渡。[③] 孙文基认为，由于我国特殊的国情造成了农民工的特殊性，农民“离土不离乡”，农忙及春节返乡，农闲又外出，其工作往往具有短期性，再加上他们自身素养问题，在城市中往往是补充城市劳动者在某些方面的不足，一旦出现企业不景气，又往往会被逐回农村。因而，他们的工作具有很大的不稳定性，将农民工纳入城市养老保险体系的难度很大，将这部分人纳入农村养老保险体制内比较合理。[④] 二是认为应将农民工纳入城镇社会保障体系。将农民工纳入城市社会保障系统是建立全国统一劳动力市场，打破城乡二元结构，实现城乡一体化以及促进农村经济发展的需要。[⑤] 三是认为应实行分类保障。郑功成认为，面向农民工的社会保障在现阶段也不可能与城镇职工的社会保障体系完全接轨，只有采取分类分层保障的办法。最迫切的是建立农民工的工伤保险制度；其次，有必要建立农民工的大病或住院保障机制；再次，有必要为农民工建立社会救援制度。对于养老保险，有必要设计两个以上的方案，供有稳定职业的农民工和无稳

---

① 彭宅文：《建立农民工社会保障的政策效应分析》，《人口与经济》2003 年第 5 期，第 64 页。

② 陈美球：《农民工社保时机成熟了吗》，《中国改革》2002 年第 7 期，第 18 页。

③ 杨立雄：《“进城”还是“回乡”？——农民工社会保障政策的路径选择》，《湖南师范大学学报》2004 年第 2 期，第 25、26 页。

④ 孙文基：《建立和完善农村社会保障制度》，社会科学文献出版社 2006 年版，第 170 页。

⑤ 周毕芬，阙春萍：《农民工：城市社会保障系统应该覆盖的对象》，《喀什师范学院学报》2004 年第 5 期，第 12 页。

定职业的农民工自主选择。[①] 李迎生认为将进城农民工纳入农村社会保障体系之中，既不现实也不可靠，对乡镇企业职工与进城农民一开始即推出像城市企业职工那样的比较完善的社会保障制度，亦缺乏财源及其他资源，可考虑对城乡三大劳动者阶层即城市企业职工、农民工人（乡镇企业职工与进城农民）及农民分别实行既相对独立又便于走向整合的作为过渡形态的社会保障制度模式，构建"三元社会保障模式"，推出相对独立的面向进城农民与乡镇企业职工的社会保障制度。[②] 董理认为，可以根据非农产业群体始终与土地保持着若即若离联系的特点，设计一种"以土地换保障"的方案，即农民到城镇就业或进入城镇定居而无力耕种土地的时候，让出其原先承包的土地，由转包者按国家统一标准替转让者缴纳一定数量的经济补偿，使其参加工伤或意外伤残补偿、住院医疗费报销和老年补贴等，在成都、上海等地已开始实行相应的社会保障。[③] 夏光波和杨光润认为，应为农民工建立"综合"保险，包括工伤或意外伤残补偿、住院医疗费报销和老年补贴等，在成都、上海等地已开始实践，而在上海甚至已经扩大到所有的外来人员。[④] 四是应为农民工建立三条保障线。李强认为，由雇主或单位承担起对所雇工人的保障责任，这是第一条也是最重要的一条保障线；在北京、上海、广东等外来劳动力大量流入的地区发挥各省驻该地的"劳动服务组织"的作用，这是第二条保障线；在大城市里应设立"公共劳动"形式的流动人口的"最低生存保障"体制，以使得那些失业、陷入困境、无依无靠的外来民工能够通过"公共劳动"暂时找到合法的活路，这是第三条保障线。[⑤] 根据温家宝总理的批示，国务院研究室牵头，于2005年对农民工问题进行了广泛的调研，形成了一大批研究成果，其中包括农民工就业和社会保障的专题研究报告。劳动和社会保障部

① 郑功成：《农民工的权益与社会保障》，《中国党政干部论坛》2002年第8期，第24页。

② 李迎生：《从分化到整合：二元社会保障体系的起源、改革与前瞻》，《教学与研究》2002年第8期，第20页。

③ 董理：《我国农村非农产业群体的社会保障制度探析》，《武汉理工大学学报》2001年第5期，第427页。

④ 夏光波，杨光润：《"综保"：搅动民工保障迷局》，《中国社会保障》2004年第3期，第4-7页。

⑤ 李强：《农民工与中国社会分层》，社会科学文献出版社2004年版，第213-215页。

调研组认为，必须从城镇化和国家长远发展的战略高度，将农民工纳入社会保险，提供基本的社会保障。应根据有关风险对农民工的危害程度，以及农民工的自身需求，按照分类指导、分步推进的原则：第一，先解决农民工迫切需要的保障需求，首先应将农民工纳入工伤保险；第二，加快建立农民工的大病和住院保险；第三，必须逐步解决农民工的养老保障问题；此外也有必要对农民工提供临时或应急性的救助。在制度选择上实行分层分类保障，即将稳定就业（从事正规就业，建立劳动关系，以及事实劳动关系 5 年以上）的农民工纳入现行的养老和医疗保障制度，参加城镇养老、医疗、失业、工伤等社会保险，同时改革和完善现行的养老和医疗保险制度，使稳定就业的农民工能够享受其待遇；对不稳定就业（签订短期合同，频繁流动以及从事各种灵活就业的）的农民工引入过渡性的办法，除工伤、失业保险按现行规定对待外，养老保险先建个人账户、不建社会统筹账户，实行过渡性的个人账户制度，将本人的社会保障权益直接记入个人账户；医疗保险先建社会统筹账户、不建个人账户，实行低门槛、保大病、管当期。随着我国社会保障制度的改革完善，在基础养老金实行全国统筹之后，再考虑如何将农民工逐步纳入统一的城镇社会保障体系的问题。[①] 显然，国务院研究室与劳动和社会保障部课题组是在吸收了前人意见的基础上形成的新成果。

五、失地农民的社会保障问题

楼喻刚、金皓认为，建立面向土地被征用农民养老保障体系要分清对象，因人而异。已经实行了农转非的农民，可加入城镇职工养老保险制度；未实行农转非的农民，可参照智利的做法，以改革试点的方式建立有别于城镇的农村的个人账户，待时机成熟可以向全国推开。资金主要来自于土地征用补偿收入。[②] 鲍海君、吴次芳认为，失地农民的社会保障应包括最低生活保障、养老保障、医疗保障、受教育和培训的机会、法律援助等。必须改革现行的

① 劳动和社会保障部调研组：《农民工社会保障问题研究报告》，载《中国农民工调研报告》，中国言实出版社 2006 年版，第 252－255 页。

② 楼喻刚，金皓：《城市化进程中土地被征用农民养老保障问题初探》，《西北人口》2002 年第 1 期，第 29 页。

有关征地补偿和安置办法，为建立失地农民社会保障基金提供法律上的依据。征地改革应严格区分公共利益和非公共利益两种不同类型的征地行为，分别采用不同的征地补偿和安置标准，并规定补偿和安置费用于建立失地农民社会保障基金：（1）公共利益征用土地的，以土地市场价格为基础，以相当补偿为原则，提高征地补偿和安置标准，一次性足额支付补偿安置费。（2）非公共利益占用农民集体土地，用地单位应为失地农民办理失业、大病、养老等保险。对于非公共利益占用农民集体土地的安置补偿方式，除了用地单位为农民办理失业、大病、养老等保险外，更多地应引入谈判机制，由用地单位和农民集体、农民自行谈判确定补偿安置费。[①] 王国军主要对失地农民的养老保障的城乡衔接和运作模式进行了研究，认为失地农民的养老保障也应纳入城市社会保障制度有机衔接的“三维”社会保障制度框架，在条件允许的情况下，还可以考虑采用商业化运作的模式。资金来源主要有三个渠道：征地补偿款的一部分；富裕地区集体补助款；地方政府的补助款。[②] 对失地农民社会保障的资金来源，学术界的观点基本一致，认为主要应从征地补偿金、政府的土地收益、财政投入、农村集体经济收入等多种渠道筹集。卢海元提出的应通过实行“土地换保障”，建立失地农民多元化的社会保险费用筹集机制，资金实际上也是来自土地补偿收入。云南省政协经济委员会课题组开展了《被征地农民权益保障研究》，其中被征地农民的社会保障问题是研究的重点之一，课题组提出按照“全面覆盖，合理保障，分步推进，城乡有别，统筹兼顾”的基本方针，建立起与云南省经济发展水平相适应，与城镇社会保障体系既有区别又相衔接的被征地农民社会保障制度框架和运营机制。保障内容从基本生活保障入手，逐步扩大到养老保险、大病医疗保险、失业保险等社会保障方面，辅之以必要的民政救济。保障对象既考虑完全失去土地的农民；又妥善处理过去被征地农民的遗留问题。保障方式实行城乡有别，城市规划区内的被征地农民，要纳入城镇就业和基本生活保障制度及社会保障体系。城市规划区外的被征地农民，当地政府应在本区域内为其留有必要的

① 鲍海君，吴次芳：《论失地农民社会保障体系建设》，《管理世界》2002 年第 10 期，第 39 页。

② 王国军：《社会保障：从二元到三维——中国城乡社会保障制度的比较与统筹》，对外经济贸易大学出版社 2005 年版，第 302 页。

耕地，建立基本生活保障制度，并纳入当地农村社会保障体系。资金来源对过去征地的采取农民征地和安置补偿费、集体经济组织收入、政府以国有土地出让收益和各种扶持资金补助等“三个一点”的办法，今后征地的在征地补偿费中加大安置费补助标准，同时，政府建立专项调节资金。[①]

六、关于单项农村社会保障问题

对单项的农村社会保障问题已有很多研究成果，尤其以农村养老保险的成果居多，不仅有多部专门研究农村养老保险问题的专著和一批文章，杨翠迎、王国军、卢海元等人在研究农村社会保障问题中，也都把农村养老保险作为重点加以论证分析。宋健和彭希哲、宋韬分别于 2001 年和 2002 年对当时学术界关于农村养老问题的研究进行过综述。学术界相同的观点是一致认为传统的农村家庭养老尽管难以维持，但鉴于中国国情和农村社会经济发展水平，家庭养老还将在较长时期内保持下去，继续担当农村养老保障的主要力量，同时要辅之以多种形式的其他养老保障方式；认为中国的农村家庭养老模式终究要被适应中国国情的农村社会养老模式所取代，土地保障、家庭养老和社会保障相结合是解决农村养老的必然选择，其基本特征是以家庭保障为基础，社区保障为核心，商业性保障为补充。现行的农村养老保险制度改革试点单纯依靠个人缴费、储蓄积累，并不是真正意义上的社会保险。有的学者认为，政府应加大对农村社会养老保险的扶持，确立其法律地位，采取各种措施提高基金的保值增值能力，理顺管理体制。另一部分学者认为，应完全放弃现有的农村社会养老保险制度，另起炉灶，从农村养老与城市养老体系衔接的角度出发设计制定城乡统一的社会养老保险制度，即实行基本保障、补充保障和附加保障“三维”社会保障制度。[②] 卢海元提出“实物换保障”和“产品换保障”的农村养老保险思路，让农民以农产品、股权、土

---

① 云南省政协经济委员会课题组：《被征地农民权益保障研究》，载秦光荣主编《云南“十一五”规划战略研究》（下），云南人民出版社 2005 年版，第 907 - 910 页。

② 王国军：《社会保障：从二元到三维——中国城乡社会保障制度的比较与统筹》，对外经济贸易大学出版社 2005 年版，第 220 页。

地经营权等实物形式的资产缴纳保险金来建立农村社会养老保险制度。[1] 杨复兴认为农村养老应以家庭保障为主，以家庭家族为主线，建立农民个人养老账户制度，纵向分散风险的养老保障制度，形成一种内源式生长、逐步向外扩展的中国特色的农村养老保障制度模式。[2] 对农村社会救济的研究，虽然滞后于养老保险，但是也逐渐得到了更多学者的重视，主要从建立健全农村最低生活保障制度方面加以论述的成果居多。多吉才让认为，在西部贫困地区搞超前性的农村社会保障项目，目前确实还不具备条件，但农村居民最低生活保障制度保障的是特困农民的基本生活，越是贫困落后的地区，越需要建立。要坚持低标准起步，各级财政安排专款为基础，多渠道筹集资金，以定期定量救济为基础，进一步规范，适当提高标准。[3] 随着“看病贵、看病难”问题的加剧，以及新型农村合作医疗试点工作的开展，部分学者对农村医疗保障问题也开展了研究。除有的学者将农村医疗保障问题纳入整个农村社会保障问题进行研究之外，专门针对医疗保障问题的论著也逐步增多，李卫平、李和森等人的专著对农村医疗保障的模式和政策等方面都作出了论述，徐小青在论述中国农村公共服务中，也对农村的医疗保障问题进行了专门讨论。对农村社会福利的研究，相比之下还比较薄弱，主要集中在五保户的集中供养和教育、医疗服务等方面。

七、从民族角度研究农村社会保障问题

毕天云运用法国社会学家布迪厄的“场域——惯习”理论和方法，从民族角度对福利文化进行了研究。他认为福利文化系统是一个场域即福利场域，是由福利模式观念、贫困观念、救济观念、养老观念、生命价值观念、疾病观念、教育观念和宗教福利观念等八个要素构成的，这些要素之间既相互独立，也相互影响、制约和渗透。社会福利场域具有自己的惯习，福利场域的

---

① 卢海元：《实物换保障：完善城镇化机制的政策选择》，经济管理出版社2002年版，第207、238页。

② 杨复兴：《中国农村养老保障模式创新研究——基于制度文化的分析》，内部印刷，2005年，第213页。

③ 多吉才让：《中国最低生活保障制度研究与实践》，人民出版社2001年版，第237页。

惯习也就是福利文化；福利文化不是福利场域的环境或背景，而是福利场域的内生物，它在福利实践活动中生产和形成，又反过来影响行动者的福利活动。福利文化有其适应的特定福利场域，它只是在产生它的那个场域中才能发挥“如鱼得水”的作用。如果把产生于A福利场域的福利文化“移植”到B福利场域，必然会产生“水土不服”的反应。他主要从社区层次上对经济发展程度基本相近的基诺族和布朗族的福利文化进行比较研究，结论是：补缺型的福利制度安排在目前是适应和符合少数民族的基本福利惯习的；在少数民族地区，实施社会养老模式的文化和心理条件尚未成熟；在少数民族地区的医疗保障制度建设中要“硬件”和“软件”并重；在少数民族地区的社会福利（保障）制度建设中，要充分重视各种社会政策的有机整合。要重视社会政策的民族性，经济发展程度基本相近的不同文化区域，其福利保障制度应该有所不同。① 乔亨瑞在《90年代云南农村社会保障研究》一书中，对云南农村社会保障进行历史回顾的基础上，对改革开放以来云南农村社会保障的现状进行了分析，并把贫困、民族、边境线等问题作为建立云南农村社会保障制度的特殊问题进行研究，认为在研究建立云南农村20世纪90年代社会保障问题时，既要考虑一个云南普遍的贫困问题，又必须重视各个民族的文化、习俗、传统生产生活方式所带来的影响，各少数民族传统的表现在自我保障功能方面的社会机制，至今仍不同程度地发挥着作用，这种机制作为现行社会保障制度的补充，无疑对维持少数民族社会的稳定起到一定的缓冲作用，提出了建立90年代云南农村社会保障制度的对策与建议，认为云南农村社会保障制度的基本格局是建立与扶贫工作相结合的社会救济网络和推行以养老保险为重点的社会保险网络。②

八、关于实施的时间表问题

目前，提出时间表的论述尚不多见。刘斌、张兆刚、霍功认为，2005年

---

① 毕天云：《社会福利场域的惯习》，中国社会科学出版社2004年版，第38、96、275、276页。
② 乔亨瑞：《90年代云南农村社会保障研究》，云南民族出版社1999年版，第49、51、74页。

基本建立起框架体系，到2010年基本建立起比较完善的农村社会保障体系，预计到2015年农村社会保障体系有可能与城市社会保障体系接轨。[①] 卢海元对农民工的社会保障制度建设和农村养老保险制度的发展提出了时间表和发展规划，他认为，农民工的社会保障制度建设问题必然会在“十五”期间提到议事日程，“十一五”期间会有重大发展，到建党100周年的时候，求得基本解决。他把农村社会养老保险筹资水平分作三类：第一类为每月200～300元；第二类为每月190元；第三类为每月50～150元。并认为可以分三步走：第一步，在“十五”期间重点推进一二类地区具备条件县和部分具备条件人群的制度建设，并选择部分三类县进行试点，覆盖率达50%；第二步，在“十一五”期间重点推进二三类地区县的制度建设，使覆盖率达到80%；第三步，在“十二五”期间，重点推进三类地区县，实现全覆盖。[②] 杨复兴认为，中国农村养老保障制度要分两步有序推进：第一步是新制度的启动和创建阶段，时间是从2006年开始；第二步是新制度的全面运行和完善阶段，需要到2045年至2050年以后。[③] 云南省政协经济委员会课题组提出了解决云南失地农民的社会保障问题的时间表：2005年内提出解决被征地农民基本生活和社会保障的思路和基本框架；在对各种数据进行测算的基础上，制订全省性的暂行办法；2007年前先建立完全失去土地农民的基本生活保障和养老保险制度，结合新型农村合作医疗，对失地农民大病医疗保险进行探索；2008年在政府规范性文件的基础上，通过立法程序，保障被征地农民的权益；2010年初步建立云南被征地农民社会保障制度。[④]

九、社会保障资金的筹集方式问题

采取何种形式筹集社会保障资金，在理论界和实际工作部门还未取得统

① 刘斌，张兆刚，霍功：《中国三农问题报告》，中国发展出版社2004年版，第262页。

② 卢海元：《走进城市：农民工的社会保障》，经济管理出版社2004年版，第68、223页。

③ 杨复兴：《中国农村养老保障模式创新研究——基于制度文化的分析》，内部印刷，2005年，第250、252页。

④ 云南省政协经济委员会课题组：《被征地农民权益保障研究》，载秦光荣主编《云南“十一五”规划战略研究》（下），云南人民出版社2005年版，第907页。

一的认识。有的学者认为，开征社会保障（险）税的时机尚未成熟，不同意开征；主张以税收形式筹集社会保障资金的学者，对如何选择税种也还有不同的主张，有的学者主张开征社会保障税，有的学者认为应开征社会保险税。即使是持开征社会保险税的学者，对其中的很多具体问题，并未形成一致的观点。现将主要研究观点综述如下：

（一）是否以税收形式筹集社会保障资金

我国从20世纪80年代中期开始城镇社会保险制度改革以后，就有学者开始研究社会保障基金的筹集方式问题，随着社会保障制度的不断完善，研究进一步深入。持征税主张的部分学者的观点将在下面的综述中作重点介绍。反对用税收形式筹集社会保障资金的学者认为，征税并不必然比征费好，社会保险费改税并不必然改变社会保险所面临的困难，其强制性不在于名称而在于对社会保险基金筹集的立法，税费之争不是简单的筹资手段之争，而是必然涉及到采取何种制度模式的问题。[①] 还有的学者虽然主张征税，但认为纳税人范畴不易确定，税源范围有失公正性，主张暂缓开征[②]。

（二）社会保险税的内涵

有的学者将社会保障税和社会保险税作为同一概念使用，主张开征社会保障税。他们主要针对现行城镇社会保险的筹资方式实行“费改税”，对纳税人和税基、税率等的分析设计中，基本按照现行城镇社会保险的制度框架进行设计。赵曼认为，我国社会保障基金的筹资问题集中在社会保险部分，所以社会保障税的实质内涵就是社会保险税。[③] 另一部分学者认为社会保险和社会保障是两个既有区别又有联系的概念，社会保障不仅包括社会保险，还包括社会优抚、社会福利、社会救济，其对象是社会全体成员，如称“社会保障税”，则隐含之意是对全体社会成员征税，这显然是不可能的，主张开征社

① 郑功成：《社会保障制度的产生和发展涉及多方面的因素》，《劳动保障通讯》2000年第10期，第24页。

② 白静：《中国社会保障税为什么暂缓开征？——从税制环境角度审视新税种开征的障碍》，《长白学刊》2006年第1期，第80页。

③ 赵曼：《社会保障学》，中国财政经济出版社2003年版，第334页。

会保险税。[①]

（三）税制设计

1. 纳税人

社会保险税的纳税义务人主要有三种观点：一是基本同现行城镇养老保险制度的缴费主体相一致，即不包括机关和财政供养的事业单位。我国社会保障税应分别以企业、事业单位和个人为纳税人，而个体经营者自行申报纳税。[②] 二是应将机关和财政供养的事业单位及个人也作为缴费主体。认为不将非营利性机关事业单位纳入社会保障税的征收范围是不妥当的。[③] 中国社会保险税的纳税人可以界定为境内所有符合社会保险税条件的企业、机关、事业单位、其他组织、个体工商户等单位及劳动者个人；[④] 在设计社会保障税的纳税人时，更多的是沿用现行社会保障制度的做法，不将处于广大农村地区的非城镇户口居民纳入以工资薪金为主要征收对象的社会保障税的纳税人范围之中。[⑤] 三是覆盖到全体公民。社会保险范围应尽可能包括我国所有社会成员，社会保险税应遵循普遍纳税，国家、企业、个人共同负担的原则。不论是何种类型企业，也不论是城市还是农村，只要是具有纳税能力的劳动者及其所在单位都是纳税主体，承担纳税义务。[⑥] 应包括城镇各类企业、机关、事业单位及其工作人员，外资企业中的中方人员，当前个体劳动者和农民可借鉴英国的做法，采取自愿缴纳的形式，以保证尽可能扩大征收面。[⑦]

2. 课税对象

普遍一致的观点是工薪收入者以工薪收入作为征税对象，持开征社会保险税观点的学者均持相同的看法，但对除工薪收入以外，能否以其他作为课

---

① 朱子荣：《我国社会保险存在的主要问题及改革取向》，《当代财经》1998 年第 3 期，第 29 页。

② 李杰，杜乃涛，孙复兴：《论我国社会保障筹资方式的改革》，《经济学动态》2000 年第 3 期，第 21 页。

③ 刘小兵：《中国社会保障税的制度设计及其释义》，《财贸经济》2001 年第 9 期。

④ 邓大松：《中国社会保障若干重大问题研究》，海天出版社 2000 年版，第 239 页。

⑤ 刘小兵：《中国社会保障税的制度设计及其释义》，《财贸经济》2001 年第 9 期，第 19 页。

⑥ 陈庆海：《关于开征社会保险税问题的探讨》，《当代财经》1994 年第 12 期，第 57 页。

⑦ 单新萍：《关于我国开征社会保障税的若干问题研究》，《社保财务》2003 年第 6 期，第 12－13 页。

税对象还缺乏深入的研究；对自主经营者的课税对象存在一些意见分歧：一是以自营者的纯收入作为课税对象；[①] 二是以自营者的生产经营利润为征税对象；[②] 三是以政府公布的平均工资为计费依据；[③] 四是按缴纳个人所得税的所得额作为课税对象。[④] 对自主经营者的课税对象的四种意见中，主张以纯收入为依据的学者居多。

3. 税　目

无论是主张开征社会保障税或开征社会保险税的学者，在税目设计上基本是在现行城镇职工社会保险制度的基础上进行考虑，按现行险种进行设计。在具体税目设计中，又有三种观点：一是三税目说，即养老保险、失业保险、医疗保险，邓大松、李珍、单新萍等均主张先设置以上三个税目。二是四税目说，可以设置养老、失业、医疗和工伤保险四个项目。[⑤] 三是五税目说，应着重完善职工养老、失业、医疗、工伤和女工生育保险。[⑥] 大家共同认为今后可随着经济发展和社会保障事业的需要再增设其他项目。

4. 税　率

关于税率的确定也存在几种观点：一是认为应实行总税率制，即先推算出我国社会保障的总体税率，然后将税收收入按固定比例分解为保障项目基金，[⑦] 有学者还进行了进一步研究，主张进行两次分解，区分个人和企业的税率以及各保险项目的具体“入账率”并运用生命周期理论推导我国社会保障税的整体税负水平，认为确定为31%比较合适，并分解为个人承担11%，企业承担20%。[⑧] 二是认为应按分税目制定比例税率，三个税目的综合税率限

① 李珍：《社会保障理论》，中国劳动社会保障出版社2005年版，第201页；邓大松等：《中国社会保障若干重大问题研究》，海天出版社2000年版，第239页。

② 刘小兵：《中国社会保障税的制度设计及其释义》，《财贸经济》2001年第9期，第20页。

③ 唐才斌：《建立我国社会保险税制的设想》，《中央财政金融学院学报》1994年第11期，第27页。

④ 高俊萍：《关于改革和完善社会保障制度的思考》，《经济与社会发展》1998年第4期，第57页；李传永，戴诗友：《我国社会保障税税制设计的若干问题分析》，《财经论丛》2000年第6期，第38页。

⑤ 谷声洋：《论中国社会保障费改税》，《贵州财政学院学报》2003年第5期，第24页。

⑥ 黄晓平：《开征社会保障税的构想》，《江海学刊》1997年第3期，第38页。

⑦ 贾康等：《实行费改税开征社会保险税的研究》，《财政研究》2001年第1期，第30页。

⑧ 汪柱旺，黄蕾：《试论社会保障税税率》，《江西财政大学学报》2005年第6期，第11－12页。

定在工资总额的30%以内。[①]

5. 税收管理

主要有三种观点：一是中央税，由国税部门征管。胡鞍钢认为，由国税局进行强制性征收，作为中央专有收入，直接进入国库并列人中央专有支出项目。[②] 二是地方税，按属地原则列入地方税体系，统一由税务部门征收。[③] 三是中央和地方共享税，由国税部门征管，[④] 社会保险税可作为中央与地方共享税，70%归地方财政，用于地方社会保险支出，30%归中央财政。[⑤]

有关农村社会保障问题研究的论述还有许多，可能由于我查阅的资料有限，有部分研究成果没有收集到，从已掌握的资料看，有的由于受本书篇幅和结构的限制，有的同以上观点大同小异，有的同本书的研究联系不甚紧密，恕不赘述。

① 李传永、戴诗友：《我国社会保障税税制设计的若干问题分析》，《财经论丛》2000年第6期，第38页。

② 胡鞍钢：《利国利民、长治久安的奠基石——关于建立全国统一基本社会保障制度、开征社会保障税的建议》，《改革》2001年第4期，第17页。

③ 杨志荣、陈绍国、高志安：《开征社会保障税是完善社会保障制度的必要条件》，《税务研究》1996年第1期，第45页。

④ 贾康等：《实行费改税开征社会保险税的研究》，《财政研究》2001年第1期，第34页。

⑤ 邓大松等：《中国社会保障若干重大问题研究》，海天出版社2000年版，第240页。

参考文献

一、著作类

［1］马克思恩格斯选集：第一至四卷．北京：人民出版社，1975.

［2］列宁选集：第一至四卷．北京：人民出版社，1975.

［3］毛泽东选集：第一至四卷．北京：人民出版社，1968.

［4］毛泽东选集：第五卷．北京：人民出版社，1977.

［5］邓小平文选：第一至二卷．北京：人民出版社，1994.

［6］邓小平文选：第三卷．北京：人民出版社，1993.

［7］中央财经领导小组办公室．邓小平经济理论学习纲要．北京：人民出版社，1997.

［8］财政部编辑组．邓小平论财经．北京：中国财政经济出版社，1997.

［9］江泽民．论“三个”代表．北京：中央文献出版社，2001.

［10］江泽民在庆祝建党八十周年大会上的讲话学习辅导．北京：中共党史出版社，2001.

［11］江泽民“5·31”重要讲话学习读本．北京：中共中央党校出版社，2002.

［12］胡锦涛．在中央民族工作会议暨国务院第四次全国民族团结进步表彰大会上的讲话．北京：人民出版社，2005.

［13］十四大以来重要文件选编．北京：人民出版社，1996.

［14］中国共产党第十五次全国代表大会文件汇编．北京：人民出版社，1997.

［15］十五大以来重要文件选编．北京：人民出版社，2000.

［16］中国共产党第十六次全国代表大会文件汇编．北京：人民出版

社，2002.

[17]“三个代表”学习读本．北京：中共中央党校出版社，2000.

[18] 中共中央关于完善社会主义市场经济体制若干问题的决定（辅导读本）．北京：人民出版社，2003.

[19] 中国共产党第十六届中央委员会第五次全体会议文件汇编．北京：人民出版社，2005.

[20] 中共中央关于构建社会主义和谐社会若干重大问题的决定（辅导读本）．北京：人民出版社，2006.

[21]［法］艾维瓦·罗恩等编．医疗保障政策创新．北京：中国劳动社会保障出版社，2004.

[22]［日］坂脑昭吉，中原弘二．现代日本的社会保障．北京：中国劳动社会保障出版社，2006.

[23]［古希腊］柏拉图．理想国．北京：商务印书馆，2002.

[24]［瑞士］达尔默·D·霍斯金斯等编．21世纪初的社会保障．北京：中国劳动社会保障出版社，2004.

[25]［美］戴维·波普诺．社会学．第十版．北京：中国人民大学出版社，2002.

[26]［美］戴维·格伦斯基编．社会分层．第二版．北京：华夏出版社，2006.

[27] 范随，艾伦·汉森，戴维·普瑞斯．变化中的劳动力市场服务——公共就业服务．北京：中国劳动社会保障出版社，2002.

[28]［英］弗雷德里希·奥古斯特·哈耶克．自由宪章．北京：中国社会科学出版社，2005.

[29] 纪念美国宪法颁布200周年委员会编．美国公民与宪法．北京：清华大学出版社，2006.

[30]［法］卡特琳·米尔丝．社会保障经济学．北京：法律出版社，2003.

［31］科林·吉列恩等编．全球养老保障——改革与发展．北京：中国劳动社会保障出版社，2002.

［32］［英］拉本德拉·贾．现代公共经济学．北京：中国青年出版社，2004.

［33］［法］卢梭．社会契约论．北京：商务印书馆，2003.

［34］［美］路易斯·亨利·摩尔根．古代社会：上、下册．北京：商务印书馆，1997.

［35］［英］米切尔·黑尧．现代国家的政策过程．北京：中国青年出版社，2004.

［36］［意］康帕内拉．太阳城．北京：商务印书馆，1982.

［37］［美］康芒斯．制度经济学：上、下册．北京：商务印书馆，1997.

［38］［英］马歇尔．经济学原理：上、下册．北京：商务印书馆，2005.

［39］［英］迈克尔·希尔．理解社会政策．北京：商务印书馆，2003.

［40］［美］迈克尔·谢若登．资产与穷人．北京：商务印书馆，2005.

［41］［美］曼昆．经济学原理：上、下册．北京：生活、读书、新知三联书店，北京大学出版社，1999.

［42］［美］美国社会保障署编著．全球社会保障－1995. 北京：华夏出版社，1996.

［43］［美］曼昆．宏观经济学．北京：中国人民大学出版社，2002.

［44］［美］尼尔·吉尔伯特编．社会福利的目标定位——全球发展趋势与展望．北京：中国劳动社会保障出版社，2004.

［45］［英］尼古拉斯·巴尔，大卫·怀恩斯主编．福利经济学前沿问题．北京：中国税务出版社，2000.

［46］［英］尼古拉斯·巴尔．福利国家经济学．北京：中国劳动社会保障出版社，2003.

［47］［美］尼古拉斯·施普尔伯．国家职能的变迁——在工业化经济体和过渡性经济体中的私有化和福利改革．沈阳：辽宁教育出版社，2004.

[48]［英］诺曼·巴里．福利．长春：吉林人民出版社，2005.

[49]［英］帕特里克·敦利威．民主、官僚制与公共选择——政治科学中的经济学阐释．北京：中国青年出版社，2004.

[50]［美］普雷克尔，兰登布伦纳编．明智的支出：为穷人购买医疗卫生服务．北京：中国财政经济出版社，2006.

[51]［英］乔治·拉姆赛．论财富的分配．北京：商务印书馆，1997年。

[52]［美］威廉姆．A. 尼斯坎南．官僚制与公共经济学．北京：中国青年出版社，2004.

[53]［英］威廉姆·贝弗里奇．贝弗里奇报告——社会保险和相关服务．北京：中国劳动社会保障出版社，2004.

[54]［美］威廉．N. 邓恩．公共政策分析导论：第二版．北京：中国人民大学出版社，2002.

[55]［德］乌尔里希·贝克．风险社会．南京：译林出版社，2004.

[56]［瑞士］谢尼亚·舍尔一阿德龙编．建立社会保障——私有化的挑战．北京：中国劳动社会保障出版社，2004.

[57]［英］亚当·斯密．国富论．北京：华夏出版社，2006.

[58]［美］雅克布．A. 弗兰克尔、阿萨夫·雷兹恩、阮志华．世界宏观经济学：全球一体化下的财政政策与经济增长．北京：经济科学出版社，2005.

[59]［美］约翰·罗尔斯．正义论．北京：中国社会科学出版社，2003.

[60]［英］约翰·梅纳德·凯恩斯．就业、利息和货币通论．重译本．北京：商务印书馆，2005.

[61]［英］约翰·穆勒．政治经济学原理——及其在社会哲学上的若干应用．（上卷）．北京：商务印书馆，1997.

[62]［英］约翰·穆勒．政治经济学原理——及其在社会哲学上的若干应用．（下卷）．北京：商务印书馆，1997.

[63]［美］詹姆斯．M. 布坎南．民主财政论．北京：商务印书馆，2002.

[64]（北齐）颜之推，（明）朱柏庐．颜氏家训·朱子家训．太原：古籍出版社，2006.

[65] 毕泗生主编．中国农业农村农民前沿问题报告．北京：人民日报出版社，2003.

[66] 毕天云．社会福利场域的惯习．北京：中国社会科学出版社，2004.

[67] 编写组．阿昌族简史．昆明：云南人民出版社，1986.

[68] 编写组．德昂族简史．昆明：云南教育出版社，1986.

[69] 编写组．独龙族简史．昆明：云南人民出版社，1986.

[70] 编写组．贡山独龙族怒族自治县概况．昆明：云南民族出版社：1986.

[71] 编写组．怒族简史．昆明：云南人民出版社，1986.

[72] 编写组．宁蒗彝族自治县概况．昆明：云南民族出版社，1985.

[73] 编写组．中国经济思想简史：上册．上海：上海人民出版社，1978.

[74] 编写组．中国经济思想简史：中册．上海：上海人民出版社，1984.

[75] 编写组．中国经济思想简史：下册．上海：上海人民出版社，1980.

[76] 财政部办公厅编．财政改革探索与实践：上册．北京：经济科学出版社，2002.

[77] 财政部预算司、IMF 财政局合编．中国政府间转移支付．北京：中国物价出版社，1996.

[78] 陈波．马克思主义视野中的人权．北京：中国社会科学出版社，2004.

[79] 陈伯君．转型期中国改革与社会公正．北京：中央编译出版社，2005.

［80］陈伯君，胡文忠．乐兮·忧兮——中国农村潮．成都：四川大学出版社，1993.

［81］陈共．财政学．第四版．北京：中国人民大学出版社，2004.

［82］陈国庆，何宏注译．论语．合肥：安徽人民出版社，2005.

［83］陈佳贵主编．中国社会保障发展报告（1997－2001）．北京：社会科学文献出版社，2001.

［84］陈佳贵，王延中主编．中国社会保障发展报告．北京：社会科学文献出版社，2004.

［85］陈烈，秦振新．最后的母系家园．昆明：云南人民出版社，1999.

［86］陈庆德．资源配置与制度变迁——人类学视野中的多民族经济共生形态．昆明：云南大学出版社，2001.

［87］陈文翘，王明亮．聚焦云南“三农”．昆明：云南民族出版社，2005.

［88］陈银娥主编．社会福利．北京：中国人民大学出版社，2004.

［89］陈振明主编．公共政策分析．北京：中国人民大学出版社，2004.

［90］陈振明主编．政府再造——西方“新公共管理运动”述评．北京：中国人民大学出版社，2003.

［91］成思危主编．中国社会保障体系的改革与完善．北京：民主与法制建设出版社，2000.

［92］春秋·老聃．老子．合肥：黄山书社，2006.

［93］丛树海．建立健全社会保障管理体系问题研究．北京：经济科学出版社，2004.

［94］邓大松等．中国社会保障若干重大问题研究．深圳：海天出版社，2000.

［95］丁建定，魏科科．社会福利思想．武汉：华中科技大学出版社，2005.

［96］丁开杰，林义选编．后福利国家．上海：上海三联书店，2004.

[97] 董克用，王燕主编．养老保险．北京：中国人民大学出版社，2000.

[98] 独龙族课题组．高山峡谷人地复合系统的演进——独龙族近期社会、经济和环境的综合调查及直辖市发展研究．内部印刷，1993.

[99] 杜俭，匡炳文．社会保障财政管理．合肥：安徽人民出版社，1996.

[100] 杜润生．杜润生自述：中国农村体制变革重大决策纪实．北京：人民出版社，2005.

[101] 杜玉亭．基诺族简史．昆明：云南人民出版社，1985.

[102] 多吉才让．中国最低生活保障制度研究与实践．北京：人民出版社，2001.

[103] 多吉才让主编．国外社会福利制度．北京：中国社会出版社，2002.

[104] 樊怀玉，郭志仪等．贫困论——贫困与反贫困的理论与实践．北京：民族出版社，2002.

[105] 费孝通．江村经济——中国农民的生活．北京：商务印书馆，2004.

[106] 费孝通．乡土中国生育制度．北京：北京大学出版社，2003.

[107] 封进．人口转变、社会保障与经济发展．上海：上海人民出版社，2005.

[108] 傅治平．和谐社会导论．北京：人民出版社，2005.

[109] 干春松．制度儒学．上海：上海人民出版社，2006.

[110] 高培勇，杨之刚，夏杰长主编．中国财政经济理论前沿．北京：社会科学文献出版社，2005.

[111] 高强主编．中国社会保障制度改革新篇章（内部发行）．北京：中国财政经济出版社，2001.

[112] 高祖兴主编．1994－2002 跨世纪的中国民政事业云南卷．北京：

中国社会出版社，2002.

[113] 格桑顿珠，纳麒主编. 2003－2004 云南民族地区发展报告. 昆明：云南大学出版社，2004.

[114] 关今华. 人权保障法学研究. 北京：人民法院出版社，2006.

[115] 郭大烈. 纳西族风情录. 成都：四川民族出版社，1998.

[116] 郭士征. 社会保障——基本理论与国际比较. 上海：上海财经大学出版社，1996.

[117] 国风. 农村经济创新分析. 北京：经济科学出版社，2005.

[118] 国家民族事务委员会. 中国共产党关于民族问题的基本观点和政策. 北京：民族出版社，2002.

[119] 国务院研究室课题组. 中国农民工调研报告. 北京：中国言实出版社，2006.

[120] 韩雪. 从多元到和谐——和谐社会的构建. 北京：中央编译出版社，2006.

[121] （汉）班固. 汉书. 杭州：浙江古籍出版社，2005.

[122] （汉）司马迁. 史记. 评注本：上、下册. 长沙：岳麓出版社，2005.

[123] 何建华. 经济正义论. 上海：上海人民出版社，2004.

[124] 何菊芳. 公共财政与农民增收. 上海：上海三联书店，2005.

[125] 何平，华迎放等. 城市贫困群体社会保障政策与措施研究. 北京：中国劳动社会保障出版社，2006.

[126] 贺雪峰主编. 三农中国：2004 年第 1 期. 武汉：湖北人民出版社，2004.

[127] 侯钧生主编. 西方社会学理论教程. 天津：南开大学出版社，2001.

[128] 胡鞍钢. 影响决策的国情报告. 北京：清华大学出版社，2002.

[129] 胡鞍钢主编. 全球化挑战中国. 北京：北京大学出版社，2006.

[130] 胡家勇主笔．转型经济学．合肥：安徽人民出版社，2003.

[131] 金炳镐，青觉．中国共产党三代领导集体的民族理论与实践．哈尔滨：黑龙江教育出版社，2004.

[132] 金春明，许全兴等主编．毛泽东思想基本问题．北京：人民出版社，2002.

[133] 金良年．孟子译注．上海：古籍出版社，2006.

[134] 金鑫主编．世界问题报告——从世界的视角观照中国．北京：中国社会科学出版社，2002.

[135] 靳尔刚，王振耀主编．国外救灾救助法规汇编．北京：中国社会出版社，2004.

[136] 康士勇．社会保障管理实务．第二版．北京：中国劳动社会保障出版社，2003.

[137] 康有为撰，汤志钧导读．大同书．上海：上海古籍出版社，2005.

[138] 孔泾源主编．中国居民收入分配：理论与政策．北京：中国计划出版社，2005.

[139] 李贵鲜主编．公共行政概论．北京：人民出版社，2002.

[140] 李和森．中国农村医疗保障制度研究．北京：经济科学出版社，2005.

[141] 李华．中国农村：公共品供给与财政制度创新．北京：经济科学出版社，2005.

[142] 李金明．独龙族原始习俗与文化．内部印刷．

[143] 李克和，刘柯．管子译注．哈尔滨：黑龙江人民出版社，2003.

[144] 李澜．西部民族地区城镇化——理论透视·发展分析·模式构建．北京：民族出版社，2005.

[145] 李民，王健．尚书译注．上海：上海古籍出版社，2005.

[146] 李梦生．左传译注：上、下册．上海：上海古籍出版社，2005.

[147] 李培林，李强，孙立平等．中国社会分层．北京：社会科学文献

出版社，2004.

[148] 李强．农民工与中国社会分层．北京：社会科学文献出版社，2004.

[149] 李守经主编．农村社会学．北京：高等教育出版社，2003.

[150] 李埏，武建国主编．中国古代土地国有制史．昆明：云南人民出版社，1997.

[151] 李云芳，徐忠祥主编．云南民族教育改革与发展研究．昆明：云南民族出版社，2005.

[152] 李迎生．社会保障与社会结构转型——二元社会保障体系研究．北京：中国人民大学出版社，2001.

[153] 李文．东亚社会变革．北京：世界知识出版社，2003.

[154] 李珍．社会保障理论．北京：中国劳动社会保障出版社，2001.

[155] 李忠斌编著．民族经济发展新论．北京：民族出版社，2004.

[156] 李仲生．人口经济学．北京：清华大学出版社，2006.

[157] 梁小民编著．西方经济学教程．修订版．北京：中国统计出版社，2000.

[158] 廖晓军．中国失地农民研究．北京：社会科学文献出版社，2005.

[159] 林善浪、张国．中国农业发展问题报告．北京：中国发展出版社，2003.

[160] 林义．社会保险制度分析引论．成都：西南财经大学出版社，1997.

[161] 林义．农村社会保障的国际比较及启示研究．北京：中国劳动社会保障出版社，2006.

[162] 林毓铭．中国社会保障的改革探索．南昌：江西人民出版社，2004.

[163] 刘斌，张兆刚，霍功编著．中国三农问题·现状·挑战·对策．北京：中国发展出版社，2005.

[164] 刘锷，何润．民族理论和民族政策纲要．北京：中央民族学院出版社，1989.

[165] 刘国光，桂世镛等主编．社会主义市场经济概论．北京：人民出版社，2002.

[166] 刘豪兴主编．农村社会学．北京：中国人民大学出版社，2005.

[167] 刘玲玲，冯健身．中国公共财政．北京：经济科学出版社，1999.

[168] 刘平量，曾赛丰．城市化：制度创新与道路选择．长沙：湖南人民出版社，2006.

[169] 刘书鹤，刘广新．农村老年保障体系的理论与实践．北京：中国社会科学出版社，2005.

[170] 刘燕生．社会保障的起源、发展和道路选择．北京：法律出版社，2001.

[171] 刘宇飞．当代西方财政学．北京：北京大学出版社，2000.

[172] 刘仲藜，桂世镛，项怀诚，唐铁汉主编．中国财税改革与发展．北京：中国财政经济出版社，1998.

[173] 卢海元．实物换保障：完善城镇化机制的政策选择．北京：经济管理出版社，2002.

[174] 卢海元．走进城市：农民工的社会保障．北京：经济管理出版社，2004.

[175] 卢现祥．西方新制度经济学．修订版．北京：中国发展出版社，2003.

[176] 陆益龙．户籍制度——控制与社会差别．北京：商务印书馆，2003.

[177] 吕学静．各国社会保障制度．北京：经济管理出版社，2001.

[178] 吕学静．日本社会保障制度．北京：经济管理出版社，2000.

[179] 吕学静．现代社会保障概论．北京：首都经济贸易大学出版社，2005.

[180] 罗平汉. 大迁徙——1961～1963年的城镇人口精简. 南宁：广西人民出版社，2003.

[181] 马戎. 民族与社会发展. 北京：民族出版社，2001.

[182] 马曜. 马曜学术论著自选集. 昆明：云南人民出版社，1998.

[183] 马寅初. 财政学与中国财政——理论与现实：上、下册. 北京：商务印书馆，2005.

[184] 孟醒. 统筹城乡社会保障——理论、机制、实践. 北京：经济科学出版社，2005.

[185] 莫纪宏. 国际人权公约与中国. 北京：世界知识出版社，2005.

[186] 穆怀中. 社会保障国际比较. 北京：中国劳动社会保障出版社，2002.

[187] 纳麒等. 云南全面建设小康社会之路. 北京：中国书籍出版社，2004.

[188] 牛文光. 美国社会保障制度的发展. 北京：中国劳动社会保障出版社，2004.

[189] 怒江傈僳族自治州州庆活动组委会编. 辉煌五十年（1954－2004)，内部资料，2004.

[190] 彭海斌. 公平竞争制度选择. 北京：商务印书馆，2006.

[191] 乔亨瑞. 90年代云南农村社会保障研究. 昆明：云南民族出版社，1999.

[192] 秦光荣主编. 云南“十一五”规划战略研究：上、下册. 昆明：云南人民出版社，2005.

[193] 青觉. 马克思主义民族观的形成与发展. 北京：民族出版社，2004.

[194] 青连斌. 分配制度改革与共同富裕. 南京：江苏人民出版社，2004.

[195] 仇雨临，孙树菡主编. 医疗保险. 北京：中国人民大学出版

社，2001.

［196］任希文．云南财政30年．昆明：云南人民出版社，1990.

［197］阮凤英主编．社会保障通论．济南：山东大学出版社，2004.

［198］上海财政经大学公共政策研究中心．2001中国财政发展报告——转轨经济中的税收变革．上海：上海财经大学出版社，2001.

［199］社会财务丛书编委会主编．社会财务理论与实践．2006年第1辑．北京：中国财政经济出版社，2006.

［200］施正一．施正一文集．北京：中国社会科学出版社，2001.

［201］施正一主编．民族经济学教程．修订本．北京：中央民族大学出版社，2001.

［202］史探径．社会保障法研究．北京：法律出版社，2000.

［203］斯陆益．傈僳族文化论．北京：民族出版社，1999.

［204］宋才发等．中国少数民族经济法通论．北京：中央民族大学出版社，2006.

［205］宋昌斌．编户齐民：户籍与赋役．长春：长春出版社，2004.

［206］宋恩常．云南少数民族社会调查研究．昆明：云南人民出版社，1980.

［207］宋健．中国农村人口的收入与养老．北京：中国人民大学出版社，2006.

［208］宋蜀华、陈克进主编．中国民族概论．北京：中央民族大学出版社，2003.

［209］宋希仁主编．西方伦理思想史．北京：中国人民大学出版社，2004.

［210］宋晓梧、张中俊、郑定铨．中国社会保障制度建设20年．郑州：中州古籍出版社，1998.

［211］苏涛．中国社会保障事业发展研究产业经济学视角的探索．北京：经济管理出版社，2004.

[212] 苏晓云．中国特色的社会保障制度．北京：中国财政经济出版社，1998.

[213] 孙安邦、马银华译注．荀子．太原：古籍出版社，2004.

[214] 孙绍骋．中国救灾制度研究．北京：商务印书馆，2004.

[215] 孙树菡主编．工伤保险．北京：中国人民大学出版社，2000.

[216] 孙文基．建立和完善农村社会保障制度．北京：社会科学文献出版社，2006.

[217] 田云刚，张元洁．老子人本思想研究．北京：中国社会科学出版社，2005.

[218] 同春芬．转型时期中国农民的不平等待遇透析．北京：社会科学文献出版社，2006.

[219] 万明国．社会保障的市场跨越．北京：社会科学文献出版社，2005.

[220] 汪兴益主编．财政职能探新．济南：山东人民出版社，1993.

[221] 王国军．社会保障“从二元到三维”——中国城乡社会保障制度的比较与统筹．北京：对外经济贸易大学出版社，2005.

[222] 王洪春，卢海元．美国社会保障基金投资管理与借鉴．北京：中国社会科学出版社，2006.

[223] 王连芳．王连芳云南民族工作回忆．昆明：云南人民出版社，1999.

[224] 王梦奎．中国社会保障体制改革．北京：中国发展出版社，2001.

[225] 王晶，李炜光．城市财政与社会保障制度建设．北京：首都经济贸易大学出版社，2006.

[226] 王卫平，黄鸿山．中国古代传统社会保障与慈善事业．北京：群言出版社，2005.

[227] 王文光．中国民族发展史：上、下册．北京：民族出版社，2005.

[228] 王越．中国农村社会保障制度建设研究．北京：中国农业出版

社，2005.

［229］王子今，刘悦斌、常宗虎．中国社会福利史．北京：中国社会出版社，2002.

［230］卫兴华，顾学荣主编．政治经济学原理．北京：经济科学出版社，2000.

［231］魏杰．市场经济前沿问题——现代经济运行方式．北京：中国发展出版社，2002.

［232］魏新武．社会保障世纪回眸．北京：中国社会科学出版社，2003.

［233］吴碧英主编．城镇贫困：成因、现状与救助．北京：中国劳动社会保障出版社，2004.

［234］吴松主编．论全面建设小康社会．北京：人民出版社，2002.

［235］吴晓东．中国农村养老的经济分析．成都：西南财经大学出版社，2005.

［236］吴忠民．社会公正论．济南：山东人民出版社，2004.

［237］吴中宇．社会保障学．武汉：华中科技大学出版社，2004.

［238］武建国．均田制研究．昆明：云南人民出版社，1992.

［239］武力，郑有贵主编．解决“三农”问题之路——中国共产党“三农”思想政策史．北京：中国经济出版社，2004.

［240］项怀诚主编．中国财政体制改革．北京：中国财政经济出版社，1994.

［241］项怀诚编著．中国财政管理．北京：中国财政经济出版社，2001.

［242］肖桂云，张蓉主编．农村社会学．北京：中国审计出版社、中国社会出版社，2001.

［243］辛鸣．制度论——关于制度哲学的理论建构．北京：人民出版社，2005.

［244］辛逸．农村人民公社分配制度研究．北京：中共党史出版社，2005.

[245] 辛志凤，蒋玉斌等．墨子译注．哈尔滨：黑龙江人民出版社，2003.

[246] 熊坤新．民族伦理学．北京：中央民族大学出版社，1997.

[247] 熊思远．当代中国社会保障导论．昆明：云南科技出版社，2002.

[248] 韩非著，徐翠兰，木公译注．韩非子．太原：古籍出版社，2004.

[249] 许文兴主编．农村社会保障．北京：中国农业出版社，2006.

[250] 许云霄．公共选择理论．北京：北京大学出版社，2006.

[251] 荀况著，孙安邦，马银华译注．荀子．太原：山西古籍出版社，2003.

[252] 亚洲开发银行援助项目．中国农村养老金制度：挑战与政策选择．内部资料，2001.

[253] 严汝娴等．普米族简史．昆明：云南人民出版社，1988.

[254] 严汝娴，宋兆麟．永宁纳西族的母系制．昆明：云南人民出版社，1983.

[255] 阎丽．董子春秋繁露译注．哈尔滨：黑龙江人民出版社，2003.

[256] 杨翠迎．中国农村社会保障制度研究．北京：中国农业出版社，2003.

[257] 杨天宇．礼记注译：上、下册．上海：上海古籍出版社，2006.

[258] 杨天宇．周礼注译．上海：上海古籍出版社，2005.

[259] 杨伟民．社会政策导论．北京：中国人民大学出版社，2004.

[260] 杨伟民主编．失业保险．北京：中国人民大学出版社，2000.

[261] 杨燕绥主编．社会保险法．北京：中国人民大学出版社，2000.

[262] 杨毓骧．布朗族．北京：民族出版社，1988.

[263] 杨云善，时明德．中国农民工问题分析．北京：中国经济出版社，2005.

[264] 杨志勇．比较财政学．上海：复旦大学出版社，2005.

[265] 尹伯成．西方经济学说史——从市场经济视角的考察．上海：复

旦大学出版社，2005.

[266] 余功斌．发展与改革中的社会保障．北京：中国财政经济出版社，1999.

[267] 云南省财政厅编著．云南财政改革与管理探索．昆明：云南人民出版社，1997.

[268] 云南省财政厅，云南省国土资源厅．土地管理法规政策制度汇编．内部资料，2006.

[269] 云南省财政厅教科文处．云南省教科文财政工作手册．内部资料，2006.

[270] 云南省发展和改革委员会．西部大开发“十一五”重大问题研究报告：上册．内部资料，2005.

[271] 云南省发展和改革委员会．云南省发展和改革委员会“十一五”规划第一批重大前期研究报告选编：经济分册·下．内部资料，2005.

[272] 云南省农村税费改革小组办公室．云南省农村税费改革工作手册．内部资料，2003.

[273] 云南省人民政府扶贫办编．云南省（中国农村扶贫开发纲要）中期评估汇编．内部资料，2005.

[274] 云南省人民政府扶贫办编．扶贫工作指南（二）．内部印刷，2001.

[275] 曾绍阳，唐晓腾．社会变迁中的农民流动．南昌：江西人民出版社，2004.

[276] 曾业松．新农论．北京：新华出版社，2004.

[277] 曾毅．中国人口分析．北京：北京大学出版社，2004.

[278] 詹承绪，王承权，李近春，刘龙初．永宁纳西族的阿注婚姻和母系家庭．上海：上海人出版社，1980.

[279] 张敦富主编．区域经济学原理．北京：中国轻工业出版社，2002.

[280] 张国，林善浪主编．中国发展问题报告．北京：中国社会科学出

版社，2001.

［281］张弘力主编．公共预算．北京：中国财政经济出版社，2001.

［282］张敏杰．中国弱势群体研究．长春：长春出版社，2003.

［283］张汝立．农转工失地农民的劳动与生活．北京：社会科学文献出版社，2006.

［284］张昕编著．公共政策与经济分析．北京：中国人民大学出版社，2004.

［285］张馨，杨志勇，郝联峰，袁东．当代财政与财政学主流．大连：东北财经大学出版社，2000.

［286］张玉春等．吕氏春秋译注：上、下册，哈尔滨：黑龙江人民出版社，2003.

［287］赵俊超．扶贫开发理论与实践．北京：中国财政经济出版社，2005.

［288］赵俊超，孙慧峰，朱喜．农民问题新探．北京：中国发展出版社，2005.

［289］赵靖主编．中国经济思想通史：第1－4册．北京：北京大学出版社，2002.

［290］赵靖主编．中国经济思想通史续集．北京：北京大学出版社，2004.

［291］赵曼，刘恒庆．社会保障学．北京：中国财政经济出版社，2003.

［292］赵曼主编．2002中国劳动和社会保障发展研究报告．北京：中国财政经济出版社，2002.

［293］赵耀，王伟光等主编．马克思列宁主义基本问题．北京：人民出版社，2002.

［294］郑宝华，赵鸭桥等．全面建设小康社会与农村发展．北京：中国书籍出版社，2003.

［295］郑必坚，龚育之等主编．邓小平理论基本问题．北京：人民出版

社，2002.

[296] 郑功成．社会保障学——理念、制度、实践与思辨．北京：商务印书馆，2003.

[297] 郑功成．社会保障概论．上海：复旦大学出版社，2005.

[298] 郑功成等．中国社会保障制度变迁与评估．北京：中国人民大学出版社，2002.

[299] 郑杭生主编．民族社会学概论．北京：中国人民大学出版社，2005.

[300] 中共云南省委宣传部、云南省农村税费改革领导小组办公室．云岭税改——云南省农村税费改革试点工作回眸．昆明：云南民族出版社，2006.

[301] 中华人民共和国国务院新闻办公室．中国政府白皮书（2000～2001）．北京：外文出版社，2002.

[302] 钟水映，李明泉等．工程性移民安置理论与实践．北京：科学出版社，2003.

[303] 周平．民族政治学导论．北京：中国社会科学出版社，2001.

[304] 周顺明．社会保障预算．武汉：湖北人民出版社，2000.

[305] 周天勇．新发展经济学．北京：经济科学出版社，2001.

[306] 邹启宇，苗文俊主编．中国人口：云南分册．北京：中国财政经济出版社，1989.

[307] 国家统计局人口和社会科技统计司、国家民族事务委员会经济发展司．2000 年人口普查中国民族人口资料：上、下册．北京：民族出版社，2003.

[308] 国家统计局农村社会经济调查总队．2001 年中国农村统计年鉴．北京：中国统计出版社，2001.

[309] 国家统计局农村社会经济调查司．2005 年中国农村住户调查年鉴．北京：中国统计出版社，2005.

[310] 国家统计局农村社会经济调查司.2005 年中国农村统计年鉴. 北京：中国统计出版社，2005.

[311] 民政部财务和机关事务司.2001 年中国民政统计年鉴. 北京：中国统计出版社，2001.

[312] 民政部最低生活保障司、民政部财务和机关事务司编.2005 年全国城市居民最低生活保障情况. 内部资料，2006.

[313] 农业部.2005 年中国农业发展报告. 北京：中国农业出版社，2005.

[314] 世界经济年鉴. 编辑部. 世界经济年鉴 2004－2005. 北京：经济科学出版社，2005.

[315] 卫生部卫生经济研究所.2005 年中国卫生总费用研究报告. 内部资料，2005.

[316] 云南省财政厅社保处. 云南省社会保险基金决算（1998－2005）. 内部资料，1998－2005.

[317] 云南省财政厅编. 云南 50 年财政统计. 昆明：云南人民出版社，2003.

[318] 云南省财政厅预算处.2005 年云南财政发展报告—缓解县乡财政困难的思路与对策数据资料汇编. 内部资料，2005.

[319] 云南省财政厅预算处.2006 年云南省财政运行数据资料汇编. 内部资料，2006.

[320] 云南省 2005 年国民经济和社会发展统计公报.www. stats. gov. cn.

[321] 云南省教育厅. 全国教育经费统计报表（综合报表）. 内部资料，2006.

[322] 云南省人口普查办公室. 云南省第五次人口普查主要数据公报. 内部资料，2001.

[323] 云南省民族事务委员会经济发展处编.2005 年云南民族经济工作手册. 内部印刷，2005.

［324］云南省人民政府办公厅，云南省统计局编．2005年云南领导干部经济工作手册．昆明：云南民族出版社，2005.

［325］云南省人民政府办公厅、云南省统计局编．2006年云南领导干部经济工作手册．昆明：云南出版集团公司、云南人民出版社，2006.

［326］云南省地方志编纂委员会．云南省志：财政志，昆明：云南人民出版社，1994.

［327］云南省地方志编纂委员会．云南省志：人事志，昆明：云南人民出版社，1997.

［328］云南省卫生厅．云南卫生通志．昆明：云南科技出版社，1999.

［329］云南省卫生厅．云南省2005年度卫生事业发展概况暨医院经济运行分析．内部资料，2006.

［330］中华人民共和国2005年国民经济和社会发展统计公报．www. stats. gov. cn.

［331］中国财政杂志社．中国财政年鉴（1995－2005）．北京：中国财政杂志社，1995－2005.

［332］中国民族工作年鉴．编辑部．中国民族工作年鉴2003. 北京．中国民族工作年鉴．编辑委员会，2003.

［333］国家统计局．中国统计年鉴（1995－2005）．北京：中国统计出版社，1995－2005.

二、论文类

［1］白静．中国社会保障税为什么暂缓开征？——从税制环境角度审视新税种开征的障碍．长白学刊，2006，1.

［2］鲍海君，吴次芳．论失地农民社会保障体系建设．管理世界，2002，10.

［3］蔡家麒．景颇族近年婚俗及宗教信仰考察．民族文化，1987，4.

［4］陈平．建立统一的社会保障体系是短视国策．中国改革，2002，4.

[5] 陈庆海．关于开征社会保险税问题的探讨．当代财经，1994，12.

[6] 陈月明丹，李劲松．近20年云南民族教育研究综述．学术探索，2004，4.

[7] 崔传义．农民工社会保障制度的选择．新经济导刊，2006，9.

[8] 崔凤，孙启泮．从历次制宪与修宪看中国社会保障的发展．哈尔滨工业大学学报：社科版，2005，4.

[9] 邓大松，刘昌平．关于我国开征社会保险税的几点理论认识．www. cnpension. net，2005，2.

[10] 董理．我国农村非农产业群体的社会保障制度探析．武汉理工大学学报，2001，5.

[11] 樊小刚．土地的保障功能与农村社会保障制度创新．财经论丛，2003，4.

[12] 高俊萍．关于改革和完善社会保障制度的思考．经济与社会发展，1998，4.

[13] 高志英，闵红云．20世纪50年代以来独龙族调查研究回顾与前瞻．思想战线，2004，3.

[14] 葛延风．社会保障制度遭遇变局．中国改革，2005，1.

[15] 葛忠兴．少数民族和民族地区经济发展的现状与思路．西南民族大学学报：人文社科版，2006，1.

[16] 公维才．"第三条道路"——城市农民工的社会养老保险模式．人口与经济，2006，2.

[17] 谷加恩．人民公社时期农村合作医疗事业成功的原因探析．武汉职业技术学院学报：综合版，2006，1.

[18] 谷声洋．论中国社会保障费改税．贵州财政学院学报，2003，5.

[19] 顾昕，高梦滔、张欢．医疗救助体系与公立医疗机构的社会公益性．江苏社会科学，2006，3.

[20] 国家计委宏观经济研究院社会保障课题组．不能把农民的保障仅系

于土地．经济参考报，2002－2－27.

［21］国务院新闻办公室．中国的农村扶贫开发．人民日报，2001－10－16.

［22］国务院新闻办公室．中国的劳动和社会保障状况．人民日报，2002－4－31.

［23］郝时远．中国西部大开发进程中的少数民族权利保障．人权，2005，1.

［24］胡鞍钢．利国利民、长治久安的奠基石——关于建立全国统一基本社会保障制度、开征社会保障税的建议．改革，2001，4.

［25］胡务．农民工城镇医疗保险与新型农村合作医疗的衔接．财经科学，2006，5.

［26］胡晓义．正确处理社会保障发展中的六个关系．中国社会保障，2004，12.

［27］黄晓平．开征社会保障税的构想．江海学刊，1997，3.

［28］贾康等．实行费改税开征社会保险税的研究．财政研究，2001，1.

［29］贾丽萍．构建农民工社会保障体系不能忽视该群体的复杂性．调研世界，2006，4.

［30］贾艳颖，关丽．伦理视角下的社会保障制度．大连理工大学学报：社科版，2005，4.

［31］姜长云．农村土地与农民的社会保障．经济社会体制比较，2002，1.

［32］蒋中一．对完善农村新型合作医疗制度的思考．学习月刊，2005，11.

［33］金炳镐．邓小平关于社会主义时期民族问题的理论——纪念邓小平诞辰100周年系列论文之二．黑龙江民族丛刊，2004，3.

［34］金炳镐，常勇．发展和完善社会主义民族关系与民族地区和谐社会的构建．黑龙江民族丛刊，2005，4.

[35] 金炳镐，陈烨．论邓小平民族理论的主要实践（上、下）．中南民族大学学报，2004，5、6.

[36] 寇铁军，任晓东．构建“以人为本，统筹发展”的农村公共产品供给制度．地方财政研究，2006，2.

[37] 李传永，戴诗友．我国社会保障税税制基本问题分析．财经论丛，2000，6.

[38] 李德洙．切实加强对新时期民族问题和民族工作的研究．中央民族大学学报：哲社版，2005，1.

[39] 李剑阁．我国社会保障制度改革的几个问题．经济社会体制比较，2002，2.

[40] 李杰，杜乃涛，孙复兴．论我国社会保障筹资方式的改革．经济学动态，2000，3.

[41] 李岚．影响我国人口较少民族经济发展的原因分析．黑龙江民族丛刊，2004，1.

[42] 李强．城市农民工的失业与社会保障问题．新视野，2001，5.

[43] 李晓多，刘钟钦．农村义务教育财政支出结构实证分析．中央财经大学学报，2006，5.

[44] 李旭梅．医疗保障能否惠及农民．华夏时报，2002－3－4.

[45] 李迎生．从分化到整合：二元社会保障体系的起源、改革与前瞻．教学与研究，2002，8.

[46] 李迎生．探索中国社会保障体系的城乡整合之路．浙江学刊，2001，5.

[47] 李郁芳．试析土地保障在农村社会保障制度建设中的作用．暨南学报，2001，6.

[48] 梁鸿等．农村社区保障目标优选的研究：苏南实例．市场与人口分析，2001，6.

[49] 刘纯明．重庆市农村弱势群体的群体特质与社会救助体系研究．重

庆工学院学报，2006，3.

[50] 刘吉昌．中国民族理论学科的实践回顾与展望．贵州民族学院学报：哲社版，2004，6.

[51] 刘小兵．中国社会保障税的制度设计及其释义．财贸经济，2001，9.

[52] 刘延东．把握“共同团结奋斗、共同繁荣发展”的主题做好新形势下的民族工作．求是，2005，16.

[53] 楼喻刚，金皓．城市化进程中土地被征用农民养老保障问题初探．西北人口，2002，1.

[54] 梅阳．实现社会公平是政府财政不可推卸的责任．中央财经大学学报，2006，5.

[55] 牟本理．论我国民族地区跨越式发展．民族研究，2003，6.

[56] 怒江州中期评估报告．载云南省人民政府扶贫办编．云南省（中国农村扶贫开发纲要）中期评估报告汇编，2005，内部资料．

[57] 欧阳仁根．试论国家在建立农村社会保障制度中的职责．财贸研究，2002，3.

[58] 彭希哲，宋韬．农村社会养老保险研究综述．人口学刊，2002，5.

[59] 彭宅文．建立农民工社会保障的政策效应分析．人口与经济，2003，5.

[60] 彭宅文，乔利滨．农民工社会保障的困境与出路——政策分析的视角．甘肃社会科学，2005，6.

[61] 曲伟整理．社会保障制度改革中的问题与发展前景．群言，2002，4.

[62] 桑杰：关于和谐民族观的思考．学习时报，2005－11－28.

[63] 单新萍．关于我国开征社会保障税的若干问题研究．社保财务，2003，6.

[64] 申曙光，谢林．构建和谐社会与发展社会保障事业．社会保障研

究，2005，1.

[65] 沈道权．从局部贫困到全面小康——民族地区小康建设的思考．黑龙江民族丛刊，2004，2.

[66] 宋健．农村养老问题研究综述．人口研究，2001，6.

[67] 宋涛、许进品、蔡家东．全面建设小康社会新阶段我国民族关系良性发展的思考．广西民族研究，2005，1.

[68] 孙永尧．论和谐财政的伦理精神．中南财经政法大学学报，2006，3.

[69] 唐才斌．建立我国社会保险税制的设想．中央财政金融学院学报，1994，11.

[70] 陶然，徐志刚．城市化、农地制度与迁移人口社会保障——一个转轨中发展的大国视角与政策选择．经济研究，2005，12.

[71] 陶志勇．农民工社会保障问题忧思与求解．天津市工会管理干部学院学报，2004，4.

[72] 童星，张海波．农民工社会政策及其建构．社会保障研究，2006，1.

[73] 土地解密．财经，2006，4.

[74] 汪柱旺，黄蕾．试论社会保障税税率．江西财经大学学报，2005，6.

[75] 王芳，刘娟，肖峥山，卢祖洵．农民工医疗保险在统筹地区实施的可行性分析．中国卫生经济，2005，1.

[76] 王铁志．人口较少民族的现代化——以德昂族经济和社会发展为例．黑龙江民族丛刊，2005，6.

[77] 王希恩．关于中国民族理论创新的几点认识．中南民族大学学报：人文社科版，2004，4.

[78] 王晓洁，张晋武．农村养老保障制度变迁分析．经济与管理，2006，6.

［79］王亚柯，杨震林．转型期中国农村养老模式研究．信阳师范学院学报，2002，3.

［80］温军．少数民族地区全面建设小康社会有多远．开发研究，2005，3.

［81］巫俏冰．社会政策研究的过程视角——以北京市社会养老保险制度为例．社会学研究，2002，1.

［82］吴海鹰，马夫．我国人口较少民族的贫困与扶贫开发．云南社会科学，2005，1.

［83］夏光波，杨光润．“综保”：搅动民工保障迷局．中国社会保障，2004，3.

［84］徐杰舜．中华人民共和国民族互动过程述论．广西民族研究，2005，4.

［85］许鸿宝．土地公有制向私有制转变的中间阶段——略论云南怒江少数民族的土地伙有共耕制．民族研究，1981，3.

［86］杨翠迎，郭金丰．农民工养老保险制度动作的困境及其理论诠释．浙江大学学报，2006，3.

［87］杨复兴．中国农村养老保障模式创新研究——基于制度文化的分析（博士学位论文），2005.

［88］杨洪波．制度变迁与民族地区经济发展——改革开放以来云南经济政策的演变研究（博士学位论文），2005.

［89］杨立雄．“进城”还是“回乡”？——农民工社会保障政策的路径选择．湖南师范大学学报，2004，2.

［90］杨圣敏．近年来国内民族学研究的回顾与展望．中南民族大学学报（人文社科版）2005，6.

［91］杨团．利用保险公司和保险机制进行城乡困难群体医疗保障的探索——对新乡市和原阳县的调研报告．江苏社会科学，2006，2.

［92］杨玉民．统一社保制度已当其时．中国改革报，2002－8－19.

[93] 杨志荣，陈绍国，高志安．开征社会保障税是完善社会保障制度的必要条件，税务研究，1996，1.

[94] 雍明虹．云南发起向绝对贫困宣战行动．云南日报，2003－9－30.

[95] 云南民族大学民族研究所、云南省财政厅社会保障处．云南少数民族传统社会保障机制研究，内部印刷，2006.

[96] 云南省西部大开发领导小组办公室、云南省社会发展促进会．云南省“十一五”教育改革与发展对策研究．云南省发展和改革委员会“十一五”规划第一批重大前期研究报告选编（社会分册·上），内部资料，2005.

[97] 云南省政协经济委员会课题组．被征地农民权益保障研究．秦光荣主编．云南“十一五”规划战略研究（下）．昆明：云南人民出版社，2005.

[98] 张兵，王翌秋．新型农村合作医疗制度的政策选择．中国农村经济,2005，11.

[99] 张启良，曾纪发．建立农村社保体系财政投入需多少？．中国信息报，2006－6－14.

[100] 张英红．驳陈平的“短视国策”和“洋跃进”论．中国改革，2002，7.

[101] 章旭莉．农民工社会保障政策的路径再选择——与杨立雄先生商榷．学术界，2006，2.

[102] 赵力军等整理．关注民生论坛．（上、下），人大复印报刊资料．社会保障制度，2002，7.8.

[103] 赵人伟，赖德胜，魏众．从经济转型看我国社会保障体制改革．经济学动态，2006，4.

[104] 曾祥炎，曾祥福，周良荣．政府信誉缺失对推行新型农村合作医疗的影响及对策．中国卫生经济，2005，1.

[105] 郑功成．农民工的权益与社会保障．中国党政干部论坛，2002，8.

[106] 郑功成．社会保障制度的产生和发展涉及多方面的因素．劳动保

障通讯，2000，10.

［107］郑功成．用社会保障促进社会和谐．社会保障研究．北京：中国人民大学中国社会保障研究中心，中国劳动社会保障出版社，2005，1.

［108］周毕芬，阙春萍．农民工：城市社会保障系统应该覆盖的对象．喀什师范学院学报，2004，5.

［109］周浩杰．新型农村合作医疗制度：经验、挑战和对策．中国卫生经济，2005，1.

［110］周沛．社会工作和社会保障的同源性及其在和谐社会构建中的重要意义．江苏社会科学，2006，2.

［111］朱子荣．我国社会保险存在的主要问题及改革取向．当代财经，1998，3.

后　记

我的硕士和博士论文的研究方向都是民族地区农村社会保障问题，主要的资料数据和研究成果来自2006年以前，先后被评为中央民族大学优秀硕士论文和云南省优秀博士论文。《民族地区农村社会保障研究》是在我的硕士和博士论文的基础上修改而成的，曾于2008年1月由人民出版社公开出版。当时，全国政协委员、中国社会科学院学部委员、研究员、博士生导师张卓元先生为本书作序，并给予了我很多教诲和鼓励。我的硕士导师中央民族大学经济学院王文长教授和博士导师云南大学马克思主义研究院陈国新教授为我的学习和研究，倾注了心血。特别是陈国新教授，从书稿的构思，提纲的形成，以及最后成稿，都进行了悉心指导。我也学习参考了很多学者的论著，还有很多专家、领导、同事、朋友和亲人都给予了我很多帮助和支持。对此，在初版时我曾经表示了诚挚的谢意。本书入选《当代云南社会科学百人百部优秀学术著作丛书》，按编委会的统一要求，初版序言和后记不再保留，这是一件令我遗憾的事情。在此，我再一次对所有帮助支持过我的人们表示衷心的感谢。

这次，经过严格的申报和评选程序，本书有幸入选《当代云南社会科学百人百部优秀学术著作丛书》，再次出版发行。建国以后，云南省社会科学研究取得了丰硕的成果，与很多研究成果相比，自觉本研究有很多差距和不足。我理解，本书之所以能够入选，主要得益于我们党和政府对社会保障等民生问题的关注，也说明建立和完善民族地区农村社会保障的重要性和紧迫性。

党的十七大把领导科学发展，促进社会和谐作为提高党的执政能力，保持党的先进性的主要内容加以论述，把社会建设与经济建设、政治建设、文化建设共同作为全面建设小康社会奋斗目标的新要求，提出加快推进以改善民生为重点的社会建设，促进社会公平正义，推动和谐社会建设，把学有所教、劳有所得、病有所医、老有所养、住有所居作为社会建设的主要目标任务。完善社会保障制度是坚持科学发展，构建和谐社会的应有之意，也是重视和改善民生的重中之重。党的十七届五中全会提出的“十二五”规划的建议，明确提出坚持广覆盖、保基本、多层次、可持续方针，加快推进覆盖城乡居民的社会保障体系建设。由于我们党和各级政府对社会保障给予了前所未有的重视，我国的社会保障取得快速发展，已进入全面建设和完善提高时期，边疆民族地区的农村社会保障也得到了更多的倾斜和支持。新型农村养老保险启动试点，2011 年覆盖 60% 的县，并加快推进速度；城镇居民养老保险工作开始启动，未参加城镇职工基本养老保险的集体企业退休人员和其他城镇居民将逐步纳入养老保障范围；企业老工伤人员纳入工伤保险统筹管理；地方政策性关闭破产国有企业退休人员参加医疗保险，城镇居民、大学生医保已经实现全覆盖；连续提高企业退休人员养老金、城乡居民最低生活保障，优抚对象、失业人员、五保户、新型农村合作医疗保障标准；城乡困难群众住房问题正在逐步纳入保障范围；灾民生活保障和住房恢复重建进一步制度化、规范化，补助标准大幅度提高等等。

令人感到欣慰的是，本书初版之后，在学术界和民族地区社会保障建设实践中引起了共鸣，很多领导、学者和同事给予我鼓励，我经常接到国内一些专家学者的电话和信函，有的专家还不远数千里专程来和我一起共同探讨民族地区农村社会保障建设的问题。我在书中所提出的问题，有的已经得到逐步解决，我提出的观点与现行的社会保障发展趋势和政策是一致的，一些政策建议已转化为现行的社会保障政策，融入到了丰富的社会保障实践中。当然，社会保障事业的发展在某些方面比我预计的要快。本书此次出版，仅对原稿中的个别文字进行了修订，其余未作修改，保留了初稿时的原样。因为，这记录了一段历史，也客观地反映了我当时的认识水平和研究能力。由于水平有限，再加上主要用工作之余的时间完成，本书疏漏在所难免，敬请读者批评指正。

虽然我国的社会保障事业有了新的发展，民族地区农村社会保障也取得了新的进展，但是发展仍然不足，要实现城乡一体化的社会保障制度，更好地改善民族地区农民群众的民生问题，仍然任重道远，需要在理论上给予更深入的研究，实践中采取更加有力的措施推进。希望有更多的学者进一步关注民族地区农村社会保障问题，我也愿意为此继续努力。祝愿民族地区广大农村群众的生活更美好。

唐新民

二〇一一年六月二十六日